全国电力高职高专"十二五"

公共基础课系列教材

中国电力教育协会审定

大学生校园安全与职业安全

全国电力职业教育教材编审委员会　组　编

孔　洁　李治华　主　编

赵玉环　叶　楠　副主编

郑晓峰　主　审

中国电力出版社

CHINA ELECTRIC POWER PRESS

内 容 提 要

本书为全国电力高职高专"十二五"规划教材 公共基础课系列教材。本书为增强大学生的安全意识，提高大学生安全防范能力而编写。全书以课程标准为依据，同时引入电力行业安全标准和职业规范，以"珍爱生命、健康平安"为理念列出了八个学习项目，在编写的过程中总结近年来围绕高校安全工作所积累的经验，并从理论上进行概括，同时，尽量以项目导向的教学模式的形式予以表现，较全面地介绍了大学生应掌握的相关安全基础知识及防范措施，是大学生可靠的"安全顾问"。本书深入浅出、贴近学生、贴近生活，具有较强的针对性和实用性。本书包含职业安全的模块，对工程类，尤其是电力类高职高专大学生更具备针对性。

本书可作为高职高专院校开设安全知识课程教学使用，也可供学生课外自学使用。

图书在版编目（CIP）数据

大学生校园安全与职业安全/孔洁，李治华主编；全国电力职业教育教材编审委员会组编. —北京：中国电力出版社，2012.8（2017.9 重印）

全国电力高职高专"十二五"规划教材. 公共基础课系列教材
ISBN 978 - 7 - 5123 - 3325 - 3

Ⅰ. ①大⋯ Ⅱ. ①孔⋯②李⋯③全⋯ Ⅲ. ①大学生-安全教育-高等职业教育-教材 Ⅳ. ①G645.5

中国版本图书馆 CIP 数据核字（2012）第 164582 号

中国电力出版社出版、发行

（北京市东城区北京站西街 19 号 100005 http://www.cepp.sgcc.com.cn）

北京雁林吉兆印刷有限公司印刷

各地新华书店经售

*

2012 年 8 月第一版 2017 年 9 月北京第三次印刷

787 毫米×1092 毫米 16 开本 15.75 印张 379 千字

定价 **29.00** 元

全国电力职业教育教材编审委员会

参 与 院 校

山东电力高等专科学校 西安电力高等专科学校

山西电力职业技术学院 保定电力职业技术学院

四川电力职业技术学院 哈尔滨电力职业技术学院

三峡电力职业学院   安徽电气工程职业技术学院

武汉电力职业技术学院 福建电力职业技术学院

江西电力职业技术学院 郑州电力高等专科学校

重庆电力高等专科学校 长沙电力职业技术学院

公共基础课专家组

组　长　王宏伟

副组长　文海荣

成　员（按姓名笔划排序）

马敬卫　孔　洁　兰向春　任　剑　刘家玲

吴金龙　宋云希　郑晓峰　倪志良　郭连英

霍小江　廖　虎　樊新军

本 书 编 写 组

组　长　孔　洁

副组长　李治华

组　员　赵玉环　叶　楠　陶一明　沈　翔

序

为深入贯彻《国家中长期教育改革和发展规划纲要（2010—2020）》精神，落实鼓励企业参与职业教育的要求，总结、推广电力类高职高专院校人才培养模式的创新成果，进一步深化"工学结合"的专业建设，推进"行动导向"教学模式改革，不断提高人才培养质量，满足电力发展对高素质技能型人才的需求，促进电力发展方式的转变，在中国电力企业联合会和国家电网公司的倡导下，由中国电力教育协会和中国电力出版社组织全国 14 所电力高职高专院校，通过统筹规划、分类指导、专题研讨、合作开发的方式，经过两年时间的艰苦工作，编写完成本套系列教材。

全国电力高职高专"十二五"规划教材分为电力工程、动力工程、实习实训、公共基础课、工科基础课、学生素质教育六大系列。其中，公共基础课系列汇集了电力行业高等职业院校专家的力量进行编写，各分册主编为该课程的教学带头人，有丰富的教学经验。教材以行动导向形式编写而成，既体现了高等职业教育的教学规律，又融入电力行业特色，适合高职高专的公共基础课教学，是难得的行动导向式精品教材。

本套教材的设计思路及特点主要体现在以下几方面。

（1）按照"项目导向、任务驱动、理实一体、突出特色"的原则，以岗位分析为基础，以课程标准为依据，充分体现高等职业教育教学规律，在内容设计上突出能力培养为核心的教学理念，引入国家标准、行业标准和职业规范，科学合理设计任务或项目。

（2）在内容编排上充分考虑学生认知规律，充分体现"理实一体"的特征，有利于调动学生学习积极性，是实现"教、学、做"一体化教学的适应性教材。

（3）在编写方式上主要采用任务驱动、项目导向等方式，包括学习情境描述、教学目标、学习任务描述、任务准备、相关知识等环节，目标任务明确，有利于提高学生学习的专业针对性和实用性。

（4）在编写人员组成上，融合了各电力高职高专院校骨干教师和企业技术人员，充分体现院校合作优势互补，校企合作共同育人的特征，为打造中国电力职业教育精品教材奠定了基础。

本套教材的出版是贯彻落实国家人才队伍建设总体战略，实现高端技能型人才培养的重要举措，是加快高职高专教育教学改革、全面提高高等职业教育教学质量的具体实践，必将对课程教学模式的改革与创新起到积极的推动作用。

本套教材的编写是一项创新性的、探索性的工作，由于编者的时间和经验有限，书中难免有疏漏和不当之处，恳切希望专家、学者和广大读者不吝赐教。

全国电力职业教育教材编审委员会

前　言

　　大学生活对莘莘学子来说都是一段美好而又难忘的时光。而这一切徐徐展开的时候，不太容易被同学们重视的往往是安全问题。安全是一个大学生完成学业的重要保证，是每一位大学生健康成长的基本条件。安全涉及每个学生的学习、生活和工作。"生命"，一个多么鲜活的词语；"幸福"，一个多么美妙的境界；"安全"，又一个多么重要的话题！

　　安全教育进课堂是大学生提升自我素质的需要，也是社会发展的要求。大学生在校期间不仅要学习专业知识、提高实践能力，更要提高自身素质，实现全面发展。掌握安全知识与技能，不仅能使大学生识别出身边的危险，掌握避险和逃生的技能，还能在他人危难时给予帮助。保证安全不仅仅是一种能力，更是个人素质的集中体现。

　　大学生安全教育工作要以课堂教学为主体，以全面普及安全常识为目标，遵循针对性、阶段性的原则开设安全教育课程。应当将大学生安全教育课列入新生入学教育和每学期大学生第二课堂主题教育活动，重点放在低年级实施，并贯穿入学至毕业的整个培养过程。

　　在日常生活中，安全教育的内容极其广泛。但针对大学生这一特殊群体，我们在分析和总结以往校园案件的基础上，有的放矢，从大学校园生活中多发、常见的安全隐患入手，针对大学生的特点，以简明的行为规范和避险方法为主线，讲述各种校园安全和职业安全知识以及自我保护措施，全书共列出了八个学习项目，每个学习项目按照学习项目描述、教学目标设定、学习任务实施、案例引示、安全课堂、生活小贴士、求助直通车的体例编写。对大学生的合理膳食、生理安全、住宿安全、交往安全、实践安全、网络安全、职业安全、公共安全等方面进行了讲述，通过问题设计引导，使学生在完成项目任务过程中提高安全意识，树立安全观念，培养安全习惯，选择安全行为，维护每个学生的安全。

　　本书按照"项目导向、任务驱动、理实一体、突出特色"的原则，以学生为本，以课程标准为依据，同时引入电力行业安全标准和职业规范，把握大学生的认知规律，科学合理设计学习项目，充分体现了任务驱动的特征，努力调动大学生的学习积极性，使学生更好地掌握知识，提高安全防范意识和自觉遵纪守法意识，达到警示、教育、自律、防微杜渐的效果。

　　本书由孔洁（安徽电气工程职业技术学院）、李治华（山西电力职业技术学院）任主编，郑晓峰教授任主审，由赵玉环（山西电力职业技术学院）、叶楠（安徽电气工程职业技术学院）任副主编，由陶一明（山西电力职业技术学院）、沈翔（安徽电气工程职业技术学院）任参编。具体编写章节如下（以章次顺序排列）：孔洁（学习项目一、学习项目二）、叶楠

（学习项目三、学习项目四）、李治华（学习项目五）、赵玉环（学习项目六、学习项目七）、陶一明（学习项目八）。本书在编写过程中参考了大量的文献，在此向这些文献的作者深表感谢。

  由于编者的水平有限，书中难免出现不妥之处，敬望同行专家和读者指正，以期改正、完善。

编　者

2012 年 6 月

目　录

学习项目一

合理膳食与饮食卫生

【学习项目描述】

　　通过教师的讲解、观看图片和视频，使学生了解食物的营养成分及其对人体的作用，知道食物营养成分的基本分类；了解大学生过量饮酒的危害和常见食物中毒及其预防知识。学会平衡膳食、食谱设计的方法、内容与设计食品保健、营养强化的原则、分类和方法。掌握预防酗酒的方法、食物中毒的自救方法和常见传染病的具体防治方法。通过"设计一份营养合理的食谱"、"拟写一份针对本校大学生的预防酗酒预案"等任务的完成，指导学生尝试运用有关合理营养的知识解决生活中的实际问题。掌握合理营养、饮食卫生的基本常识，把住"病从口入"关；并能认识到大学生应该怎样禁酒和预防酗酒，掌握食物中毒的自救方法。

【教学目标】

1. 知识目标

（1）了解大学生合理营养的相关知识。

（2）了解饮食卫生的基本常识，认识饮食安全的重要性。

（3）了解大学生过量饮酒的危害。

（4）掌握大学生常见食物中毒的预防知识。

2. 能力目标

（1）掌握科学选择食物、合理搭配、均衡营养的饮食方法。

（2）能够设计出适合大学生经济状况和校园环境的一天及一周的饮食食谱。

（3）掌握预防酗酒的方法。

（4）掌握大学生常见食物中毒的自救方法。

3. 素质目标

（1）认识到走出饮食误区、合理膳食是健康的关键。

（2）养成合理搭配食物、均衡营养的健康饮食习惯。

（3）培养良好的饮食卫生习惯。

（4）认识到大学生应该怎样禁酒和预防酗酒。

【教学环境】

　　多媒体教室及相应的设备；相机、摄影设备。

任务一　设计大学生校园一日三餐食谱

📊【学习目标】

(1) 了解营养与生命的关系。

(2) 了解不同食物的营养价值。

(3) 了解走出饮食误区、合理膳食是健康的关键。

(4) 掌握大学生校园膳食搭配。

(5) 掌握大学生营养不良的预防方法。

✐【学习任务描述】

通过"设计一份适合大学生经济状况和校园环境的一天及一周的营养合理的食谱",指导学生尝试运用有关合理营养的知识解决生活中的实际问题。

♦【学习任务准备】

要求学生了解并抄录(或拍摄)学校所有食堂一日三餐的食品、菜肴的种类、品种及价格。

⚙【学习任务实施】

以学习小组为单位,指导学生采集学校所有食堂一日三餐的食品、菜肴的种类、品种及价格后,进行交流、共享和讨论,根据营养价值与合理膳食的原则,针对学校膳食现状,设计出一份适合大学生经济状况和校园环境的一天及一周的饮食食谱。

🍸【案例一瞥】

案例: 2010 年高考,市区女孩萌萌(化名)考取了南京航空航天大学。入学不到半年,身高 1.6 米的她从 100 斤长到 110 斤。她觉得自己太胖了,于是实施"魔鬼减肥计划",早晚餐以水果替代,中餐只吃少量蔬菜,同时还吃减肥药。果然,她的体重下降到了 90 斤,但她没有想到的是,胃口越来越差,吃什么都没有味道。更不对劲的是,原先一向性格开朗的她也变得对什么事情都提不起兴趣。后来,萌萌被诊断为厌食症,不得不在家调养。(王燕. 女大学生减肥患上厌食症. 泰州晚报. 2011 - 8 - 12.)

👨‍🎓【安全课堂】

一、食物营养与平衡膳食

生命在于营养。没有营养,生命很快就会停止。每个人都必须从饮食中获取营养,以维持生存。营养,作为名词,是指维持生命和生命活动的养分,是营养素的质和量;作为动词,是指机体摄取、消化、吸收和利用食物中所含营养素的过程。

人体维持生命和生命活动所必须的营养素可以分为六大类,即蛋白质、脂肪、糖类(碳水化合物)、矿物质(无机盐)、维生素和水。哪一类营养素缺乏或者摄入过多,都会对生命安全构成威胁。

通常认为食物可以分为五大类。第一类为谷类及薯类。谷类主要包括米、面和杂粮。薯类主要包括甘薯（又称红薯、白薯、山芋、地瓜等）、马铃薯（又称土豆等）、魔芋、芋薯（又称山药、芋头等）等。谷类食物中，碳水化合物约占总重量的75%～80%，蛋白质约占8%～10%，脂肪约占1%，还含有矿物质、B族维生素和膳食纤维等。谷类食物中蛋白质营养价值低于动物性食品，主要是因为赖氨酸含量较低。谷类中的脂肪，含量较肉类要少得多，主要是不饱和脂肪酸，营养价值较高，有利于防止血清胆固醇升高、动脉粥样硬化等。谷类加工的精度越高，维生素和膳食纤维的损失就越多。为了使面粉显得很白，在加工过程中往往要添加过量的增白剂，这就增加了食用的不安全因素。谷类是我国传统膳食的主体，我国居民所需要的营养，有50%～70%的能量、55%的蛋白质和一些矿物质、维生素来自谷类食物。薯类含淀粉和膳食纤维较多，蛋白质、脂肪含量较少，对于控制体重、预防便秘有作用。多种谷类掺着吃比单吃一种好，可以起到蛋白质的互补作用，提高谷类蛋白质的营养价值。

第二类为动物性食物。包括畜禽肉、鱼虾、蛋类、奶类等。动物性食物是优质蛋白质的主要来源，还是矿物质、维生素A、维生素D和B族维生素的重要来源。特别是奶类，所含的营养素比较全面，营养价值很高并且容易吸收。动物性食物含氮浸出物较多，所以味道鲜美。畜禽鱼类食品中蛋白质含量约为10%～20%，其氨基酸组成和比例，与人体蛋白质的模式较接近。畜禽鱼类食品中碳水化合物含量极低。肉类食品中的脂肪酸多为饱和脂肪酸，这种脂肪酸摄入过多容易导致动脉硬化或肥胖。但是鱼类尤其是鱼油中含有较多的不饱和脂肪酸。动物性食物含有丰富的矿物质。例如畜禽瘦肉不仅含铁较多，而且铁的存在形式有40%是血红素铁，生物利用度很高；鱼类含有丰富的钙，尤其是小鱼、小虾；海产鱼还含有丰富的碘等。动物性食物含维生素也较丰富。例如动物肝脏中含有丰富的维生素A，畜禽肉中还有维生素E，蛋类、鱼类是核黄素的良好来源等。鱼、虾及其他水产品含饱和脂肪酸很低，有条件可以适当多吃一些。猪肉含脂肪较高，而且多是饱和脂肪酸，不应该吃得过多。蛋类含胆固醇相当高，一般每天不超过一个为好。奶类应是首选补钙食物，很难用其他类食物代替。有些人饮奶后有不同程度的肠胃不适，可以试用酸奶或其他奶制品。

第三类为豆类和坚果。包括大豆、其他干豆类及花生、核桃、杏仁等。大豆有着比其他豆类都丰富的营养。大豆含有35%～40%的蛋白质，是天然食物中含蛋白质最高的食品。其氨基酸组成接近人体需要，且富含谷类蛋白较为缺乏的赖氨酸，是谷类蛋白互补的天然理想食品。大豆不但蛋白质含量丰富，而且油脂质量优良，主要含不饱和脂肪酸，能有效防止胆固醇在血管中沉积，防止动脉粥样硬化。另外，大豆中含有的磷脂可以降低血液中的胆固醇含量、血液黏度。大豆中的矿物质含量较为丰富，尤其是钙的含量较高，是钙的重要来源。大豆加工成豆制品，营养价值也很高。例如加工成豆腐虽然损失一些纤维素、碳水化合物，但是消化率明显提高，可达92.7%，也就是说其营养价值利用率得到提高；豆浆与牛奶的营养价值并没有很大的差距，可以作为代乳品；豆浆的血糖指数比牛奶低一半，是糖尿病和肥胖者的适宜饮品；豆浆对于降低血液胆固醇含量，防止血管硬化，增强血管弹性也有好处。

第四类为蔬菜、水果和菌藻类。蔬菜、水果和菌藻类食物是膳食纤维、矿物质和维生素C、维生素K、胡萝卜素的主要来源。每类蔬菜各有其营养特点。一般，深色蔬菜的营养价值比浅色蔬菜高，叶菜的营养价值比根茎类和瓜菜高，同一蔬菜中叶部的营养价值比根茎高。深色蔬菜可分为深绿色蔬菜、红色橘红色蔬菜和紫红色蔬菜。绿色蔬菜包括小青菜、菠菜、油菜、芹菜叶、空心菜、莴笋叶、芥菜、韭菜、胡萝卜缨等；红色橘红色蔬菜包括西红柿、胡萝卜、南瓜、红辣椒等；紫红色蔬菜包括红苋菜、紫甘蓝等。鲜豆类蔬菜（四季豆、扁豆、毛豆、豌豆等）蛋白质、碳水化合物、维生素和无机盐的含量均比其他蔬菜高，鲜豆中的铁容易消化吸收，蛋白质质量比较好，是一种营养丰富的蔬菜。提倡每天吃的蔬菜中，深色蔬菜占一半以上。菌藻类蔬菜，包括蘑菇、木耳、紫菜等，含有较多的蛋白质、胡萝卜素、铁、锌和硒等矿物质，海产菌藻类蔬菜如海带、紫菜等，还含有丰富的碘。水果中含有柠檬酸、苹果酸等有机酸，可促进消化液分泌，有利于食物消化吸收，同时对维生素C有保护作用。水果中含有丰富的果胶，这种可溶性膳食纤维有降低胆固醇的作用，有利于预防动脉硬化。水果中还含有的黄酮类等物质具有特殊生物活性化学物质，有益于健康。经鲜果加工而成的干果，如葡萄干、杏干、红枣等，维生素含量会降低。蔬菜和水果是两类食物，各有优势，不能完全相互替代。尤其是儿童、青少年，不能只吃水果不吃蔬菜。

第五类为纯能量食物。包括食用油、淀粉、食用糖和酒类。此类食物主要含脂肪或者糖类，主要的膳食功能是提供能量和必需脂肪酸，植物油还可提供维生素E。

此外，还有调味料，包括食盐、酱油、醋、味精等。调味料多含有较多的矿物质，有增加食物的色香味等功能。

合理膳食是指一日三餐所提供的营养必须满足人体的生长、发育和各种生理、体力活动的需要。根据《中国居民膳食指南（2007）》，一般人群膳食指南共有10条，适合于6岁以上的正常人群。这10条是：食物多样，谷类为主，粗细搭配；多吃蔬菜、水果和薯类；每天吃奶类、大豆或其制品；常吃适量的鱼、禽、蛋和瘦肉；减少烹调油用量，吃清淡少盐膳食；食不过量，天天运动，保持健康体重；三餐分配要合理，零食要适当；每天足量饮水，合理选择饮料；如饮酒应限量；吃新鲜卫生的食物。

中国居民平衡膳食宝塔图直观展示了每日应摄入的食物种类、合理数量及适宜的身体活动量，如图1-1所示。

膳食宝塔共分五层，包含每天应摄入的主要食物种类。膳食宝塔利用各层位置和面积的不同反映了各类食物在膳食中的地位和应占的比重。谷类食物位居底层，每人每天应摄入250～400g；蔬菜和水果居第二层，每天应分别摄入300～500g和200～400g；鱼虾、畜禽肉、蛋等动物性食物位于第三层，每天应摄入125～225g（其中鱼虾类50～100g，畜禽肉50～75g，蛋类25～50g）；奶类和豆类食物合居第四层，每天应吃相当于鲜奶300g的奶类及奶制品和相当于干豆30～50g的大豆及豆制品。第

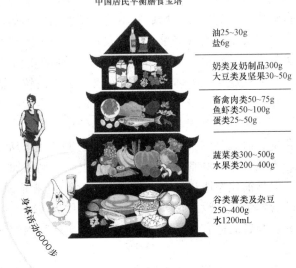

中国居民平衡膳食宝塔

油25～30g
盐6g

奶类及奶制品300g
大豆类及坚果30～50g

畜禽肉类50～75g
鱼虾类50～100g
蛋类25～50g

蔬菜类300～500g
水果类200～400g

谷类薯类及杂豆
250～400g
水1200mL

身体活动6000步

图1-1　中国营养学会

五层塔顶是烹调油和食盐，每天烹调油不超过 30g，食盐不超过 6g。由于我国居民现在平均糖摄入量不多，对健康的影响不大，故膳食宝塔没有建议食糖的摄入量，但多吃糖有增加龋齿的危险，儿童、青少年，包括大学生不应吃太多的糖及含糖高的食品和饮料。

膳食宝塔还强调了足量饮水和增加身体活动的重要性。在温和气候条件下生活的轻体力活动成年人每日至少饮水 1200mL（约 6 杯）；在高温或强体力劳动条件下应适当增加。成年人每天应进行累计相当于步行 6000 步以上的身体活动。

平衡膳食宝塔建议的各类食物摄入量是一个平均值和比例。每日膳食中应当包含宝塔中的各类食物，各类食物的比例也应基本与膳食宝塔一致。日常生活无需每天都样样照着"宝塔"推荐量吃。例如不一定每天都吃 50g 鱼，可以改成每周吃 2～3 次鱼、每次 150～200g。同一类中各种食物所含营养成分往往大体上近似，应当把营养与美味结合起来，按照同类互换、多种多样的原则调配一日三餐。同类互换就是以粮换粮、以豆换豆、以肉换肉。例如大米可与面粉或杂粮互换；瘦猪肉可与等量的鸡、鸭、牛、羊、兔肉互换；鱼可与虾、蟹等水产品互换；牛奶可与羊奶、酸奶、奶粉或奶酪等互换。条件不允许时，还可以平日喜欢吃鱼的就多吃些鱼，喜欢吃鸡的多吃些鸡，重要的是一定要经常遵循宝塔各层各类食物的大体比例。

二、大学生膳食指南

人类的食物是多种多样的。没有不好的食物，只有不合理的膳食，关键在于营养平衡。各种食物所含的营养成分不完全相同，平衡膳食必须由多种食物组成，才能满足人体各种营养需求，达到合理营养、促进健康的目的。大学生处于青春发育期，代谢旺盛，学习任务繁重，对营养的需求量很大，合理膳食应做到以下几方面。

（一）食物多样，谷类为主，粗细搭配

谷类食物是中国传统膳食的主体，是人体能量的主要来源。谷类包括米、面、杂粮，主要提供碳水化合物、蛋白质、膳食纤维及 B 族维生素。坚持以谷类为主可以保持我国良好的膳食传统，避免高能量、高脂肪和低碳水化合物膳食的弊端。应保持每天适量的谷类食物摄入，大学生一般每天需要摄入 250～400g，并且要注意粗细搭配，经常吃一些粗粮、杂粮和全谷类食物。不要长时间吃精白米、面，以免维生素、矿物质和膳食纤维摄入不足。

（二）多吃蔬菜、水果和薯类

新鲜蔬菜、水果是人类平衡膳食的重要组成部分，也是我国传统膳食重要特点之一。蔬菜、水果能量低，是维生素、矿物质、膳食纤维和植物化学物质的重要来源。薯类含有丰富的淀粉、膳食纤维以及多种维生素和矿物质。适量摄入富含蔬菜、水果和薯类的膳食，对保持身体健康，保持肠道正常功能，提高免疫力，降低患肥胖、糖尿病、心血管病、某些癌症等慢性疾病风险具有重要作用。大学生在紧张的学习和考试中，维生素 B1、维生素 B2、维生素 C、尼克酸、钙、铁、维生素 A 等营养素的消耗会增加，容易引起这些营养素缺乏或者不足，特别是在集体食堂就餐的大学生更容易缺乏。大学生每天应吃蔬菜 300～500g，水果 200～400g，并注意增加薯类的摄入，以保证营养需求。

（三）每天吃奶类、大豆或其制品

奶类营养成分齐全，组成比例适宜，容易消化吸收。奶类除含丰富的优质蛋白质和维生素外，含钙量较高，且利用率也很高，是膳食钙质的极好来源。大学生适当多饮奶，可以增加骨密度，有利于骨健康。建议每人每天平均饮奶 300mL 或者摄入相当量的奶制品。饮奶量多或有高脂血症、超重、肥胖倾向者应选择低脂、脱脂奶。

大豆含丰富的优质蛋白质、必需脂肪酸、多种维生素和膳食纤维，且含有磷脂、低聚糖，以及异黄酮、植物固醇等多种植物化学物质。应适当多吃大豆及其制品，建议每人每天摄入 30～50g 大豆或相当量的豆制品。

（四）常吃适量的鱼、禽、蛋和瘦肉

鱼、禽、蛋和瘦肉均属于动物性食物，是人类优质蛋白、脂类、脂溶性维生素、B 族维生素和矿物质的良好来源，是平衡膳食的重要组成部分。瘦畜肉铁含量高且利用率好，对于预防贫血有很好的作用。鱼类脂肪含量一般较低，且含有较多的多不饱和脂肪酸，在动物类食物中适当多选择鱼类，对于预防和控制高脂血症、肥胖等有积极意义；禽类脂肪含量也较低，且不饱和脂肪酸含量较高；蛋类富含优质蛋白质，各种营养成分比较齐全，是很经济的优质蛋白质来源。

（五）吃清淡少盐膳食

清淡少盐膳食是指脂肪和食盐含量较低的食物。

脂肪是人体能量的重要来源之一，并可提供必需脂肪酸，促成脂溶性维生素的消化吸收。但是脂肪摄入过多是引起肥胖、高血脂症、动脉粥样硬化等多种慢性疾病的危险因素之一。每天烹调油摄入量不宜超过 30g，并且要做到少吃、最好不吃荤油。

膳食盐的摄入量与高血压的患病率密切相关。应养成吃清淡少盐膳食的习惯，即膳食不要太油腻，不要太咸，不要摄食过多的动物性食物和油炸、烟熏、腌制食物。每天食盐摄入量应当是 3～6g。

（六）食不过量，天天运动，保持健康体重

进食量和运动是保持健康体重的两个主要因素。食物提供人体能量，运动消耗能量。如果进食量过大而运动量不足，多余的能量就会在体内以脂肪的形式积存下来，增加体重，造成超重或肥胖；相反若食量不足，可能由于能量不足引起体重过低或消瘦。在正常生理状态下，食欲可以有效控制进食量，不过有些人食欲调节不敏感，满足食欲的进食量常常超过实际需要。食不过量对他们而言意味着少吃几口，不要每顿饭都吃到十成饱。由于生活方式的改变，人们的身体活动减少，许多大学生体力活动不足或缺乏体育锻炼，应改变久坐少动的不良生活方式，养成天天进行充足的户外活动的习惯。

户外活动对大学生来说是非常重要的。户外活动不仅可以改善大学生长时间坐在书桌前、电脑前引起的身体不适，强身健体，还可以接受紫外线照射，有利于体内维生素 D 的合成，保证骨骼的健康发育。

大学生户外活动应当以有氧运动为主。除体质较好的人以外，运动心率不宜超过 170 减去年龄（次/min）。一般每天的活动量，不应少于中等速度步行 6000 步的运动量。中等强度活动是指活动时感到心跳和呼吸加快，用力但是不吃力，可以随呼吸的节奏说话但不能唱歌。中等速度步行 6000 步，大约需要 60min。一般，骑自行车 7min，大约相当于 1000 步；拖地 8min，大约相当于 1000 步；做广播操或者打太极拳 8min，大约相当于 1000 步。

（七）三餐分配要合理，零食要适当

大学生要合理安排一日三餐的时间及食量，进餐定时定量。早餐提供的能量应占全天总能量的 25％～30％，午餐应占 30％～40％，晚餐应占 30％～40％。要天天吃早餐并保证其营养充足，午餐要吃好，晚餐要适量。不暴饮暴食，并做到就餐氛围轻松愉快。零食作为一日三餐之外的营养补充，可以合理选用，但不宜过多，来自零食的能量应计入全天能量摄入之中，吃零食还要注意口腔健康。

（八）每天足量饮水，合理选择饮料

水是膳食的重要组成部分，是一切生命必需的物质，在生命活动中发挥着重要功能。体内水的来源有饮水、食物中含的水和体内代谢产生的水。水的排出主要通过肾脏，以尿液的形式排出，其次是经肺呼出、经皮肤和随粪便排出。进入体内的水和排出来的水基本应当相等，处于动态平衡。在气温温和的环境下，一般大学生每天饮水不应少于 1200mL。气温高，特别是感到出汗时应当增加饮水量。饮水不足或过多都会对人体健康带来危害。饮水应少量多次，要主动，不要感到口渴时再喝水。饮水最好选择白开水。

饮料多种多样，需要合理选择，如乳饮料和纯果汁饮料含有一定量的营养素和有益膳食成分，适量饮用可以作为膳食的补充。有些饮料添加了一定的矿物质和维生素，适合热天户外活动和运动后饮用；有些饮料只含糖和香精香料，营养价值不高。每天喝大量含糖的饮料是一种不利于健康的习惯，应当改正。

（九）吃新鲜卫生的食物

食物放置时间过长就会变质，产生对人体有毒有害的物质。吃新鲜卫生的食物是防止食源性疾病、实现食品安全的根本措施。正确采购食物，是保证食物新鲜卫生的第一关。购买食物一定要注意生产食物的卫生环境、出售食品者是否有食品经营许可证；购买定型包装的食品，一定要注意产品的保质期。烟熏食品及有些加色食品可能含有苯并芘或亚硝酸盐等有害成分，不宜多吃。冰箱冷藏温度常为 4～8℃，只适于短期贮藏。烹调加工过程是保证食物卫生安全的一个重要环节。进餐要注意卫生条件，包括进餐环境、餐具和供餐者的健康卫生状况。集体用餐要提倡分餐制，减少疾病传染的机会。

（十）三餐定时定量，保证吃好早餐，避免盲目节食

饮食要有规律。每天必须定时定量吃饭，两顿饭之间相隔 4～6h 为宜，特别是要吃好早餐。不吃早餐或者早餐营养不足，不仅会影响学习成绩和体能，还会影响消化系统的功能。早餐食物量应相当于全天食物量的 1/4～1/3，提供的能量应占全天所需总能量的 25%～30%。谷类食物在人体内可以很快转化为葡萄糖，有利于维持血糖稳定，保证大脑活动所需要的能量。所以谷类食物是早餐所不可缺少的。早餐中的蛋白质应该以优质蛋白为主，优质蛋白应至少占总蛋白量的 60%，以保证整个上午精力充沛。例如早餐有一杯牛奶、一个鸡蛋或者相当量的瘦肉或豆制品。此外，早餐最好能够吃一点蔬菜和水果。

预防或控制肥胖，千万不能盲目节食，更不能随意服用减肥药品（食品）减肥。盲目节食，不仅会发生营养缺乏症，还会因生理功能受损，引发一系列病症。例如女学生乳房发育停滞、月经不调、阴毛稀少等，并且可能出现焦虑不安、抑郁、失眠、注意力不集中、易激怒、强迫性思维等精神症状；严重者，可引发厌食症、癫痫等。大学生控制体重的最好办法是养成良好的饮食习惯，平衡膳食、合理营养、适当运动、保证睡眠。千万不要想到减肥就勒紧腰带不吃或者只吃一点点，饿得难受时又大吃一顿；也不要不吃晚餐。应当做到一日三餐饮食不过量，不吃十分饱。蔬菜等膳食纤维含量高的食物，可以增加饱腹感，有助于控制食欲。减少食用含脂肪多的动物肉、油煎炸食物等含热能高的食物，有助于控制体重。要控制摄入巧克力、糖果等含热能高的零食和含糖饮料。还可以在餐前吃些水果（柿子不宜在餐前吃），控制进餐总量等。要经常测量体重，如果体重增加，则运动量也要增加，保持进食

量和运动量的平衡。

（十一）吃富含铁和维生素C的食物

铁是构成人体的重要元素。铁虽然在人体内含量不多，但是对健康起着重要作用。

铁是制造血红蛋白的重要原料，而血红蛋白是血液的主要成分之一，它具有运输氧气和二氧化碳的功能，负责把新鲜空气中的氧运送到身体各处，再把身体各处的二氧化碳运送到肺里排出。当人体中铁不足时，就无法制造足够的血红蛋白，人体就不能得到足够的氧，不能及时排出二氧化碳，就会患缺铁性贫血。

缺铁性贫血的主要表现有皮肤、黏膜苍白，尤其是嘴唇、眼结膜、指甲床等处；其他症状还有头晕、眼花、耳鸣以及容易疲劳、烦躁、精神不振、注意力不集中、记忆力减退等；还可以引起口角炎、胃炎、胃黏膜萎缩、皮肤干燥、头发干枯、脱发等。即使是轻度贫血，也会引起注意力不集中、学习能力下降、抗病能力差，容易患感冒和上呼吸道感染等；贫血严重时可影响心脏功能，女性可发生月经不调或继发性闭经等。

大学生患贫血的主要原因是学习紧张、膳食中铁和维生素C消耗量较大等。多吃富含铁和维生素C的食物可以有效预防大学生贫血。含铁丰富，而且所含的铁有利于人体吸收的食物有动物的血、肝脏、瘦肉和豆类等。蔬菜、水果、粮食中也含有铁，但这些食物中的铁不容易被人吸收，还应适当多吃含维生素C多的食物，因为维生素C可以提高铁的吸收利用率。

三、大学生常见饮食误区

（一）吃肉过多

肉食品有丰富的脂肪与蛋白质，是正常人不可缺少的营养食物，但吃肉过多也会有危害。除猪、牛、羊等红肉中脂肪含量过高外，肉类中还含有嘌呤碱，这类物质在体内的代谢中会生成尿酸。尿酸大量积聚，会破坏肾毛细血管的渗透性，引起痛风、骨发育不良等疾病。研究表明，过量吃肉会降低机体免疫力，使人体难以抵抗各种疾病。

（二）爱吃油炸食品

许多人都知道，油炸食品是垃圾食品，但就是管不住嘴。人体不能自己合成膳食营养中的脂肪酸，尤其是不饱和脂肪酸，所以很大一部分需要从食用油中摄取。营养学家认为，不吃油就等于掐断了不饱和脂肪酸的来源，有损健康；但如果摄入过量，又容易引发心脑血管疾病等多种慢性病。

（三）吃零食和洋快餐

零食和洋快餐大多是高脂、高糖、高盐、高味精食品，有的还含有过多添加剂，过多进食这类食物不仅容易导致肥胖、龋齿，还会影响正餐的胃口，因此应当少吃。

（四）喝含糖饮料

过量饮用含糖饮料，可引起肥胖；许多含糖饮料含有合成香料、色素或防腐剂，会影响胃肠功能，加重肾脏负担；还有些含糖饮料含有成瘾性物质，长时间喝会上瘾。

（五）挑食或偏食

不同的食物所含的营养成分也不同。任何单调的食谱，都不能满足大学生的营养需求。如果挑食、偏食，只吃自己喜欢吃的东西，吃的食物品种少，就会引起营养缺乏或过剩，造成营养不良，损害健康。例如，有的大学生不喜欢吃蔬菜，水果类食品吃得也很少，这样就会引起维生素、矿物质、膳食纤维摄入量不足，从而危害健康。

（六）吃街头食品

随意吃街头食品很危险。许多街头的烤羊肉串、炸臭豆腐、糖果点心等摊点是"三无"（无卫生许可证、无经营许可证、经营人员无健康合格证）摊点。他们出售的食品卫生质量没有保证，吃这些食品很容易感染疾病。

（七）吃水果代替吃蔬菜

水果与蔬菜确实有许多相似的地方，它们都含有比较丰富的维生素、矿物质和大量的水分。但是，水果和蔬菜是两类不同的食物，各有自己的特点和功用。水果既不能代替蔬菜，蔬菜也不能代替水果。

大多数水果含的碳水化合物多是葡萄糖、果糖和蔗糖一类的单糖和双糖，而大多数蔬菜含的碳水化合物多是淀粉一类的多糖。单糖、双糖和多糖虽然都是碳水化合物，且对人体的功用一样，但是它们吸收的速度不一样。单糖和双糖吃后吸收得快，补给能量较及时，但是如果吃水果过多，就容易造成血糖较快下降。而血糖波动，会使人精神不稳定，感到不舒服，如头昏脑胀、精神不集中、疲劳等。而蔬菜所含的多糖，吃后消化吸收慢，人体血糖浓度上升下降的波动就不会很剧烈。

水果和蔬菜虽然都含有维生素和矿物质，但在含量上还是有区别的。要想获得足够的维生素和矿物质，水果、蔬菜都要吃。

四、大学生营养失衡的防范

营养不良包括营养缺乏和营养过剩，主要是由于营养不合理造成的。营养不良会严重影响健康。

容易缺乏的营养素主要有蛋白质、铁、碘、钙、维生素 A、维生素 B 等。分别容易引起瘦弱多病、缺铁性贫血、碘缺乏病、骨质疏松、干眼病、口角炎等。营养过剩的主要问题有肥胖等。

除营养缺乏症的症状外，营养不良的表现是体重不足或者体重过重。成年人的体重是否在正常（健康）范围，可以用体质指数（BMI）来衡量。BMI 的计算方法是：BMI＝体重（kg）除以身高（m）的平方。我国成年人健康体重的 BMI 范围为 $18.5\sim23.9\text{kg/m}^2$，BMI 在 $24\sim27.9\text{kg/m}^2$ 为超重，大于或者等于 28kg/m^2 为肥胖。

体重在健康范围内者患各种疾病的危险性小于消瘦者或超重和肥胖者。体重过低或过重都对健康不利。体重过低反映身体营养不良，可引起工作和学习能力下降、骨量丢失、胃肠功能紊乱、免疫力低下、女性月经不调和闭经、贫血、抑郁症等；超重和肥胖可以明显增加心脑血管病、糖尿病等的发病率，肥胖者除以上几种疾病外，还易患骨关节病、脂肪肝、胆石症、痛风、阻塞性睡眠呼吸暂停综合征、内分泌紊乱等多种疾患。

引起营养不良的原因是没有养成良好的饮食习惯。偏食、挑食，食物品种过于单一，会引起某种营养素缺乏；烹调不合理，会破坏食物的营养素，引起某种营养素缺乏；经常吃捞米饭，会缺乏维生素 B、维生素 C；经常吃零食会影响食欲，影响合理营养。

饮食品种安排不当，会缺乏某种或某几种营养素。例如饮食中长期缺少含蛋白质丰富的肉类、蛋类、奶类、鱼类、豆类等，就会缺乏蛋白质。过量进食含糖类、脂肪高的食物，同时体力活动少，食物产生的热能大于体力等活动消耗的能量，多余的能量就会在身体里转化为脂肪，储存在体内，从而引起肥胖。

大学期间容易长胖。这一时期的肥胖，一般都是单纯性肥胖。主要原因是在生长发育时期有些贪吃，造成饮食过量。膳食安排不合理，体育活动过少等也会引起肥胖。多数入学时体型较胖的大学生，随着年龄增长，贪吃现象消除，膳食、运动合理，体重就会逐渐恢复正常。

预防营养不良，应养成良好的饮食卫生习惯，要做到不偏食、不挑食，定时定量吃饭，不暴饮暴食，饮食品种多样化，并注意吃新鲜的食物、合理烹调食物，使各种必需营养素都能从饮食中得到。在经济状况较好、饮食中动物性食物较多时，应注意适当多吃些蔬菜、水果等含维生素、矿物质、膳食纤维较多的食物，并要少吃含脂肪较多的食物；在经济状况不好、饮食中动物性食物不足时，应注意适当多吃些大豆类，如豆腐、豆浆等，以保证合理地摄取营养。同时，要做到适当运动，合理睡眠，保持愉快。

任务二　完成一份校园饮食卫生状况调查报告

📊【学习目标】

（1）了解食品安全对人体健康的重要性。

（2）了解选择安全食品的常识。

（3）掌握妥善保存食物的方法。

（4）养成良好的饮食习惯。

✐【学习任务描述】

通过教师的讲解、举例，指导学生分小组，对自己学校校园饮食卫生状况和周边的饮食小摊、饮食店的卫生状况进行调研，通过实地调研，完成一份校园饮食卫生状况调查报告。

⚑【学习任务准备】

要求学生了解学校食堂食品安全的保障措施，以及周边的饮食小摊、饮食店的卫生状况。

⚙【学习任务实施】

指导学生分成调研小组，对校园饮食卫生状况和周边的饮食小摊、饮食店的卫生状况进行调查，通过实地调研，了解学校食堂食品安全的保障措施，以及周边的饮食小摊、饮食店的卫生状况，以小组为单位，通过交流研讨，完成一份校园饮食卫生状况调查报告。由同学和教师进行评价，评选出优秀的调查报告展示并给予奖励。

🍸【案例一瞥】

案例1：2009年11月6日《信息时报》报道：学校竟然流行"拉肚子"，两个星期内接连有200名学生出现腹泻呕吐。昨日，广州涉外经济职业技术学院学生向时报反映，近期该校大量学生出现呕吐、腹泻等症状，怀疑是食用不洁食物导致。校方表示，这是由于学生经常到校外无牌无证小食摊点用餐，导致细菌感染引起的。为此，学校已经采取措施，学生病情也得到控制。（熊栩帆，蔡胜龙. 200多名大学生轮番腹泻. 信息时报. 2011-11-6.）

案例2：2011年7月1日《新商报》报道：昨日一早，刚刚交接完班的大医附属二院急诊内科医生丁聪介绍，当晚来了23名腹泻患者，脱水等重症很少，一般腹泻七八次就前来就医，表现出市民意识在提高。总结患者的腹泻原因，大多数人是在采摘樱桃和吃烧烤蚬子后出现了症状。有位中年男子，采摘游玩时吃了不少樱桃，"具体吃多少说不清楚，大概能有一小塑料桶吧。回家后就感觉肚子难受，坚持到了晚上 10 点多，就开始腹泻了。"听完患者的描述，丁聪立即给予了药物消炎止泻。还有一部分患者是吃烧烤引起的，一位在校大学生在女友陪伴下，走进诊室中。"晚上和朋友吃烧烤，要了盘蚬子。我就爱吃刚张开嘴的蚬子，里面的水特别鲜。没想到睡下后，肚子开始剧烈疼痛，起身跑进卫生间，一看表是凌晨了。"蚬子是大连人喜欢的小海鲜，烧烤时无法彻底熟透，也是造成腹泻的一个重要因素。"蚬子的生长特性决定其附着不少细菌，没有熟透就入口等于吃细菌，出现腹泻非常正常。"（张帆. 不少腹泻患者是撑出来的毛病. 新商报. 2011－7－1.）

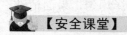
【安全课堂】

一、选择安全食品

安全食品是指没有农药残留、没有污染、无公害、无激素的安全、优质、营养类食品。选择安全食品，是预防食源性疾病、维护健康的前提。

大学生食品来源主要是食堂、饭店（包括餐饮摊点）、家庭用餐和购买水果、饮料、定型包装食品等。

在食堂、饭店（餐饮摊点）等餐饮单位用餐时，要尽可能观察用餐环境是否整洁，该餐饮单位是否有餐饮服务许可证，餐具、饮具是否经过消毒后保洁，餐饮单位工作人员是否穿戴清洁的工作衣、帽，暴露部位（特别是手）是否清洁、有无受伤或者疮疖（无论是否包扎），出售无包装食物是否放在防尘、防蝇设备里，销售直接入口食品时是否使用售货工具，盛放食品的餐具、包装是否是无毒、清洁的。

（一）食品选购

购买预包装食品，要了解出售场所是否有食品流通许可证，并且要认真查看包装标签。《中华人民共和国食品安全法》规定，预包装食品的包装上应当有标签。标签应当标明下列事项：名称、规格、净含量、生产日期；成分或者配料表；生产者的名称、地址、联系方式；保质期；产品标准代号；贮存条件；所使用的食品添加剂在国家标准中的通用名称；生产许可证编号以及法律、法规或者食品安全标准规定必须标明的其他事项。专供婴幼儿和其他特定人群的主辅食品，其标签还应当标明主要营养成分及其含量。食品包装标签必须清楚，容易辨识。在国内市场销售的进口食品，必须有中文标识。购买时，要看食品包装标签是否齐全，特别是要看食品的生产日期，注意食品是否超过保质期。金属罐装罐头要看罐头外形是否发生膨胀（胖听）。还要妥善保管好购物凭据及相关依据，以便发生消费争议时能

图 1－2　质量安全标志

够提供维权依据。购买预包装食品时，还可以查看包装上是否有食品质量安全标志"QS"。QS 是英文 Quality Safety（食品安全）的缩写，表示该食品的生产加工企业经过了国家的审查，食品各项指标均符合国家有关标准的要求，如图 1－2 所示。所有 QS 号码均由 12 位数字组成，消费者可上国家质检总局网站查询，将 QS 码输入，看是否和企业产品相对应。通过查询，可以立即辨别真假。定型包装食品包括方便食品、强化食品、保健食品等。方便食品包括各种糕点等熟食品，速冻水饺等速冻食品，方便面等加水冲泡就能吃的食

品，各类罐头、火腿肠类食品等。方便食品虽然吃起来方便，但是不能长时间以此为食物，因为方便食品所含营养素不全，长时间吃方便食品，特别是长时间吃一种方便食品，容易引起营养不良。强化食品是在某些食品中添加了一种或几种营养素的食品。强化食品对预防、治疗相对的营养缺乏有一定的作用，但是不能滥用，食用前应当请教医生，以免引起毒副作用。保健食品是经过卫生部门批准，在食品标签上标明"卫健字××号"的食品，其标签、说明书不得涉及疾病预防、治疗功能，内容必须真实，应当载明适宜人群、不适宜人群、功效成分或者标志性成分及其含量等；产品的功能和成分必须与标签、说明书相一致。保健食品有一定的保健作用。但是，保健食品不是药品，不能用来治病。大学生一般不要食用保健食品。如果需要，在食用前，应当请教医生。

　　购买水果时，一般应当选择果型完整，丰满、新鲜，果色鲜艳、色泽均匀，果面清洁，无压伤腐烂，无病虫害的。

　　饮料包括冷饮和热饮。冷饮食品包括冰棍、冰激凌、汽水、人工配制的果味水和果味露、果子汁、酸梅汤、食用冰块、散装低糖饮料、盐汽水、矿泉饮料、发酵型饮料、可乐型饮料、茶饮料等。定型包装的冷饮食品和其他定型包装食品有同样的卫生要求。购买现场制作的冷饮，可以参照选择餐饮单位食品的要求选择。热饮有咖啡、热奶茶、热茶等。热饮容易发生的卫生问题主要有原料、存放饮料的器具、制作经营人员的卫生状况不符合卫生要求等。选购热饮时，可以参照在饭店选择食品的方法。

　　（二）绿色食品

　　绿色食品是指无农药残留、无污染、无公害、无激素的安全、优质、营养类食品。是按照特定的生产方式生产，经过专门的认证机构认定、许可，使用绿色食品商标标志的安全食品，如图 1-3 所示。

图 1-3　绿色标志

　　绿色食品在种植、养殖、加工过程中执行规定的技术标准和操作规程，限制或禁止使用化学合成物（如化肥、农药等）及其他有毒有害的生产资料，实施从"农田到餐桌"全过程质量控制。绿色食品又分为 A 级和 AA 级两大类。A 级：生产基地的环境质量符合 NY/T391 的要求，生产过程严格按照绿色食品的生产准则、限量使用限定的化学肥料和化学农药，产品质量符合 A 级绿色食品的标准。AA 级：生产地环境与 A 级相同，生产过程中不使用化学合成的肥料、农药、兽药，以及政府禁止使用的激素、食品添加剂、饲料添加剂和其他有害环境和人体健康的物质，其产品质量符合 AA 级绿色食品的标准。

　　绿色食品产品的包装有四个特殊标识：标志图形、"绿色食品"文字、编号及防伪标签。中国绿色食品发展中心对许可使用绿色食品标志的产品进行统一编号，并颁发绿色食品标志使用证书。编号形式为 LB-××-××××××××××。"LB"是绿色食品标志代码，后面的两位数代表产品分类，最后 10 位数字含义如下：一、二位是批准年度，三、四位是国别（我国为"01"），五、六位是省区，七、八、九位是产品序号，最后一位是产品级别（A 级为"1"，AA 级为"2"）。通过绿色食品认证的产品可以使用统一格式的绿色食品标志，有效期为 3 年，期满后，生产企业必须重新提出认证申请，申请通过后才可以继续使用该标志，同时更改标志上的编号。否则，就属于假冒的绿色食品。

　　（三）有机食品

　　有机食品是安全级别最高、最安全的食品。有机食品是并根据有机农业原则和有机产品的生产、加工标准生产出来，并经过有机农产品颁证机构颁发证书的一切农产品。有机农业是一种完全不用人工合成的肥料、农药、生长调节剂和饲料添加剂的生产体系。有机农业原则是在农业能量的封闭循环状态下生产，全部过程都利用农业资源，而不是利用农业以外的能源影响和改变农业的能量循环。当然也禁止使用基因工程产品，而且在土地转型方面有严格的规定，一般需要 2～3 年的转换期。

（四）无公害农产品

无公害农产品是指生产地的环境、生产过程和产品质量符合一定标准和规范要求，并经过认证合格，获得认证证书，允许使用无公害农产品标志的食用农副产品。无公害农产品限定在空气清新、水质纯净、土壤未受污染的地方生产，生产过程要符合生产技术规程，如限制剧毒农药的使用等，产品的重金属含量和农药（兽药）残留量要符合规定的标准。

用餐一定要保证食品安全，从购买原料到烹调制作的各环节都要注意卫生。所有食品原料都应当新鲜、无污染，最好是无公害农产品、绿色食品。所有生、熟食品都要分开存放和加工。生食品中常带有许多细菌、寄生虫卵等，如果用切过生食品的刀再切熟食品或盛过生食品的容器未经洗净消毒就盛放熟食品等，就会将生食品上的细菌、寄生虫卵污染到熟食品上，危害健康。碗筷、案板、菜刀等餐具与厨房用具需要经常煮沸消毒灭菌。饭菜要做熟，因为未经充分加热烧熟煮透的食物，可能含有未被杀死的细菌、病毒、寄生虫等，可以引起肠道传染病、食物中毒或寄生虫感染等多种疾病。1987 年底在上海市发生的甲肝流行，就是由于吃了未烧熟煮透的毛蚶引起的。冰箱里的剩饭菜必须彻底加热煮透后再吃，已经变质的剩饭菜千万不要再吃。

二、妥善保存食物

新鲜、清洁的食品，可以补充机体所需的营养，饮食新鲜而不变质，其营养成分很容易被消化、吸收，对人体有益无害。鸡、鸭、鱼、肉、蛋、蔬菜、水果都含有害物质和细菌。放置过久则有害物质增多，甚至变质，危害多多。所以我们在购物时要注意，一次不要购买太多，即使便宜也是如此，例如大叶蔬菜，放得时间久了，亚硝酸盐的含量就会升高，人吃了就容易中毒。而且致癌物质亚硝胺也是由亚硝酸盐转变而成的。所以我们选购饮食原料一定要新鲜，并且最好做到现吃现买。另外，食品清洁，也可以防止病从口入，避免被细菌或毒素污染的食物进入机体而发病。因此，食品要保证新鲜、清洁。新鲜、清洁的食品才是人体所需要的。

然而生活中总有一些食物是需要保存一段时间的，这就要求能妥善保存。例如，粮食和粮食制品（如面条等）应当保存在阴凉、通风、干燥，能防潮、防霉、防鼠、防虫的地方。食用油应放在干净的玻璃瓶里，放在通风、干燥、清洁、卫生的地方。不能在塑料桶内长期存放，以免塑料和油长时间相互作用，产生有害物质。如果食用油变质即"哈喇"，就不要再吃。

塑料袋分为有毒、无毒两种，无毒塑料袋轻柔透明，手摸时有润滑感，表面像有蜡似的，遇火易燃，火焰为黄色，燃烧时有石蜡气味，像蜡烛燃烧一样滴落；有毒塑料袋不能盛装食品，手摸时感觉发黏，比较结实，不容易燃烧。

需要冷藏存放的食品，一定要按照食品标签的要求冷藏。

冰箱可以将放在里面的食物长期保持在低温状态，从而起到保鲜、保质的功能。但是冰箱不是保险箱，它只是用保持低温的方法使食物或空气中的有害细菌活动减少，但细菌活动并没有停止；还有一些专门喜欢生活在寒冷环境下的"嗜冷菌"，因此食物在冰箱里放久了，也会变质。吃了冰箱中污染、变质的食品容易引起疾病。用冰箱保存食物时，要注意生、熟分开；吃剩的饭菜要加盖储存，或者用保鲜袋、保鲜纸封闭，以免串味；冰箱冷藏室内保存的剩饭菜，最好不要超过 24h，而且保存前最好先加热煮透，再放凉。需要较长时间保存的食物，应放在冷冻室。生鱼、生肉要放在冷冻室保存。经化冻的肉类和鱼等，不宜再次置冰箱内保存。因为多次化冻后，食物可能受到污染，而且食物品质也遭到破坏。因此，大块的肉应按每次烹调需要的量，分切成小块再置冰箱内，每次烹调时取一块化冻即可。使用中的冰箱一定要注意定期清洁，清洁时使用半干的抹布擦干净即可。平时注意不要让冰箱潮湿，潮湿的环境会大大缩短冰箱的寿命，也会导致漏电等事故。冰箱不能正常工作时一定要请专业的维修人员修理，不能自己随意拆卸修理。

三、养成良好的饮食习惯

（一）饮食要有规律

每天必须定时定量吃饭，两顿饭之间相隔 4～6h。早餐一定要吃好，早餐不吃饱或不吃早餐，不仅影响上午学习，时间长了，还会带来疾病；中餐要吃饱，中餐后是人体消化吸收能力最好的时候，所以中餐可以丰盛些；晚餐应清淡，油腻食物要少吃，以免消化不良或营养过剩。

不挑食、不偏食。如果挑食、偏食，只吃自己喜欢吃的东西，吃的食物品种少，就会引起营养缺乏或过剩，造成营养不良，损害健康。

不要暴饮暴食。暴饮暴食会影响人体正常的消化功能，甚至可引起胃肠疾病、急性胰腺炎等疾病。吃饭要细嚼慢咽，不要狼吞虎咽，不要吃汤泡饭或水泡饭。

要做到愉快进餐。一个人情绪不良时，消化功能会明显改变，出现胃酸减少或停止分泌。情绪不良时进餐，不仅吃进的食物不能很好地消化、吸收，起不到应有的营养作用，还可能引起消化不良、胃炎等疾病。吃饭时不要看书、看电视，以免影响消化吸收；也不要打闹谈笑，以免引起呛咳等意外。饭前饭后半小时内不要做剧烈活动，以免影响消化吸收，引起腹痛等不适。

喝水、吃饭时用卫生的水杯、餐具。集体吃饭时最好使用公筷或分餐。

（二）吃东西前先洗手

手在学习及日常生活过程中，很容易沾上病菌、病毒、寄生虫，不洗手就吃东西很容易传染上疾病。一定要养成饭前便后洗手的好习惯。洗手时，最好用清洁的流水洗并且要打肥皂。如果在盆里洗手，应当一人一盆水。留长指甲不但不文明，学习工作时不方便，而且洗手时很难把指甲里藏的灰尘、病菌、病毒、寄生虫洗净，所以应当勤剪指甲。一般至少每周剪一次指甲，剪指甲时要尽量剪短，但是注意不要伤害甲床。

（三）注意生冷食品卫生

生吃蔬菜水果要洗净。蔬菜水果的表面，往往粘附有细菌、病毒、寄生虫卵等病原微生物，或者残留的农药、化肥等。生吃未清洗干净的蔬菜水果，不仅可能被这些致病菌或寄生虫感染，还可能因为农药等化学毒物进入人体引起急（慢）性中毒。因此，蔬菜在加工前，要用清洁水洗净，然后用开水烫（焯）一下。苹果、梨等可以连皮吃的水果，最好在洗净削皮后再吃。不宜削皮的瓜果，如葡萄、草莓等，在洗净后，最好再用开水烫一下。西瓜等需要切开吃的水果，要洗净后再用清洁的刀切开。不要吃生了坏斑的瓜果。瓜果有了坏斑，说明已经受污染，吃了有可能感染得病。

吃凉拌菜要慎重。凉拌菜要选择新鲜的原料制作。要现做现吃，一次吃完。调制凉拌菜的原料要用卫生的水洗净，尽可能用开水烫洗一下，用消毒后的熟食刀具、砧板加工；凉拌菜中最好加点醋、蒜头，以帮助杀菌。夏秋季气温高时，尽量不吃凉拌菜，特别是卤菜。在没有专用冷菜操作间的餐饮单位、没有专用冷菜加工设备的家庭等场所，尽量不要吃凉拌菜。在街头购买卤菜，一定要选择符合卫生要求的单位，并且注意从购买到吃之前的全过程的卫生。购买的卤菜如果一次吃不完，一定要及时放进冰箱冷藏，而且下次吃之前，要重新加热煮透，否则，一定要妥善丢弃，防止卤菜引起食源性感染。

动物性食物最好烧熟煮透后再吃。不要吃生虾或醉虾。虾喜欢在水草丰富的地方生长，容易沾染寄生虫、细菌。醉虾不能完全杀死虾中的寄生虫、细菌。吃生虾或醉虾容易受感染而得病。不要吃半生不熟的毛蚶等贝类食品，毛蚶等贝壳动物可带有大量的甲肝病毒等致病微生物，生吃或吃半生不熟的容易被感染得病。吃生鱼片、龙虾要当心。在浅海、河、湖、沟、塘生长的鱼、小龙虾很可能沾染细菌、寄生虫等微生物。如果不能确定鱼片、龙虾的卫生状况，就不要生吃。不要喝生牛奶、羊奶。牛奶、羊奶在挤奶、运输过程中，可能沾染上大量的细菌，一定要经过消毒处理后才能喝。不要吃生鸡蛋。鸡蛋在鸡的卵巢里形成的过程中，会沾染上很多细菌。鸡蛋壳上的细菌可以通过壳上的毛细孔进入蛋液中。吃生鸡蛋容易被细菌感染而得病。臭鸡蛋不能吃，发臭的鸡蛋里可含有大量的细菌、霉菌毒素和致癌物质，吃了容易生病。

（四）注意餐（饮）具卫生

最好使用自己的餐（饮）具，并且保持卫生。不要用洗衣粉洗餐（饮）具。洗衣粉里含有对人体有害的化学物质，如果用洗衣粉洗食品和餐具，沾在食品和餐具上的洗衣粉很难清洗干净。使用洗衣粉洗过的餐具或者食用洗衣粉洗过的食品，可能引起腹泻，甚至导致癌症。用洗涤剂洗过的碗碟要冲洗干净。使用的公用餐（饮）具，要选择清洗、消毒、保洁都符合卫生要求的。制作食品的砧板在使用前应先用清水洗刷一次，用后清理干净；切生食物和熟食物不能共用一块砧板，防止因砧板清洗不干净，生食物中的细菌进入到熟食物中去。不同用途的抹布不能混用。抹布用后要认真清洗、晾干，最好每天煮沸消毒一次，或用洗涤剂洗净晾干。

（五）不吃或者少吃烟熏、油炸食品

烟熏食品有一种特殊的香味，但是烟熏食品中可有致癌物质。经常吃烟熏食品的地区，胃癌发病率较高。油炸食品也有特殊的香味，但是制作油炸食品的食油经过反复高温加热，会产生有害物质。特别是街头从事油炸食品的餐饮摊点，往往不愿意丢弃多次炸过食品的油。经常吃这样的油炸食品，容易影响健康，甚至引起癌症、高脂血症等疾病。而且油炸食品含热量非常高，容易引起肥胖。

（六）不要好热闹喜聚餐

每当节假日，人们大多喜欢三三两两到餐馆"撮一顿"，或是亲朋好友在家聚餐，又热闹又便于交流感情。这样做不利于健康，不符合饮食卫生，最好实行分餐制。分餐的做法是对别人和自己生命健康的负责和尊重。

（七）不用白纸包食物

有些人喜欢用白纸包食品，因为白纸看上去好像干干净净的。可事实上，白纸在生产过程中，会加用许多漂白剂及带有腐蚀作用的化工原料，纸浆虽然经过冲洗过滤，但是仍含有不少化学成分，会污染食物。至于用报纸来包食品，则更不可取，因为在印刷报纸时，会用许多油墨或其他有毒物质，对人体危害极大。

（八）不用酒消毒碗筷

一些人常用白酒来擦拭碗筷，以为这样可以达到消毒的目的。殊不知，医学上用于消毒的酒精度数为75°，而一般白酒的酒精含量多在56°以下，并且白酒毕竟不同于医用酒精。所以，用白酒擦拭碗筷，根本达不到消毒的目的。

（九）不用抹布擦餐具或水果

实验显示，在家里使用一周后的全新抹布，滋生的细菌数会让你大吃一惊；如果在餐馆或大排档，情况会更差。因此，在用抹布擦饭桌之前，应当先充分清洗。抹布每隔三四天应该用开水煮沸消毒一下，以避免因抹布使用不当而给健康带来危害。

也不要用毛巾擦干餐具或水果。人们往往认为自来水是生水且不卫生，因此在用自来水冲洗过餐具或水果之后，常常再用毛巾擦干。这样做看似卫生细心，实则反之。须知，干毛巾上常常会存活着许多病菌。

目前，我国城市自来水大都经过严格的消毒处理，所以用洗洁剂和自来水彻底冲洗过的食品基本上是洁净的，可以放心食用，无须再用干毛巾擦拭。

（十）不用卫生纸擦拭餐具或水果

化验证明，许多卫生纸（尤其是非正规厂家生产的卫生纸）的消毒状况并不好，这些卫生纸因消毒不彻底而含有大量细菌；即使消毒较好，卫生纸也会在摆放的过程中被污染。因此，用普通的卫生纸擦拭餐具或水果，不但不能将其擦拭干净，反而会在擦拭的过程中，带来更多的污染机会。

（十一）不吃已经开始变质的食物

不要把水果烂掉的部分剜掉再吃。有些人吃水果时，习惯把水果烂掉的部分削了再吃，以为这样就比较卫生了。然而，微生物学专家认为：即使把水果上面已经烂掉的部分削去，剩余的部分也已通过果汁传入了细菌的代谢物，甚至还有微生物开始繁殖，其中的霉菌可导致人体细胞突变而致癌。因此，水果只要是已经烂了一部分，就不宜吃了，还是扔掉为好。

也不能将变质的食物煮沸后再吃。有些人比较节俭，有时将轻微变质的食物经高温煮过后再吃，以为这样就可以彻底消灭细菌。医学实验证明，细菌在进入人体之前分泌的毒素，是非常耐高温的，不易被破坏分解。因此，这种用加热方法处理剩余食物的方法是不可取的。

（十二）不购买三无（无产地、无生产日期、无保质期）食品、饮品

任务三　拟写一份针对本校大学生的预防酗酒预案

📊【学习目标】

（1）了解大学生过量饮酒的危害。

（2）了解常见食物中毒及其预防知识。

（3）掌握预防酗酒的方法。

【学习任务描述】

通过教师的案例讲解、视频演示，让学生了解大学生过量饮酒的危害，高度关注大学生饮酒、酗酒行为。指导学生通过"拟写一份针对本校大学生的预防酗酒预案"，了解过量饮酒的危害和预防酗酒的方法，引导大学生避免、制止校园酗酒。

【学习任务准备】

要求学生调查了解本校大学生饮酒行为的状况和特点。

【学习任务实施】

通过教师的案例讲解、视频演示，让学生充分了解大学生过量饮酒的危害。以学习小组为单位，组织学生调查了解本校大学生饮酒行为的状况和特点，分组进行交流、讨论后，根据学校大学生饮酒行为的实际状况和特点，拟写一份针对本校大学生的预防酗酒预案。通过同学和教师的共同评价，投票评选出优秀预案，给予奖励，并作为班级的公约。

【案例一瞥】

案例 1： 2011 年 11 月 29 日《西安晚报》报道，户县法院成功调解一起因相约饮酒致死引发的赔偿纠纷案。王某是一名在校大学生，2010 年清明节小长假的一天，王某与 3 位外校的同乡同学曾某、刘某、翟某打完球后，一同到校外吃饭。为了尽兴，席间 4 人共喝了 4 瓶度数比较高的白酒。当晚 10 时许，4 人互相搀扶着回到王某宿舍，各自休息。不料，王某突发不适，第二天凌晨王某因酒精中毒死亡。事后，王某父母将曾某等 3 人告上法庭，认为 3 人作为与王某共同饮酒的朋友，没有尽到劝解以及合理照顾王某的义务，应该承担 9 万元赔偿责任。（魏阿英，张志杰. 大学生酒后身亡 3 同学被判有责. 西安晚报. 2011 - 11 - 29.）

案例 2： 2012 年 2 月 9 日中国新闻网报道，2 月 3 日下午，吴某（男，22 岁，湖南省衡阳某学院大三学生）带领昌某（女，20 岁，湖南衡阳某学院大二学生）与王某（男，24 岁，北京某校大三学生）、谭某（男，22 岁，河南省某学院大三学生）在江永县城火车售票点买好返校的车票后，相约来到湖南省江永县夏层铺镇周某（男，22 岁，广西南宁某学院大三学生）家吃晚饭。热情好客的周某母亲做好饭菜款待儿子的同学，周某从商店买回一箱啤酒。其中一位同学提议喝米酒，周某母亲从家中的酒坛里舀了一小碗丈夫用米酒自泡的药酒放在桌子上。4 名男同学用一次性杯子每人平分了一两多。4 个高中同学一边聊天一边小口喝酒。酒后，4 人都感觉全身发热、脸红、下颚有些麻木、头晕胸闷。4 人将杯中的啤酒喝完后，饭都未吃就结束了饭局。饭后，4 人打了十几分钟扑克，还是感觉浑身不适，而且手脚发麻，脸上皮肤发紧，并伴有呕吐、抽搐。外出回家的周某父亲急忙从村中租了一辆面包车将 4 人送到江永县人民医院，医生对 4 位病人逐一检查，结果发现 4 个病人不是醉酒状态，而是食物中毒的症状。医院随后启动了应急预案，快速组织医护人员进行抢救，然而，经过医务人员多方的努力，最终还是没能挽救王某的生命。

经过 5 天的治疗，2 月 9 日，吴某、谭某、周某 3 名回家过春节的大三学生，终于走出医院踏上了各自返校的路程。然而他们的同学王某却永远离开了他们，离开了这个世界……（黄海. 药酒毒倒 4 名大学生　政府部门紧急救援. 红网江永. 2012 - 2 - 9.）

【安全课堂】

一、防治酗酒

近年来高校大学生醉酒、酗酒现象日趋严重，而且酒后滋事造成伤害的不乏其人，给学校和个人均带来了不良影响。醉酒后由于神经受到刺激，导致行为失常、丧失理智，或直接为酒所害（酒精中毒），或间接为酒所害（醉酒滋事）。在大学生人身伤害案件中，很多都是由于当事人醉酒引起的，或是酒后自残，或是失手将他人打伤、打死。

（一）大学生过量饮酒的危害

大学生过量饮酒引起的危害主要有以下几个方面：

（1）伤害身体。各种酒中都含有酒精。酒精又称乙醇，进入人体后能很快被吸收。其中除少量经尿液、汗液和随呼出的气排出外，大部分在肝脏中氧化分解。过量饮酒，超出肝脏处理酒精的能力，就会损害肝脏组织，引起肝功能异常、肝脏肿大、酒精性脂肪肝，甚至引起肝硬化、肝癌等。过量饮酒，还会损害脑细胞，使记忆力、判断力和理解、分析能力下降。酒精对人的眼、耳、鼻、舌和胃、肠、胰等器官及生殖器官等也会有不同程度的损害，所以，过量饮酒会引起视力、听力减退，嗅觉、味觉迟钝，甚至胃炎、胰腺炎、精子发育不良等。长期过量饮酒会引起心血管疾病、癌症等多种疾病。

没有节制地喝酒称为酗酒。大量的酒精进入身体，会给健康带来很大的危害。一次性喝酒过多，会引起醉酒。醉酒又称急性酒精中毒。轻度醉酒会刺激心血管和神经系统，引起心跳加快、血压升高、皮肤血管扩张，以及兴奋、激动等中枢神经系统症状。喝酒的人出现脸红、话多等就是轻度酒精中毒的表现。酒精中毒较重时，会出现头昏、眼花、恶心、呕吐等。严重时，会引起心脑血管意外、昏迷等，甚至死亡。急性酒精中毒还会因中毒者思维能力受损，引起打架、斗殴、交通事故等，甚至犯罪。

白酒基本上是纯能量食物，特别是高度酒。无节制地饮酒，还会使食欲下降，食物摄入量减少，导致多种营养素缺乏。

大学生尚在发育阶段，非常容易受到酒精的危害。大学生饮酒，很容易引起头晕、注意力涣散、情绪不稳、记忆力减退等神经系统症状，性成熟年龄推迟等生殖系统受损表现，以及胃炎、胃溃疡、肝脾肿大、酒精性肝硬化等病症，所以大学生不能饮酒。

成年后，如果饮酒，则尽可能饮用低度酒，并控制在适当的限量以下。成年男性一天饮用酒的酒精量不要超过 25g，成年女性一天饮用酒的酒精量不要超过 15g。

（2）殃及四周。醉酒后，由于身不由己而往往行不知所住、处不知所持、食不知所味，一种原始的冲动使人变得野蛮、愚昧、粗暴；异常的兴奋，又能诱导人为所欲为，出现迷离恍惚而又洋洋自得的举止。人在这种失去理智的状态下很容易对周围的人破口谩骂、动手殴打，或者从事一些莫名其妙的破坏活动。

（3）荒废学业。醉酒的程度同智力恢复所需的时间大致成正比。在当今知识飞快更新的信息时代，不难推算出，一个经常醉酒的人在工作和学习上的损失到底有多大，很难想象一个醉汉还能潜心钻研学业。

（4）惹是生非。按照有关法律规定，醉酒的人违法犯罪，应负相应的法律责任。醉酒的人动辄摔倒、撞伤，酒后开车酿成大祸一类案件屡见不鲜。酒后溺水身亡等自食恶果的一类悲剧也不乏其例，教训惨痛。为了保证大学生健康成长、维护正常校园秩序，教育部门规定，大学生在校园内不允许喝酒，更不允许酗酒。

（二）大学生对于饮酒行为的错误认识

大学生酗酒的原因是多方面的，作为一名大学生，要特别注意以下错误观念和错误做法：

（1）"借酒浇愁"、"今朝有酒今朝醉"。这种表现的实质是逃避现实、自暴自弃的消极情绪。

（2）"酒逢知己千杯少"。错误地认为交朋待友离不开饮酒助兴，但事实上"酒肉之交"未必真是朋友，也未必靠得住。

（3）"男子汉天生就应当会喝酒"。其实，用这种标准来衡量"男子汉"未免失之偏颇。"会酒未必真豪杰，忌酒如何不丈夫？"

（4）为达到预定目的而特地设酒摆宴，饮酒为名，交易为实。

（5）逢场作戏，为"助兴"而即席端杯，或出于好奇而涉足，这种人最容易成为被人摆弄的对象。

（6）硬着头皮充好汉，在酒桌上"舍命陪君子"、"一醉方休"。这种人大多酒量并不大，总想博取他人心悦诚服，而最终往往授人以笑柄。

（三）大学生应该怎样禁酒和预防酗酒

国家教育行政部门明文规定，校园里不准经营烈性酒，这是对大学生健康成长的保护措施。作为大学生就更应该认识到酗酒的危害性，积极禁酒和预防酗酒。

1. 不要把不会喝酒当做一种遗憾

人群中，不会喝酒的人不在少数，不会喝酒是一种正常的状况。要做到始终如一地禁酒，最难过的一关是亲朋相聚、朋友相约的场合。不要被一些所谓的"难得的聚会"、"今天不同寻常"之类的言语打动。这时，最好注意以下几点：

（1）席即声明自己不会喝酒。

（2）拒绝要有礼貌，但态度要坚决，不要给人以"在讲客气话"的错觉。

（3）主动倒上一杯饮料或茶水作陪。

（4）不喝酒是一种权利，态度要大方。

2. 喝酒要有节制

无论是自斟自饮还是群饮，都要适度。同时要注意以下几个方面的问题：

（1）空腹酗饮最容易醉倒，因此最好在饮酒前吃点东西或者喝杯酸奶。

（2）要尽量避免干杯。干杯本是礼节性的辞令，目前已演化为"一饮而尽"了，是一种不良风气。

（3）量力而行，适可而止。

（4）喝酒感到不适，产生强烈反应时，联想一下自己和他人醉酒后难堪的情景，然后放弃喝酒。

3. 多人一起喝酒，最容易酗酒和醉酒

醉酒往往有一个过程，酒多话也多，从语言上看，大体经历如下四个阶段，大学生饮酒时要注意掌握：

（1）好言相劝。怀有某种目的，选中某个特定对象甜言蜜语、集中相劝，让对方多饮酒。

（2）豪言壮语。酒过三巡，有了几分醉意，往往出言不逊，漫天夸海口，大话不绝于耳。有此征兆，最明智的选择就是立即停止饮酒。

（3）胡言乱语。当酒量过度，不胜酒力者酒性开始发作，神志不清，思维紊乱，语无伦次，断断续续，似真非真，似假非假。无休止"再干最后一杯"的情景，恰巧在这个时候最容易出现，此时的鼓动行为无异于落井下石。

（4）不语不行。这是醉酒后无可奈何、身不由己的一种表现形式，情况严重的，必须采取治疗救护措施。

（四）大学生毕业酗酒现象需要重视

在大学生即将毕业的时节，校园里仿佛也无奈地弥漫着几分离愁，毕业生的"散伙饭"总是在悄无声息中慢慢拉开帷幕。毕业聚会、应聘成功、论文结束等都成为大家相聚的最好理由。在相互邀请、觥筹交错之中，又有多少学生清楚，酗酒过量导致伤亡的人员比例中多半是大学生呢？

大学毕业时，共同生活了几年的同学即将各奔前程，天南海北，再相聚在一起也确属不易，无论从个人心理上还是社会共同认知上来看，大家坐在一起吃吃饭，小酌几杯也无可厚非。然而，万事都应量力而行，酒多伤身的道理对大学生这个受过高等教育的群体来说更应当是明白知晓的，但当在酒桌上面对"感情深一口闷，感情浅舔一舔"的说法时，又有多少大学生能不顾情面地主动放下酒杯呢？其实，喝好并不等于喝倒。大学生在举杯欢饮的同时，一定要量力而行，切不可逞一时之勇，丢面子事小，伤身体事大。何况经过四年苦读，在终将走入社会之时却突遭横祸，无论是对个人还是对父母，都是不能承受的巨大打击。

毋庸讳言，大学生酗酒的问题早已暴露，但是在解决方式上却一直缺乏有力措施。若是运用行政纪律处罚来强制规定毕业生聚会不准饮酒似乎有些不近人情，但是如果就此漠视和纵容酗酒现象，则造成的后果一定是十分严重的。大学生在心理上还缺乏一定的自控能力，在醉酒后易冲动，引发社会治安问题，寻衅滋事的不在少数，无论对酗酒者本身还是受害者来说造成的伤害都是令人痛苦的。

学校应当加强对毕业生思想工作的重视，当大学毕业生在论文答辩完毕、工作已经安排妥当的时候，往往已经形成了一种"责任真空"的状态，既没有来自学校方面的管理，又没有来自职业单位方面的压力，暂时的短期目标缺失易引起学生心里空虚、寂寞和郁闷，从而想到了借酒浇愁。学校在管理上应重视毕业生的心理状态，及时开展各类活动和讲座来辅导和帮助毕业生走出迷茫的6月，以一种健康积极的方式庆祝毕业、举行聚会，让学生能在大学生涯的最后时刻画上一个圆满的句号。同时，关注大学生毕业酗酒，也应当作为一个社会共同关注的焦点问题，学校周边的餐馆也应当自觉加强社会责任意识，能够在学生饮酒过量时及时劝诫，以免酿成悲剧。

大学生自身也应对酗酒现象引起足够的关注。关键是大学生自身心理认知意识，大学生要树立起良好的"酒风标准"，不要盲目跟从社会上的不良饮酒风气，在欢笑畅饮的同时，要量力而行；在面对血的教训时，要引以为戒，切莫让毕业离校又离世的悲剧发生在自己身边。

二、预防食物中毒

食物中毒指食用了被有毒有害物质污染的食品或者食用了含有毒有害物质的食品后出现的急性、亚急性疾病。属于食源性疾病的范畴。

食物中毒的特点是：发病与食物有关；同吃一样食物的多人中，往往不是只有一人发病，而是多人或者所有人都发生中毒；在进食后短时间内发病，同时发生中毒的病人症状相似；无传染性。

食物中毒可以分为细菌性食物中毒和非细菌性食物中毒。非细菌性食物中毒又可以分为有毒动物中毒、有毒植物中毒、真菌性食物中毒、化学性食物中毒等。其中细菌性食物中毒最为常见，占全部食物中毒的 50% 以上。

发生食物中毒，可根据具体情况，分别采取下列紧急措施：立即停止食用可疑中毒食品；使用紧急催吐方法尽快排除毒物，如用筷子或手指刺激咽部帮助催吐；尽快将中毒病人送往就近医院诊治；保留导致中毒的可疑食品以及病人吐泻物，保护好现场，及时向当地卫生行政部门报告，并协助卫生行政部门调查处理。

食物中毒是危害大学生健康较重的疾病之一。每个大学生都应建立食品卫生安全意识，在购买、保存、食用食物时，注意饮食卫生，严防发生食物中毒。

（一）细菌性食物中毒

细菌性食物中毒是指摄入含有细菌或细菌毒素的食品而引起的食物中毒。也是发生率最高的食物中毒，多发生在夏秋季。动物性食品是引起细菌性食物中毒的主要食品，其中肉类及熟肉制品（卤菜）居首位，其次有鱼、奶、剩饭等。

食物被细菌污染主要原因有：禽畜在宰杀前就是病禽、病畜；刀具、砧板等食品制作用具不卫生，生熟交叉感染；环境卫生状况差，灰尘、蚊蝇等均可引起细菌污染食物；食品生产经营人员污染了食物；食品制作时未充分加热煮熟；熟食品贮存方式不当或在较高温度下存放较长时间发生变质；存放熟食品（饮料）的餐具（茶具）被细菌污染。

引起食物中毒的病原体主要有沙门氏菌、副溶血弧菌、金黄色葡萄球菌、蜡样芽孢杆菌、大肠埃希菌、肉毒杆菌等。细菌性食物中毒潜伏期均较短，如金黄色葡萄球菌、蜡样芽孢杆菌等引起的食物中毒，潜伏期仅 1～3h；最长的沙门氏菌、志贺氏菌等引起的食物中毒，潜伏期也只有 24～72h。

沙门氏菌、副溶血弧菌、金黄色葡萄球菌、蜡样芽孢杆菌、大肠埃希菌引起的食物中毒，主要为胃肠道不适，被称为胃肠型食物中毒，主要症状有腹痛、腹泻、恶心、呕吐等，多数病人可有发热等全身不适症状，体温 38～40℃不等。病情轻时，可以不经过治疗，在 1～3 天内自行痊愈；病情严重时，可因失水产生酸中毒、低溶血量休克等，并且可引发坏死性肠炎等，甚至引起死亡。

沙门氏菌引起的食物中毒是最常见的食物中毒，主要是因为沙门氏菌污染了猪肉等畜禽肉、鱼、蛋、西红柿、甜瓜等食物。副溶血弧菌主要通过污染海鲜食品、咸菜等含盐量较高的食品使人中毒；金黄色葡萄球菌主要通过污染火腿肠、鲜猪肉、肉罐头、奶油点心等使人中毒；蜡样芽孢杆菌主要通过污染炒饭、肉丸子、焖牛肉、烤鸡等使人中毒；大肠埃希菌主要通过污染蔬菜特别是凉拌菜和畜禽肉使人中毒，对健康危害较大。

肉毒杆菌中毒属于神经型食物中毒，以神经症状为主，如头晕、头痛、乏力、视力模糊、咀嚼困难、吞咽困难、言语困难、呼吸困难，病死率可以达到 70%。

（二）非细菌性食物中毒

1. 有毒动物中毒

常见的有鲐巴鱼中毒、死螃蟹中毒、死甲鱼中毒、死鳝鱼中毒、河豚中毒等。鲐巴鱼等青皮红肉海鱼、扒皮鱼、螃蟹、甲鱼、鳝鱼等鱼类体内含有大量的组氨酸。这些鱼类在缓慢死亡的过程中，它们体内、外的细菌会逐渐繁殖，并使体内组氨酸分解生成组胺。组胺是一种有毒的物质，食用过多组胺就会造成组胺中毒。组胺中毒起病很急，在食用后几分钟到几十分钟内，就可能发病。组胺中毒者可出现面色潮红、头晕、头痛、心慌、胸闷现象。重者可出现呼吸急促、心跳加速、血压下降。有的病人还可出现荨麻疹、哮喘、恶心、呕吐、腹泻、口舌和四肢发麻、眼结膜充血等。如果发生组胺中毒，应当立即送医院治疗。

常见的有毒动物中毒还有河豚中毒，吃生鱼胆、蛇胆中毒等。河豚、鱼胆、蛇胆中含有胆汁毒素，还可能被细菌污染，吃了容易中毒或感染疾病。

预防有毒动物中毒，要做到少吃鲐巴鱼、扒皮鱼等海鱼，特别是有过敏史者不要吃不新鲜的、未烧透的青皮红肉海鱼。不要吃死螃蟹、死甲鱼、死鳝鱼、河豚、生鱼胆、生蛇胆。

2. 有毒植物中毒

对大学生危害最大的有毒植物中毒是生豆角中毒、豆浆中毒、暴腌菜中毒等。

豆角包括四季豆、长豆角、荷兰豆等。生豆角中含有豆素和皂素等有害物质。吃了没炒熟的豆角，就可能出现恶心、呕吐、腹泻、腹痛、头晕、无力等症状，严重的会因脱水、酸中毒而死亡。生豆角中毒，是大学生最常见的食物中毒之一。吃豆角一定不要贪图鲜嫩，要炒（烧）熟了再吃。

生豆浆中含有抗胰蛋白酶素等多种有毒物质，这些有毒物质在高温时才会被破坏。所以豆浆要煮透后再喝。煮豆浆开始沸腾时，可能是假沸，需要再煮一会儿。

蔬菜腌制过程中有可能产生亚硝酸盐，蔬菜越不新鲜，气温越高，产生的亚硝酸盐就越多。蔬菜腌制一周后，亚硝酸盐含量逐步减少，所以暴腌菜不能吃。一般腌制 15 天以后就可以安全食用了。

吃了不新鲜的蔬菜，也可能引起食物中毒。蔬菜堆放时间越长，维生素等营养成分损失越多。如果堆放时不通风，蔬菜因受捂发热，就可能产生亚硝酸盐，使食用者发生食物中毒。

表皮变绿腐烂的发芽土豆不能吃。土豆在存放时间较长、气温和湿度较高的情况下就会发芽。发芽的土豆，在芽眼周围和变成绿色或紫色的表皮中，含有一种叫龙葵素的有毒物质。这种物质对人体的神经系统有麻痹的作用。吃了龙葵素，会出现舌、咽麻痹、胃部灼痛、恶心、呕吐、腹泻等症状，有的还会出现瞳孔散大、耳鸣，严重的可因呼吸困难、抽搐昏迷而死亡。

鲜黄花菜不能吃。鲜黄花菜又称金针菜，鲜黄花菜中含有秋水仙碱，进入人体后会使人中毒。鲜黄花菜放入水中浸泡 2h 以上，再用开水烫一下，挤去水分，才可食用。

空腹时不能吃柿子。柿子中含有大量的柿胶，柿子皮和未成熟的柿子中柿胶含量更高。柿胶遇到胃酸或酸性食物，会在胃内凝成硬块，引起腹痛、恶心、呕吐、厌食，甚至吐血，发生胃溃疡。

白果不能生吃。白果肉中含有银杏酸等有毒物质，生吃白果很容易中毒。

3. 真菌性食物中毒

真菌性食物中毒主要包括霉菌引起的食物中毒和有毒蘑菇中毒等。

食物保管不当就会长霉，被霉菌污染。霉菌种类很多，其中许多含有对人体有害的毒素。吃了被霉菌毒素污染的食物，就会发生霉菌毒素中毒，如霉变粮食中毒、霉甘蔗中毒、烂山芋（红薯）中毒等。食物长霉，表明已经被污染变质，千万不要再吃，即使只吃没变质的部分也不行。被霉菌污染的食物还可能诱发癌症，所以即使只有一点点霉点的食品，也要全部扔掉，千万不要吃。

野生的蘑菇多数有毒。没有经过专业的培训，很难分清蘑菇有没有毒。吃了有毒的蘑菇，在几分钟到几十分钟内会出现恶心、呕吐及其他中毒症状，严重的会导致人死亡。因此，不认识的蘑菇千万不能吃。

4. 化学性食物中毒

化学性食物中毒是指食用了被有毒化学物质污染的食物引起的中毒。有毒化学物质污染食物的主要原因有食品生产经营人员非法在食品中添加有毒化学物质（如苏丹红等）或者超量添加食品添加剂、营养强化剂等。有毒化学物保存不当被误作食品食用，也是引起化学性食物中毒的重要原因，最常见的是误将亚硝酸盐当作食盐。存放、包装食品使用非食品存放容器，也可引起化学性食物中毒，如用化肥袋存放熟食品、用农药瓶存放食用油引起中毒等。食用因贮藏等原因造成营养素发生化学变化的食品，也可引起化学性食物中毒，如油脂存放时间过长，发生酸败（哈喇），食用后引起中毒等。发生化学性食物中毒时，明确引起中毒的化学物质和及时治疗非常重要。就诊时，要尽可能向医生说明可能引起中毒的原因。

【生活小贴士】

一、蛋白质的类型

根据食物蛋白质所含氨基酸的种类和数量，蛋白质可以分为三类。一类是完全蛋白质，也称优质蛋白质。完全蛋白质所含的必需氨基酸种类齐全，数量充足，彼此比例适当。奶、蛋、鱼、肉中的蛋白质都属于完全蛋白质。第二类是半完全蛋白质。半完全蛋白质所含氨基酸虽然种类齐全，但其中某些氨基酸的数量不能满足人体的需要。例如小麦中的麦胶蛋白便是半完全蛋白质，含人体必需的氨基酸赖氨酸很少。第三类是不完全蛋白质。这类蛋白质不能提供人体所需的全部必需氨基酸，单纯靠它们既不能促进生长发育，也不能维持生命。例如肉皮中的胶原蛋白便是不完全蛋白质。

二、必需氨基酸

必需氨基酸是指人体自身不能合成或合成速度不能满足人体需要，必须从食物中摄取的氨基酸。包括赖氨酸、蛋氨酸、亮氨酸、异亮氨酸、苏氨酸、缬氨酸、色氨酸、苯丙氨酸、组氨酸9种。相对于必需氨基酸的非必需氨基酸，如谷氨酸、丙氨酸、胱氨酸等，并不是说人体不需要这些营养素，而是说人体可以自身合成或由其他营养素转化而得到，不一定非从食物中直接摄取不可。

三、热量营养素

人体所需要的能量主要由碳水化合物、脂肪和蛋白质提供。碳水化合物、脂肪和蛋白质合称为三大热量营养素。三种热量营养素摄入量的比例为 $6.5:1:0.7$ 时，分别给机体提供的热量为 $60\%\sim70\%$、$20\%\sim25\%$、$10\%\sim15\%$，此时，各自的特殊作用能充分发挥并起到互相促进和保护的作用，这种情况称为热量营养素构成平衡。保持三种热量营养素摄入量的平衡也是十分重要的，否则会影响健康。当碳水化合物摄入量过多时，会增加消化系统和肾脏的负担，减少摄入其他营养素的机会；当脂肪摄入量过多时，会影响其他两类热能营养素作用的发挥，还容易引起肥胖；当蛋白质热量提供过多时，则影响蛋白质正常功能发挥，造成蛋白质消耗，影响体内氨平衡。

四、饱和脂肪酸和不饱和脂肪酸

饱和脂肪酸是指不含双键的脂肪酸。除构成人体组织外，重要的生理功能是提供能量，摄入过多容易引起肥胖和心血管疾病。不饱和脂肪酸是人体必需的脂肪酸。根据双键个数的不同，不饱和脂肪酸分为单不饱和脂肪酸和多不饱和脂肪酸两种。食物脂肪中，单不饱和脂肪酸有油酸，多不饱和脂肪酸有亚油酸、亚麻酸、花生四烯酸等。膳食中不饱和脂肪酸不足时，血中低密度脂蛋白和低密度胆固醇增加，易产生动脉粥样硬化，诱发心脑血管病，影响记忆力和思维力，增加婴幼儿智力发育不良、老年人患老年痴呆症的危险；膳食中过多时，易诱发肿瘤。

五、多吃主食是否容易发胖

有人说，主食富含碳水化合物，多吃主食容易发胖，这种说法是不对的。造成肥胖的原因主要有遗传、药物作用、营养摄入不当等。营养摄入不当引起肥胖的原因是能量过剩。为人体提供能量的三大热量营养素中，脂肪比碳水化合物更容易造成能量过剩。主食虽然含碳水化合物较多，但是一般吃主食不会过量（超过每天 250～400g）；容易摄入过多的是脂肪。因为富含脂肪的食物口感好，刺激食欲，容易多吃，从而引起能量过剩。

碳水化合物是人体红细胞唯一可用的能量，也是神经系统、心脏和肌肉活动的主要能源，对构成机体组织、维持神经系统和心脏的正常功能、增强耐力、提高工作和学习效率都有重要意义。缺少碳水化合物会损害健康。如果为了减肥，刻意少吃主食，还可以导致口臭、腹泻、疲劳和肌肉痉挛等，并且会增加患心血管病的危险。

六、不能吃的肉

家禽、家畜的淋巴结（位于颌下、颈部、肩胛、腋下、大腿根等处）、甲状腺（位于喉头前部）、肾上腺（位于左右肾前方）、腔上囊（位于禽尾尖）不能吃。因为这些腺体都是有毒物质的储存处，并且容易腐败变质。

米猪（牛）肉不能吃。米猪（牛）肉是带有绦虫幼虫（黄白色米粒大小，半透明状）的猪（牛）肉。吃了就可能得绦虫病。

病死的家禽、家畜肉不能吃，因为家禽、家畜所患的传染病中有许多可以传给人，人吃了病死的家禽、家畜肉就有可能患病。

烧焦了的肉（鱼）不能吃，因为烧焦了的肉（鱼）原有的营养已经被破坏，而且含有大量的致癌物质。

七、小资料

13～15g 奶粉约相当于 100mL 的鲜奶。

40g 大豆分别约相当于 200g 豆腐、100g 豆腐干、30g 腐竹、700g 豆腐脑、800g 豆浆。

☉【学习项目小结】

饮食安全包括合理营养和饮食卫生两方面。营养不合理，不仅危害健康、影响学习，甚至会危及生命。2011 年 4 月 27 日，中国广播网报道，青岛某高校女生小美（化名）患厌食症，体重只剩 30kg，因为长期营养不良出现呼吸微弱、神志不清等症状，被救护车从住处紧急送往附近的市立医院急救，医生已经向家属下达病危通知。2011 年 8 月，南京航空航天大学学生萌萌（化名），因为不适当减肥患严重厌食症而被迫休学。饮食不卫生，可以引起霍乱、痢疾、伤寒等各种肠道传染病和食物中毒。进入 21 世纪以来，虽然大学生肠道传染病有所降低，但仍是影响大学生健康的重要传染病之一。大学生食物中毒也时有发生。2012 年 2 月，从百度网上搜索"大学生食物中毒"，找到相关结果有 130 多万篇。

因此，让大学生了解过量饮酒的危害，认识到大学生应该怎样禁酒和预防酗酒，掌握预防酗酒的方法也十分重要。

大学生处于青春发育期，代谢旺盛，学习任务繁重，对营养的需求量很大，对疾病的抵抗力不强。保证合理平衡的膳食，禁酒和预防酗酒，把住"病从口入"关，是每个对自己、对家人、对社会负责的大学生都必须做到的。

本学习项目从大学生饮食安全的角度，介绍一些基本的合理营养、饮食卫生知识，希望能为大学生吃得饱、吃得好、吃得卫生、吃得有营养、吃出健康有所帮助。

 【求助直通车】

> 中华人民共和国卫生部　http：//www. moh. gov. cn/
> 国家食品安全网　http：//www. cfs. gov. cn/
> 中国营养学会　http：//www. cnsoc. org/cn/
> 健康报网　http：//www. jkb. com. cn/
> 中国消费者协会信息网　http：//www. cca. org. cn/
> 12320 全国公共卫生公益热线　http：//www. 12320. gov. cn/
> 世界卫生组织　http：//www. who. int/en/

【练习与思考】

（1）讨论小组设计的食谱与你自己的个人实际状况还存在哪些问题？

（2）评价自身的营养状况和调查自己的饮食结构和习惯。

（3）在学习小组内，每位同学根据体重与标准指数两项指标讨论自己目前的营养状况是否满意，并提出调整方案。

学习项目二

大学生生理安全

【学习项目描述】

　　通过教师的讲解、观看图片和视频，指导学生完成列出自己生活中"不健康习惯"清单、制作一期《男生健康报》（或《女生健康报》）、掌握心肺复苏方法、制订一份个人学期锻炼计划等任务、活动，使学生了解健康的概念、健康生活方式、男生女生生理健康知识以及运动安全、校园常见疾病防范知识，帮助大学生树立正确的健康观，建立健康生活方式，注意运动安全，采取积极的预防保健措施，预防或减轻健康危害因素的侵袭，健康成长。

【教学目标】

1. 知识目标

（1）学习健康知识。

（2）了解大学生健康生活方式。

（3）了解男生、女生生理健康知识。

（4）了解运动安全常识。

2. 能力目标

（1）能够矫正不健康的行为习惯。

（2）能够根据自己身体状况设计出个人运动锻炼计划。

（3）掌握运动性损伤的预防和处理。

（4）掌握大学生校园常见疾病防范知识。

3. 素质目标

（1）树立正确的健康观。

（2）养成良好的个人卫生习惯。

（3）建立健康的生活方式。

（4）采取积极的预防保健措施，预防或减轻健康危害因素的侵袭。

【教学环境】

　　多媒体教室及相应的设备。

任务一　列出自己生活中"不健康习惯"清单

【学习目标】

（1）了解衡量健康的具体标志。

（2）了解健康的影响因素。

（3）培养有益于健康的习惯化的行为方式。

（4）形成良好个人卫生习惯。

【学习任务描述】

指导学生通过列出自己生活中"不健康习惯"清单，尝试运用习得的正确的健康知识，矫正不健康的行为习惯。

【学习任务准备】

要求学生梳理自己在校园的生活习惯，并将每日生活内容列表。

【学习任务实施】

指导学生梳理自己在校园的生活习惯，并将每日生活内容列表。然后挑出生活中的"不健康习惯"，列成清单，以学习小组为单位开展讨论，针对个人清单制订相应的整改措施。尝试运用习得的正确的健康知识，矫正不健康的行为习惯。

【案例一瞥】

案例：2012年1月5日《扬州晚报》报道：天气越来越冷，腰椎、颈椎病也到了高发的时节。而这段时间，病患人群低龄化已蔓延到了在校大学生。在苏北医院，一周的时间内竟有7个大学生来看颈椎、腰椎方面的疾病。医生发现，这些大学生的颈椎状况都堪忧，"其中一个男学生的颈椎问题已经严重到'卧床不起'了，而且他的腰椎情况也不容乐观。"记者随即在市区其他医院进行了解。正在就诊的小肇告诉记者，这段时间大学都在面临期末考试，由于圣诞、元旦一直忙着玩，复习时间耽误了不少，这学期的课少说也有10多门，放在一起复习，强度很大。"圣诞节到元旦的5天里，我基本是各复习一个通宵。3日晚上，我又通宵了，今天感觉颈椎疼得头都抬不起来。"

记者在采访中发现，像小肇这样开夜车备考的大学生不在少数。"低头看书、用电脑等最容易出问题。"苏北骨科医生告诉记者，长时间保持这种僵硬的姿势，很容易导致身体肌肉老化损伤，加速颈椎的退变。个别人由于长时间伏案工作，还染上了"驼背弯腰"的坏习惯，极易诱发颈椎病。

医生告诉记者，临近期末，很多大学生要在一定周期内突击复习，久坐、熬夜对颈椎、肌肉的损伤会达到一个峰值。"在教室熬夜看书，连着看几天，不是脖子疼就是腰疼。"医生说，很多学生来看颈椎病，其实都不是颈椎病，而是颈肌炎。

（陈洁文. 天气寒冷！颈椎病一周"放倒"7个大学生. 扬州晚报. 2012-1-5.）

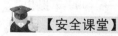 【安全课堂】

一、健康的标志

（一）现代健康的含义

现代健康的含义并不仅是传统所指的身体没有病而已，根据世界卫生组织的解释，健康不仅指一个人身体没有出现疾病或虚弱现象，还指一个人生理上、心理上和社会上的完好状态，这就是现代关于健康的较为完整的科学概念。

现代健康的含义是多元的、广泛的，包括生理、心理和社会适应性三个方面，其中社会适应性归根结底取决于生理和心理的素质状况。心理健康是身体健康的精神支柱，身体健康又是心理健康的物质基础。良好的情绪状态可以使生理功能处于最佳状态，反之则会降低或破坏某种功能而引起疾病。身体状况的改变可能带来相应的心理问题，生理上的缺陷、疾病，特别是痼疾，往往会使人产生烦恼、焦躁、忧虑、抑郁等不良情绪，导致各种不正常的心理状态。作为身心统一体的人，身体和心理是紧密依存的两个方面。

在健康的定义中，健康是完美状态。但在现实中，达到完美的状态是很难的，绝大多数人的健康状态并不完美。为此，世界卫生组织于 1957 年在健康定义的基础上提出了健康状态的概念，即个体在一定环境遗传条件下，能够恰当地表达其行为功能。在 1984 年作了进一步补充，即生活自理能力的丧失是健康丧失的终点。根据这些概念，可以认为健康是有层次的。有高水平的健康，也有水平较低的健康。一个人只要身体上、心理上没有明显的损害，不是明显的、较长时间的社会适应不良，都可以认为是健康的。努力维护、提高健康水平应当是每个人的追求。

一个人的健康程度，还可以通过以下方法判定：①健康检查。对身体健康状况进行医学检查。②日常生活能力判断。例如食欲如何，睡眠怎样，性欲是否正常，业余爱好和兴趣是否广泛，能不能经常参加体育活动等。③心理状态。例如日常心态是轻松、自信，还是不安、压抑、紧张；处事的心态是处之泰然，还是愤世嫉俗、大惊小怪；情绪能很好控制，还是易怒；注意力、记忆力、逻辑思维能力如何；服饰观、鉴赏力、幽默感等审美情趣如何等。④社交适应能力。与亲友、同事联系的广度、频度与融洽程度；参加社团活动的数目与频度。⑤职业承受能力。每月在岗天数；完成工作的数量和质量；工作的主动性、积极性与进取心。⑥对健康的自我感受。

（1）健康的十个标志。1978 年世界卫生组织提出的衡量健康的具体标志：

1）精力充沛，能从容不迫地应付日常生活和工作。

2）处事乐观，态度积极，乐于承担任务不挑剔。

3）善于休息，睡眠良好。

4）应变能力强，能适应各种环境的变化。

5）对一般感冒和传染病有一定抵抗力。

6）体重适当，体态匀称，头、臂、臀比例协调。

7）眼睛明亮，反应敏锐，眼睑不发炎。

8）牙齿清洁，无缺损，无疼痛；牙龈颜色正常，无出血。

9）头发光洁，无头屑。

10）肌肉、皮肤富含弹性，走路轻松。

（2）"五快三良好"。世界卫生组织归纳和总结了在人群实践的经验，于 1999 年提出了身心健康的新标准，即"五快三良好"。

"五快"（躯体的健康标准）是指快食、快眠、快便、快语、快行。其具体内容为："快食"包括胃口好、不挑食、不偏食、不狼吞虎咽；"快眠"是指入睡快、睡眠质量高、精神饱满；"快便"是指大小便通畅、便时无痛苦、便后感舒适；"快语"是指思维敏捷、说话流利、口齿清楚、表达正确；"快行"是指行动自如、步伐轻捷。

"三良好"（心理的健康标准）是指良好的个性、良好的处世能力、良好的人际关系。"良好的个性"是指心地善良、乐观处世、为人谦和、正直无私、情绪稳定；"良好的处世能力"是指观察事物客观现实，有良好的自控能力，能较好适应复杂的环境变化；"良好的人际关系"是指助人为乐、与人为善、心情舒畅、人缘关系好。

（二）健康公式

有关专家经过研究后，得出了健康公式和疾病公式：

$$健康＝（情绪稳定＋运动适量＋饮食合理＋科学的休息）$$

$$疾病＝（懒惰＋嗜烟＋嗜酒）$$

健康公式说明，有益于健康的是"长寿四要素"，公式中分子越大身体越健康，分母越大身体越差。

健康体重公式：

$$［体重（kg）］/［身高（m）×身高（m）］＝体重指数$$

（1）不到 18.5，偏瘦；

（2）介于 18.5 和 20.9 之间，苗条；

（3）介于 20.9 和 24.9 之间，适中；

（4）超过 24.9，偏胖。

二、健康维护

健康，是每个人追求的目标。每个人都应努力维护自己的健康，并把它献给人类的繁荣与幸福。

要维护健康，必须掌握维护健康的本领，养成维护健康的良好习惯。

维护健康必须从现在做起。多数疾病都是日积月累对健康损害的结果。吸烟者每吸一支烟，都在增加患癌症的危险；逐步肥胖的过程，和高血压等疾病的过程密切相关；患急性传染病与体质弱有一定关系，而体质弱也是逐渐形成的。

学习健康知识，改变不良行为习惯，采取积极的预防保健措施，就可以预防或减轻健康危害因素的侵袭。例如，注意饮食卫生，把住"病从口入"关，就可以不得肠道传染病；不与近亲结婚，就可以减少遗传病发生；积极进行心理素质的锻炼，在心理健康受威胁时适当进行心理防卫，就可以消除或减轻心理健康危险因素的危害；注意交通安全，就可以防止交通意外伤害；改变劝酒习俗，就可以减少醉酒的危害等。

一个人维护健康的能力是有限的。要维护健康，在必要时应当积极寻求帮助。例如遇到心理上的问题，应该做心理咨询；受到疾病威胁，应该请医生诊治等。每个人都有关爱他人，特别是关爱帮助病人的社会责任。关心他人就是关心自己。

维护健康需要全社会努力。通过个人努力不能有效控制的健康危险因素，可以通过社会的努力、集体的力量控制。例如，建好管好自来水厂，改善饮水卫生状况；制定宽松的政策，减少人们的心理压力；加强社会治安，防止暴力伤害等。

世界卫生组织指出，21 世纪的医学将从"疾病医学"向"健康医学"发展，从重治疗向重预防发展，从对病源的对抗治疗向整体治疗发展，从对病灶的改善向重视生态环境的改善发展，从群体治疗向个体治疗发展，从生物治疗向身心综合治疗发展，从强调医生的作用向重视病人的自我保健作用发展。

健康的形成和维护不能一蹴而就，要靠逐步的积累，不会今天出去锻炼，明天身体就好了。同样，健康的损害也有一个逐步的过程，往往是在长时间的不经意中，放任自己的不健康生活方式，损害健康，甚至带来严重的后果。

维护健康是每个人的意愿，也是每个人的权力。但是，维护自己健康的行为一定要和社会规范、社会道德相容，不能为了维护自己的健康违反社会规范、社会道德，损害他人健康。例如，不能为了自己心情愉快，在公园的树木上乱刻乱画；不能为了自己锻炼身体，制造噪声影响别人工作、休息。从根本上来说，维护健康只有建立在维护全人类健康的基础上才有可能。如果没有社会的繁荣、安定，没有人与人之间的关心、帮助，没有良好的社会道德、风尚，维护健康是很难做到的。社区居民的健康，需要社区支持。创建健康社区需要社区全体居民参与。每个同学都应把维护自己的健康和遵从社会规范、道德结合起来，正确维护自己的健康。

三、健康影响因素

影响健康的因素有多种，其中从健康教育的角度来看，最主要的因素有四类，即生物学因素、环境因素、行为和生活方式因素及卫生服务因素。各种健康影响因素综合作用于健康，决定每个人一生的健康水平。

（一）生物学因素

（1）遗传。父母在生育子女的同时，会把自己的特征传下来，这就是遗传。每个人的身体高矮胖瘦、丑陋俊俏等与遗传有关，气质个性、寿命长短也与遗传有关。父母还会把疾病遗传给子女，如高血压、糖尿病、某些肿瘤、色盲等病症。

（2）个体特征。每个人的性别、年龄、形态、抵抗疾病能力等特征，都影响着健康。例如几个人同样接触流感病人，有的人被传染，有的人没被传染；有的人被传染发病后症状很重，有的人被传染发病后症状不重，这都与个体生物学特征有关。

（二）环境因素

（1）自然环境。阳光、清新的空气、洁净的饮用水是健康三宝。适宜的气候、地理、生态环境，对健康有益，自然灾害会严重损害健康。自然界的病原微生物，如病菌、病毒、人体寄生虫等，是威胁人体健康的最主要因素。环境污染对健康的威胁越来越严重。

（2）社会环境。社会制度、法律、经济、文化、教育、人口、民族、职业等都会影响健康。良好的社会制度会制定有益于健康的政策，提供健康资源；科学的法律法规能够充分保护健康权益；经济确定着与健康密切相关的衣食住行；文化确定着人的健康观及与健康相关的风俗、道德、习惯；教育确定着人的健康的相关知识、行为水平；人口拥挤会给健康以负面影响；民族习惯影响人的食物结构、生活方式；职业确定人的劳动强度、方式、环境等。社会环境还包括人际关系、社区环境、社会状态等。人际关系紧张、社区服务能力低下、社会处于动乱或战争状态等，对健康均有不利的影响。

（3）性格因素。性格塑造疾病。当我们心理失调时，特定的器官也会不正常，从而导致某种疾病。要想痊愈，除遵医嘱治疗外，还要调整好自己的情绪。从这个意义上来说，健康在我们自己的掌握之中。

我们的健康与外部环境有关，与生活习惯有关，但鲜有人知的是性格也是造成疾病的一个因素，能够影响人的大脑的一切东西都可以影响到人的身体。不满、委屈、气愤、自责、过错感等负面情感会把我们带到病床上。要想避免这些，必须立刻终止那些让我们痛苦和不安的东西。人体的每个器官都有其特定的功能，与我们的意识和心理存在着严格的特定联系。

性格是健康的一个保证，只有具备良好的性格，才能拥有健康的体魄。

（三）行为和生活方式因素

（1）行为因素。行为是影响健康的重要因素。几乎所有的健康相关因素影响人体健康的过程都与行为有关。例如环境污染，是人类行为造成的；随地吐痰，会传播肺结核；不遵守交通法规，容易引发交通事故；吸烟，会引起肺癌；生活没有规律，会降低健康水平等。

（2）生活方式。生活方式是习惯化的行为方式。包括饮食习惯、社会生活习惯、思维习惯等。健康的生活方式可以维护健康；不良的生活方式会导致疾病或身体衰弱。例如喜欢吃美国快餐的孩子，容易得肥胖症；不喜欢与人交往的孩子容易引发孤僻心理；精神紧张可导致高血压等。

（四）卫生服务因素

卫生服务与健康有非常密切的关系。每个人从出生、生长发育到衰老死亡，都离不开卫生服务；疾病预防、医疗、康复过程，更与卫生服务相关。

四、健康生活方式

健康生活方式是指有益于健康的习惯化的行为方式。主要包括合理膳食、适量运动、戒烟限酒、心理平衡，以及生活有规律，没有不良嗜好，讲究个人卫生、环境卫生、饮食卫生，讲科学、不迷信，平时注意保健、生病及时就医，积极参加文体活动、社会活动，热爱生活、关心他人等。

（一）合理膳食

合理膳食是指能提供全面、均衡营养的膳食。

（二）适量运动

适量运动包括运动方法和运动适当两方面。

适量运动不仅有助于保持健康体重，还有助于降低患高血压、中风、冠心病、Ⅱ型糖尿病、结肠癌、乳腺癌和骨质疏松等慢性疾病的风险；有助于调节心理平衡，有效消除压力，缓解抑郁和焦虑症状，改善睡眠。许多大学生活动不足或缺乏运动，应改变久坐少动的不健康的生活方式，养成天天运动的习惯，坚持每天多做一些消耗能量的活动。

（三）不吸烟

吸烟对健康危害很大。我国规定香烟盒上必须标明"吸烟有害健康"。

烟雾中含有多种有害物质，最主要的是尼古丁、烟焦油和一氧化碳。

尼古丁又称烟碱，能缓解烟瘾，使中枢神经系统短暂兴奋，给人以"提神、解除疲劳"等假象；实际上，尼古丁会使中枢神经系统在短暂兴奋后长时间抑制，并最终损害神经系统，损害智力。尼古丁可使支气管壁上的纤毛丧失活力，甚至脱落，而引起支气管炎；可造成血压升高、心跳加快，引发心脏病；还可刺激胃黏膜，引发胃炎；并可以促进癌的形成。

烟焦油俗称烟油子，含有苯并芘等多种致癌、促癌物质。烟焦油进入人体后，还可黏附在气管、肺泡等表面，产生物理和化学性刺激。两种毒害作用共同作用，会引起心肌梗塞、中风和肺癌等多种癌症。焦油含量低的香烟，对健康的危害仍旧很大。

一氧化碳最大的危害是使人体组织缺氧。人的生命离不开氧气。氧气进入人体后，由血液中的血红蛋白送到全身各组织。一氧化碳进入人体后，会和氧气争夺血红蛋白，使血液输送氧气的功能减弱，造成人体组织缺氧，损害大脑、心脏，并可加速动脉粥样硬化。这也是吸烟者智力损害的重要原因。

烟雾中还含有多种刺激性化合物、有害金属等。这些有害物质对健康也有很大损害。

吸烟不仅危害吸烟者的健康，还会造成别人被动吸烟，危害别人的健康。吸烟的危害还包括浪费金钱、造成空气污染、引起火灾等。

防止吸烟危害，应坚持不吸第一支烟。积极劝阻吸烟者不要在禁止吸烟场所吸烟，积极劝阻吸烟的亲友戒烟，吸烟有害，向别人敬烟等于害人，不能向别人敬烟。

烟瘾能够戒除。吸烟者只要有戒烟的决心、毅力，就一定能够戒烟。戒烟越早越好，任何时候戒烟都不晚。

（四）心理平衡

心理平衡是指保持心理平衡，做到内心世界丰富、充实、和谐、安宁。心理平衡应该做到知足常乐，在生活、享受、荣誉上期望不要过高，以免自寻烦恼；广交朋友，助人为乐，从奉献中得到满足，享受乐趣；培养广泛的业余爱好，从不同角度获得快乐；尊重别人，善于谦让，勇于改正自己的缺点，处理好家庭、社会成员之间的关系，从中得到温暖和欢乐；注重知识更新，关心时事政治，使自己的生活与时代同步。

（五）保证睡眠

人的一切活动，如吃饭、学习、工作、锻炼、娱乐、睡觉等，都是在大脑指挥下完成的。每次活动，都会在大脑留下记忆。时间长了，大脑就会对已经熟练指挥的活动形成一种指挥习惯，也就是形成一定的生活规律。违反了这个规律，大脑和身体的其他器官就会处于紧张状态。这种紧张状态，是引起疾病和加快衰老的重要原因之一。养成良好的生活习惯，做到生活有规律，是维护、促进健康的重要方面。

有规律的睡眠，对保证睡眠质量、维护健康有很大益处。为了提高人群的睡眠质量，国际精神卫生组织和神经科学基金会将每年的 3 月 21 日定为"世界睡眠日"。睡眠时间应当根据年龄和个人体质特征确定。一般，成年人需要睡 7～8h，60 岁以上老年人需要睡 6h 左右。为了保证睡眠质量，应该尽量做到早睡早起。晚上 10 点至凌晨 4 点是睡眠的最佳时间。过了晚上 11 点后，人反而会变得兴奋，更难入睡。凌晨两三点，是熬夜的人感到最困的时候。而天亮后，人就开始进入浅睡眠期，这时候开始多梦、易醒。有些人喜欢睡"回笼觉"，来增加睡眠时间。"回笼觉"补充的主要是浅睡眠，效果不如早睡早起获得的深睡眠好。睡眠不足可使人的注意力和记忆力下降；妨碍新陈代谢功能，加快人的衰老。有研究表明，5 天不睡眠人就会死去。过多的睡眠对人体也有害无益。过多的睡眠会使中枢神经长期处于抑制状态，起床后便会自觉无力头晕；睡眠时间过长会使人呼吸减慢，吸入氧气减少，心脏、肺和血液循环的负担加重，增加心脏病和脑血管栓塞的危险。

任务二　制作一期《男生健康报》（或《女生健康报》）

山【学习目标】

（1）了解男生生理健康知识和性发育的一些常识。

（2）了解女生生理健康知识和性发育的一些常识。

（3）懂得女生性保护。

（4）了解性病和艾滋病的传播途径和预防。

✍【学习任务描述】

将男生和女生分别分成学习小组，指导学生制作一期《男生健康报》（或《女生健康报》）。

✒【学习任务准备】

要求学生用语言描述，向大家确认自己的性别角色。

⚙【学习任务实施】

将男生和女生分别分成学习小组，由学生推举出组长，安排每位学生在小组内，用语言描述来向大家确认自己的性别角色。各小组讨论后，由学生分工制作一期《男生健康报》（或《女生健康报》）。教师对每个小组的作品进行评价和点评，选出优胜者。

⅄【案例一瞥】

案例：2006 年 11 月 27 日《新华网》朱小红在"高校情侣要懂得说不，艾滋病女大学生现身说性"一文中报道：26 日上午 9 时 30 分，一位穿黑色短裙、黑色夹克衫的女孩走上浙大医学院一间报告厅的讲台。她就是朱力亚，目前中国艾滋病群体中，唯一公开自己病情的女大学生。她的头发直直地披在肩上，很明显，做过离子烫。看上去，她跟身边的女大学生没什么两样。

"曾经我也跟你们一样，对未来有很多梦想，觉得艾滋病是很遥远的事。"说这句话时，她眼睛亮了一下，但很快便黯淡下去，"我在无知的时候犯了错误，我不希望再有人和我犯同样的错误。"

两年前，朱力亚发现自己感染了 HIV，那时她是一名成绩优秀的大二学生。她的男友是位留学生，她是被他感染的。

她讲着自己的故事。这个故事从去年 9 月开始，她在 20 多所大学讲过。目前她的工作也和防治艾滋病有关。

"我很怕躺下，第二天再也醒不来了。刚查出那段时间，我每天坐在房间里发呆，阳光从窗子里漏进来，我就跑去买来一块黑布，把窗子遮得严严实实。很多人，会把艾滋病跟道德扯上关系，那时我每天都在寻找让自己意外死亡的机会，比如车祸、癌症，想的都是遗嘱的事。"……

（编者注：朱力亚，女，1983 年出生，武汉某大学学生，2004 年 4 月被检测出感染艾滋病毒并被劝退学，2005 年，自愿公开身份呼吁人们关注和预防艾滋病，2006 年 1 月 1 日，她把自己的经历写成了《艾滋女生日记》出版（朱小红. 高校情侣要懂得说不，艾滋病女大学生现身说性. 新华网. 2006 - 11 - 27.）。）

 【安全课堂】

一、男生生理健康知识

（一）遗精现象及其生理意义

遗精是在没有性交、手淫的情况下，精液自动流出的一种状态。遗精可发生在睡眠中，也可发生在清醒状态时。

男性在十二三岁以后，随着青春期的发育，睾丸明显增大，并开始产生精子。正常男孩精子产生的速度很快，每天可产生上亿个精子。对如此众多的精子，如不经过性交、手淫排出，通常情况下就会出现遗精，就是常说的"精满自溢"。男孩出现遗精的年龄一般在15岁左右。未婚健康青壮年中80%以上的人都有过遗精现象，在结婚后一般不会再出现遗精现象。所以说，遗精是青春期后男性常见的生理现象，遗精的频度个体差异很大，可以在一两个星期一次到四五个星期一次不等，未婚男性在正常情况下，每月遗精1~2次。

若遗精次数超过正常，同时遗精后伴有临床症状，如精神萎靡、头昏头晕、失眠多梦、腰膝酸软、四肢乏力，即为频繁遗精。频繁遗精原因较多，但多为功能性，如缺乏性知识；思想过度集中在性的问题上，大脑皮层始终存在一个性的兴奋灶，随时会触发脊髓中枢兴奋；精神上紧张、焦虑、恐惧，造成肌肉紧张与肌肉运动加强；劳累过度、长期慢性疾病、身体虚弱、营养不良，使射精功能紊乱。还有生殖系病变，如前列腺炎、精囊炎、包茎、包皮过长、包皮龟头炎等，出现炎症充血刺激，使阴茎易勃起，均可造成频繁遗精。另外，在患者日常生活中，穿紧身裤、睡眠时被褥太暖或太沉、睡前玩弄性器官、餐餐吃刺激性的食物或饮烈酒，容易诱发阴茎勃起，引起性器官充血，也可造成遗精。

诱发频繁遗精的病因较多，有时并非一种原因，而是多种原因混合在一起。其治疗针对不同病因，采取相应措施，掌握科学的性知识，生活有规律，把精力集中在学习工作上，睡眠姿势避免仰卧，不穿紧身裤，不饮酒和不食不良刺激性食物，注意外生殖器卫生，要经常清洗，除去包皮的包垢；若为慢性泌尿生殖系炎症等局部病变，应及时去医院治疗。

（二）正确看待手淫

自慰是一种健康无害的性行为，适度进行可以调节身心、缓解性张力、平衡性欲望。尤其对青少年频繁发生的性冲动来说，自慰是既安全、方便又不影响他人的好方法。可是过度的自慰，也会影响正常生活及身心健康。

现代医学认为手淫本身对身体和精神无害，是人类的一种正常生理活动，也是为了缓解因性紧张的积累而引起不安和躁动的一种自慰方式，是一种合理的性宣泄手段。

有报告显示，大约有96%的男子曾有过手淫，而且越是受过良好教育的人手淫的越多，他们不太担心手淫会危害健康。也有调查和实验结果证实，手淫不仅不会影响生育和性功能，还是医学上最广泛用于收集精液检查和作为阳痿、早泄等性功能障碍的治疗措施之一。

自慰是否过度，可以从以下三方面来判断：

（1）性心理。在一段时间内频繁进行自慰；每当看有色情描写的小说或影视时，引起的性冲动一定要用自慰来解决才行；脑子里总是想着性问题，完全失去控制能力，这些都说明存在自慰过度的现象。

（2）性生理。简单地说，如果自慰之后感觉身心舒展、精力充沛、精神愉快，增加了学习或工作效率，就是适度的表现。反之，如果第二天感觉身心疲惫、精神不济、身体没劲，学习或工作效率下降，那就是自慰过度了。这时候必须适当进行调节，使身体有一个充分的休息期。

（3）性器官。自慰时或自慰后，如果性器官局部出现隐痛、麻木等不适感；或者排尿不适、尿道部位有烧灼感等不舒服的现象；女性外阴部分泌物增多，且下腹部隐隐作痛，都可能与自慰过度有关。

临床观察表明，大多数人的自慰都不属于过度的范畴。因此，不必为此背上思想包袱。只要建立正确的性观念、保持良好的心理素质，就可以通过自慰享受健康的性快乐。

（三）过早性生活有危害

因为"性文化"在社会上的开放，导致了很多人都过早地进行了性生活，专家表示，过早的性生活对男性的生长发育并没有什么好处。过早性生活的危害有：

（1）年龄过小发生性行为，很可能导致精神意识形态还未定型的男孩，出现困惑、沉迷、紧张等各类负面精神情绪。这对正处于生长发育期的孩子来说，很容易引起内分泌失调，从而影响激素分泌，严重的可能造成雄激素生长不够、个子长不高等问题。

（2）过早发生性行为，对生殖器官发育也有一定影响。睾丸成熟、阴茎长大等都是生殖系统发育成熟的标志，但并不代表生殖系统已经发育完全，也不代表就有了性能力。生殖系统成熟是一个漫长的过程，在没有完全成熟的情况下，男性过早地发生性行为会对生殖系统发育产生不良影响。

（3）过早性生活时男性要自查自己的生殖器官，看睾丸是否有什么变化，如果出现变化，就要积极到医院做相关的阴囊检查。

（四）男性生殖器官的几个健康问题

（1）有许多人在勃起时，阴茎都会有少许弯曲，而程度亦因人而异，有的会向上向下弯曲，有的会偏左或偏右，这绝对不是什么异能或怪病，只要没有引起不舒服或妨碍你的性活动就是正常的。

（2）通常男人会用什么标准来衡量他们的男子气概？肌肉、气力、抑或是阴茎的长度？其实东方人的阴茎也相差无几，勃起后也大概在 10～15 公分。其实性能力与阴茎的长短并没有关联。

（3）精子制造的时间大概需要 90～116 天，而且可以存活在阴道或子宫颈 72h。

（4）阴茎大多是由海绵体造成的，外覆一层表皮。当性兴奋的时候，海绵体便会充血，使阴茎变硬、变长、变粗，以作性交之用，这就是所谓的"勃起"。

（5）对某些男人来说，能挺久一点会是他们梦寐以求的目标，有些人还会用挺起的时间长短来作比较，其实挺得太久反而会令人无福消受，因为阴茎勃起太久而没有消退，不仅会令你享受不到性欲的欢愉，还会令你觉得痛苦不堪。注射治疗性无能的药物或罹患白血病都会造成这情况。

（6）千万不要为了延长勃起的时间或阻止射精，而在阴茎上套上橡皮筋或束带之类，这极可能会令血液凝结，而导致阴茎组织坏死。

（7）在某些个案当中，阴茎若受到猛烈的撞击是会折断的。当阴茎折断时，会发出很大的声响，而且血液会流往周围的组织，会非常疼痛，必须尽快送往医院治疗。

（8）其实对于 10～20 岁的年轻人来说，早泄并不足为奇，这可能是缺乏经验，太过兴奋、紧张或焦虑所造成。尝试配戴避孕套，可以降低阴茎的敏感度，从而延长做爱的时间。

（9）当你的睾丸发炎，阴茎流出白色或黄色的分泌物，排尿时疼痛不舒服或肛门感到刺激时有分泌物流出时，应当立刻停止性活动，因为以上各种症状都可以显示可能患有性病，应立刻去看医生。

（10）虽然穿紧身牛仔裤或很合身的内裤可能会好看一点，但一点好处也没有。睾丸会因温度太高而破坏精虫的制造，多穿"大裤衩"让"他"透透气吧！

（11）超过 90％的性无能患者都是由于心理因素所造成，只有少部分是由于生理因素，包括生殖器官的病变、荷尔蒙失调、糖尿病、脊椎受伤、药物滥用、酗酒、手术及上了年纪等。

（12）虽然睾丸悬挂在体外会很容易受伤，但因为要保持较低的温度，以维持环境来生产精子。睾丸若受到扭曲或撞击都会阻碍里面血液的输送，而导致睾丸组织坏死。

（五）男生健康生活的八个要素

（1）营养。生活中饮食营养要均衡，不但要吃多种谷物和粗粮，还要多吃新鲜水果和蔬菜，注意少油、低盐、无糖，控制主食量。

（2）锻炼。坚持安全适量的有氧运动，每天至少走路 2～3km。

（3）水分。每天要喝足够而清洁的水，利用冷热水来调节身体的不适。

（4）阳光。多在户外运动，接受自然阳光的照射，但要防止暴晒。

（5）节制。节制欲望和不良嗜好，不吸烟，不喝酒。

（6）空气。要特别注意多出去走走，多到大自然中呼吸新鲜空气。

（7）休息。生活中要劳逸结合，保持良好的休息习惯和规律的睡眠。

（8）信念。相信科学的指导，建立信心，保持人生的乐观和平和的心态。

二、女生生理健康知识

（一）月经及其生理意义和保健知识

女性由于生理周期内没有受孕子宫内膜脱落，出现周期性阴道流血称为月经。

月经周期数字档案：

一个女人平均一生会有 400 次月经。月经周期平均长达 29.5 天，但是 21～35 天都是正常的，一次正常月经的时间为 2～8 天不等。随着年龄的增长，女性的经期会变短，大多数 35 岁左右的女性的周期是 28 天。

第 1～7 天：月经期。个体对外界反应过于敏感。这几天，会极易疲倦，容易伤风感冒。根据近期一些调查显示，有 28％的女性在月经期内生病的可能性较平日更高，约有超过 70％的女性感受到经痛之苦，伴随的症状还有胃痉挛和腹泻。经历这个时期时，女性身体的抗凝血系统处于被激活的状态，要注意保暖和休息，同时避开可能的出血情况，如外科手术、献血等。

第 8～11 天：卵泡早期（行经之后）。如果在一个月中有一段时间你感觉状态良好，那么就是这个时候了，你不妨把挑战性的工作和学习安排在这个时期来完成，也许会给自己和他人带些惊喜。更令人感到高兴的是，即使你没有足够多的睡眠，这几天你的皮肤仍能难以置信的红润、有光泽。

第 12～14 天：卵泡晚期（排卵之前）。在这个时候，愉快的心情全写在你的脸上，身边的人也感受到了快乐。这段时期你的口才特佳，感官也较为敏锐。

第 15～17 天：排卵期。你会感到积极向上，充满自信，而这得归功于多余的雄性激素仍在体内流通，因为激发女人性欲的主要是卵巢和肾上腺产生的雄性激素（数量比男性睾丸产生的少）。雄性激素水平在排卵期可达到顶峰。

第 18～23 天：黄体早期（排卵之后）。会处于一个相对平衡的状态，身体"平台期"到来，这时如果开始身体素质训练、皮肤养护计划等，往往可达到事半功倍的效果。不要在这个时期做乳房检查。这是由于在孕激素的作用下，乳腺腺泡也充分发育，此时进行乳房检查，有时会发现令人紧张的结节，而它们在大多数情况下会于下次月经开始时消退。

第 24～28 天：黄体晚期（再次行经之前）。这几天是女性情绪的最低潮期，易出现脾气暴躁、易怒、紧张、情绪波动，自杀倾向更较平日高出 7 倍。

这个阶段可能出现的经前紧张症有抑郁、易怒、易激动、焦虑、头痛、注意力不集中和疏于社会活动；身体会出现乳胀、腹胀和四肢水肿。为了缓解这种不适，这个阶段需注意少摄入盐分较高的食物，多进食大豆制品、谷物、新鲜的蔬果，这有助于保持身体内环境的稳定。另外，此时阴道酸性增加，是真菌增长的高危时期，必须小心预防真菌感染，譬如穿舒适的棉内裤。

（二）女性经期保健

（1）注意卫生、防止感染。应注意外生殖器的清洁，经期不宜盆浴，可以淋浴，防止上行感染。所使用的卫生巾要柔软、清洁、勤换。

（2）注意保暖、避免寒冷刺激。如游泳、冷水浴、下水田等，月经期间如果受到突然和过强的冷刺激，可引起经血过少或痛经。

（3）保持精神愉快，避免精神刺激和情绪波动。

（4）避免过度疲劳，不宜吃生冷、酸辣、酒类等刺激性饮食，多饮开水，保持大便通畅，减少盆腔充血，注意适当休息和保持充足的睡眠。

（三）发生痛经不必害怕

有的女生在月经来潮前或来潮时，会感到下腹部阵阵疼痛，严重时面色苍白、手足冰冷、出冷汗，甚至伴有恶心、呕吐等，这就是痛经。

痛经常与女生对月经的了解不多以及生理知识不足有关。有的女生对月经来潮过度焦虑、紧张和恐惧，久而久之形成条件反射，一来月经就感到不适或腹痛；有的女生体质虚弱，对痛觉敏感，也易患痛经。此外，月经期子宫肌层痉挛性收缩导致子宫缺血是痛经的主要生理原因。

发生痛经不必害怕，要保持乐观坦然的态度，经期避免剧烈活动和过度疲劳，防止受寒，不洗冷水澡，不用冷水洗脚，注意经期卫生和经期保护。轻度腹痛时可喝些生姜红糖茶，并用热水袋等热敷腹部，不要轻易使用止痛药物。这种痛经常随着生育而自动缓解或消失。

三、女生保护

（一）要慎防妇科病

一项调查表明，某大学生近期出现妇科常见疾病如痛经、月经不调、闭经、淋漓、带下等有增多之势。患者占女生总数的 22.9%，其中痛经和带下者较多。根据调查分析，女大学生患妇科常见疾病的原因，主要在以下三个方面：

（1）生理、心理的急速变化。在人生的发展过程中，女大学生已进入发展曲线的四大高峰期，即生理变化高峰、智力发育高峰、体力发育高峰、社会需求高峰。她们是具有较多心理及行为问题的一个特殊人群，她们要经历人生的许多第一次：第一次离开父母，第一次独立生活，第一次独立思考问题，第一次有了自己的爱……生理上的急剧变化和接触社会的增多，又是引发心理问题的"导火线"，促使女大学生在意识、思维、情感、态度、行为和品德等诸多方面不断发生变化。尤其是随着生殖器官的发育成熟、第二性征的出现、性激素的分泌、性意识的萌发等生理因素和繁重的脑力劳动的影响，常常会引起内分泌失调，从而导致经期紊乱。

（2）学习负担加重，剧烈活动增多。调查资料表明，大学三年级女生患病率最高，在全部患者中，又以患痛经与带下者居多。这说明妇科常见疾病的发生，与学习负担的轻重和体力活动的强弱程度有关。

（3）卫生意识贫乏，不注意个人保健。有一部分女生心理和生理卫生知识缺乏，不注意个人保健，经期到来，不知道禁止盆浴、游泳和参加剧烈活动，平时不勤换内裤，不注意保持外阴清洁。更为甚者，有部分女生还有封建意识，初患妇科病，不及时请医生诊治，致使病情越来越重。

女大学生在防治妇科疾病方面应以预防为主，坚持防重于治的方针，在预防措施中，应重视了解掌握卫生知识，做好自我保健工作，从根本上避免或减少妇科疾病的发生。女大学生要加强自身保健，尤其是要注意经期卫生。只要平时注意各环节，疾病是完全可以预防的。

（二）不要拒绝妇检

很多少女患月经失调、发育异常、妇科炎症、损伤、肿瘤等妇科疾病的情况在临床上也很常见。例如青春期功能失调性子宫出血，患者常为未婚少女；某些炎症如阴道炎，可能因到过不洁的泳池或使用过被污染的被服、座厕、浴池等感染；一些先天畸形，如处女膜闭锁、阴道横隔、双子宫阴道隔、先天性无子宫无阴道以及卵巢、子宫及阴道肿瘤等都有可能发生于未婚少女。

所以，当有妇科方面的不适时，例如出现下腹疼痛、外阴瘙痒、阴道流血流液、肛门坠胀、月经不规则、经量过多或闭经，千万不要讳疾忌医，应及时到妇科就诊，以免延误了病情。

少女妇检不损处女膜。在妇科检查中，有人害怕会破损处女膜，这种担心是不必要的。妇科医生在做检查前常规询问病人的婚姻状况，了解其有无性生活史。

对于未婚或无性生活史者，绝不做阴道检查，仅进行肛腹诊，即一手指在肛门直肠另一手在腹部联合检查，如需取阴道分泌物检查也是用小棉签轻轻在阴道下段取少许标本，这些检查是绝不会损伤处女膜的。如果确因病情需要，必须进行阴道检查或经阴道施行某种治疗操作会出现处女膜破裂时，医生会向家属及病人讲清楚情况，征得病人及家人的签字同意后，才能做检查和治疗。检查完毕，医生会进行处女膜修补术，处女膜愈合后，几乎不留痕迹。

由此可见，妇科诊室并非已婚女性的专利。未婚少女也可能患上妇科病，不必感到害羞。当少女们出现下腹痛、外阴搔痒等不适时，家长和患者本人应注意，及时让患者到医院进行妇科检查，以免延误了诊治时机，导致病情加重，造成身心的损害，或给以后的生育带来麻烦。

（三）学会保护自己

1. 女生防性骚扰五种应对

骚扰方式：被他人用暧昧的眼光上下打量或予以性方面的评价。

处理方法：若有陌生男性搭讪，不要理睬，及时避开，换个位置，可以的话立刻抽身离开。对有性骚扰企图的人，首先要用眼神表达你的不满；若对方并无收敛，可直接用言语提出警告，把你的拒绝态度表示得明确而坚定，告诉对方，你对他的言行感到非常厌烦；若他一意孤行可报警，请警察协助。

骚扰方式：通过打电话，"你怎么忘了我？"、"你怎么会不认识我？"对方会想尽各种理由跟你闲聊。他很有可能会一而再、再而三地打电话。

处理方法：遇到上述情况最好不要用激烈的言辞反唇相讥，因为这可能会引起对方的兴奋，应该用严正的语气说："你打错电话了！"若对方是个经常骚扰的陌生人，只要他打进电话，应该马上挂电话，不要理他；或者告诉他这部电话装有追踪器或录音设备。最后，要记得告诉父母事情的经过。如果对方要到家里来，马上报警处理。

骚扰方式：赠送与性有关的礼物或展示色情刊物。

处理方法：不要畏缩或偷偷将其处理掉，要用坚定的语气向对方说："你的行为实在无聊，若你不收回，我会投诉。"并将事情转告其他相识的人，留下物品作为证据；消除贪小便宜的心理，不要轻易接受异性的邀请与馈赠。

骚扰方式：遭遇故意抚摸或擦撞。

处理方法：对于有性骚扰行为的男性，千万不要退缩或不好意思，可以大声斥责："请将你的手拿开！"可以狠打其手，也可以告知同行的伙伴，引起公众的注意，使侵犯者知难而退；对情节恶劣严重的可报警；如果穿了高跟鞋，可以毫不客气地使劲踩他的脚。

骚扰方式：个别品行不良的男老师利用职务之便对女同学假意"关心"和"照顾"。

处理方法：最好不要单独去老师家里，有可靠的同伴陪伴，更为保险；如果遇到骚扰应该明确地表明，你不喜欢他的言行，并提出警告。若事情没有好转，或对方威胁，应该向家长和学校寻求帮助，或者向公安部门、司法部门报案，未成年人可以申请法律援助，并可由父母和律师代理出庭。

2. 对女生的六个提醒

（1）女学生应在日常生活中，避免穿袒胸露背或超短裙之类的服饰去人群拥挤或僻静的地方。

（2）外出时，尤其在陌生的环境中，要注意那些不怀好意的尾随者，必要时采取躲避措施。

（3）对于有性骚扰行为的人，应及时回避和报警，不可有丝毫的犹豫不决。

（4）万一遭遇性骚扰，尤其是性暴力，应大声呼救。

（5）遭遇性骚扰，也可机智周旋，还应设法保留证据，及时向有关部门求助和告发。

（6）受到伤害后，应尽快去医院检查，以防止内伤、怀孕或感染性病等，并及时进行心理咨询、心理治疗，医治精神创伤。

四、预防性传播疾病

（一）预防性传播疾病

性传播疾病主要包括梅毒、淋病、尖锐湿疣、软下疳等。主要通过嫖娼、卖淫和婚前性行为、婚外性行为传播。性传播疾病不仅会造成难忍的肉体痛苦，还可导致残疾甚至死亡。

淋病是由淋病双球菌（简称淋菌）引起的，主要通过不洁性交（嫖娼、卖淫和婚前性行为、婚外性行为）传播。被淋菌污染的衣裤、毛巾、浴盆、马桶圈等可以间接传播淋病。感染淋病后2～7天左右发病。急性感染表现为尿道口红肿、有浆液和脓性分泌物、尿道口刺痒并有灼热感、排尿时疼痛但无尿急、尿频感。急性淋病如果不及时治疗或乱用药可发展为慢性淋病，久治不愈。孕妇患淋病可引起新生儿淋病性眼炎，常导致新生儿失明。

梅毒是由梅毒螺旋体引起的慢性性病，俗称"杨梅疮"。梅毒主要通过不洁性交传染，也可通过胎盘传给下一代。深接吻，哺乳，接触梅毒病人的衣裤、剃须刀、餐具等也可被传染。输入被梅毒螺旋体污染的血会被传染。感染梅毒后，先在生殖器皮肤黏膜上出现发硬的小红点，称为硬下疳，以后出现泛发性皮疹，称为"杨梅疹"，并伴有低热、头痛、关节酸痛、食欲不振等症状。病情严重时，会损害心血管、神经、眼等，导致残疾甚至死亡。

尖锐湿疣是由人类乳头瘤病毒引起的。感染尖锐湿疣后 1～8 个月左右发病，最初在生殖器及其附近有小而柔软的淡红色丘疹。丘疹逐渐增多、增大，形成菜花样、鸡冠样，可破溃、渗出，引发其他感染。

一旦染上性病，要及时到国家卫生行政部门认可的性病专科医院进行检查治疗，防止性病久治不愈。千万不要轻信广告和游医的谎言，更不要自己滥用药物。

预防性传播疾病，要洁身自好，杜绝不洁性交。此外还要防止被性病病原体污染的浴巾等间接传播。预防梅毒，还要防止被梅毒螺旋体污染的血传播。

（二）预防艾滋病

艾滋病的医学全称为获得性免疫缺陷综合征（英文缩写 AIDS），是由艾滋病病毒（医学全称为人类免疫缺陷病毒，英文缩写 HIV）引起的一种严重传染病。艾滋病危害大、病死率高，目前尚无有效疫苗和治愈药物，但可以预防，而且已有较好的治疗方法，可以延长病人生命，改善病人生活质量。艾滋病病人要坚持规范服药，治疗中出现问题应及时寻求医务人员的帮助，随意停药或不定时、不定量服用抗病毒药物，可能导致艾滋病病毒产生耐药性，降低治疗效果，甚至治疗失败。

艾滋病通过性接触、血液和母婴三种途径传播。2007 年新发艾滋病病毒感染者中，性传播占 56.9%（其中异性性传播占 44.7%，男男性传播占 12.2%），注射吸毒传播占 42.0%，母婴传播占 1.1%。感染艾滋病病毒 2～12 周后才能从人体的血液中检测出艾滋病病毒抗体，但在检测出抗体之前，感染者已具有传染性。艾滋病病毒感染者经过平均 7～10 年的潜伏期，就会发展成为艾滋病病人。艾滋病病人在发病前外表上与常人无异，可以没有任何症状地生活和工作多年，但能将病毒传染给他人。

与艾滋病病毒感染者或病人的日常生活和工作接触不会被感染。蚊虫叮咬不会感染艾滋病。

洁身自爱、遵守性道德是预防经性接触感染艾滋病的根本措施。正确使用质量合格的安全套，及早治疗并治愈性病可大大减少感染和传播艾滋病、性病的危险。避免不必要的注射、输血和使用血液制品；拒绝毒品，珍爱生命，不共用注射器静脉吸毒是预防艾滋病的重要措施。必须注射时，要使用一次性注射器或经过严格消毒的器具。对感染艾滋病病毒的孕产妇及时采取抗病毒药物干预、减少产时损伤性操作、避免母乳喂养等预防措施，可大大降低胎、婴儿感染的可能性。艾滋病自愿咨询检测是及早发现感染者和病人的重要防治措施。关心、帮助、不歧视艾滋病病毒感染者和病人，鼓励他们参与艾滋病防治工作，是控制艾滋病传播的重要措施。艾滋病威胁着每个人和每个家庭，预防艾滋病是全社会的责任。

任务三 掌握心肺复苏方法

【学习目标】

（1）了解校园常见疾病的预防知识。

（2）掌握大学生常见疾病的预防。

（3）掌握伤害预防的方法。

（4）掌握一些急救常识。

【学习任务描述】

通过讲解、示范、视频演示，指导学生学习心肺复苏的步骤，掌握单人心肺复苏徒手操作的程序、方法。

【学习任务准备】

分成学习小组，推选出有责任心的组长；准备一个人体模型。

【学习任务实施】

分成学习小组，推选出有责任心的组长。以小组为单位学习，指导学生学习心肺复苏的步骤，通过模拟操作，掌握单人心肺复苏徒手操作的程序、方法。

【案例一瞥】

案例： 新华网杭州 2011 年 11 月 24 日报道：杭州市卫生局 24 日晚证实，浙江大学城市学院已有 16 名在校学生被确诊聚集性感染肺结核。目前疫情形势平稳，未进一步扩散。

据杭州市卫生局通报，这 16 名学生都已经被隔离和接受治疗。24 日，首例病例已符合出院标准，出院回家继续休养。另 3 例有传染性的确诊病例在杭州市第二人民医院隔离治疗，其余确诊病例居家隔离，接受当地疾控中心督导管理。

据卫生部门介绍，21 日，该校一学生在杭州市红会医院被发现患有肺结核。杭州市疾控中心随即对该学生的密切接触者（均为同校师生）展开筛查。截至 24 日，经调查确定的 285 名密切接触者中，共确诊病例 13 例。另外发现 2 例为散发病例，经流行病学调查，与本起疫情没有关联。

浙江大学城市学院表示，发现第一例肺结核病人后，校方立即启动应急预案。对于确诊肺结核病情的学生，学院安排进行隔离和正规治疗；对于疑似病例，学院设立专门场所进行隔离；对于和确诊病例密切接触者，学院配合上级卫生部门进行筛查，并对筛查结果没有异常的学生进行实时监控。学校还对大部分寝室进行了通风和消毒，在学生中开展预防疾病的健康教育。（余靖静，周竟. 浙江大学城市学院 16 名学生感染肺结核. 新华网杭州. 2011 - 11 - 24.）

 【安全课堂】

一、常见疾病预防知识

（一）大学生常见传染病预防

传染病是由病毒、细菌、衣原体等病原体引起的，具有传染性，并导致疾病不同程度流行。传染病流行过程有三个基本环节：传染源，指病人、病原携带者、受染动物；传播途径，如空气、水、饮食、接触、虫媒等；易感人群，指免疫水平较低者。预防传染病是针对传染病流行的三个环节进行的，即控制传染源、切断传播途径、保护易感人群。

1. 流行性感冒的预防

患者应及早去医院就诊，确诊后应隔离治疗，以减少传播。发现患者后，宿舍应开窗流通空气或晒太阳。应减少大型集会和集体活动，教室内也应注意空气流通和清洁卫生。

2. 病毒性上呼吸道感染的预防

起病后可给予对症治疗，如服用解热镇痛药、感冒冲剂等，伴有细菌感染者可用抗菌素治疗。发病后应卧床休息、多饮水、多吃水果，食物要选择易消化的。预防措施与流行性感冒基本相同。

3. 细菌性食物中毒的预防

注意饮食、饮水卫生和食品加工管理；不喝生水；肉、禽、乳、蛋类的处理、加工、贮存应严防污染，食用时应煮熟；熟食及吃过的食物应重新加热杀菌；吃海鲜及水产品应注意新鲜和烧熟。

4. 细菌性痢疾的预防

早期发现病人及带菌者，应及时隔离，彻底治疗。加强饮食、饮水卫生，消灭苍蝇，养成饭前便后洗手的习惯。熟食和瓜果不要在冰箱中放置过久，取出后先加热消毒再食用。不要吃不清洁的生菜瓜果。口服大蒜、黄连有一定的预防作用。

5. 肺结核的预防

卡介苗接种。我国规定婴儿出生后即开始注射卡介苗，以后每隔 5 年作结核菌素复查，阴性者加种，直到 15 岁为止，进大学时也应进行复查。加强对结核病人的管理，病人咳嗽时应以手帕或纸掩口，不随地吐痰，或吐在纸里烧掉。大学生应注意养成良好的生活和学习习惯，注意营养和休息，加强体育锻炼，提高自身免疫力。

6. 病毒性肝炎的预防

甲型肝炎的预防要点是加强饮食、饮水卫生，不食用易受粪便污染的食物和水，公共聚餐时采用分食制或使用公筷、公勺。急性发病时需要住院治疗或在家隔离至少 30 天。与病人接触后 7～14 天内可注射丙种球蛋白预防，服用板蓝根等中药有一定的预防作用。注射甲肝疫苗能预防甲肝，效果较好。

乙型肝炎由于通过血液传播，故加强血液及血制品的安全性管理、尽量减少血制品使用、加强医疗器械消毒很重要。同时注射时应做到一人一械一针，不共用剃须刀片，预防理发器械划破皮肤，进餐时采用分食制。乙肝疫苗注射有较好的预防作用。

7. 水痘的预防

水痘是由水痘病毒引起的出疹性急性呼吸道传染病，主要通过空气飞沫经呼吸道传播，也可因接触患者疱疹内的疱浆通过衣服、用具传染，传染性较强。一年四季均可发病，多见于冬春季节。水痘的平均潜伏期为 14～21 天，多为 15～17 天。病初症状较轻，可出现微热，全身不适。发热的同时或 1～2 天后，躯干皮肤黏膜分批出现，迅速发展为斑疹、丘疹、疱疹与结痂。水痘患者应严格隔离、休息，吃营养丰富易消化的饮食。皮肤破损处用 2%～5% 的 $NaHCO_3$ 湿敷，禁忌手抓，化脓处涂抹抗生素软膏。对免疫功能缺陷者进行抗病毒治疗。

8. 沙眼、红眼病预防

沙眼是由沙眼衣原体引起的传染病，主要传染源是沙眼病人，主要传播途径是接触传播。病人的眼屎、眼泪里都含有沙眼衣原体。沙眼衣原体随病人的手、手帕、毛巾、洗脸水等传播。和沙眼病人共用手帕、毛巾、洗脸盆，很容易被传染上沙眼。患了沙眼应积极治疗。治疗沙眼应当在医生指导下选用药物。沙眼病人用的洗脸盆、毛巾、手帕要勤洗晒或消毒。

红眼病是传染性结膜炎，又称发火眼，是一种急性传染性眼炎。本病全年均可发生，以春夏季节多见。红眼病是通过接触传染的眼病，如接触患者用过的毛巾、洗脸用具、水龙头、门把、游泳池的水、共用的玩具等。红眼病多是双眼先后发病。患病早期，病人感到双眼发烫、烧灼、畏光、眼红，自觉眼睛磨痛，像进入沙子般滚痛难忍，紧接着眼皮红肿，眼眵多、怕光、流泪，早晨起床时，眼皮常被分泌物粘住，不易睁开。得了红眼病后要积极治疗，一般要求要及时、彻底、坚持。一经发现，立即治疗，不要中断，症状完全消失后仍要继续治疗 1 周时间，以防复发。

9. 流脑是流行性脑脊髓膜炎的简称，是由脑膜炎双球菌引起的急性呼吸道传染病。流脑多发生在春季，大部分病人是儿童、青少年。感染流脑后，大约 2~3 周左右发病。流脑起病很急，开始表现为寒战、高烧，很快出现剧烈头痛、喷射状呕吐、颈项强直，甚至烦躁不安、神志不清、说胡话、抽搐、昏迷。患了流脑应尽快送医院隔离治疗。

（二）大学生常见疾病的具体防治

1. 支气管哮喘的预防

确定引起哮喘的环境因素并加以避免是预防的主要措施，也可进行脱敏治疗。不能确定环境因素的，平时生活应注意环境卫生，避免吸入灰尘，注意床上用品卫生，不养动物，防止上呼吸道感染。尽量少吃鱼、虾、蟹，特别是海鲜。气候变化时应注意保温。运动前后应补充水分。

2. 慢性胃炎的预防

选择易消化无刺激的食物，忌烟酒、浓茶，进食宜细嚼慢咽。慢性胃炎无特效疗法，发病后可服中药冲剂及其他保护胃黏膜的药物。

3. 消化性胃溃疡的预防

日常生活中应去除和避免诱发消化性胃溃疡发病因素，如精神刺激、过度劳累、生活无规律、饮食不调、吸烟与酗酒等。

4. 缺铁性贫血的预防

合理膳食，加强营养；注意多吃富含血红素铁的食物，如瘦肉、蛋等；也应多吃富含维生素 C 的蔬菜和水果，以帮助铁元素的吸收。

5. 夏天中暑的预防

在炎热夏季，应适当延长午休时间。体育锻炼时间应在上午或傍晚，时间也不要太长。在烈日下停留时间不要太长，外出要戴遮阳帽，穿浅色、宽敞、通气的薄衣，注意室内通风、降温；经常饮用清凉饮料。

6. 过敏性的预防

过敏简单地说就是对某种物质过敏。当你吃下、摸到或吸入某种物质的时候，身体会产生过度的反应，导致这种反应的物质就是所谓的"过敏原"。在正常情况下，身体会制造抗体来保护身体不受疾病的侵害；但过敏者的身体却会将正常无害的物质误认为是有害的东西，产生抗体，这种物质就成为一种过敏原。这种过敏性反应会导致一些身体问题，而这些问题通常是不会发生在正常人身上的。

7. 亚健康的预防

亚健康的防治主要是通过合理的作息时间以及适度的体育锻炼进行的，长时间学习、工作都可能造成身体疲劳，使身体受到亚健康的危害，合理的饮食与及时的营养补充对预防亚健康都有一定的作用。

（三）预防狂犬病

狂犬病是由狂犬病毒引起的急性传染病，主要传染源是感染了狂犬病毒的狗、猫、狐狸等动物和狂犬病病人，主要传播途径是接触传播。被感染狂犬病的动物或人抓伤、咬伤，就会被感染；皮肤黏膜或皮肤的破损处间接接触感染狂犬病的动物或人的血液、唾液，也可能被感染。感染了狂犬病毒后，可能长时间不发病。发病后，会怕光、怕水、怕风、吞咽困难，直至全身痉挛、麻痹、死亡。目前，还没有治愈狂犬病的方法。

预防狂犬病应做到单位和家中饲养的狗要注射狂犬疫苗；在规定限制养狗的地方，要经过批准以后才能养狗；对疯狗（狂犬）或疑似疯动物要尽快捕杀；疯动物的尸体应焚烧或深埋，不能吃。

被疯动物或狂犬病病人抓伤、咬伤，或皮肤黏膜、皮肤的破损处间接接触了疯动物或狂犬病病人的血液、唾液，要立即用水冲洗污染处。一般要冲洗 15min 以上，冲洗后，再用碘酒涂擦。伤口冲洗处理后，要尽快到卫生防疫站或医院注射抗狂犬病毒血清、狂犬病疫苗。被疯动物隔着衣服咬伤或留有牙印，也有感染狂犬病毒的可能。未注射过狂犬疫苗的狗，即使看起来是健康的，如果它曾经和其他的狗、猫等动物接触过，也有可能感染了狂犬病毒。

二、伤害预防与急救

（一）科学用药

要科学用药，不要随意用药。"是药三分毒"，药物除能治病以外，还有副作用。随意用药、滥用药物对健康危害很大。滥用药物对人体的损害，可能短时间内看不出来，但是对人体的毒害已经存在，甚至长期存在。例如某些药物的毒性作用，滥用抗生素引起的致病微生物抗药性作用等。

正常人维护健康要靠充足的阳光、新鲜的空气、合理的膳食、适宜的运动、良好的心境等。不能依靠药品保健，不能随便服用药膳、含药食品、含药保健品、强化食品。

生病时，应当请医生诊治，根据病情对症下药，不要随意买药治疗。购买处方药，一定要有医生开的处方。医生开的处方是根据病人的年龄、性别、体质和疾病的轻重决定的，要严格按照处方标明的剂量、时间、方法用药。每种药物的用量、用法、禁忌都不相同，千万不要为了尽快解除病痛，随意加大用药剂量；更不要同时使用几个医生开出的处方，同时服用几个处方的药。医生开出的每张处方都只能使用一次。由于每种药物都有副作用，长期服用同一药物，可能使药物的副作用积累，使本来不会对人体产生危害或明显危害的药物，引起明显的危害。此外，用药必须是"对症下药"，即使是患相同的疾病，也可能需要使用不同的药物。所以每次用药前，都要先请医生诊断，再开处方。身体虚弱，需要服用药物补养，也应当请医生诊断，根据需要对症进补。千万不要轻信游医、药贩、巫医的虚假宣传、广告，不要乱求偏方。特别是不能私自购买安定类抑制中枢神经药和麻醉药服用，以免中毒、成瘾。

（二）预防煤气中毒

煤气中毒即一氧化碳中毒。一氧化碳是一种无臭、无色、无味的气体。煤、柴草、木材、木炭、煤气、液化气等燃烧时，均可产生一氧化碳。如果燃烧环境通风不良，或煤气、液化气泄漏，即可使人在不知不觉中吸入大量的一氧化碳而中毒。

煤气中毒的最初症状有头晕、头痛等。由于人的中枢神经系统对缺氧最敏感，所以，发生煤气中毒时，最初是脑部症状，表现为头痛、头晕、心慌、恶心、耳鸣、四肢无力、看不清东西等。此时离开中毒环境，吸入新鲜空气，症状会很快消失，几小时后便可恢复正常。中毒较重的煤气中毒病人，除最初中毒出现的症状加重外，还有面色潮红、嘴唇呈樱桃红色、脉快、出汗、烦躁、步态不稳、嗜睡甚至昏迷。嘴唇呈樱桃红色是煤气中毒的典型特征。此时，中毒病人如果能即刻脱离中毒环境，并及时治疗，可以在短时间内苏醒，1～2天后恢复正常，一般不会有明显的并发症和后遗症。煤气中毒严重，病人可长时间昏迷，甚至死亡。经治疗后苏醒的病人，一般会表现不同的并发症，如神经衰弱、瘫痪等。

发生煤气中毒时，应立即打开门窗，并迅速将病人移至空气流通的地方，解开病人衣扣，让其吸入新鲜空气，并注意保暖。对呼吸停止的煤气中毒病人，应立即用人工呼吸方法抢救；呼吸、心跳都停止者，同时进行人工呼吸和胸外心脏按压。并注意边抢救边呼叫救护车或用其他方法急送病人去医院。如果有氧气，应及早给病人用氧气。

要积极预防煤气中毒。在室内使用煤炉或燃烧木炭等燃料时，要注意室内通风。冬季门窗紧闭时，要在窗子上安装风斗通风，并在煤炉上安装烟囱，经常检查烟囱是否漏气。使用煤气、液化气，要有人看管，并注意厨房通风。液化气、煤气灶具和室内煤气管道安装后，切不可随便乱动。发现漏气要请专业人员进行维修，家中无人时不可点燃煤气保留小火使用。晚上睡觉前，要关好煤气开关。燃气热水器要严格按照说明书使用，并且要注意使用时进入热水器的煤气是否有火苗，如怀疑有问题，要立即停止使用。

（三）预防中暑

中暑是由于高温环境引起体温调节障碍引起的。在高温环境中或日光直射下，当周围温度超过32℃时，如果没有做好防暑工作，或活动强度太大、时间太长，人体内不断产生的热量难以散发，体内热量越积越多，身体就无法调节，就会发生中暑。头部长时间处于高温环境，脑组织功能不能正常发挥，也会发生中暑。

根据症状轻重的不同，中暑可分为先兆中暑、轻度中暑和重症中暑。先兆中暑表现为口渴、轻度头痛、头晕、耳鸣、心悸、恶心、四肢无力等。先兆中暑症状加重，脉搏快而细弱，血压下降，恶心或呕吐、胸闷，呼吸困难时，即进入轻度中暑。重症中暑会出现昏迷、高热、痉挛直至死亡。

救护中暑病人最重要的是帮助病人脱离高温环境。发生中暑时，首先应使中暑病人离开热源或烈日直晒的地方，迅速转移到荫凉、通风处平卧休息。并松开病人的衣扣，用冷水毛巾或包裹冰棒的毛巾敷在病人头部，用凉水擦洗病人腋窝等处，以加快散热。如因室内通风不好而中暑，可用扇子或电扇吹风，使室内空气流通，以帮助散热。同时给病人喝清凉饮料，并口服人丹、十滴水或藿香正气丸解暑。一般先兆中暑、轻度中暑的病人，经上述处理，多休息一会儿，便会很快恢复健康。对于重症中暑的病人，在做上述处理的同时，应及时送到医院去治疗。

在炎热环境下，要积极预防中暑。夏季应避免阳光直射头部。在烈日环境下外出时，要戴遮阳帽。夏季的衣着宜选择浅色宽大的衣服，以便于通风，散发体热。夏季安排学习、锻炼及劳动时，应避开中午最热的时间（12：00～15：00），并注意每次活动的时间不要太长，不要过累，要间断休息。在这段时间，最好不要安排在烈日下活动。当气温较高时，应注意室内通风，并可在地上洒些水，以帮助降温。在炎热的环境中，会不自主地大量出汗，应及时补充水分和盐分。在炎热的环境中，要注意休息，保证足够的睡眠。不要长时间坐着不动看电视、看小说、做作业。在平时，要加强体育锻炼，提高自己的耐热能力。

（四）预防溺水

游泳是一项很好的体育锻炼活动，对身体健康、心理健康和社会适应性都有促进作用，但同时也是一项有危险的活动。进行游泳活动，必须注意安全。无论在任何时候，即使游泳技能很好，且游泳环境也很好，都必须严格遵守安全要求。

游泳时必须选择安全的场所。游泳场所要尽量选择做到规范管理的游泳池。到自然水域游泳，一定要有组织地进行，而且要选择水质清洁、无污染，无血吸虫等病害，水流缓慢，水底平缓且没有污泥、杂草、礁石的地方。不要到情况不明的水域游泳，也不要到桥墩、水闸附近游泳。

要选择适当的游泳时间。饭前饭后 1h 内都不适宜游泳，饭前游泳易造成低血糖引起体力不支，饭后游泳影响消化功能。风雨天气、夜晚、疲劳时、心情不好时也不宜游泳。大雨后，水面会突然改变，或暴发山洪，也不宜游泳。

游泳前要检查健康状况。患有心、肺、肾脏疾病或中耳炎、皮肤病、肠道传染病、红眼病、性病等疾病的人不能参加游泳。女性月经期不要游泳。

游泳前要做好准备活动。入水前可以做几节广播操或跑一会儿步，使全身关节、肌肉适量运动。入水时先用水拍拍胸、背部及面部，使身体对冷水的刺激适应后，再进入水中，以防止抽筋而引起溺水。

游泳时间不能太长。一般应控制在 1h 以内，以免因疲劳引起抽筋，进而引起溺水。

发生溺水时应积极采取救护措施。如果是自己溺水，应保持镇静。应当一边呼救，一边使自己在水中保持仰位，头向后，使口鼻露水而呼吸。呼气宜浅，吸气要深，这样更有利于浮在水面。切勿在水中乱扑乱蹬，否则下沉会更快。遇到他人溺水，应赶快找绳索、竹竿、救生圈等物进行打捞，同时，呼叫会游泳的人入水救援。入水救援人员应从溺水者背后接近，用手插入其腋下，仰卧位将其头托出水面。溺水者呼吸停止时，应立即进行人工呼吸；如果心跳也停止，就应同时进行心脏按压。在做人工呼吸及心脏按压时，应事先检查并清除溺水者口腔异物及假牙，以免进入气管引起呼吸道堵塞。如果呼吸、心跳未停止，应在清理溺水者呼吸道后，让患者俯卧在救护者屈蹲的膝上，排出胃内积水。必要时，应呼叫救护车，请医生治疗。

（五）心肺复苏

急救过程的心肺复苏，是抢救呼吸、心跳停止病人的紧急措施。是以人工呼吸代替病人的自主呼吸；以心脏按压，形成暂时的人工血液循环，并诱发心脏的自主搏动。以此使病人心肺功能恢复、延续生命。

需要紧急进行心肺复苏的病人，包括心肌梗死或者因溺水、电击伤等呼吸、心跳停止的病人。怀疑救治对象呼吸、心跳停止时，可先轻轻摇动并呼唤病人，然后触摸病人颈动脉，仔细检查颈动脉是否搏动。只要病人呼吸停止，摇动、呼唤时无反应，颈动脉不搏动，即可判定为呼吸、心跳停止。这一判断过程越短越好。如果病人呼吸停止，必须立即对其施行人工呼吸，帮助病人尽快恢复呼吸；如果病人呼吸、心跳均已停止，应立即进行人工呼吸与胸外心脏按压技术，促使其心肺复苏。

　　人工呼吸和心脏按压操作必须准确无误才能有效。口对口吹气法是最简便而又有效的人工呼吸方法。方法是：先将病人口鼻清理干净，解开病人衣领和腰带，使其胸廓活动无阻力；让病人仰卧，头尽量向后仰，将下颌抬起，使下颌尖和耳垂的连线与地面相垂直，使病人的呼吸道通畅。救护者跪在病人一侧，用一只手掌向后下方压病人的前额，同时用拇指和食指捏紧病人鼻孔，以防漏气；另一只手托起病人颈部，保证病人的呼吸道通畅，以便往肺里吹气。救护者深吸一口气对紧病人的口吹入，吹气停止后，救护者的嘴离开病人的口，捏鼻的手也放松，让气体从肺部被动吐出。如此反复进行，每分钟约吹 12 次（5s/次）。吹气者吸气时要尽量吸入，吹气时必须用力。吹气后病人的胸部略有隆起，则有效，如图 2-1 所示。

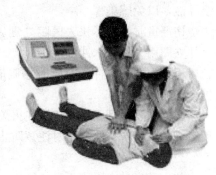

图 2-1　心肺复苏

　　心脏按压是用按压胸骨的方法，间接按压心脏，形成人工血液循环，促进心脏恢复跳动。心脏位于胸廓内，如果用力挤压胸骨下部，使胸骨下陷，就能挤压到心脏，使血液由心脏流向动脉；压下后立即放开，胸骨恢复原状，会使静脉血流向心脏，从而形成人工血液循环，改善心肌和其他器官供氧状况，促进心脏恢复跳动。按压的机械性刺激也有诱发心脏搏动的作用。施行胸外心脏按压技术时，应使病人仰卧在地板、木板等坚硬的物体上，救护者站在或跪在病人一侧，两臂伸直，双手重叠平放在病人的胸部，其中一只手的掌根压在病人胸骨下 1/2 处（剑突以上），有节奏、带冲击性地挤压胸骨，使其下陷 3～4cm，压下后即放开。

　　人工呼吸和胸外心脏按压常常同时进行。如是两人操作，两人各位于病人的一侧，一人进行胸外心脏按压，另一人做口对口人工呼吸。两人的动作要协调，每吹一口气，按压心脏 5 次（约每秒钟按压 1 次），并由吹气者负责观察病人的膊脉、呼吸和瞳孔的变化情况。颈动脉如有搏动，则证明有效。只有一名救护者时，必须边用口吹气边做胸外心脏按压。每按压心脏 15 次（以每分钟 60～80 次的速度进行），吹气 2 次，如此反复进行，直到救护车到来。老年人骨质较脆，胸廓缺乏弹性，施行心脏按压时应当小心，以免发生胸骨骨折。

　　（六）烧烫伤应急处理

　　发生烧伤时，如能及时进行现场急救，可缓解症状、控制病情的发展。

　　烧烫伤也统称为烧伤。包括火焰烧伤，高温辐射、热传导伤，烈日曝晒伤，开水、热汤、热油、蒸汽等烫伤，生石灰、盐酸、白磷等化学物质烧伤以及电烧伤等。

　　根据对人体损害的程度，烧伤可分为三度。第一度：皮肤表层受伤；局部发红，轻度水肿，有烧灼样疼痛感觉。第二度：皮肤表皮全层受损，还损伤到真皮；因真皮内有大量的血管神经，所以病人感到剧烈的疼痛；局部可出现红肿和大、小不等的水泡。第三度：脂肪、肌肉等也受到损伤；受损部位烧（烫）成灰白色或红褐色，甚至发黑变焦；由于血管、神经被破坏，反而不感到疼痛。

烧伤病人应立即脱离热源，迅速扑灭身上的火，或冷却身上的热液。身上着火又无水扑灭时，可就地卧倒，慢慢滚动全身灭火；千万不可乱跑乱叫，以免风助火燃和造成呼吸道烧伤。衣服粘在皮肤上时，不要强行拉扯，以免加大皮肤的损害。

轻度烧伤时，可立即用冷水冲泡或用碎冰冷敷 15min；如果疼痛严重，隔 5～10min 后再冲泡或冷敷 15min 左右，并可反复数次，然后擦干，涂上烫伤油膏；如果起水泡，千万不要弄破，以免感染。

烧伤严重时，应尽快去医院处理。被化学药物烧伤，应立即脱去被化学药物污染的衣服，并立即用大量清水冲洗烧伤部位。但生石灰溅入眼内，不可急于用水冲洗，应先去除石灰粒后再用水冲洗。冲洗眼睛时伤眼应向下，睁开眼皮冲洗 15min 以上，然后立即请医生做进一步处理。

预防烧伤要做到不玩火，不在火炉旁玩耍；不随意拆装电器；不用化学药品来开玩笑；不用手去拿生石灰；倒开水时注意防止烫伤；洗澡时先放冷水，再放热水。

（七）咬螫伤的应急处理

咬螫伤是指被有毒或无毒的昆虫、动物咬螫后引起的外伤。常见的咬螫伤有蜂螫伤、毒蛇螫伤、蝎子螫伤、蜈蚣螫伤、蚂蟥螫伤等。被咬伤、螫伤后，轻者局部痒、疼痛、皮肤过敏，重者全身不适，甚至危及生命。

被蜂、蝎子、蜈蚣螫伤后，若伤口里留有螫刺应先将它拔除。蜂、蝎子、蜈蚣的分泌物一般为酸性，被螫伤后可用 3% 的氨水、5% 的苏打水或肥皂水、食盐水等冲洗伤口。如果有蛇药，可用温水溶化后涂于伤口周围或用六神丸研沫湿敷，也可用大蒜或生姜捣烂取汁敷在患处。

被蝎子、蜈蚣螫伤严重，还可在伤口上方约 2～3cm 处用布条扎紧，每 15min 放松 1～2min，同时用拔火罐把毒汁吸出，或者用手把毒汁挤出。有全身反应者，应急送医院治疗。

被毒蛇咬伤后，切勿惊慌失措。要立即用止血带扎紧伤处上方，防止毒汁向全身扩散。同时尽量挤出或吸出毒汁，尽快使用蛇药。若是四肢被咬伤，应立即在伤口的上端扎一根止血带。若是手指被咬伤，止血带应扎在指根；咬在前臂，应扎在肘关节上方；咬伤小腿，应扎在膝关节上端。没有止血带时，可用手帕、绳子、裤带等代替使用。结扎时不宜勒得过紧，时间也不宜太长，每隔 30min 必须放松 1～2min，以免远端肢体坏死，并将受伤的肢体放低。同时，伤口应立即进行清洗消毒，如有明显牙印，可用手挤压伤口使毒液渗出；也可用小刀将伤口皮肤切开呈十字形，用口反复大力吸出伤口的毒液，边吸边吐，边用清水漱口。口腔黏膜破溃者，不能进行吸吮，以防中毒。在伤口周围，还可以用针点刺，放出含有毒素的血。有蛇药时应尽快涂在伤处或服用。中毒严重者，在应急处理的同时，要尽快送医院救治。

被蚂蟥叮住后，可在叮咬部位上方轻轻拍打，或用食盐、酒精等撒在蚂蟥的身体上，蚂蟥就会放松吸盘，自行脱落。

被蚂蟥叮住后，千万不要硬行拔掉。因为蚂蟥吸盘紧附在皮肤里，硬拔容易将其身子拉断。蚂蟥吸盘留在皮肤里，可造成感染。蚂蟥脱落后，将被咬伤处的污血用力挤出，再用清水洗净伤口。最好涂些碘酒，以防止伤口感染。如果出血不止，可用干净纱布包扎压迫止血。预防蚂蟥咬伤，下水前可在四肢皮肤上涂抹肥皂或防护油膏。

任务四 制订一份个人学期锻炼计划

【学习目标】

（1）了解体育锻炼对身心健康的影响。

（2）了解体育锻炼必须遵循的原则。

（3）掌握常见运动性损伤的预防和处理方法。

（4）学会加强运动的防护，保证运动时的安全。

【学习任务描述】

指导学生根据自身身体实际状况，制订一份个人学期锻炼计划。

【学习任务准备】

填写一份运动、锻炼的自查情况表。

【学习任务实施】

指导学生分成学习小组，在学习、交流后，根据自身身体实际状况，制订一份个人学期锻炼计划。小组同学相互评价，给予意见建议，最后由教师对每位同学的计划进行评价和点评，选出优胜者。

【案例一瞥】

案例： 2012 年 2 月 16 日《重庆晨报》报道：对于在冬季暴增的心脑血管疾病，西南医院心内科副主任迟路湘也有同感："每天大量的心血管疾病患者来挂门诊，仅是 2 月 14 日，我在门诊一天就看了 114 例心脑血管疾病。"重庆大学学生何宇（化名）的故事，常被迟路湘用于说服病人，要清楚感冒的重要性，因为它一旦引发心血管疾病，也会要人命。患上那场感冒时，何宇是重庆大学的大三在校生，高个、帅气，因为感冒全身无力，何宇来到西南医院急诊科，当时接诊的就是迟路湘医生，"我给他做了大致检查，觉得这孩子不是普通的感冒，心脏可能受到了影响。"

于是，医生建议何宇入院检查，但他表示，要回去收拾一下，晚点再来。结果这个下午，何宇去了足球场，打算踢场球，让自己痛痛快快地出身汗，把感冒治好，"再送到医院来时，已经是晚上了，这孩子已经晕厥了，肺部出现大量积水。"

当晚，何宇心脏停止跳动，死在了急诊科病床上。

（黄宇. 感冒还踢球，心肌炎夺走大三男生. 重庆晨报. 2012-2-16.）

 【安全课堂】

一、体育锻炼与健康

（一）体育锻炼对生理健康的影响

经常参加体育锻炼可以改善和提高神经系统的反应能力，有效消除脑细胞的疲劳，使人思维敏捷，运动协调，提高学习和工作的效率。例如，看书学习一段时间后，会感到疲劳，出现头晕脑胀、学习效率降低等现象。此时，进行体育锻炼，可以有效地使与学习相应的细胞充分休息，消除疲劳、恢复机能。经常锻炼，尤其是到大自然中去锻炼，还可以提高神经系统对体内各器官、组织的调节能力，使各器官、组织的活动更加灵活和协调。青少年经常进行适当的体育锻炼，还可以改善神经系统功能，有利于促进大脑发育。

大学生处于运动系统发育又一个重要的年龄段。经常参加体育锻炼可促进骨骼的生长发育。例如，经常参加运动的青少年要比同龄人的身高平均高出 4～7cm。锻炼的项目不同，对人体各部分的影响也不同：经常从事下肢活动，对下肢骨的影响较大；长期从事上肢活动，对上肢骨的影响就明显。进行胸背及腹部肌肉锻炼，可以使肩部舒展，体型优美。体育锻炼还可以增强关节的稳固性和运动缓冲能力，使肌肉反应迅速、灵活协调、准确有力、耐力增强。

经常参加体育锻炼可以使心肌发达，心肌壁增厚，心内腔室加大，使心脏具有更强的工作能力；经常锻炼还可以使呼吸肌力量增大，胸廓扩张能力增强，人体肺活量也随之增大，增强肺功能。

人体抵抗疾病的能力取决于免疫系统的功能。长期适度的体育锻炼可以促进免疫功能，增强抵抗力，有利于预防各种感染性疾病。

（二）体育锻炼有助于心理健康

体育锻炼是生活的调节器，能帮助人们摆脱困惑，提高生活质量，促进心理健康。

体育锻炼有助于智力的发展和提高。经常参加体育锻炼可以使神经系统的兴奋和抑制过程更加集中，对外界刺激的反应更迅速、准确，提高视觉、听觉、感觉、神经传导速度、神经过程的均衡性和灵活性，促进智力的发育及大脑潜能的开发，从而使注意力、反应力、思维力、想象力和记忆力得到进一步提高。

体育锻炼有助于情绪的调节和改善。体育锻炼可以使神经递质类化学物质分泌量增加，使人产生愉快感，从而降低抑郁、焦虑、紧张等消极情绪。而且人们在参加体育锻炼时往往较注意身体的运动，起到转移注意力的作用，有益于大脑活动的调节。

体育锻炼有助于坚强意志的培养和形成。在体育运动中常常伴有一定的生理和心理负荷，体育锻炼过程，往往也是克服生理和心理负荷的过程，从而能够培养克服困难的意志。

（三）体育锻炼对社会适应能力有良好的影响

大学生体育锻炼过程，基本上是和同学交往的过程。经常参加体育锻炼，可以结交更多的朋友，协调人际关系，扩大社会交往，促进正确自我观念的树立和人际关系的改善。

体育锻炼过程，特别是群体运动项目，如篮球、足球等，是多人共同参与，有着一定的运动守则、比赛规则、竞赛规程等，并通过裁判、舆论、大众传媒等实施和监督。通过适应规范的锻炼，有助于对其他社会规范的理解和掌握。能培养大学生的社会角色意识。

体育锻炼中的许多团体项目，需要恰当地处理个人与团体的关系，需要把握如何融入团体之中，如何与他人沟通及合作，从而可以培养合作精神。竞争也是体育锻炼的主要特征之一，参加体育锻炼有助于培养大学生的竞争意识和能力。现代社会竞争日趋激烈，通过竞争来培养自己积极进取、顽强拼搏的精神，有助于大学生更好地适应社会。

体育锻炼中机体要承受一定的负荷，这就要求大学生要有不怕困难、顽强拼搏的意志和坚持不懈的作风。体育运动多种多样，有的要求耐力，有的要求速度，这就要求大学生要勇敢地尝试，果断地判断，而这些优秀的品质对大学生胜任社会角色、适应社会发展都有着重要意义。一些体育锻炼伴随着高强度的对抗，锻炼过程也是侵犯与被侵犯、忍让与被忍让的过程，从而能磨练人的性格，使人变得坚强、容忍，个性更趋于成熟。

二、体育锻炼过程的保健

（一）运动应注意的安全事项

（1）做好运动前的热身活动。在运动开始前先做几分钟的热身运动，对保护身体和提高注意力都是很好的预热过程。热身给大脑以刺激，让你的身体为正式运动做好准备；还可以避免运动中突然用力而拉伤肌肉。许多其他的损伤也可以通过正确的热身运动来防止。

（2）做好设施安全检查工作，保证设施安全。运动前必须认真检查体育设施是否安装牢固，同时认真检查自己的服装，衣服要宽松合体，着装不符号规范的应当更换，以免受伤。

（3）运动过程中注意对自己的保护。遵守赛场纪录，服从调度指挥，是确保安全的基本要求。参加篮球、足球等剧烈性运动时，要学会保护自己，也不要在争抢中蛮干而伤及他人，必要时可以采取防护措施，如戴护腕、护膝等。在这些争抢激烈的运动中，自觉遵守竞赛规则对于保证自身安全是很重要的。

（4）运动后的放松活动也很必要。比赛结束后，不要立即停下来休息，要坚持做好放松活动，如慢跑等，使心脏逐渐恢复平静。运动后还应注意的其他事项有：

1）不宜立即吸烟。

2）不宜马上洗澡。

3）不宜贪吃冷饮。

4）不宜蹲坐休息。

5）不宜立即吃饭。

6）不宜大量吃糖。

7）不宜喝大量的水。

（5）大学生进行体育锻炼要根据自己身体的实际状况进行，切不可做自己身体不能承受的剧烈活动。体育锻炼贵在坚持，要量力而行，运动负荷要循序渐进，逐渐提高。进行剧烈活动时必须加强对自己的保护，防止心脏因不堪重负而发生心源性猝死，剧烈活动后不要立即停止，防止由于供血不足而发生休克。

（6）进行水上运动时，首先要对水上场所的环境有所了解，保证水上安全；游泳时一定要做好充足的准备活动，适应水温后再下水，防止抽筋；严禁在水中打闹、嬉戏，防止发生呛水。发现溺水者要用正确的方式营救。

（二）预防非创伤性运动疾病

非创伤性运动疾病一般是指因机体对运动应激因子不适应造成体内器官功能紊乱出现的异常反应。如运动过度综合症、过度紧张、运动中腹痛、运动性晕厥、肌肉痉挛等。

（1）运动过度综合症，也称为过度疲劳。症状轻者，可出现睡眠不好，头昏或头痛，记忆力减退，食欲不佳，运动能力降低等；随着上述症状加重，还可以出现耳鸣、心情烦躁、容易激动、容易疲劳、易出汗、体重持续下降、易患感冒等。出现以上症状，必须改变体育锻炼计划，控制运动强度和时间，保证充足的睡眠和休息，同时加强营养，多吃新鲜蔬菜和水果。

（2）过度紧张，是由于运动中暂时性运动负荷过大和过于剧烈，超过了机体负担能力而产生的急性病理现象。多发生在运动刚结束或过后不久，以急性心血管损害为最多见，在中长跑、马拉松、足球等运动项目中较多见。一般表现为明显头晕、脸色苍白、恶心呕吐、全身无力、血压下降，严重者可出现嘴唇青紫、呼吸困难、咳红色泡沫样痰、右肋部疼痛、肝脾肿大、心前区疼痛、心脏扩大等急性心功能不全现象或昏迷、死亡。预防过度紧张，必须在运动前做好准备，不要勉强自己参加力不能及的运动项目，更不要勉强他人参加剧烈运动。在运动中，如果感到体力不支，要立即退出运动，做好整理活动，注意休息。

（3）运动中腹痛，是运动过程中较为常见的一种症状，在中长跑、马拉松、竞走、自行车、篮球等运动项目中发生率较高。运动性腹痛大多在安静时不痛，运动时才出现，疼痛的程度与运动量的大小、运动强度、运动速度等因素成正比。运动中出现腹痛，应当坚持健康第一的理念，立即减慢运动速度和降低运动强度，或者停止运动。为避免发生运动中腹痛，体育锻炼一定要遵循循序渐进的原则，要充分做好准备活动，特别是膳食安排要合理，运动前要避免吃得过饱、吃难消化的食物或饮水过多；饭后须经过 1.5h 以后才可进行剧烈运动；运动中要注意呼吸节律；中长跑时要合理分配速度。

（4）运动性晕厥，是在运动中或运动后，由于脑部缺血或脑血管痉挛引起的暂时性知觉丧失现象。当运动过程中出现头晕、恶心等晕厥前驱症状时，应立即停止运动，蹲下或平卧休息。如果症状继续加重，应尽快请医生治疗。预防运动性晕厥，在运动前必须做好充分的准备活动，运动时，运动量和运动强度要控制好，不要参加不适宜自己的较剧烈的运动。

（5）肌肉痉挛，又称抽筋，是肌肉发生不自主的强制收缩。发生肌肉痉挛时应牵引痉挛肌肉，并配合局部按摩。如腓肠肌痉挛时，可伸直膝关节，并做足的背伸运动。牵引痉挛肌肉切忌用力过猛，最好由同伴协助。预防肌肉痉挛，运动前要充分做好准备活动，对容易发生痉挛的肌肉，可适当做牵引并辅之以按摩。夏季运动时，应注意补充盐分；冬季锻炼时，要注意保暖；当身体处于疲劳和饥饿时，不宜进行剧烈运动。

（三）常见运动性损伤的预防和处理

常见的运动性损伤有皮肤擦伤、闭合性软组织损伤、撕裂伤、关节脱位、骨折等。造成运动性损伤的原因很多，主要有：缺乏必要的运动性损伤预防知识和意识；未做准备活动或准备活动不充分；准备活动过程违反循序渐进的原则，一开始速度过快，用力过猛；运动量过大；进行器械运动时，缺乏必要的保护；睡眠或休息不好、患病、受伤或伤病初愈、疲劳；生理机能处于低下状态；情绪急躁，信心不足；胆怯犹豫，自控能力差；场地、器材、保护用具、服装不符合卫生要求以及不良气候等。积极采取预防措施，就能最大限度地避免运动性损伤的发生。一般的预防措施有：强化安全意识，把安全作为运动的前提；在运动时专心致志，不打闹，不与别人开玩笑；了解和遵守运动规则，充分做好准备活动；循序渐进锻炼，合理安排运动量；注意运动场地及运动设备的安全性。一旦发生运动性损伤，要尽快冷静科学处理。

三、运动安全

大学生的身体锻炼主要是通过运动进行的，加强运动的防护，保证运动时的安全很有必要，大学生必须明白运动既有有益于身体健康的一面，又使身体受到损伤的一面，这就需要大学生增强自我保护意识，注意运动安全。

（一）踝关节扭伤

踝关节扭伤是体育运动中最常见的一种关节韧带损伤，一般在篮球、足球、跳远、跳高、滑雪和溜冰等运动中容易造成踝关节扭伤。踝关节的准备活动未充分做好，跑跳时用力过猛、落地姿势不当、地面不平等都是造成踝关节扭伤的重要原因。发生踝关节扭伤应停止锻炼，高抬伤肢，12h 内冷敷，在 24～36h 后需要热敷。

（二）肌肉拉伤

肌肉拉伤指在外力的直接或间接作用下，使肌肉过度主动收缩或被动拉长所指的肌纤维撕裂的损伤。易发生于下肢、肩胛、腰背部和腹直肌等部位，主要由于运动过度或热身不足造成。可根据疼痛程度推断受伤的轻重，一旦出现痛感应立即停止运动，并在痛点敷上冰块或冷毛巾，保持 30min，以使小血管收缩，减少局部充血、水肿，受伤后切忌立即搓揉及热敷。

（三）关节韧带损伤

关节韧带损伤是指在间接外力作用下，使关节超常翻转活动，而造成的关节内外侧韧带部分纤维断裂。易发生的部位是踝关节、腕关节和膝关节。治疗方法主要是止痛和加快消肿，可以用局部冷敷、加压包扎、抬高伤肢等。

（四）骨折

常见骨折分为两种：一种是皮肤不破，没有伤口，断骨不与外界相通，称为闭合性骨折；另一种是骨头的尖端穿过皮肤，有伤口与外界相通，称为开放性骨折。对开放性骨折，不可用手回拿，以免引起骨髓炎，应用消毒纱布对伤口做初步包扎，止血后，再用平木板固定送医院处理。骨折后肢体不稳定，容易移动，会加重损伤和剧烈疼痛，可找木板、塑料板等将肢体骨折部位的上下两个关节固定起来。无法行走的要用正确的方式搬运。

（五）擦伤

擦伤即皮肤的表皮擦伤。如擦伤部位较浅，不用包扎，只需涂红药水即可；关节附近的擦伤，则应首先进行局部消毒，以免感染波及关节；如擦伤创面较脏或有渗血时，应用生理盐水清创后再涂上红药水或紫药水。

（六）挫伤

挫伤是由于身体局部受到钝器打击而引起的组织损伤。如运动中的相互冲撞、踢打所致的伤。轻度挫伤不需要特殊处理，经冷敷处理 24h 后可用活血化瘀酊剂，局部可用伤湿止痛膏贴上，在伤后第一天予以冷敷，第二天热敷，约一周后可吸收消失。较重的挫伤可用云南白药加白酒调敷伤处并包扎，隔日换药一次，可加理疗，必要时使用抗菌素药物，预防感染。

（七）脱臼

脱臼即关节脱位。一旦发生脱臼，应叮嘱病人保持安静，不要活动，更不可揉搓脱臼部位。如果脱臼部位在肩部，可把患者肘部弯成直角，再用三角巾把前臂和肘部托起，挂在颈上，再用一条宽带缠过脑部，在对侧作结；如果脱臼部位在髋部，则应立即让病人躺在软卧上送往医院。

【生活小贴士】

一、体育锻炼处方

胆小怕事：在老师或者同学的指导、帮助下，多参加健美操、街舞、游泳、平衡木、单双杠、跳马、跳箱等项目活动。这类活动需要面对可能发生的危险，有勇气面对围观人群，经过一个时期的锻炼，你的胆子必定会变大，处事也会老练起来。

优柔寡断：多参加羽毛球、乒乓球、跳高、跳远等活动。这些项目活动，任何犹豫、徘徊都会延误时机、遭到失败，长期锻炼能帮助你增强果断的个性。

孤僻内向：多参加足球、篮球、排球以及接力跑、拔河等集体项目活动，增加和他人交往、接触、交谊的机会，有助于改变孤僻内向的个性。

性情急躁：多参加下棋、打太极拳、慢跑、射击等运动。通过参加这些活动，可以增强自我控制能力，促进情绪的稳定。

二、女性月经期间可否进行体育锻炼

月经是女生正常的生理现象，身体健康的女生在月经期间不必完全停止体育锻炼，适度的体育锻炼还有助于女生经期的平稳过渡，如适度地做徒手操、打乒乓球等。不要进行震动性大、腹压过大的动作和力量性练习，不宜参加游泳、长跑、跳跃等活动。锻炼时间、运动量也要适宜。还应该避免寒冷的刺激，尤其是下腹不要受凉。如遇有月经紊乱、痛经现象发生时，就要停止体育锻炼。

三、癌症早期危险信号

凡出现以下症状应该高度警惕发生癌的可能性。

异常肿块：乳腺、颈部、皮肤和舌等身体浅表部位出现经久不消或逐渐增大的肿块。

疣痣增大：体表黑痣和疣等在短期内色泽加深或变浅，迅速增大，脱毛、瘙痒、渗液、溃烂等。特别是在足底、足趾等经常摩擦部位。

异常感觉：吞咽食物的哽咽感，胸骨后闷胀不适、疼痛，食管内异物感。以上症状进行性加重时，应及时就医。

溃疡不愈：皮肤或黏膜经久不愈的溃疡，有鳞屑、脓苔覆盖、出血和结痂等。

持续性消化不良和食欲减退：食后上腹闷胀，并逐渐消瘦、贫血等。

大便习惯改变：便秘、腹泻交替出现，大便变形，带血或黏液。

此外，还有持久性声音嘶哑，干咳，痰中带血；耳鸣，听力减退，鼻出血、鼻咽分泌物带血和头痛；月经期外或绝经后阴道不规则出血，特别是接触性出血；无痛性血尿，排尿不畅；不明原因的发热、乏力、进行性体重减轻。

总之，异常肿块、腔肠出血、体重减轻，是重要的癌症早期报警信号。

四、亚健康状态自测

由于亚健康状态是介于健康状态和疾病状态之间和一种游离状态，所以对于亚健康状态的诊断很难界定。比如疲劳、失眠，健康的人经过适当的休息与调理后就可以得到纠正与克服，但若长期处于疲劳、失眠状态就可视为亚健康。

对此，有人专门罗列出30种亚健康状态的症状提供给人们做自我检测。如果在以下30项现象中，感觉自己存在6项或6项以上，则可视为进入亚健康状态。

（1）精神焦虑，紧张不安；　　（2）忧郁孤独，自卑郁闷；

（3）注意力分散，思维肤浅；　　（4）遇事激动，无事自烦；

（5）健忘多疑，熟人忘名；　　（6）兴趣变淡，欲望骤减；

（7）懒于交际，情绪低落；　　（8）常感疲劳，眼胀头昏；

（9）精力下降，动作迟缓；　　（10）头晕脑胀，不易复原；

（11）久站头晕，眼花目眩；　（12）肢体酥软，力不从愿；

（13）体重减轻，体虚力弱；　（14）不易入眠，多梦易醒；

（15）晨不愿起，昼常打盹；　（16）局部麻木，手脚易冷；

（17）掌腋多汗，舌燥口干；　（18）自感低烧，夜常盗汗；

（19）腰酸背痛，此起彼伏；　（20）舌生白苔，口臭自生；

（21）口舌溃疡，反复发生；　（22）味觉不灵，食欲不振；

（23）反酸嗳气，消化不良；　（24）便稀便秘，腹部饱胀；

（25）易患感冒，唇起疱疹；　（26）鼻塞流涕，咽喉疼痛；

（27）憋气气急，呼吸紧迫；　（28）胸痛胸闷，心区压感；

（29）心悸心慌，心律不齐；　（30）耳鸣耳背，晕车晕船。

五、亚健康状态的饮食调理

亚健康表现之心病不安，惊悸少眠：多吃含钙、磷的食物。含钙多的饮食如大豆、牛奶（包括酸奶）、鲜橙、牡蛎；含磷多的如菠菜、栗子、葡萄、土豆、禽蛋类。

亚健康表现之神经敏感：适合吃蒸鱼，但要加点绿叶蔬菜。吃前先躺下休息一会，松弛紧张的情绪；也可以喝少量红葡萄酒，帮助肠胃蠕动。

亚健康表现之头胀头疼：嚼些花生、杏仁、腰果、核桃仁等干果，因为它们富含蛋白质、维生素 B、钙、铁以及植物性脂肪。

亚健康表现之眼睛疲劳：可在午餐时食用鳗鱼，因为鳗鱼含有丰富的维生素 A。另外，吃韭菜炒猪肝也有效。

亚健康表现之倦怠无力：吃坚果，就是吃花生、瓜子、核桃、松子、榛子，香榧更好。它们对健脑、增强记忆力有很好的效果。

亚健康表现之心理压力过大：尽可能多摄取含维生素 C 的食物，如青花（美国花柳菜）、菠菜、嫩油菜、芝麻、水果（柑、橘、橙、草莓、芒果）等。

亚健康表现之脾气不好：吃牛奶、酸奶、奶酪等乳制品以及小鱼干等，都含有极其丰富的钙质，有助于消除火气；吃芫荽，能消除内火。

亚健康表现之记忆不好，丢三落四：应补充维生素 C 及维生素 A，增加饮食中蔬菜、水果的数量，少吃肉类等酸性食物。富含维生素 C 及维生素 A 的食物主要有辣椒（新鲜的、绿色和红色都行）、鱼干、竹笋、胡萝卜、牛奶、红枣、田螺、卷心菜等，绿茶中也含有维生素 A，每天喝一杯（加水 2 次）对改善记忆力也很有好处。

◉【学习项目小结】

大学生生理安全是从大学生生理安全的角度，让大学生学习健康知识，了解大学生健康的生活方式，了解男生、女生生理健康知识，能够矫正不健康的行为习惯。并通过教师的讲解、观看图片和视频，指导学生完成列出自己生活中"不健康习惯"清单、制作一期《男生健康报》（或《女生健康报》）、掌握心肺复苏方法、制订一份个人学期锻炼计划等任务、活动，使学生能够根据自己身体状况设计出个人运动锻炼计划，掌握运动性损伤的预防和处理，掌握大学生校园常见疾病的防范知识。帮助大学生树立正确的健康观，建立健康的生活方式，注意运动安全，采取积极的预防保健措施，预防或减轻健康危害因素的侵袭，健康成长。

【求助直通车】

> 中华人民共和国卫生部　http：//www. moh. gov. cn/
> 国家体育总局　http：//www. sport. gov. cn/
> 中国健康教育网　http：//www. nihe. org. cn/
> 中国疾病预防控制中心　http：//www. chinacdc. cn/
> 健康报网　http：//www. jkb. com. cn/
> 世界卫生组织　http：//www. who. int/en/

【练习与思考】

(1) 以前你是用何种手段来提高身体素质的？有什么不足之处？你将通过何种途径使身体素质得到全面发展？

(2) 大学生应该掌握哪些疾病预防知识？

(3) 举例说明体育锻炼的原则和方法，对你在实践中的指导作用。

(4) 大学生应怎样注意平时的运动防护？发生运动意外时应该采取怎样的急救措施？

(5) 想想你在体育运动中还遇到过哪些生理反应，今后将如何正确处理？

学习项目三

大学生住宿安全

【学习项目描述】

通过教师的示范、讲解、观看图片和视频，指导学生完成一次消防演练，尝试运用有关校园防火的知识正确使用灭火器以及进行火场的自救与逃生。另外，模拟宿舍生活的实境，展示宿舍防盗安全隐患及用电安全隐患，设计一份《宿舍防盗安全书》和进行一次宿舍用电安全检查，并以"找错误"的方式帮助学生解决生活中的实际问题，增强安全意识。针对大学生外宿现象，完成一份校外住宿状况的问卷调查，及时掌握大学生的思想动态。

【教学目标】

1. 知识目标

（1）了解大学生住宿安全的相关知识。

（2）了解在校大学生住宿安全的重要性。

（3）了解学校常见的住宿安全隐患。

（4）掌握住宿安全的一些预防知识。

2. 能力目标

能够在校园生活中发现住宿安全隐患，并及时排除。

3. 素质目标

（1）认识到校园住宿安全的重要性。

（2）树立住宿安全的意识。

（3）培养良好的住宿安全习惯。

【教学环境】

多媒体教室及相应的设备；相机、摄影设备。

任务一 设计一份《宿舍防盗安全书》

【学习目标】

（1）了解不法分子对学生宿舍进行盗窃采取的主要手法。

（2）了解什么样的宿舍容易被盗。

（3）掌握校园盗窃案件的防范与处理方法。

✐【学习任务描述】

以宿舍为小组，指导学生设计一份《宿舍防盗安全书》，了解宿舍被盗的规律和特点，掌握预防和处置的方法，从而加深学生的印象，学以致用。

✌【学习任务准备】

要求学生观察宿舍住宿的安全隐患，以宿舍为单位划分成学习小组，上交《宿舍防盗安全隐患汇报书》。

✿【学习任务实施】

以宿舍为单位，指导学生观察校内住宿安全的隐患，由学习委员整理《宿舍防盗安全隐患汇报书》，学生以学习小组为单位开展讨论，针对汇报书做出相应的整改措施，最后汇总成《宿舍防盗安全书》上交学校安全保卫机构。

🌱【案例一瞥】

案例1： 2011 年 11 月 17 日凌晨 4 时 30 分，南方医科大学学生公寓 2 栋的小李起来去上厕所发现笔记本电脑不见了，起初他以为是被舍友借去用。但让他吃惊的是，原来他们宿舍的 3 台笔记本电脑全部都"凭空消失"了。小李仔细检查了房间门锁，发现完好无损，而阳台上的玻璃门却敞开着，因此他们判断，有人深夜从阳台上翻入他们宿舍，实施了盗窃。"小偷不光偷了 3 台笔记本电脑，还拿走了我的书包，钱包里面的几十块钱现金也被他们拿走了。"被盗的不只小李一间宿舍，他们隔壁和对面宿舍都被盗贼光顾。4 间宿舍共计丢失笔记本电脑 10 台，手机、MP4 几部，另外现金若干，损失一共 6～7 万元。对于宿舍失窃，小李认为"迟早会有这一天"。因为他们所住宿舍阳台外面有一圈将近 30cm 宽的平台，"而且阳台上面没有安装防护网，任何一个成年人都可以沿着这个平台围着整个宿舍楼走上一圈。""我们平时忘了带钥匙也会从隔壁宿舍阳台爬进来。"隔壁宿舍的小王告诉记者，他身高 1.85m，手沿着平台"甚至可以安全地跳下去"。据了解，被盗宿舍的学生都是该学校的大三学生，他们前两年住在顺德校区，今年 9 月刚刚搬回到广州本部。"刚住进来我就觉得很没有安全感，阳台上面的锁一直是坏的，报修了很多次都没有人维修。"（闫昆仑. 学生宿舍被盗案件频发　高校难解校园安全之困. 广州新闻大洋网. 2011 - 12 - 12.）

案例2： 2011 年广州主要高校学生宿舍被窃事件：4 月 11 日凌晨，广工大学城校区东 13 栋二楼 11 间女生宿舍被盗。失窃物品包括笔记本电脑、手机和现金等。4 月 20 日凌晨，华南农业大学 33 栋学生宿舍楼发生盗窃案。11 台笔记本电脑被偷，涉案金额 4.5 万元左右。6 月 2 日，华工广州学院一栋学生宿舍楼的 3 间宿舍连续被盗，8 台价值共 5 万元的笔记本电脑被偷。7 月 30 日，大学城广东外语外贸大学学生宿舍楼二楼 3 间宿舍被人从阳台爬入偷窃，丢失 5 台笔记本电脑及一台电子词典，价值总计近 3 万元。11 月 12 日凌晨，暨南大学真茹五栋女生宿舍二层遭小偷"扫楼"，共有 10 多间宿舍被盗，丢失财物包括一部苹果笔记本电脑、一部 Itouch、一部诺基亚手机和 3000 多元现金。（2011 年广州主要高校学生宿舍被窃事件. 南方日报. 2011 - 11 - 18.）

案例3： 2010 年 8 月 31 日中午，太原市千峰南路太原理工大学一间学生宿舍内，3 台笔记本电脑被盗，总价值一万余元。9月6日傍晚，中北大学一栋男生楼的十几间宿舍失窃。经学生们清点，放在宿舍内的笔记本电脑、手机、数码相机和钱包等物不见了。据统计，丢失的财物价值近10万元。每到开学时节，大中专院校的学生宿舍失窃事件就频繁发生。9月7日，记者向中北大学丢了东西的一名学生了解到，这次丢失财物的同学大都是大一新生，下午军训结束返回宿舍时，发现屋里明显有被人翻动过的迹象。"我一看，自己刚买的笔记本电脑、手机都丢了，钱包也没了。"这名学生说，因为要军训，他不可能把笔记本电脑随身背着，可宿舍里防盗的设施实在欠缺，也就是个普通储物柜，小偷很容易就能撬开。这些电子产品都是他考上大学以后，父母刚花了五六千元买给他的。这么贵的东西，父母一时半会儿也不会再买新的了。一名楼管聊起新生入学防盗的情况，该楼管表示，如果是大三大四的高年级学生，他们基本都认得，碰到面生的人进楼，就会问他哪个宿舍的，要找谁等。可要都是大一的新生，他们也犯愁，只能凭着眼力劲，排查可疑的人员。"高年级学生大都有了防范意识，最容易丢东西的就是大一的新生了。"楼管说，一方面，大一新生都带着大量的新装备，不少都配备笔记本电脑、手机、数码相机，这都是小偷们惦记的；另一方面，他们刚入大学，大学生活还都毫无头绪，自然顾不上防盗。（宋俊峰. 大学新生　你宿舍被贼惦记上了. 山西新闻网. 2010－9－11.）

　【安全课堂】

一、宿舍被盗的特点及规律

（一）学生宿舍被盗的特点

（1）盗贼以小型贵重物品为主要目标。

（2）盗贼对内部情况比较熟悉。

（3）白天作案多，盗贼利用学生上课时宿舍无人入室作案。入室多为从门进入，门锁完好，物品柜门锁被撬开。

（4）楼道人少的时候，盗贼趁室内人短暂离开室内不锁门的机会下手。

（5）偶有外来推销人员进楼顺手牵羊。

（二）学生宿舍被盗的原因

（1）学生防范意识不强，存在外出不锁门，贵重物品不上锁，手机、钱包等随意乱放现象。

（2）规章制度不落实，有的学生不按学校规定使用电脑，或门锁钥匙丢失后不报告，不能及时换锁。

（3）值班人员对零星进出宿舍楼人员携带物品外出缺少有效检查方法和手段。

（4）缺少技术防范措施。

（三）在宿舍实施盗窃的作案人员主要类型

（1）内部人员。行为人多是本班、本寝室或生活在周围的其他人员，他们朝夕相处，每天都生活、学习在同一个空间，他们对物主的生活规律及钱、财、物存放地点非常了解。在问卷调查中，当发现自己的财物被盗时，有41.8%的学生首先怀疑的是内部人员，同时根据已侦破案件统计显示，在侦破的100起案件中，有44起案件是物主周围的同学所为，在未侦破的案件中，有33.2%的学生认为是自己周围的人员盗窃。

（2）外来人员。行为人往往采取打扮成学生或教师的模样，趁宿舍管理人员不注意，混入人流之中，以各种借口伺机窜入学生宿舍；也有因各种原因被学院处理的离校人员，利用他们对学院的内部环境、对学生的生活规律比较了解，与部分学生较熟悉等进行盗窃。调查统计结果表明，当发现自己的财物被盗时，有36.7%的学生首先怀疑是外来人员，同时根据侦破的案件统计显示，在侦破的100起案件中，共有39起盗窃案件与外来人员（主要以外来推销人员为主）直接有关，在未侦破的案件中，有40%的学生认为是外来人员盗窃。

（3）内外勾结。本寝室或本宿舍人员串通其他校外违法人员进行作案，他们对侵害对象和目标比较了解，向行为人暗中提供情况和作案条件。调查统计表明，当发现自己的财物被盗时，有21.5%的学生首先怀疑是宿舍人员与外来人员内外呼应进行盗窃的，同时侦破的100起案件中，有17起案件是由于内外勾结而得手的。

（四）宿舍容易被盗的时间段

（1）新生入学时间。调查表明，有23.8%的学生认为新生入学是盗窃的一个易发期，事实表明，在调查的所有案件中13.2%的案件都发生在新生入学时间，由于新生刚入校，人生地不熟，从家里带来的现金和贵重物品未能及时妥善管理好而被窃贼盯上，造成财物丢失。

（2）开学期间。开学初是案件的高发时段，同学们返校后大多忙于各项就读工作，且从家带来的财物多，常因保管不善造成财物被窃，调查表明，有53.1%的学生认为开学期间是盗窃的高峰期，有27.4%的盗窃案件发生在这个时段。

（3）临近放假期间。这个时段学生忙于考试和准备回家，学生的警惕性普遍不高，给窃贼造成了可趁之机。调查显示，有20.5%的盗窃案件发生在这个时段，且以贵重物品为主。

（4）毕业离校期间。由于很快要离开母校，走上工作岗位，心情非常舒畅，加上繁杂事务牵扯精力，放松了警惕。有35.0%的学生认为这个时段是自己警惕性最低的时候，盗窃案件中，有8.2%的盗窃分子正是钻了这个时段的空子。

（5）上午一、二节课期间。调查表明，有34.6%的学生认为这个时段财物比较容易被盗。同时，实践表明，有23.4%的盗窃案件正是发生在白天寝室无人尤其是上午一、二节课期间，由于学校在这个时间通常安排的是主要课程，绝大多数学生都要去上课，寝室里无人，容易下手。同时调查也表明，这个时段的窃贼主要以内部人员为主。

（6）晚上学生睡觉期间。由于一些寝室的学生思想麻痹大意，安全防范意识差，晚上睡觉不关门或寝室门虚掩，特别是气温较高的时候，极易引发盗窃案件的发生。据调查，有7.3%的盗窃案件发生在这个时段，同时，这个时段的窃贼主要以内外勾结为主。

二、宿舍防盗的常识

（一）如何保管好自己的现金和贵重物品

学生从家里带来的现金以及手机、照相机、随身听等比较贵重的物品，一旦被盗，不仅会使生活、学习受到很大影响，往往还会影响情绪。保管现金和贵重物品要注意以下问题：

（1）在宿舍内尽量少放现金，平时身边只需留有少量零用钱。数额比较多的现金最好的保管办法是存入银行或饭卡。要及时存入，千万不能怕麻烦。应选用适当的储蓄种类，就近储蓄，现在不少储蓄所有计算机加密业务，不仅要有存折，还须输入的密码数字对上号才能取到款。没有密码的储蓄所则可办理凭印章或身份证取款的手续，将印章或身份证随身携带或与存折、饭卡分开放，这样即使存折丢失、被盗，也不用担心现金被人冒领。储蓄后要记下存单号码，饭卡要设置好密码和额度（如每日限额消费不超过30元），一旦被窃或丢失，便于报案和到银行、饮食中心挂失。

（2）贵重物品不用时最好锁在柜子里，以防顺手牵羊、乘虚而入者盗走。放假离校应将贵重物品随身带走或托可靠的人保管，不可留在寝室。住在一楼的同学，睡前应将现金及贵重物品锁在柜子里，防止被人"钓鱼"钩走。寝室的门钥匙不要随便乱放或丢失。另外，在价值较高的贵重物品、衣物上，最好有意识作上一些特殊记号，即使被偷走，将来找回的可能性也要大些。

（二）宿舍防"内盗"应注意的问题

保护好每个同学的财物，不发生被"内盗"，不仅是个人的事，还要靠全寝室、全班、全宿舍的人共同关心。应注意如下问题：

（1）最后离开寝室的同学要锁门，不要怕麻烦，要养成随手关、锁门的习惯，一时大意往往后悔莫及。

（2）学生短时离开宿舍不锁门引发的溜门盗窃案经常发生，一般占入室盗窃案总量的1/3或更多。由于此类案件多是有现场仅作案，遗留痕迹较少，所以，查破难度很大。同学们去水房、厕所、串门聊天或买饭时不锁门，睡觉时不锁门等，都会留下隐患。

（3）不能留宿他人。年轻人热情好客很正常，但不可违反学校宿舍管理规定，更不能丧失警惕，引狼入室。

（4）对形迹可疑的陌生人应提高警惕。外来人员在宿舍里盗窃，有的是兜售物品的商贩，见宿舍管理松懈，进出自由，房门大开，往往顺手牵羊偷走现金、衣物；有的是盗贼进宿舍"踩点"，摸清了情况，看准机会，就撬门扭锁大肆盗窃；还有盗窃学生宿舍的惯犯，打扮成学生模样在宿舍里到处乱窜，一遇机会就大捞一把。不管是哪一类型的盗窃分子，都有在宿舍里四处走动、窥测张望等共同特点，见到这类形迹可疑的陌生人，只要同学们多问问，他们往往就会露出狐狸尾巴。即使不能当场抓住，也会使盗窃分子感到无机可乘，不敢贸然动手，客观上起到了预防作用。

（5）安全值班人员要切实负起责任，同学们要支持值班人员的工作，尊重值班人员。

（6）在假期中，因多数同学回家，留校的少数同学不上课，喜欢带社会上的朋友和外校的同学进校玩，来往人员较复杂，若不加强学生宿舍管理，很容易发生盗窃案件。因此，留校学生要支持配合学校做好假期中的住宿管理工作。

（7）做到换人换锁，要将原有钥匙全部交给宿舍管理员，切不可将钥匙借给他人，防止钥匙失控，宿舍被盗。

（三）正告有"内盗"倾向的同学

盗窃是一种违法行为，"手莫伸，伸手必被捉"。在平时生活中加强个人修养，一个人"人品"的优劣将直接影响个人的人生发展，不要在这方面留下"污点"，不要做贪图小便宜的人，更不要心存侥幸心理。同学一场很不容易，要珍惜、呵护同学间、校友间来之不易的同学情、校友情。

三、宿舍被盗的处置

（一）盗贼行窃中被发现，学生该如何应对

（1）平时要树立必要的警惕性。如果缺乏起码的警惕性和心理准备，一旦突遇盗贼就会惊慌失措，束手无策。有的盗贼见宿舍门没锁就推，有机会可乘就捞一把，屋里如果有人或被盘问就以找人等借口搪塞蒙混。如果同学们缺乏应有的警惕，就很容易被盗贼蒙骗过关。

（2）因地发挥集体力量。宿舍里绝大多数情况下或多或少总留有一部分同学，不管认识与否，只要听说宿舍里进来小偷，大多是会挺身而出的。在宿舍里发现盗贼，要根据当时的具体情况设法尽快告知同学们，并及时采取控制盗贼逃脱的有效措施。如果盗贼未被惊动，应一面守住门或通道（包括后窗），一面就近叫同学帮忙，来个瓮中捉鳖；如果盗贼已被惊动，则应大呼抓小偷，并叫门卫值班人员关上宿舍大门，同时找来同学一起抓贼。

（3）要鼓足勇气，以正压邪。盗窃分子做贼心虚，在学生宿舍这种寡不敌众的特定环境中，绝大多数盗贼是不敢轻举妄动的。如撞见盗贼正在作案应克服畏惧心理，鼓足勇气，一面尽快拿起手边可以用以自卫的工具，如棍子、酒瓶、凳子、砖头等，堵住盗贼逃跑的出路，大声呵斥、警告之，对其形成威慑，同时大叫捉贼招来同学援助。如果盗贼胆敢行凶，可进行正当防卫，一般只要拖延 1～2min，同学们和门卫值班人员就会纷纷赶到。

（4）要随机应变，注意安全。在援兵未到之前，要和盗贼保持一定距离，谨防狗急跳墙行凶伤人，以能控制盗贼逃跑为目的。万一盗贼夺路而逃，应紧追其后盯住目标，同时呼叫"抓贼！"校园里师生众多，只要盗贼不脱离视线，就有机会抓住他。如遇两个以上的盗贼结伙作案，在他们分头逃跑时，要集中力量抓住其中一个。团伙作案被发现后，行凶伤人夺路而逃的可能性更大，应随机应变，注意安全。

（5）要沉着冷静，急而不乱。突遇盗贼正在作案一定要沉着冷静，采取对策。有时盗贼虽能冲出宿舍，但不一定能逃出宿舍楼，现在的学生宿舍楼大多只有一个出口，如果同学们闻声出来得快，来不及逃走的盗贼往往会溜进厕所、阳台、空房等处躲藏，这时首先要尽快安排同学守住宿舍楼出口和所有能够逃走的通道，如后窗、可翻越的围墙等，防止盗贼趁机逃跑。在追赶和搜寻盗贼过程中要注意盗贼"贼喊捉贼"蒙混过关。

（6）抓住窃贼，妥善处理。一旦抓住窃贼，最好的办法是一面采取强制措施将其控制住；一面通知学校保卫部门来人处理。必要时可直接扭送学校保卫部门。抓住盗贼后要注意：一是不能疏忽大意，要预防盗贼乘机逃走或猝起伤人；二是强制程度要适当，不能随意殴打辱骂，如将盗贼打伤致残、致死将要承担法律责任。

（二）盗贼行窃后，学生该如何应对

发现自己寝室被盗，不少同学首先想到的是赶紧翻看自己的柜子、箱子、抽屉，看自己的钱财短少了些什么。另一些同学则出于关心、好奇等原因前来围观、安慰。结果，待公安保卫部门接到报案来到现场时，现场的原始状态已发生很大变动，一些与犯罪活动存在内在联系的痕迹、物品已遭到破坏，一些与犯罪毫无关系的痕迹、物证又出现在现场，使公安保卫人员难以对犯罪活动作出准确判断，影响了破案工作。发现寝室被盗应做到以下几点：

（1）发现寝室门被撬，抽屉、箱子的锁被撬坏或被翻动，则很可能盗窃分子已来光顾，应立即向学校保卫部门报告，并告知有关领导。

（2）保护好现场。犯罪现场是判断犯罪分子进行犯罪活动和真实反映犯罪人客观情况的基础，只有把现场保护好了，侦察人员才有可能把犯罪分子遗留下的手印、脚印、犯罪工具等所有痕迹、物品发现和收集起来，而这些正是揭露和证实犯罪的有力证据。如果案件发生在寝室内，可在寝室门前（一楼还包括窗外）设岗看守，阻止同学围观，不能让人进屋，更不能翻动室内的任何物品，封闭室内现场。对盗窃分子可能留下痕迹的门柄、锁头、窗户、门框等也不能触摸，以免把无关人员的指纹留在上面，给勘查现场、认定犯罪分子带来不必要的麻烦。

（3）如发现银行卡被盗或可能被盗，应尽快将个人信息和卡号告知银行挂失，防止盗窃分子将存款取走。

（4）如实回答前来勘验和调查的公安保卫干部提出的各种问题。回答问题一要实事求是，不可凭想象、推测；二要认真回忆，力求全面、准确。

（5）积极向负责侦察破案的公安保卫干部提供情况、反映线索，协助破案。反映情况时要尽量提供各种疑点、线索，不要觉得此事无关紧要而忽略；也不要觉得涉及某个同学怕伤感情。公安保卫部门有义务为反映情况的同学保密。例如某同学寝室被盗后，该同学想到自己第二节课时没听课，到商店买东西，在商店里看见的一个人很像是同寝室另一同学的老乡，该人前不久来城做生意还来寝室玩过，接触感到这人行为谈吐都不正派。但这位同学一是怕看错人；二是没有任何真凭实据，凭空怀疑怕同学知道了伤感情；三是怕连带出自己不上课的情节而受批评，因此好几天都没说。后来在保卫部门老师的反复启发下打消了顾虑，反映了这一线索。经保卫部门调查侦破，很快掌握了这个"老乡"的作案证据，追回了大部分赃物，为该宿舍同学挽回了损失。

四、女生宿舍的安全事项

女生寝室如果进入坏人，除财物丢失以外还有可能伴随着性侵犯，所以女生寝室还应注意以下安全事项：

（1）经常检查门窗。如发现门窗损坏，及时报告有关部门修理。

（2）就寝前要关好门窗，在天热时也不能例外，特别是住在一楼的女生，就寝时一定要关好门窗、拉好窗帘，防止他人偷看和进入作案。

（3）在校外租房的女生尽量保证两人以上，要做到随手关门，不要让陌生人进入室内。

（4）女生宿舍内不要留宿异性，尽量避免单独和男子在宿舍会面。

（5）如有人敲门，要先问清是谁再开门。如发现有人想撬门砸窗闯进来，一方面积极寻求救助，另一方面准备可供搏斗的东西，做好反抗准备。

（6）节假日期间，其他同学回家，最好不要独自一人住宿。回宿舍就寝时，要留心门窗是否敞开，防止有犯罪分子潜伏待机作案。如遇异常情况，可请一两位同学同时进去，以确保安全。

（7）无论一人或多人在宿舍，当犯罪分子来侵害时，都要保持冷静，做到临危不惧，遇事不乱。一方面求救，另一方面与犯罪分子作坚决斗争。

任务二　以班级为单位组织一次消防演练

【学习目标】

（1）了解火灾发生的类型和成因。

（2）掌握校园火灾防范和逃生、自救的方法。

【学习任务描述】

指导学生观察教学楼、图书馆、寝室楼的安全通道，并绘画成路线图，熟悉地形。要求学生掌握消防器材的使用和火场的自救与逃生，参与一次完整的消防演练。

♦【学习任务准备】

要求每个学生以自己寝室、教室所在的位置、楼层为定点，观察消防安全通道的路线图。

✿【学习任务实施】

指导学生树立安全意识，在绘画完消防安全通道路线图之后，与同楼层的其他班级的路线图进行比较，找出逃生路线图的缺陷，以班级为单位进行一次完整的消防演练，树立学生们遇到危险情况时，要有秩序疏散的意识。

▼【案例一瞥】

案例1: 据《新京报》报道，2011年10月16日下午1时30分，北京师范大学继续教育学院南院女生宿舍楼失火，五六名被困女生通过身绑床单逃下楼脱险。该宿舍楼共有4层，起火房间位于第三层北端。据该楼学生表示，下午1时30分，他们正在上课，突然听到消防车的警笛声。大家赶到现场时，浓烟正从一幢女生宿舍楼三层最北侧的房间内不断冒出，但里面无人呼喊，随后浓烟继续扩散，熏黑了三楼和四楼的许多房间。目击者潘先生回忆，起火后陆续有6辆大型消防车赶来，但因事发地点在一条胡同内，路宽不到5m，所以消防车进入很困难，另两辆小型消防车赶来增援后才将大火完全扑灭。据该楼一名女生称，事发时大部分女生都在上课，只有起火宿舍楼上的一间宿舍没有锁门，其紧挨学校食堂，窗台下方两三米处就是食堂楼顶平台。消防人员赶到前，她看见五六名被困者站在该宿舍窗台附近，将床单一端固定，另一端绑在腰间，并把棉被等扔到平台上，随后跳下，从食堂楼顶处脱离了险境。2h后失火的宿舍楼恢复了供电。据消防人员表示，经过初步勘察，起火原因为床上的一台笔记本电脑爆炸，随后将被褥引燃。（周详，朱田田. 笔记本电脑宿舍中爆炸　被困女生绑床单逃生. 新京报. 2011－10－17.）

案例2: 2008年7月20日17时50分许，位于哈市南岗区学府路7号的一所学校的男生宿舍突然起火，由于该校学生已经放假，大火仅将宿舍内物品烧毁。17时50分许，有人发现该校男生宿舍楼6楼的一间房间正向外冒出滚滚浓烟，于是立即拨打了119报警电话，哈西消防中队接到报警后立即赶到现场，发现浓烟已在整个楼内蔓延，所幸该校已经放假，宿舍内没有人员。经检查发现，大火是从宿舍内的电视处开始燃烧的，且电视发生爆炸随后起火，并迅速蔓延。消防战士立即出枪打水扑救，打了2t水后将大火扑灭。据学校工作人员介绍，初步怀疑，该宿舍学生离校时未将电视插头拔下，导致电视短路，发生爆炸。（温州职业技术学院后勤保卫处. 校园火灾案例及分析. 生活报. 2011－8－27.）

案例3: 据荆楚网-《楚天都市报》报道，2006年10月8日上午9时，中国地质大学（武汉）北校区男生宿舍第22栋304室起火，校方保卫人员用灭火器及时扑救，四个床位烧毁了两个。据该室同学介绍，起火时寝室里没人，可能是台灯忘了关，导致电线短路引发火灾。（温州职业技术学院后勤保卫处. 校园火灾案例及分析. 荆楚网-楚天都市报. 2006－10－9.）

案例4: "我好想恢复我原来的样子，可谁能帮我？"昨天下午，在郑州市第一人民医院烧伤科病房里，20岁的张云燕痛苦得死去活来。她身边的同学和家人纷纷抹眼泪，但大家都清楚地知道尽管使出所有的办法，她再也不能找回以前的她了。张云燕是郑州轻工业学院民族职院 03 级的女生。1 月 26 日下午 6 时许，她与同学在宿舍用酒精炉做饭时，酒精外泄使她瞬间变成"火人"。出于求生的本能，张云燕一把推开宿舍门，跳进门口水房的池子里。被 120 接到郑州市第一人民医院抢救后，她的面部、耳根、手部以及腿脚大面积被烧伤，被医生确诊为重度烧伤，面部、耳根以及手脚都必须做大面积的皮肤移植手术。张云燕的家境贫困，她是老大，4 个弟弟妹妹也都在上学，突如其来的灾难打垮了全家，她的父亲只是呆坐在走廊里抽烟。事情发生后，张云燕的同学、老师为她捐出了 4000 元钱。(酒精炉做饭惹"火"上身 女大学生遭毁容. 人民网河南视窗. 2005－1－28.)

案例 5： 天津某高校，几名男生寒假留校期间违反学校规定，擅自在宿舍内用电炉做饭菜。除夕这天，几名同学在宿舍违章用电，使用电炉，为除夕准备丰盛晚餐。正值此时电视直播春节联欢晚会，同学们都跑到对面宿舍观看电视，未切断电源，忘记电炉烧着饭菜，结果因时间长，饭菜烧糊，电线被烧断，将桌上的书籍引燃，火势越来越大，殃及其他易燃物品。楼内其他同学发觉后赶紧帮忙灭火，但因火势较大，宿舍内的物品所剩无几，直接经济损失约 5000 元。(大学生安全教育课件. 百度文库.)

 【安全课堂】

一、校园火灾的特点和类型

(一)校园易发生火灾的原因

学校历来是各级政府和有关防火职能部门高度重视的防火重点单位，不论是哪一类型、性质的学校，都存在较大的火灾危险性。

有的学校历史较长，现存较多砖木结构的老建筑，很有校园文化和民族文化色彩，有的可称为古迹或是重点文物保护对象，但这些建筑一般存有较大的火灾隐患。风干的木结构极易被电气火源、生活火源点燃，且不易扑救。另外，老建筑也易遭雷电等自然界外力侵害。

学校实验室及实验多，各类易燃易爆物品多，用火、用电多，供水、供电、供气等基础设施老化的破旧建筑物多，在建的建筑工程多，人员密度高、集中而又相对分散，且习惯性违规违章行为时有发生，消防安全教育宣传不够深入和普及，安全管理时有疏漏等，这些均是火灾的成因。

(二)校园火灾的特点

校园火灾具有事故突发、起火原因复杂的特点。

(1)学校的内部单位点多面广，设备、物资存储较为分散，生产、生活火源多，用电量大，可燃物特别是易燃物种类繁多，工作人员的管理水平不一等原因造成起火，有人为的原因，也有自然的作用，任何环节的疏忽，都有可能造成火灾。从时间上看，火灾大都发生在节假日、课余时间和晚间；从发生的部位上看，多发生在实验室、仓库、图书馆、学生宿舍及其他人员往来频繁的公共场所等存在隐患的部位及生产、后勤部门及其出租场所，这些部位一旦发生火灾，往往具有突发性。

(2)高层建筑增多，给火灾预防和扑救工作带来巨大困难。学校因受扩招、大办各类成人高等教育等教育产业化的驱动，以及学校之间教学、科研的竞争，各学校的建设规模都在不同程度上迅速扩大，校园发展较快，校内高层建筑增多，形成了火灾难防、难救、人员难于疏散的新特点，有的高层建筑还存在消防设备落后、消防投资不足等弊端，这些都给消防安全管理工作带来了一定难度。

（3）火灾容易造成巨大的财产损失。学校教学、科研、实验仪器设备多，动植物标本、中外文图书资料多，一旦发生火灾，将损失惨重。精密、贵重的仪器设备，往往是国家筹集资金购置的，发生火灾损失后，很难立即补充，既有较大的有形资产损失，直接影响教学、科研与实验的正常进行，又有无形资产损失。珍贵的标本、图书资料是一个学校深厚文化积淀的重要标志，须经过几十年、上百年的积累和保存，因火灾造成损失，则不可复得。因而，这类火灾损失极为惨重，影响极大。

（4）人员集中，疏散困难，火灾往往造成人员伤亡，社会影响极大。学校人口密度大，集中居住的宿舍公寓多，宿舍公寓内违章生活用电、用火较多，因用电、用火不慎而发生火灾后，火势得不到控制能很快蔓延，火烧连营，在人员密度大、影响顺利疏散逃生的情况下，难免会造成人身伤亡。学校是社会稳定的晴雨表，是各类信息的集散地，一旦发生火灾，会迅速传遍社会，特别是出现人身伤亡，会造成极为严重的社会影响。

（三）校园常见的火灾类型

校园火灾从发生的原因上可分为生活火灾、电气火灾和自然现象火灾。

1. 生活火灾

生活用火一般是指人们的炊事用火、取暖用火、照明用火、点蚊香、吸烟、燃放烟花爆竹等，由生活用火造成的火灾称为生活火灾。随着社会的全面进步发展，炊事、取暖用火的能源选择日益广泛，有燃气、燃煤、燃油、烧柴、用电等多种形式。学生生活用火造成火灾的现象屡见不鲜，原因也多种多样，主要有：在宿舍内违章乱设燃气、燃油、电器火源；火源位置接近可燃物；乱拉电源线路，电线穿梭于可燃物中间；使用大功率照明设备等。由于部分学生缺乏必要的消防安全知识，违章生活用火严重，酿成火灾已成必然。有统计表明，生活火灾已占校园火灾事故总数的70%以上。安全使用生活火源必须引起学生的高度重视，学生必须学会自防自救。

2. 电气火灾

目前学生拥有大量的电气设备，大到电视机、电脑，小到手机、MP3、台灯、充电器、电吹风，还有违规购置的电热毯、热得快等电热器具。学生宿舍由于所设电源插座较少，学生违章乱拉电源线路现象普遍，不合安全规范的安装操作致使电源短路、断路、触点接触电阻过大、负荷增大等引起电气火灾的隐患增多。电气设备如果是不合格产品，也是致灾因素。尤其是电热器的大量不规范使用，极易引发火灾。

3. 自然现象火灾

自然现象火灾不常见，这类火灾基本有两种：一种是雷电，一种是物质的自燃。雷电是常见的自然现象，它是大气层运动产生高压静电再行放电，放电电压有时达到几万伏，释放能量巨大。当作用于地球表面时，具有相当大的破坏性。它产生的电弧可为引起火灾的直接火源，摧毁建筑物或窜入其他设备可引起多种形式的火灾。预防雷电火灾就必须合理安装避雷设施。自燃是物质自行燃烧的现象。如黄磷、锌粉、铝粉等燃点低的一类物质在自然环境下就可燃烧；钾、钠等碱金属遇水即剧烈燃烧；不干的柴草、煤泥、沾油的化纤、棉纱等大量堆积，经生物作用或氧化作用积聚大量热量，使物质达到自燃点而自行燃烧发生火灾。对自燃物品一定要以科学的态度和手段加强日常管理。

二、校园火灾的预防

消防安全是社会稳定和经济建设的重要组成部分，也是学校师生员工应掌握的一门不可或缺的基本知识。因此，师生员工必须掌握一定的消防知识，及时排查消防隐患，杜绝违规行为，共同筑就全民消防工程。

（一）学生宿舍防火

学生宿舍是学校的防火重点部位之一，全面做好学生宿舍防火工作具有极其重要的意义。一般来说，生活用火是引发学生宿舍发生火灾的重要因素。为了杜绝学生宿舍发生火灾事故，同学们要做到十戒：一戒私自乱拉电源线路，避免电线缠绕在金属床架上或穿行于可燃物中间，避免接线板被可燃物覆盖；二戒违规使用电热器具；三戒使用大功率电器；四戒使用电器无人看管，必须人走断电；五戒明火照明、灯泡照明不得用可燃物作灯罩，床头灯宜用冷光源灯管；六戒室内乱扔、乱丢火种；七戒室内燃烧杂物、点蚊香等；八戒室内存入易燃易爆物品；九戒室内做饭；十戒使用假冒伪劣电器。

（二）公共场所防火

随着学校建设发展，教室、餐厅、图书馆等处，人员往来频繁、密度大。公共场所管理松散，部分师生防火意识不强，室内装修使用可燃物质、有毒材料多，用电量高，高热量照明设备多，空间大等诸多因素，都是严重的火灾隐患，这些地方时有重大火灾发生，极易造成人员伤亡特别是群死群伤。

因此，同学们在公共场所滞留时，应掌握以下防火知识和方法：

（1）清醒认识公共场所的火灾危险性，时刻提防。

（2）严格遵守公共场所的防火规定，摒弃一切不利于防火的行为。

（3）进入公共场所，首先要了解所处场所的情况，熟悉防火通道。

（4）善于及时发现初起火灾，作出准确判断，能及时扑救的要及时扑救，形成蔓延的要立即疏散逃生。

（5）要具有见义智为的精神，及时帮助遭受伤害的人员迅速撤离、脱险。

（三）常用电气火灾预防

1. 电吹风引起火灾原因及防火安全措施

（1）电吹风引起火灾原因如下：

1）电吹风正在使用时，因有其他事情走开（如接电话、有人敲门去开门等），随手将电吹风往木台上一搁，并完全忘记了使用过电吹风的事，结果长时间搁置，导致电吹风外壳高温，引燃可燃物。

2）在使用电吹风时遇上停电，在未断电源的情况下去处理其他事情或外出，待恢复通电后电吹风的电热丝长时间加热，造成温度升高，引起火灾。

（2）电吹风防火安全措施如下：

1）电源插座及导线要符合防火安全要求，连接要紧密牢靠。

2）谨防敲打、跌碰和禁止拆卸电吹风，以免损坏发热元件及绝缘装置，造成漏电甚至短路，引起火灾。

3）使用电吹风时人员不能离开，更不能将其随意放置在台凳、沙发、床垫等可燃物上。

4）使用完毕一定要及时切断电源。

2. 白炽灯引起火灾原因及防火安全措施

(1) 白炽灯引起火灾原因如下:

1) 白炽灯泡表面温度很高,能烤燃与其接触或邻近的可燃物。在一般散热条件下,白炽灯泡的表面温度随着其功率增大而增大。例如功率分别为 40、100、200W 的白炽灯,其灯泡表面温度可分别达到 $50\sim60℃$、$170\sim200℃$、$160\sim300℃$。如木材、纸张、棉布、柴草等,燃点都很低,若靠近正在通电使用的灯泡,就很容易将其烤燃。经测试表明,200W 的白炽灯紧贴木箱,不到 1h 就能将木箱烤燃;如紧贴棉衣,只要 5min 就能起火燃烧。灯泡的功率越大,开灯时间越长,灯泡表面温度就越高,可燃物燃点越低,二者的距离越近,就越容易引起燃烧。

2) 因供电电压过高,灯泡功率过大,导线负载能力小,绝缘老化,致使导线过热,短路起火。

3) 因供电电压过高,灯丝发热量过大,引起灯泡内部惰性气体剧烈膨胀或功率大、表面温度高的灯泡受到骤冷骤热、水溅、震荡等,致使灯泡爆炸,高温玻璃片、高温灯丝溅落到可燃物上,引起火灾。

4) 因灯头接触部分接触不良,引起发热、打火;在灯头的玻璃壳连接松动时拧动灯头,发生短路,引起火灾。

(2) 白炽灯防火安全措施如下:

1) 灯泡应设置在安全、妥善的地点,与可燃物之间保持一定的防火间距。在可能遇到碰撞的地点,灯泡应有金属保护网或玻璃外罩。

2) 严禁用纸、布或其他可燃物遮挡灯具,不准用灯泡在被窝里取暖和烘烤衣物。

3) 不得将灯泡挂靠在木质家具、门、框或硬纸板上,也不得将灯泡嵌在天花板或顶棚里。移动台灯时灯泡要与窗帘布、蚊帐等可燃物品保持一定距离。

4) 白炽灯的供电电压不能超过其额定电压。不得用湿手或湿布摸擦正在工作的灯泡,以防灯泡爆炸。如果灯头与玻璃壳连接松动,不得强行拧动灯泡。如果使用 150W 以上的灯泡,不得使用胶木灯口,以免发热起火。

5) 白炽灯所用导线应当具有优良的绝缘性能。导线不得靠近灯泡,以防因长时烘烤使导线绝缘层老化、熔化、燃烧。在线路上要安装保险装置,保护线路。开关不得安在地线上。

6) 使用白炽灯特别是大功率白炽灯,连续通电的时间不宜过长,不得点“长明灯”。人员外出、上课要牢记关灯。

3. 烟头引起火灾

烟头虽是个不大的火源,但它能引起许多物质着火。烟头表面温度为 $200\sim300℃$,中心温度为 $700\sim800℃$,一般可燃物的燃点大多低于烟头表面温度,如纸张为 130℃,布匹为 200℃,松木为 250℃。一支香烟延烧时间为 $4\sim15min$。在这段时间内能将一般可燃物点燃,经过一段时间阴燃后,便着火燃烧。据在自然通风条件下试验,将烟头扔进深 5cm 的锯末中,经过 $75\sim90min$ 阴燃,便开始出现火焰;将烟头扔进 $5\sim10cm$ 的刨花中,有 75% 的机会,经过 $60\sim100min$ 即开始燃烧。而对化学危险物品来说,香烟明火会立即引起它们发生燃烧爆炸。

4. 燃放烟花爆竹应注意的防火事项

燃放烟花爆竹是一件喜庆事情,但是非常容易造成火灾事故。因此,燃放烟花爆竹应注意以下事项：

（1）禁止燃放拉炮、钻天猴、地老鼠及其他容易引起火灾的烟花爆竹。购买烟花爆竹时，要到指定商店购买印有生产厂名、商标、燃放说明的品种，不要购买私人销售的劣质品种。

（2）不要在窗台、阳台、走廊、室内燃放烟花爆竹。燃放前必须仔细阅读烟花爆竹上的燃放说明，按说明方法燃放。燃放高升（双向爆竹）要直立地面，点燃后人立即避开。

（3）燃放升高的烟花爆竹要注意防止落在可燃物上，仍有余火时，应立即采取措施，将余火扑灭或将残片移走。

（4）不要携带烟花爆竹乘坐公共汽车、火车、船舶和飞机。

（5）买回的烟花爆竹要放在安全地点，不要靠近火源、热源、电源，并要防止鼠咬，以防自行燃烧爆炸。

（6）燃放烟花爆竹要讲文明，不要对着行人及别人家的窗户、阳台燃放。

（7）燃放烟花爆竹时，要侧身去点燃，不要直接对着面部；不要一手捏着炮（单响），一手去点燃，一定要放到地面上去点燃；点燃后如果遇到哑炮，不要急着去拿，等一会儿，当确认不能再响时，用脚踢到安全地方，千万不要拾起来用双手去剥皮，以防爆炸伤人。

5. 驱蚊应注意的防火事项

夏季，尤其是夜晚，人们常常驱赶蚊虫，但在使用明火驱蚊时，稍有不慎，就会引起火灾。因此，在驱蚊时要特别注意防火。

（1）点燃的蚊香要放在金属支架上，要远离窗帘、门帘等可燃物，千万不能直接放在木板或其他可燃物上。

（2）自制的蚊香点燃后，应放在盆里，并用砖块垫底。

（3）点火驱蚊时，要有人看管，做到人走火灭。

（4）最好用"灭蚊剂"或电子驱蚊器，以利安全。

（四）消防安全宣传二十条

火险，随时随处可能发生。只要我们每个人都能以高度的消防安全责任感，科学的消防态度搞好火灾的预防，许多火灾都可避免。公安部消防局借鉴世界一些经济发达国家的消防宣传经验，依据"预防为主，防消结合"的消防工作方针，从我国国情出发，专门编发了《消防安全 20 条》，现提供给大家参考。

（1）父母师长要教育儿童养成不玩火的好习惯。任何单位不得组织未成年人扑救火灾。

（2）切莫乱扔烟头和火种。

（3）室内装饰装修不宜采用可燃材料。

（4）消火栓关系公共安全，切勿损坏、圈占或埋压。

（5）爱护消防器材，掌握常用消防器材的使用方法。

（6）切勿携带易燃危险品进入公共场所和乘坐公共交通工具。

（7）进入公共场所要注意观察消防标志，记住疏散方向。

（8）在任何情况下都要保持疏散通道畅通。

（9）任何人发现危及公共消防安全的行为，都可向公安消防部门或值勤公安人员举报。

（10）生活用火要特别小心，火源附近不要放置可燃物品。

（11）发现煤气泄漏，速关阀门，打开门窗，切勿触动电器开关和使用明火。

（12）电器线路破旧、老化要及时修理、更换。

（13）电路熔丝（片）熔断，切勿用铜丝、铁丝代替。

（14）不能超负荷用电。

（15）发现火灾迅速打119报警电话，消防队救火不收费。

（16）了解情况的人，应及时将火场内被困人员及易燃易爆危险品情况告诉消防人员。

（17）火灾袭来时要迅速疏散逃生，不要贪恋财物。

（18）必须穿越浓烟逃生时，应尽量用浸湿的衣物披裹身体、捂住口鼻，贴近地面前行。

（19）身上着火，可就地打滚，或用厚重衣物覆盖压灭火苗。

（20）大火封门无法逃生时，可用浸湿的被褥、衣物等堵塞门缝，泼水降温，呼救待援。

（五）学会正确报警

遇到火情、火险时，要立即拨打119报警，报警时应注意以下几个方面：

（1）在报告火警时，要沉着镇静，一定要讲清楚失火处的地址（如某大学某校区某宿舍楼某房间），以利于消防队能迅速、准确、及时地到达火灾现场，进行灭火。讲不清楚时，请说出地理位置，并讲明周围明显建筑物或道路标志。

（2）在报告火警时，还应简要讲清火灾原因及火势大小，如燃烧面积有多大，有无被困人员，如是楼房，要讲清楚几楼着火，以便于消防指挥中心有针对性地派出警力。

（3）要说出报警人的姓名和电话，便于消防指挥中心及时与之联系。不要急于挂断电话，要冷静回答接警人员的提问。

（4）报完警后，还要派人到路口迎候消防车，指引消防车以最便捷的路线到达火灾现场，进行灭火。

三、校园火灾的逃生与自救

（一）火灾的四个发展时期

1. 火灾初起期

火势会因室内氧气减少而自动减弱。这段时间的长短，随建筑物结构及空间大小的不同而不同。如初起期未能灭火，火势将因门窗玻璃或其他薄弱部分的破坏，得到新鲜空气补充而变大。

2. 火灾成长期

随着新鲜空气通道的形成，火势急剧加强，室内温度迅速升高。当火势达到一定程度时，会在一瞬间形成一团大的火焰。火势出现闪烁时人就很难生存了，所以成长期的长短是决定人员避难时间的重要因素。

3. 火灾最盛期

从火势出现闪烁开始，火灾最猛烈，持续高温达600～800℃。这段时间的长短和温度高低，取决于建筑物的耐火等级。

4. 火灾衰减期

最盛期过后，火势衰减，室内温度下降，烟雾消散。仅地上堆积物的焚烧残迹在微微燃烧，火灾渐趋平息。由于火灾有着如上的发展过程，因此人们可以赢得时间，尽快把火灾扑灭在初起期。

（二）校园发生初起火灾情况时，应采取的措施

（1）积极参加灭火，参加初起火灾的扑救是每个有能力公民的义务和责任。初起火灾最

容易扑灭，若能及时扑救，火势不会再扩大。当火灾初起，现场只有一个人或少数人时，不能见火就跑，应立即向学校保卫部门报告或呼救，在确保安全的前提下利用周围的消防器材和可利用的灭火工具、物品等积极进行扑救。

（2）要立即切断电源，关闭燃气和其他可燃、助燃气体的阀门，防止火势扩大。

（3）要根据不同物质的燃烧情况，选用不同的灭火器材，有效灭火。如果有压力的容器着火，要边救火，边使用水冷却容器，防止高温爆炸。

（4）火灾短时间未能扑灭，而且火势增大时，要在保护好自身安全的同时，继续控制火势蔓延和扩大，并立即拨打119火警电话报警。

（5）在可能的条件下，要迅速转移火场和火场附近的易燃易爆物品及高压容器、贵重物品和资料等。

（6）在烟雾不大、条件许可时，救火人员可在火场较远处用消防水龙带喷水降温，控制火势。

（7）参加救火的人员也要防止被火烧伤，防止吸入燃烧时所产生的有毒气体而中毒，尽量减少人员伤亡。

（8）如有人受到火焰围困，救火人员的首要任务是在保证自身安全的同时把受围困的人员抢救出来。

（9）做好火灾现场的警戒，限制无关人员进入火场。

（10）保护好火灾现场，协助消防机关调查处理火灾事故。

（三）参加救火时应注意的事项

火警就是命令，火场就是战场。对初起火灾，发现者都应积极参加扑救。在扑救火灾时应注意：一切行动听指挥，不要擅自进入火场；注意自身和在场人员的人身安全，避免不必要的伤亡；提高警惕，防止现场物品失窃；保护好现场，以利于救灾和事后调查处理。

（四）火灾不同阶段不同的应对方法

1. 火灾初起阶段的撤离

火灾初起阶段一般温度不高，但烟雾较大。在自己无力扑灭火灾的情况下，应赶快离开起火房间，关闭门窗，阻止火势和烟雾向相邻的房间蔓延、扩散。同时，及时报警，组织人员按方案撤离。此时逃生第一，不要浪费时间去取贵重物品、有价证券等。撤离的顺序是儿童、老人、妇女，然后才是男子。撤到安全区域后，如发现还有人没撤出来，一定不能贸然返回，要等专业消防人员营救。一般居室都有两个以上出口：一是门，二是阳台、窗户。当第一出口被火势封住后，应从第二出口采取有效方法撤离。

2. 被困于火灾中的自救

当火势发展到猛烈阶段时，有计划地撤离难以付诸实施的情况下，只能随机应变，但要冷静地进行自救。据消防部门的资料表明，在火灾中丧生的人，受烟雾中毒、窒息而死的比例高于烧死的比例，有的是因烟雾中毒、窒息失去知觉后才被火烧死。因此，被困时防烟雾中毒、防窒息是一切自救的第一步。

（1）防烟方法。这个方法主要是用湿毛巾捂住鼻口呼吸。一时找不到湿毛巾，可用衣服（棉质的）或其他棉制品浸湿代替。在没有水的情况下，尿液也可应急。湿毛巾不仅可以过滤烟雾、防止中毒，还可以湿润空气、降低空气的温度，减少燥热的空气对呼吸道的灼伤。

（2）防热方法。这种方法是淋湿身上的衣服，把棉被浸湿裹在身上，向浴缸、浴池注满水，开放水龙头，将身体浸在水中，只留鼻孔于水面并用湿毛巾盖住鼻孔呼吸等。在没有水源的情况下，身上着火不要拍打，要就地打滚将身上的火滚灭为止。打滚的速度不宜过快，以防加快身边空气的流动，使身上的火加剧燃烧。

3. 逃生方法

突围逃生的方法主要根据建筑物的结构和火灾情况而定。

（1）利用阳台、窗口逃生。利用绳索或撕开的床单结成绳索向下层的阳台、窗口缓降，然后从下层的阳台、窗口进入未着火的室内逃生。

（2）利用下水道管逃生。一般住宅的下水道管多设在阳台与旁边住户之间。铁质下水道管比较牢固可以用来逃生。

（3）用湿棉被裹住身体冲出火海向楼下逃生。尽量不要往上层逃生。楼层火灾由于烟囱效应，火势向上蔓延的速度要大于向下蔓延的速度。

（4）在无法突围的情况下，不要向床下或壁柜里躲藏。应设法向浴室、卫生间之类的室内既无可燃物又有水源的空间躲避。进入后立即关闭门窗，打开水龙头，脱下身上衣服浸湿塞住门窗的缝隙阻止烟雾侵入。

（5）被火势逼到阳台、楼顶，既无出路又无退路，但生命暂时不会受到严重威胁时，要保持冷静，坚守此地，等待消防人员的救援，不要轻举妄动。人多时要相互安慰，稳定情绪。

（6）非跳即死的情况下跳楼时，要抱一些棉被、沙发垫等松软的物品，选择向楼下有石棉瓦车棚、花圃草地、水池或枝叶茂盛的树等地方上跳，以减缓冲击力。徒手跳的要双手抱紧头部，身体弯曲，卷成一团，防止冲击力对人体的头部和脏器的伤害。

（7）在被烟气窒息失去自救能力时，应努力滚到墙边，便于消防人员寻找、营救。消防人员进入室内都是沿墙壁摸索行进的。另外，滚到墙边也可以防止房屋塌落砸伤自己。

火场上的情况千变万化，我们难以全面预料。求生是人的本能，同被困于火灾中，有人葬身火海，有人却安然脱险。除了客观上的原因，最重要的恐怕就是每个人应变能力的差异了。一位哲人曾经说过："只有绝望的人，没有绝望的处境。"身处困境若能随机应变则会绝处逢生，化险为夷。

4. 正确使用灭火器材

火灾初起后，能果断迅速将其扑灭，把火灾消灭在初期阶段，使火灾损失降到最低程度，最有效、最关键的手段就是每个大学生都会正确使用灭火器材。

（1）正确使用手提式二氧化碳灭火器。

1）手提式二氧化碳灭火器的使用方法。手提式二氧化碳灭火器有 2、3、5、7kg 四种规格。按其开启结构情况，可分为手提式和鸭嘴式两种。手提式二氧化碳灭火器主要由喷筒、启闭阀和筒体组成。鸭嘴式二氧化碳灭火器主要由提把、压把、启闭阀、筒体和喷筒组成。二氧化碳灭火器具有绝缘好、灭火后不留痕迹的特点。主要适用于扑救贵重仪器和设备、图书资料、仪器仪表及 600V 以下带电设备的初期火灾。使用时可手提灭火器提把，在距起火点 5m 处，一只手握住喇叭形喷筒根部的手柄，把喷筒对准火焰，另一只手旋开手轮（鸭嘴式的可压下压把），二氧化碳就会喷射出来。在扑救流散液体火灾时，应使二氧化碳由近而远向火焰喷射。如果燃烧面积较大，可左右摆动喷筒，直至将火扑灭。在扑救容器内火灾时，可手提喷筒根部的手柄，从容器上部的一侧向容器内喷射，但不要使二氧化碳直接冲击到液面上，以免将可燃液体冲出容器而扩大火灾。

2）使用手提式二氧化碳时应注意的问题。应设法使二氧化碳尽量多地喷射到燃烧区域内，使之达到灭火的浓度；在喷射过程中应始终保持直立状态，切不可平放或颠倒使用；不要用手直接握喷筒或金属管，以防将手冻伤；在室外灭火时，应在上风方向喷射（如果风大，灭火效果会差）；在狭小室内灭火时，喷射后喷手应迅速撤离，以防被二氧化碳窒息；扑救室内火灾后，应先打开门窗通风，然后再进入，以防窒息。

（2）正确使用手提式"1211"灭火器。

1）手提式"1211"灭火器的特点及适用范围。它具有灭火速度快，灭火后不污损物体，毒性小的特点。它主要适用于图书馆、美术馆、文史档案馆、情报资料室、客房、办公室、仓库、电子计算机机房、电话交换机房、通信机房、电气仪表控制中心，以及加油站、油泵房、危险品库、化学实验室等场所的初起火灾扑救。另外它还适用于扑救物质火灾：可燃气体，如煤气、甲烷、乙烷、丙烷的初起火灾；甲乙丙类可燃液体，如烃类（包括汽油、煤油、柴油等）、醇类、酮类、酯类、苯类及其他有机溶类的初起火灾；电气设备，如电闸、变压器、发电机、电动机、电器配线等电气设备的初起火灾。它不适用于扑救的物质火灾：一是无空气仍能迅速氧化的物质，如硝酸纤维、火药等；活泼金属，如钾、钠、镁、钛等；金属的氧化物，如氧化钾、氧化钠等。二是能自行分解的化学物质，如某些过氧化物、联氨等。三是能自燃的物质，如磷等强氧化剂、氧化氮、氟等。

2）手提式"1211"灭火器的使用方法。手提式"1211"灭火器有 0.5、1、2、4、6kg 等五种规格。它主要由筒体、筒盖、喷嘴、开启机构和压力表等构成。使用时应手提手把，在距起火点约 5m 处，拔掉保险销，然后右手紧握压把，左手握住喷射软管前端的喷嘴，对准火焰的根部，由近而远、左右扫射，并迅速向前推进，直至火焰扑灭。

3）使用手提式"1211"灭火器时应注意的问题。在喷射过程中，灭火筒应保持直立状态，不得颠倒或平躺使用；室外使用时，应注意在上风方向；在狭小的室内空间灭火时，灭火后迅速撤离；注意防止复燃。

（3）正确使用手提式干粉灭火器。

1）手提式干粉灭火器的使用方法。手提式干粉灭火器是利用高压的二氧化碳气体为动力，喷射干粉进行灭火的灭火器具。它具有不导电、无毒性、无腐蚀作用，易用于扑救带电设备的火灾。它分为内装式、外置式和贮压式三种形式。有 1、2、3、5、6、8、10kg 等七种规格。它主要由筒体、筒盖、贮气钢瓶、喷气系统、开启机构及压力表等组成。使用手提式干粉灭火器时，应手提灭火器提把，在室外灭火时，占据上风方向，先把灭火器颠倒几次，使筒内干粉松动。如果使用的是内装式或贮压式干粉灭火器，应先拔下保险销，一只手握住喷嘴，另一只手用力压下压把，干粉便会从喷嘴射出。如果使用的是外置式干粉灭火器，则一只手握住喷嘴，另一只手提起提环，握住提柄，干粉便会从喷嘴射出。用干粉灭火器扑救流散液体火灾时，应从火焰侧面，对准火焰根部喷射，由近而远、左右扫射，并快速推进，直至把火扑灭。如果扑救容器内可燃液体火灾时，也应从火焰侧面，对准火焰根部，左右扫射，当火焰被赶出容器时，应快速向前，将余火扑灭。灭火时不要把喷嘴直接对准液面喷射，以防干粉气流的冲击力使油液飞溅，引起火势扩大，给灭火增加困难。

2）使用手提式干粉灭火器时应注意的问题。手提式干粉灭火器在灭火过程中应始终保持直立状态，不得横卧或颠倒使用，否则不能喷粉；灭火后防止复燃，因为干粉灭火的冷却作用甚微，在着火点存在着炽热物的条件下，灭火后易产生复燃。

任务三　进行一次寝室用电安全检查并做好记录

📊 【学习目标】

（1）了解哪些是校园内的违章电器。

（2）掌握安全用电的重要意义。

✏ 【学习任务描述】

带领学生对班级所在的寝室进行检查，目标主要针对违章电器、不安全用电行为。以"找错误"的方式进行用电安全排查，并记录在册。

⚑ 【学习任务准备】

要求每个学生先进行寝室自检，认识到哪些是违章电器和不安全用电行为。

⚙ 【学习任务实施】

指导学生树立安全意识，以学习小组为单位在班级各寝室之间进行交叉检查，可以带上电笔、电压电流测试器等设备，对寝室内部的插线板进行检测，并记录在册，班级将汇总检查结果，进行寝室安全用电评比，并对第一名的寝室进行嘉奖。使学生意识到违章用电的安全隐患，并掌握安全用电的知识。

🍸 【案例一瞥】

案例1： 2003 年 12 月 23 日早晨 5 时 40 分左右，东北大学第四学生宿舍楼 219 室突然失火，千余名女生被困楼内。用灭火器自救未成功，许多女生打开窗户呼救。宿舍楼外，不少学生因为逃生时过于匆忙，仅在睡衣外罩了一件大衣。一些学生是用沾水的毛巾捂住口鼻后冲破烟雾的，她们说学校以前教过这方面的逃生知识。据目击者回忆，当烟雾进入寝室后，她们才意识到发生了火灾。一些女生拿起了楼道内存放的灭火器，但直到十几只灭火器用完，也没能扑灭大火。她们又开始用脸盆接水灭火，但也没能减小火势。沈阳消防支队出动了 6 个消防中队的 15 辆消防车和 80 多名消防官兵，10 余个小组展开救援。起火的宿舍楼共有 3 个通道，其中一个被胶合板钉死，消防官兵们迅速打开通道，将学生转移。不到 20min，大火被扑灭。经调查，消防部门已查明了火灾的原因。事发晚上，219 寝室内仅住着一名女生陈某，她用"热得快"烧水，因晚上突然停电，她只好从水壶中拔下"热得快"放到床上，但忘了切断电源。早晨，她醒来后发现床上的"热得快"已经将床铺引燃，惊慌之下，四处敲门喊醒其他寝室的学生。由于这名女生逃生时打开了寝室的门，结果通风后火势更加猛烈。24 岁的陈某将受到行政拘留 10 天的处罚。（宋丽云. 东北大学宿舍起火. 1000 多名女生凌晨逃命. 人民网. 2003－12－24.）

案例2： 2006 年 7 月 14 日早晨，中国传媒大学中蓝大学生公寓一女生宿舍起火。起火时宿舍内一名女生被困屋内，后自己逃出火场。除起火宿舍损失较大外，其他寝室未被殃及。目击者李女士称，早晨6时左右，她突然发现女生寝室609房间的阳台冒出浓烟，阳台门处蹿出明火，隐约间听到寝室内传出女生尖叫，如图3-1所示。得知着火后，宿管等工作人员赶紧疏散楼内同学，并报火警。随后消防队赶到，经过近1h的扑救，火彻底被扑灭。

上午10时左右，记者赶到现场，起火寝室的阳台顶部被熏得焦黑，部分墙皮脱落。该寝室的一个女孩得到消息后刚刚赶回来，她称，现在只有一个室友住在寝室，她也不知道起火原因，寝室内的大部分物品都已被烧毁。学校后勤一位刚从现场出来的负责人称，他们已询问过当时在寝室休息的女生，女生说可能是对铺的一个充电器起火，该充电器已在插座上插了3天。（中国传媒大学女生宿舍起火. 新京报. 2006 - 7 - 15.）

图3-1 火灾现场

案例3：天津某高校一位女生在学校统一熄灯后，违反学校宿舍安全规定，使用劣质应急灯，在宿舍挑灯夜读。夜读时间过长，应急灯电完自熄。次日，该生为再度夜读做准备，便给应急灯插上电源充电，随后去教室上课，应急灯充电时间过长，导致发热起火，造成火灾事故，燃烧宿舍的所有财物。（大学生安全教育课件. 百库文库.）

案例4：2008年11月14日上海商学院一宿舍楼内602寝室着火，四名女生从位于6层的宿舍跳楼逃生，全部当场身亡。据警方勘察，火灾主要原因是由于违规使用"热得快"所致。上海商学院火灾事件发生后，沪上高校开始大规模排查，没收了各类违规电器。不过，据记者调查发现，随着寒潮来临，违规电器躲过大规模排查后，在沪上某些高校重现"生机"，除比较敏感的"热得快"难见踪迹外，其他的如电热毯、电热炉等又"进驻"到大学生的寝室。（高瑞. 上海商学院今晨发生火灾 四名女大学生跳楼身亡. 搜狐新闻. 2008 - 11 - 14.）

 【安全课堂】

一、校园违章用电的类型

学生宿舍是我们用电安全管理的重要场所之一，学生有12h左右都是在宿舍中度过的，因此，学校应更加注重学生宿舍用电安全工作。所以，应先弄清楚学校宿舍比较常见的几种安全隐患。

违章用电使用劣质电器和大功率电器，包括劣质应急灯、各种各样的充电器、电吹风、取暖器等。学生基本没有经济收入，又缺乏社会经验，往往会购买价低劣质的电器在宿舍使用；还有的学生在宿舍使用大功率电器，使电线超负荷，因此很容易造成短路引起火灾。比如，到了冬天有些学生使用电热毯取暖，这些都是校舍的安全隐患。

使用"热得快"在学生宿舍起火原因中占很大的比例。不少学生为了图方便，往往在宿舍用"热得快"烧水。有的忘记了正在烧水，致使热水瓶里的水烧干后，烧着了外壳或其他易燃物品引发火情；有的则是因为使用劣质"热得快"而起火。学生在宿舍使用"热得快"，未拔电源就挂在床上，引燃衣物，导致火灾的事情时有发生。

二、安全用电的常识和寝室用电注意事项

（一）安全用电常识

（1）认识了解电源总开关，学会在紧急情况下切断寝室电源总开关。

（2）不用手或导电物（如铁丝、钉子、别针等金属制品）去接触、探试电源插座内部。

（3）不用湿手触摸电器，不用湿布擦拭电器。

（4）电脑、充电器等使用完毕后应拔掉电源插头或关闭接线板上的开关。插拔电源插头时不要用力拉拽电线，以防止电线的绝缘层受损造成触电；电线的绝缘皮剥落，要及时更换新线或者用绝缘胶布包好。发生线路故障必须及时报有关维修部门更换或维修，严禁私自更换或维修。

（5）发现有人触电要设法及时关断电源；或者用不导电物（如干燥的木棍等）将触电者与带电的电器分开，不要用手去直接救人，以防触电。

（6）不随意在寝室内更改、拆卸、安装电源线路、插座、插头等，也不要把铁钉等硬物凿入墙面，以防发生电线短路、触电等意外事故。

（7）电源接线板不应放在床上，应放在书桌等通风安全处，周围不要有易燃物品，也不要将接线板放在小杂物容易跌入或容易被水侵入的地方，电线不要与床架等金属物接触。接线板上不能接过多电源插头，禁止多个互接。

（8）寝室无人情况下必须切断所有电源，尤其是插排，做到人走断电，防止发生火灾。

（9）严禁私自跨寝室、跨教室进行计算机联网或在公共网络线上私拉乱接。

（二）寝室用电注意事项

（1）在使用过程中如发现充电器、台灯等有冒烟、冒火花、发出焦糊的异味等情况，应立即关掉电源开关，停止使用。

（2）有些充电设备使用时间过长会造成险情，出门时，请同学们自觉检查一下充电器是否处于安全状态。长时间外出前务必拔掉所有充电器，以避免火灾事故的发生。

（3）要避免在雷雨天气的环境下使用带电物品，在雷雨天气使用，易使充电器、电插排等遭受雷击，这样不仅会损坏电器，还会发生触电危险。要拔下电源插座。

（4）电插排、充电器长期搁置不用，容易受潮、受腐蚀而损坏，重新使用前需要认真检查。

（5）手机、台灯在充电过程中会散发出热量，应注意保持电器所处工作环境的良好通风，不在过高的环境温度下启用，将它们远离纸张、棉布等易燃物品，防止发生火灾。

（6）使用台灯灯具时，不要在灯罩上或其附近放置易燃物品（如纸片等），容易引起火灾。灯头接触不良、灯头与玻璃壳松动、电气线路破损、接头松动等也可引发火灾。灯具表面温度过高，玻璃壳受热不匀，如果有水珠溅到高热的灯泡上会引起灯泡爆裂，掉下的玻璃碎片或灯丝可能会造成人身伤害或使可燃物起火。台灯必须放在桌面上使用；不得使用床头灯。

（7）手机充电时间过长、边充电边打电话而导致电话机身发热，都属于高危易爆状况。

（8）严禁在宿舍里使用劣质电器及非安全电器，如电炉、电锅、电热杯、热得快、电热褥、取暖器、电熨斗等电热器具。

三、触电事故的应急处置

（1）迅速脱离电源。当电源开关离救护人员很近时，应立即拉掉开关切断电源；当电源

开关离救护人员较远时，可用绝缘手套或木棒将电源切断。

（2）就地急救处理。当触电者脱离电源后，必须在现场就地抢救。

（3）准确地使用人工呼吸。如果触电者神志清醒，仅心慌、四肢麻木或者一度昏迷还没有失去知觉，应让他安静休息。

（4）坚持抢救。坚持就是触电者复生的希望，1％的希望也要尽100％的努力。

四、防电磁辐射

任何带电体周围都存在着电场，周期变化的电场就会产生周期变化的磁场，就存在电磁波，产生电磁辐射，过量的电磁辐射会造成电磁污染。一些发射设备、微波设备、家用电器、现代办公设备、高压输配电系统等，都有可能造成电磁污染。电磁波按频率分为长波、中波、短波、超短波和微波。一般来讲，长波对人体的影响较弱，波长越短频率越高，对人体影响越大，微波的影响最为突出。

（1）提高自我保护意识，重视电磁辐射可能对人体产生的危害，多了解有关电磁辐射的常识，学会防范措施，加强安全防范。如对配有应用手册的电器，应严格按指示规范操作，保持安全操作距离等。

（2）不要把家用电器摆放得过于集中，或经常一起使用，以免使自己暴露在超剂量辐射的危害之中。特别是电视、电脑、冰箱等电器更不宜集中摆放在卧室里。

（3）各种家用电器、办公设备、移动电话等都应尽量避免长时间操作。如电视、电脑等电器需要较长时间使用时，应注意至少每小时离开一次，采用眺望远方或闭上眼睛的方式，以减少眼睛的疲劳程度和所受辐射影响。

（4）当电器暂停使用时，最好不要让它们处于待机状态，因为此时可产生较微弱的电磁场，长时间也会产生辐射积累。

（5）对各种电器的使用，应保持一定的安全距离。如眼睛离电视荧光屏的距离，一般为荧光屏宽度的5倍左右；微波炉在开启之后要离开至少1m远，孕妇和小孩应尽量远离微波炉；手机在使用时，应尽量使头部与手机天线的距离远一些，最好使用分离耳机和话筒接听电话。

（6）如果长期涉身于超剂量电磁辐射环境中，应注意采取以下自我保护措施：

1）居住、工作在高压线、变电站、电台、电视台、雷达站、电磁波发射塔附近的人员，佩带心脏起搏器的患者，经常使用电子仪器、医疗设备、办公自动化设备的人员，以及生活在现代电器自动化环境中的人群，特别是抵抗力较弱的孕妇、儿童、老人及病患者，有条件的应配备针对电磁辐射的屏蔽服，将电磁辐射最大限度地阻挡在身体之外。

2）电视、电脑等有显示屏的电器设备可安装电磁辐射保护屏，使用者还可佩戴防辐射眼镜，以防止屏幕辐射出的电磁波直接作用于人体。

3）手机接触瞬间释放的电磁辐射最大，为此最好在手机响过一两秒后或电话两次铃声间歇中再接听电话。

4）电视、电脑等电器的屏幕产生的辐射会导致人体皮肤干燥缺水，加速皮肤老化，严重的会导致皮肤癌，所以在使用完上述电器后要及时洗脸。

5）多食用一些胡萝卜、豆芽、西红柿、油菜、海带、卷心菜、瘦肉、动物肝脏等富含维生素A、维生素C和蛋白质的食物，以利于调节人体电磁场紊乱状态，加强肌体抵抗电磁辐射的能力。

任务四　完成一份大学生校外住宿状况的问卷调查

📊 **【学习目标】**

（1）了解校外住宿的诸多安全隐患。

（2）掌握校外租房的有关注意事项。

（3）意识到夜不归宿的危险性。

✍ **【学习任务描述】**

指导学生完成一份问卷调查，用问卷调查的形式获取学生对校外租房的真实看法，并用统计法粗略地推算出本校学生在外租房的比例。

🖋 **【学习任务准备】**

要求学生根据实际情况设计出合适的问卷调查，内容要合理适度，没有感情色彩的倾向性；搜集以往校外住宿的相关案例和数据材料，便于对比和借鉴。

⚙ **【学习任务实施】**

设计一份大学生外宿的问卷调查，指导学生以学习小组为单位，利用课余时间发放并回收问卷调查，将受调查者按照年级、性别进行分类、统计，粗略地推算出本校学生在外租房的比例，根据结果进行讨论，使学生明确校外住宿的安全隐患。

🍸 **【案例一瞥】**

案例1： 2008年1月5日晚，一男一女两名大学生在桂林市金鸡路一间"日租房"旅馆内留宿，次日房东发现两人出现异样，其中男子已经死亡，女子经过抢救才脱离危险，医生确认其为一氧化碳中毒。此"日租房"房东介绍，这对男女是1月3日晚入住的，5日晚上8时多两人回到房间，就再也没有出来。"他们两人本该在6号中午12点退房，但直到当天下午2点，两人仍没有出房间，我就觉得奇怪了。"房东马上到房间门口敲门，里面仍然一片沉寂。随后，房东拿来钥匙打开房门，看到男子趴在床上，身体发凉，已经停止呼吸，地上有一团呕吐物。女子虽然意识清醒，身体却动弹不得。房东见状，立即拨打了120和110。这间日租房在金鸡路背面的一座三层建筑里，房间面积约10m²，房间内有一个用玻璃材料隔出的洗手间，里面挂着燃气热水器，煤气罐也放在房间内。这名房东说："我们这里是前两个月才营业的，20元一个晚上，出事以后不营业了。"辖区派出所民警介绍，男子是附近一所高校06级的学生，女子是另一所高校07级的学生，两人是情侣关系，可初步认定两人是煤气中毒。（大学生情侣留宿"日租房"煤气中毒一死一伤. 桂林生活网-桂林晚报. 2008-1-9.）

案例2： "生前见他最后一面，竟然是在网吧里！"小邵的同租室友说起这一悲剧时，深深地叹息。昨天上午，处于实习期的合肥一学校大三学生小邵在通宵上网后，返回住处走进浴室。大约1h后，小邵的同学感觉不对劲，撬开浴室门发现，小邵倒在地上一动不动，已经停止了呼吸。警方初步判断，小邵是在上网回住处后因心脏骤停猝死。小邵和小刘、小司、小秦均是葛大店附近一所学校的学生，由于属于实习期间，4 个人一起在葛大店附近租房子住，方便实习。他们住在一栋两层楼的民房内，浴室设在一楼。住在一楼的小刘说："昨天上午 8 时许，我在一楼卧室里睡觉，听到他（小邵）下楼走进浴室。"上午 9 时左右，小刘起床去浴室，发现门被从里面反锁了，"我怎么叫都没有人应，我还在想是不是我做错什么事，他故意不理我的。"等了约 10min，小刘突然感觉不对劲，"他从来不会洗澡洗那么久，而且我们在外面一点水声都听不见。"小刘和同学们在浴室门口大声呼叫，但里面一点反应都没有，"我们从窗户朝里看，也看不见他人。"由于房门被反锁，几个同学慌忙找来棍子撬开门，"他就躺在地上，我们都以为他晕倒了，应该是刚脱衣服准备洗澡时就晕倒的，水还没开。"回忆起上午的那一幕，小刘非常悲伤，他说："我们无法理解，浴室里用的是太阳能热水器啊，不可能存在煤气中毒，而且他（小邵）1.86m 的个子，身体很好，怎么会说没就没了呢？"小邵的朋友们都觉得，小邵通宵上网后，回住处没多久就猝死在浴室里，"网瘾"可能是导致小邵猝死的直接原因。（巫翔峰，朱蕾. 小伙通宵上网后猝死. 新安晚报. 2010 - 5 - 25.）

案例 3：某年 3 月某傍晚，某省城商校大学生安某晚自习后回"家"，走到民和路口，突然闪出几个黑影，不由分说抓住他扒去他身上刚买不久的一套西服，抢走了家人刚寄给他的五百多元生活费，随后用他的裤腰带把他绑在附近一菜棚的铁杆上直到天亮。不久，一对大学生恋人在回"家"的路上又遭此祸，其中男生在与歹徒搏斗中因寡不敌众，左腿挨了一刀倒在地上，两人身上三百多元被一劫而空，事后，男生住了一个多月的院。受害大学生由于害怕受到学校的处分和家长的责备，大多不敢报案。每当放学的时候，租了房的大学生便匆匆回"家"，他们这样来来回回给一些拦路抢劫者创造了绝好的"商机"，在外租房的大学生时常成为这伙人的"顾客"。（安徽科技学院军事与安全教研室教案）

 【安全课堂】

一、校外住宿学生的安全隐患

在校外住宿的学生大多生活自理能力较差，自我保护意识薄弱，再加上某些房东生活习惯和责任意识淡薄，而学校的管理又鞭长莫及，学生的生命财产安全存有隐患，突出表现在以下几个方面。

（一）生活安全无保障

校外住宿学生多使用电器，如热得快、电热毯、电吹风等，稍有不慎，就有发生触电、火灾的危险。有些住房电线老化、布线不科学，使用大功率电器，就存在电线熔结短路，导致火灾的隐患。校外住宿学生如果使用液化气灶或蜂窝煤炉做饭或洗澡，有时忘记关煤气，或夜间忘记熄灭蜂窝煤炉，就有可能发生煤气中毒事件。有的学生租住的房屋破旧不堪，房子因年久失修或结构错位等因素，存在安全隐患。学生自我保护能力差，在校外住宿常有被社会不法分子骚扰、殴打、敲诈勒索或偷盗抢肥的事件发生，生命财产安全得不到保障。另外，校外住宿学生吃饭场所相对不固定，有的学生饮食无规律，不讲卫生，外面的小商小贩有的又不是合法经营，乱买乱吃，容易造成食物中毒或生病，饮食卫生和身体健康得不到保障。

（二）养成教育受影响

校外住宿学生由于脱离了家长和学校的监督，加上自我约束能力不强，很容易受社会不良风气的影响，养成不良行为习惯。打牌赌博、抽烟喝酒、聚众斗殴、谈情说爱、懒惰涣散，甚至违法乱纪。某校有一名基础较差的学生，为了能加班加点将学习成绩赶上去，选择了在校外住宿，起初风平浪静，可是一段时间后，他的一些同学就开始到他的住处玩耍，有时还约他一起出去玩，从逛商场发展到去网吧通宵上网，从打牌到迷恋使人上瘾的赌博机，最终不但学习成绩没赶上去，而且自己还成了问题学生。

（三）身心健康受威胁

有些房东经常聚众喝酒、玩麻将至深夜，严重影响学生的正常学习和休息，这样不仅学习效率低下，长此以往，还会造成失眠、神经衰弱等疾病，影响学生的身心健康。个别学生租房比较偏僻，周围环境比较阴森，学生居住，特别是女生会产生恐惧和不安全的感觉，以至于造成焦虑、抑郁等症状。如某校有一名女生，在校外相当偏僻的地方单独租了一间房子，房子附近还有一座庙宇，每到晚上，这名女生就恐惧得难以入眠，上课精神恍惚，最后患上了精神恐惧症。有些学生租住的房子离游戏厅、网吧、歌舞厅比较近，这些灯红酒绿的社会前沿场所，对青少年产生诱惑，导致学生走上违法犯罪的道路，严重影响学生的身心健康。

二、校外租房的注意事项

近年来，随着教育部解除了大学生校外租房的禁令，越来越多的大学生选择了在校外租房，然而大学生在校外租房时，不仅应考虑个人喜好、价格、交通、环境等因素，还更应从法律和安全方面作些考虑。

（一）了解房东考虑安全

出于安全考虑，高校学生在承租他人房屋时，需从房产中介处了解一些房东的个人情况。比如房东为何不在此居住，房东买该房屋时是否属于投资性质，房东是否有法律经济纠纷会涉及该套房屋等。如果是因为质量问题房东才搬离，大学生则不宜承租该房屋；如果是因为房东有经济纠纷，常有债主上门催债，就会对大学生的日常生活产生干扰；若该房东购买房屋属于投资性质，那么大学生可能面临在租赁期间，房东将该房出售给他人的问题等。虽然依据《合同法》的有关规定，新的买受人应当继续履行该租赁合同，但房东若单方解除租赁合同，也会给大学生带来不必要的麻烦。高校学生租房时间一般会延续一个学期，租房前应当慎重考虑这个问题。

（二）查看证件明确产权

大学生在签订租赁合同时，应当明确房东的主体资格，保护自身的利益。若房东为产权人，大学生应当查看房东出具的房地产权证及身份证件；若为转租的，应当查看"二房东"出示的上手租赁合同，并要求对方提供房地产权证，上手租赁合同中应明确规定转租人在租赁期间有转租权。

曾有骗子在自己租的房子快到期时发租房广告，自称是房东，骗得房租后逃走。为防止类似情况发生，大学生在签订租赁合同前，可以要求房产中介公司前往该房屋所在地的房地产交易中心，调查该房屋的产权信息，以确认真正的产权人。如果房子是通过中介租赁的，还要注意查看中介的营业执照。

（三）检查家具填写清单

大学生租房一般需要房东提供基本的装修和齐备的家具。在看房时，要仔细检查家电的正常运行情况、家具的完好程度等。有些房子虽然家具、电器配备齐全，但承租后出现电视画面不清楚，空调、冰箱制冷效果差等情况，这时再通知房东来维修，会给生活和学习增添不少麻烦。最好的方式是，要求中介公司清点所租房屋中的家具，然后填写家具清单，清单中要简要列举出租人为承租人准备的家具、家用电器、厨房设备和卫生间设备，并于交房时一一进行清点。入住前，最好再检查一遍屋内有无安全隐患。

（四）签订房屋租赁合同

（1）权利和义务。在签订合同时，承租人需明确自己的权利和义务。除有按约交纳房租、不得擅自改变房屋结构和用途等义务外，当房屋内设备有损时，承租人可以要求房东履行维修义务。这些权利和义务都要在签订合同时明确。

（2）租赁期限。合同双方在合同中需约定一个期限，在这个期限内，若没有特殊情况，出租人不得收回住房，承租人也不得放弃这一住房而租赁别的住房。期限到了之后，若承租人要继续租赁这套住房，则要提前与出租人协商、续约。

（3）租赁保证金。租赁保证金俗称押金，一般的房屋租赁合同都会对租赁保证金进行约定。需要注意的是，租赁保证金只能依据双方的约定进行抵扣相关的费用。如果在租赁合同中没有对违约情况进行约定，则即使一方提前退租，房东也不可以随意没收房客的租赁保证金。

（4）承担费用。租赁期间发生的费用有水、电、煤、有线电视、电话、宽带、物业管理费、垃圾清扫费等，签订合同时一定要明确各项费用的承担方。

（5）要及时将出租房的详细地址、房东的联系方式和真实姓名告诉辅导员和同学，保持通信的畅通，出现问题及时向老师和同学求助。

三、夜不归宿的安全隐患

目前学校当中夜不归宿主要有两大类，一是通宵上网，二是校外住宿。通宵上网的网吧往往安全设施简陋，有些黑网吧经营者在夜间经营时将大门反锁，当意外发生时，网吧内的学生无法及时逃脱；有些经营者为了多摆几台电脑，往往封死安全通道，这些安全隐患往往铸成悲剧。网吧空气不流通，长时间上网，对青年学生的身体造成很大危害，近些年网吧内学生猝死的事件频发也给大家敲响警钟。夜不归宿也会影响第二天听课的效率，无法集中注意力，长此以往，容易荒废学业，近年来，高校学生因沉迷上网被勒令退学的事例屡见不鲜。长期通宵上网玩游戏需要经济上的支持，学生群体无经济来源，可能会诱导一些学生去偷甚至去抢的犯罪念头，从而走上犯罪的道路。

◉【学习项目小结】

大学生住宿安全包括宿舍防火、防盗、用电安全以及校外住宿安全等几个方面。近年来，学生宿舍虽无重大安全事故，但安全状况仍不尽人意，安全意识淡薄而引发的小事故时有发生，且呈现上升趋势。宿舍是人员密集区，一旦出现事故，将对学生生命财产构成严重威胁。因此，了解宿舍防火、防盗、用电及外宿的安全隐患和自救知识显得尤为重要，也是对自己、对他人、对社会负责任的表现。本学习项目从大学生住宿安全的角度对校园中盗窃、火灾、违章用电的类型和特点以及校外住宿的安全隐患进行了基本介绍，并提出了预防和危机应对的相关知识，希望大学生能了解这些安全知识，掌握应对危机的基本技能，能对创造一个安全和谐的校园生活有所帮助。

【求助直通车】

中国政府网　http：//www. gov. cn/gzdt/2009 - 12/03/content _ 1479375. htm

中华人民共和国国家教育委员会《普通高等学校学生安全教育及管理暂行规定》　http：//www. fjbec. cn/bwc/html/2008/10/20081030094127 - 1. htm

中国消防网　http：//www. china - fire. com/

安徽省学生安全平台　http：//anquan. ahedu. gov. cn/

求助电话　119　110　120　122

【练习与思考】

（1）频繁发生的几起高校宿舍消防安全事件，使所有人在震惊之余，也都陷入了沉思。校园防火安全，已成为人们广泛关注的话题。究竟怎样才能保证学生的在校安全？请列举出你认为最行之有效的建议。

（2）法律是否应为校园宿舍安全举起达摩斯克之剑？

（3）对宿舍的用电安全进行自查，并将结果在学习小组中讨论，提出调整方案。

（4）小组讨论校园关于宿舍安全的规定与你自己的设想之间的关系。

学习项目四

大学生交通和交往安全

【学习项目描述】

　　通过教师的示范、讲解、观看图片和视频，指导学生完成策划单车旅行、开展小品演练、设计问卷调查、绘制宣传板报等任务，让学生了解大学生交往的特点和形式，掌握交往中危机应对的方法，从而增强自身的安全意识和自我保护能力。

【教学目标】

1. 知识目标

（1）了解日常交通和旅行安全的常识。

（2）了解大学校园中盗窃、诈骗、抢劫的情况、规律和特点。

（3）了解大学生人际交往类型和主要安全隐患。

（4）了解"黄、赌、毒"对社会和人身安全的危害。

2. 能力目标

（1）掌握校内外交通事故的预防及处置。

（2）掌握大学校园中盗窃、诈骗、抢劫的预防以及危机应对的方法。

（3）掌握各类人际交往的安全技巧和女生交往的注意事项。

（4）掌握对"黄、赌、毒"防范的基本知识。

3. 素质目标

（1）将所学习的安全知识落实到日常生活中，增强自我保护的意识和危机处理的能力。

（2）对违法犯罪行为有清晰的认识，树立良好的法制观念，擅于运用法律的武器保护自己的合法权益。

【教学环境】

　　多媒体教室及相应的设备；相机、摄影设备。

任务一　完成一份单车旅行的策划书

【学习目标】

（1）了解日常交通的安全常识。

（2）了解校园交通的主要特点，掌握校内外交通事故的预防及处置。

（3）掌握旅行安全的危机应对方法。

✍ **【学习任务描述】**

假设要求学生组织一次长距离的单车旅行，指导学生以学习小组为单位开展讨论、调研、收集资料，看看作为"驴友一族"要做好哪些准备工作，最后完成一份单车旅行的策划书。

♀ **【学习任务准备】**

要求学生收集自助游安全的相关资料，并查找真实案例，从中吸取经验和教训。

要求学生确定并绘制单车旅行的路线图。

✿ **【学习任务实施】**

假设要求学生组织一次长距离的单车旅行，教师指导学生以学习小组为单位开展讨论、调研、收集资料，让学生掌握骑自行车的注意事项以及自助游的安全知识，如出行前检查车辆的安全隐患，做好攻略，备好地图及各种装备，了解途经区域的天气、地形及有可能发生的危险，看看作为"驴友一族"要做好哪些准备工作，最后完成一份单车旅行的策划书。由教师给予评价，对优秀小组给予奖励。

Ψ **【案例一瞥】**

案例 1： 1 月 13 日，安徽芜湖安徽师范大学外国语学院大三学生冷静（音）在芜湖火车站被拥挤的人流挤下站台，被还没来得及停稳的火车当场轧死。据报道，本次列车是宁波开往阜阳的 5082 次硬座普快，由于是过境车辆，基本上都没有座位。事件发生时，芜湖火车站一号站台约有 500 多名等待 5082 次火车的乘客，其中有 90％为在校大学生，当火车在站内滑行而没有完全停车时，可以看到车上已经爆满，车厢交接处和走道内都已经站满乘客。此时站台上人群开始骚动，大股向前涌动，有的人开始拍打车门，而此时列车还在前进。……几秒钟后，站台上如同炸窝一般。看见几米外的车轮下，一个红色的身影趴在铁轨上一动不动。死者衣服完好但是血污一片，上身躯体与下肢之间断成两截，只剩衣服空空荡荡。头发很长，是个女孩子，胳膊上还挽着书包。（安徽师范大学女学生被挤落站台遭火车轧死. 中国公路网. 2008－1－17.）

案例 2： 新华网广州 4 月 9 日报道：9 日下午，广东省阳春市发生一起重大交通事故，一辆校车与一辆货车相撞，造成 2 名儿童死亡，15 名儿童不同程度受伤。公安部门初步认定该校车存在超载行为。目前，15 名受伤幼儿园学生分别在阳春市人民医院和阳春市中医院接受救治。记者从阳春市新闻办公室了解到，该校车荷载 11 人，实载 19 人，除 17 名儿童外还有一名老师、一名司机。公安部门初步认定该校车存在超载行为。死亡的两名学生均为女孩。（毛一竹，叶前. 校车事件频频发生. 正义网. 2012－4－10.）

《校车安全管理条例》于 2012 年 4 月 10 日正式向公众公布，条例总共 62 条，分为总则、学校和校车服务提供者、校车使用许可、校车驾驶人、校车通行安全、校车乘车安全、法律责任、附则 8 章。

案例 3： 昨天早上 8 时许，密云大云峰寺所在的无名山脚下，33 名被困的大学生在消防队员的护送下，安全抵达山脚，此时距离他们被困悬崖已经过去了近 17 个小时。这 33 名大学生来自北京各高校，其中男生 16 名，女生 17 名，是在网上户外驴友论坛集结进行本次穿越的。19 日中午 11 时许，他们一行人抵达山下，开始攀爬，接连翻过了两座悬崖，当他们准备翻越第三座悬崖时，天已经黑了，其中有一队人爬上去了，还有一队人发现眼前的悬崖足有 80°角那么陡，被困在原地，进退两难。眼看天越来越黑，气温降到了 0°左右，有大学生通过手机，向蓝天救援队发出了求救。蓝天救援队立刻携带先进设备赶到现场，并拨打了 119 向消防请求增援。当晚 9 时许，密云十里堡消防中队接警后，立刻派出两辆消防车和 15 名队员，迅速赶往事发现场。当时，天黑得伸手不见五指，山高坡陡，脚下没有路，第一组消防队员们顺着树丛向上爬，脸都被树枝划伤了。他们冒着生命危险，在 20 日凌晨 1 时，发现了 15 名被困学生，据他们介绍，剩下的学生还在山上，没有下来。……最后，在消防队员的共同努力下，终于找到所有被困学生，并顺利护送下山。（李亚军. 33 名大学生"驴友"登山，天黑被困京郊悬崖一夜. 北京晚报. 2011 - 11 - 21.）

案例 4：苏州西山风景区，一艘 8 人快艇撞上两艘货船间拖拽缆绳，导致包括旅行社兼职领队（华东政法大学研究生）及 1 名交大男生死亡，2 名交大男生落水失踪，另外包括船老大在内的 4 人受伤。当时 23 名学生与 2 名旅行社领队分乘 3 艘快艇，中午从三山岛返回西山岛，出事的系开在最后的一艘快艇，当时船上共有 8 人，系 6 名交大男生，一名旅行社兼职女导游（吴姓）及驾船船老大。在快艇高速航行过程中，前方一艘货船拉拽着另一艘没了动力的货船正在航行，两船之间相距 20m 左右，由尼龙塑料绳拉拽。船老大见状欲直接从两货船中穿行而过，不料快艇顶棚直接撞上了尼龙塑料绳，顶棚被掀飞，船上人员不同程度被缆绳击中，2 人落水。学生在游湖过程中均未穿救生衣。（许明. 太湖快艇事故. 新民网. 2012 - 4 - 5.）

【安全课堂】

近年来，全国的交通安全形势日益严峻，交通事故频繁发生，人员伤亡和财产损失惨重，据有关报道，我国道路交通事故死亡人数居世界第一位。一家外国通讯社从北京发出一条电讯稿，题目是《中国的道路是世界上最危险的》，"拙劣的驾驶技术和无视交通法规的存在，还有不合理的道路设计、低水平的交通管理、行人较差的交通意识，种种因素结合在一起，使中国成为交通事故的世界冠军。"

交通包括道路交通、铁路交通、水路交通、航空交通。这里所说的交通事故是指道路交通事故，即车辆驾驶人员、行人、乘车人及其他在道路上进行与交通活动有关的人员，因过错或者意外造成人身伤亡和财产损失的事件。大学生交通安全，是指大学生在校园内外道路上遵守国家交通安全法和其他道路交通法律法规行走、骑自行车（包括电动自行车）、驾驶机动车，没有危险，不受威胁，不出事故。大学生要保证交通安全，最重要的就是要严格遵守国家交通安全法，掌握一定的交通安全知识，增强交通安全意识，避免交通违章，减少交通事故。

一、日常交通安全知识

（一）行人安全常识

步行外出时须在人行道内行走，没有人行道的，须靠边行走；横过车行道，须走人行横道或天桥、地下通道，不准穿越、猛跑、翻越护栏；不准在道上扒车、追车、强行拦车或抛物击车；通过路口时要听从民警的指挥并遵守交通信号；列队通过道路时，每横列不准超过 2 人。

（二）骑自行车的安全要求

骑车外出的同学，出行前要先检查一下车辆的铃、闸、锁、牌是否齐全有效，保证没有问题后方可上路。在道路上要在非机动车道内行驶，没有划分车道要靠右边行驶。通过路口时要严守信号，停车不要越过停车线；不要绕过信号行驶；不要骑车逆行；不要扶肩并行；不要双手离把骑车；不要攀扶其他车辆；不要在便道骑车。在横穿 4 条以上机动车道或中途车闸失效时，须下车推行；骑车转弯时要伸手示意，不要强行猛拐。

（三）乘坐机动车的安全要求

汽车、电车等机动车，是人们最常用的交通工具，为保证乘坐安全，应注意以下各点：乘坐公共汽（电）车，要排队候车，按先后顺序上车，不要拥挤，上下车均应等车停稳以后，先下后上，不要争抢；不要把汽油、爆竹等易燃易爆的危险品带入车内；乘车时不要把头、手、胳膊伸出窗外，以免被对面来车或路边树木等刮伤；也不要向车窗外乱扔杂物，以免伤及他人；乘车时要坐稳扶好，没有座位时，要双脚自然分开，侧向站立，手应握紧扶手，以免车辆紧急刹车时摔倒受伤；乘坐小轿车、微型客车时，在前排乘坐时应系好安全带；尽量避免乘坐卡车、拖拉机，必须乘坐时，千万不要站立在后车厢里或坐在车厢板上；不要在机动车道上招呼出租汽车。

（四）乘坐火车的安全要求

自觉遵守车站的安全管理规定，不携带易燃、易爆品、放射性物品等危险品，进站、乘车前自觉进行安全检查，听从站务人员的安排，在指定的地点候车，来车后须停稳再上，先下后上，依次乘车；严禁攀爬车窗上车，严禁在站台上打闹和跨越铁轨线路；乘车时，不能将头、手伸出窗外，不能将废弃物扔出窗外，不要让儿童在车门及车厢连接处玩耍；到茶水炉接水时不要过满，以免列车晃动溅出烫伤人；不要饮酒过量，以免醉酒摔伤、碰伤；不要在车厢内吸烟，以免引起火灾；尽量把物品集中放在可以方便看到的地方，使物品随时在你的视线内，不乱堆乱放，要放置牢固，以免落下伤人，下车前，要提前做好准备；不能乱动车厢内的紧急制动阀，以免导致事故发生；火车有时会紧急刹车，当旅客有所察觉时，应充分利用有限的时间，使自己身体处于较为安全的姿势，或抓住牢固的物体以防碰撞。

（五）乘船的安全要求

我国水域辽阔，人们外出旅行会有很多机会乘船，船在水中航行，本身就存在遇到风浪等危险，所以乘船旅行的安全十分重要。

为了保证航运安全，凡符合安全要求的船只，有关管理部门都发有安全合格证书，外出旅行，不要乘坐无证船只；不要乘坐超载的船只，这样的船安全没有保证；上下船要排队按次序进行，不得拥挤、争抢，以免造成挤伤、落水等事故；天气恶劣时，如遇大风、大浪、浓雾等，应尽量避免乘船；不在船头、甲板等地打闹、追逐，以防落水，不拥挤在船的一侧，以防船体倾斜，发生事故；船上的许多设备都与保证安全有关，不要乱动，以免影响正常航行；夜间航行时，不要用手电筒向水面、岸边乱照，以免引起误会或使驾驶员产生错觉而发生危险；一旦发生意外，要保持镇静，听从有关人员指挥。

（六）常见的交通安全标志

1. 信号灯

常见的交通信号灯有两种。一种是指挥信号灯，它由红、黄、绿三种光色组成。红灯亮时，不准车辆和行人通行；绿灯亮时，准许车辆和行人通行；黄灯亮时，不准车辆和行人通过，已越过停车线的车辆和已进入人行横线的行人，可以继续通行。另一种是人行横道信号灯，设在人行横道口处，绿灯亮时，准许行人通过人行横道；红灯亮时，不准行人通过人行横道。

2．交通标志

（1）警告标志。警告车辆、行人注意危险地点的标志。警告标志的颜色为黄底、黑边、黑图案，形状为等边三角形，顶角朝上。如注意行人、十字交叉、T型交叉、向左急转弯、连续弯路等，如图4-1所示。

图 4-1　警告标志

（2）禁令标志。禁止或限制车辆、行人交通行为的标志。禁令标志的颜色一般为白底、红圈、黑图案。其形状为圆形或顶角向下的等边三角形。如禁止通行、禁止驶入、禁止机动车通行、禁止行人通行等，如图4-2所示。

禁止人力车进入
表示禁止人力车进入。此标志设在禁止人力车进入的路段入口处

禁止骑自行车下坡
表示禁止骑自行车下坡通行。此标志设在禁止骑自行车下坡通行的路段入口处

禁止骑自行车上坡
表示禁止骑自行车上坡通行。此标志设在禁止骑自行车上坡通行的路段入口处

禁止行人进入
表示禁止行人进入。此标志设在禁止行人进入的路段入口处

禁止向左转弯
表示前方路口禁止一切车辆向左转弯。此标志设在禁止向左转弯的路口前适当位置

禁止向右转弯
表示前方路口禁止一切车辆向右转弯。此标志设在禁止向右转弯的路口前适当位置

禁止直行
表示前方路口禁止一切车辆直行。此标志设在禁止直行的路口前适当位置

禁止向左向右转弯
表示前方路口禁止一切车辆向左向右转弯。此标志设在禁止向左向右转弯的路口前适当位置

图4-2 禁令标志

（3）指示标志。指示车辆、行人实施某种交通行为的标志，其颜色为蓝底、白图案，形状分为圆形、长方形和正方形。如直形、向左转弯、机动车道、非机动车道、步行等，如图4-3所示。

图4-3 指示标志

3. 交通标线

（1）人行横道线。人行横道线是用白色油漆在城市公路上画的宽状横线，专供行人过马路使用。

（2）中心线。中心线是一条白（黄）色的划线，是在较宽公路上设置的双向车道的分界线。

（3）停车线。设在交叉路口的一条白色短线，它是车辆在交叉路口等待绿灯放行时的停车界线。

（4）人行道线。其作用是专供行人行走，任何车辆不得在此道行驶。

具体交通标线如图 4-4 所示。

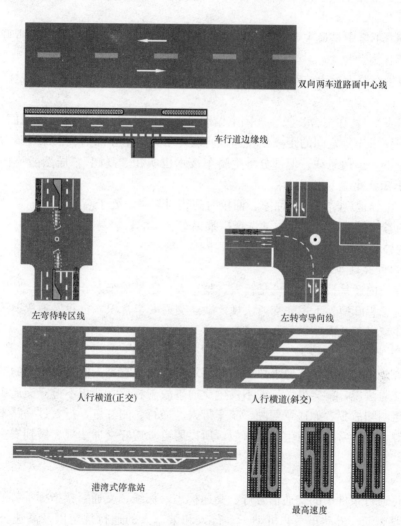

双向两车道路面中心线

车行道边缘线

左弯待转区线

左转弯导向线

人行横道(正交)

人行横道(斜交)

港湾式停靠站

最高速度

图 4-4　交通标线

二、校园交通的主要特点及事故的主要表现形式

（一）校园交通的主要特点

（1）路面平直，但较狭窄，道路两旁树木较多，岔道口也多，视线不好。

（2）混合交通。机动车、非机动车、行人都在同一条道路平面内通行。

（3）机动车相对流量较少，但驾驶员安全意识差，车速相对过快。

（4）学生多，流动性大，交通安全意识较淡薄。

（5）占道违章、乱停乱放现象较为严重，妨碍交通。

（6）交通流量不均衡。校门区是最敏感的区域，车辆混杂，最易发生事故。

（7）时间比较集中。如上下课、文体活动等时段人流密度最大。

（二）大学生交通安全事故的主要表现形式

校园内发生交通事故的主要原因是思想上麻痹和安全意识淡薄。许多大学生刚刚离开父母和家庭，缺乏社会活动经验，交通安全意识比较淡薄，有的同学在思想上还存在校园内骑车和行走肯定比公路上安全的错误认识，一旦遇到意外，发生交通事故就在所难免。主要表现形式有以下几种：

（1）注意力不集中是最主要的形式，表现为行人走路时边走路边看书边听音乐，或者左顾右盼，心不在焉。

（2）大学生在路上行走嬉戏打闹，有时甚至还在路上进行球类活动，更是增加了发生事故的危险。

（3）骑"飞车"，在宿舍、教室、图书馆间飞一般的穿梭。一般高校校园面积都比较大，宿舍与教室、图书馆等之间的距离比较远，所以许多大学生在课间或下课时骑自行车在人海中穿行是大学的一道风景线。但部分学生骑车技术也实在"高超"，居然能骑自行车与汽车比快慢，殊不知就此埋下祸根。

（4）大学生异地就学较多，回家、回校时间相对集中，处于高峰时期。

（5）为图省钱便捷，大学生常常选择搭乘黑车、摩的，容易上当受骗并引发交通事故。

三、校内外交通事故的预防及处置

（一）校内外交通事故的预防

不管是在校内还是校外，不论是行人、骑车人，还是乘车人、开车人，发生交通事故最主要的教训是思想麻痹、不遵守交通法规，缺乏交通安全常识，自我保护意识淡薄。预防交通事故，要注意以下几点。

1. 必须认真遵守交通法规

交通法规是总结了大量交通事故血的教训才产生的。它是人们交通安全的基本保障。只要自觉遵守交通法规，就会少发生或不发生交通事故。相反，如果不遵守交通规则，存有侥幸心理，甚至明知故犯，如违章驾驶、骑车带人、逆行、闯红灯，行人过马路不走人行横道和过街天桥等，就非常容易发生交通事故，所以要自觉遵守交通法规，做到安全行走、安全乘车、安全驾车。

2. 必须掌握基本的交通安全知识

了解道路通行条件中的交通信号灯、交通标志、标线、交通警察指挥手势的含义；道路通行中的一般规定，机动车、非机动车、行人和乘车人的通行规定以及高速公路的特别规定；交通事故处理中的保护现场、抢救受伤人员、报警、交通事故的调解和诉讼以及向保险公司理赔等方面的知识。

3. 必须增强自我保护意识

由于他人特别是机动车驾驶员的违章，造成大学生无辜被撞伤、撞死的教训是十分惨痛的，因此必须增强自我保护意识，要警惕和预防由于他人的过失对自己造成伤害。出行时要精力集中，眼观六路，耳听八方；发现违章的车辆向自己驶来，要主动避让，防止伤害到自己；不开车况不好的车辆上路，开车不超速，与前车保持安全距离；遇到路况复杂、天气不好时，要处处加以小心，及时避让，以免受到意外伤害。

（二）交通事故的急救常识

（1）首先拨打"120"、"119"电话求助或"122"报警。

（2）先重后轻。先抢救伤势重的人，再抢救伤势轻的人。当发生突发的呼吸、心跳停止的时候，要及时对伤员进行心肺复苏抢救，以挽救伤员的生命，如能在4min内开始，成活率最高。

（3）先止血后包扎。注意控制严重出血（失血量达1500mL为警戒），外出血的止血方法有直接加压法、高举法、压迫止血法。

（4）先固定再搬运。在搬运伤者之前，应先固定好骨折部位，防止骨折断端发生移位，损伤附近的血管、神经或压迫呼吸；搬运方法根据伤员的伤势情况、伤员的体质和搬运的远近及道路情况而定，主要搬运方法有单人背负法、抱持法、扶持法和四人双手椅托法。

（三）校内外交通事故的处置

1. 及时报案

无论在校外还是在校内，一旦发生交通事故，首先想到的是及时报案，有利于事故的公正处理，千万不能与肇事者"私了"。如上保险，报保险公司进行现场勘察、理赔。若在校外发生交通事故，除及时报案外，还应该及时与学校取得联系，由学校有关部门协助处理有关事宜。（常用电话：120、110、122、119）

2. 保护现场

事故现场的勘察结论是划分事故责任的依据之一，若现场没有保护好，会给交通事故的处理带来困难，甚至于造成"有理说不清"的情况。切记，发生交通事故后要保护好事故现场，但要在不影响交通的情况下，按照新的交通事故处理办法，可以先相互查验驾驶证、画线、拍照等保留事故现场资料，等待交通警察来处理。

3. 控制肇事者

若肇事者想逃脱，一定要设法控制。自己不能控制可以发动周围的人帮忙控制，若实在无法控制也要记住肇事车辆的车辆牌号等特征。

（四）交通事故的自救与互救

1. 交通事故现场的自救

（1）飞机发生颠簸时。飞机颠簸时应立即系好安全带。遇到紧急情况时，还应双手用力抓住前排座椅，身体紧紧压坐在椅子上，尽量弯下身体、低下头，防止摔伤。

（2）车辆遇险时。车辆遇险时双手应紧紧抓住前抛位或扶杆、把手，低下头，利用前排座椅靠背或两手臂保护头面部。若遇到翻车或坠车时，迅速蹲下身体，紧紧抓住前排座位的座脚，身体尽量固定在两排座位之间，随车翻转。事故车辆行使中，乘客不要盲目跳车，应待车辆停下后再陆续撤离。

（3）轮船遇险时。轮船失火时应听从指挥向上风方向有序撤离，撤离时可用湿毛巾捂住口鼻，尽量弯腰、快跑，迅速远离火区。当两船即将相撞时，应迅速离开碰撞处，避免挤压受伤，就近迅速拉住固定物，防止摔伤。需要弃船，听到沉船警报信号时，应立即穿好救生衣，按各船舱中的紧急撤离图示方向离船。

2. 交通事故的现场互救

现场抢救应遵循的基本原则如下：

（1）先人后物。先抢救人员，后抢救财物。

（2）先重后轻。先抢救重伤人员，后抢救轻伤人员。

（3）先他人后自己。尤其是驾驶员、乘务员等要积极组织抢救乘客，不能只顾自己。

四、景区旅行及住宿安全

（一）景区旅行注意事项

（1）抵达景区后，请谨记集合地点、时间、所乘巴士的车牌号。听取当地导游有关安全提示和忠告，预防意外事故和突发性疾病的发生。

（2）经过危险地段（如陡峭、狭窄、潮湿泛滑的道路等）时不可拥挤，前往险峻景点观光时应充分考虑自身的条件是否可行，不要强求和存侥幸心理；参与登山等活动时，应注意适当休息，避免过度激烈运动，同时做好防护工作。

（3）在水上（包括江河、湖海、水库）游览或者活动时，旅游者须注意乘船安全，应穿戴救生衣，不可单独前往深水水域或者危险河道；选择水下游泳时，应携救生设备助游。

（4）海拔3000m以上的高原地带，气压低、空气含氧量少，易导致人体缺氧，引起高原不良反应，请旅游者避免剧烈运动和情绪兴奋，洗澡水不易过热，学会正确的呼吸方法。16周岁以下及60周岁以上者，贫血、糖尿病、慢性肺病、较严重心脑血管疾病、精神病患者及孕妇等不宜进入高原旅游。

（5）泡温泉时，旅游者应注意水温和矿物质含量是否适合自己的身体，有些疾病不宜泡温泉，请遵医嘱。

（6）乘坐缆车或者其他观光运载工具时，应服从景区工作人员安排，遇超载、超员或者其他异常情况时，千万不要乘坐，以防发生危险。

（7）高风险娱乐项目，如雪上摩托、骑马、草地摩托、快艇、漂流、攀岩等，请旅游者根据自身情况选择参加，仔细阅读景区提示，在景区指定区域内开展活动，注意人身安全。酒后禁止参加高风险娱乐项目。

（8）在景区参观游览时，请听从导游的安排，不要擅自离队，如果迷失方向，原则上应原地等候导游的到来或者打电话求救、求助，千万不要着急。

（9）在自行安排活动期间，应注意人身安全，谨记导游提醒的各种注意事项以及景区的各种公告和警示牌；在拍摄照片时，旅游者不要专注于眼前的美景，而忽略了身边或者脚下的危险。

（10）请自觉维护景区卫生，不乱扔废物，不在禁烟区抽烟，不投食喂动物，不往河道湖泊里扔垃圾。

（11）到少数民族地区旅游，请注意民族禁忌，尊重当地民俗及法律法规。

（二）住宿安全注意事项

（1）抵达酒店后，旅游者须听从导游安排。

（2）旅游者入住酒店后，应了解酒店安全须知，熟悉酒店的太平门、安全出路、安全楼梯的位置及安全转移的路线。请保管好房卡或钥匙，检查房间内设施（卫浴设备、遥控器、烟缸、毛巾、浴巾等）是否有损坏、缺少、污染。如发现有损坏、缺少、污染，要及时告知酒店，以免退房时发生不必要的麻烦。

（3）使用酒店物品时，请看清是否免费使用。退房时自行结清房间提供的饮料、食品、洗涤用品和长途电话的费用。

（4）沐浴时地面、浴缸容易打滑，一定要把防滑垫放好以防滑倒摔伤，酒后不要沐浴，更不要蒸洗桑拿浴。

（5）不要将自己住宿的酒店、房号随便告诉陌生人，不要让陌生人或者自称酒店的维修人员随便进入客房，出入客房要锁好房门，睡觉前注意门窗是否关好，保险锁是否锁上；贵重物品请放置酒店保险箱，注意保管好收据，如随身携带，请注意保管，若出现被盗后果自负。

（6）旅游者入住酒店后需要外出时，应告知导游并记下他们的手机号码，外出前到酒店总台领一张饭店房卡，如果旅游者迷路，则可以按房卡提示的电话、地址安全顺利返回酒店。

（7）如旅游者选择消费酒店的配套健身娱乐设施（如游泳池、健身房等），请务必注意人身、财产安全。

（8）如遇紧急情况请勿慌张。发生火警时请勿搭乘电梯或者随意跳楼，应镇定判断火情，主动实行自救；若身上着火，可就地打滚，或者用重衣物压火苗；必须穿过有浓烟的走廊、通道时，用浸湿的衣物披裹身体、捂住口鼻，贴近地、顺墙爬行；大火封门无法逃出时，可采用浸湿的衣物披裹身体、被褥堵门缝或者泼水降温的方法等待救援，或者摇动色彩鲜艳的衣物呼唤救援人员。

五、自助游安全

在选择参加自助游时，千万不能带有随意性、盲目性、主观性和侥幸性，要做到慎之又慎，精心计划，从身体素质到心理素质都要有充足的准备，最好跟随具备良好资质的户外俱乐部，并请当地人做领队，备好卫星电话等。出游前考虑得越周到，安全系数才会越高。

（1）加强安全意识。采取多种形式对自助旅游进行广泛的出行知识宣传与安全教育，为自助旅游者提供有效的旅游安全与出行指导。增强自助旅游者的安全意识，预防事故发生。

（2）推行自助旅游保险。可以考虑强制推行自助旅游者个人保险，如旅游救助险、旅客人身意外伤害险、住宿旅客人身保险等针对自助旅游者的一些特殊险种。

（3）采取积极救援。一旦有事故发生，所有参与者必须积极采取救援措施，可以与当地政府、公安消防部队、医院相互配合。

（4）加强维权意识。目前在自助旅游的安全管理、旅游消费安全等方面尚无法律规定，但国家和地方政府在旅游管理方面制定了众多的旅游管理法规。自助旅游者在旅途中发生安全事故后，应根据相关的法律法规维护自己的合法权益。同时保险公司应该介入，对自助旅游者的相关损失给予合理的赔偿。

无论是随团游还是自助游，都是为了放松身心、愉悦心情，在这个自助游极其风行和备受宠爱的时代，我们也许不必因为几起自助游安全事故而因噎废食。但那血的教训和声声警钟却昭示我们，必须要把"安全"二字作为自助游的重中之重，这样才能避免"游"极生悲。

⚖ **【法律链接】**

交通肇事罪，是指违反道路交通管理法规，发生重大交通事故，致人重伤、死亡或者使公私财产遭受重大损失，依法被追究刑事责任的犯罪行为。

根据《中华人民共和国刑法》第 133 条的规定，对交通肇事罪规定了三个不同的刑级（量刑档次）：犯交通肇事罪的，处 3 年以下有期徒刑或者拘役；交通运输肇事后逃逸或者有其他特别恶劣情节的，处 3 年以上 7 年以下有期徒刑；因逃逸致人死亡的，处 7 年以上有期徒刑（判到 15 年的占少数）。

违反交通运输管理法规，因而发生重大事故，致人重伤、死亡或者使公私财产遭受重大损失的，处 3 年以下有期徒刑或者拘役。

此处的"发生重大事故"，根据《刑法司法解释》第 2 条第 1 款规定，是指具有以下情形之一的：

（1）死亡 1 人或者重伤 3 人以上，负事故全部或者主要责任的。

（2）死亡 3 人以上，负事故同等责任的。

（3）造成公共财产或者他人财产直接损失，负事故全部或者主要责任，无能力赔偿数额在 30 万元以上的。

《刑法司法解释》第 2 条第 2 款规定：交通肇事致一人以上重伤，负事故全部或者主要责任，并具有下列情形之一的，以交通肇事罪定罪处罚：

（1）酒后、吸食毒品后驾驶机动车辆的。

（2）无驾驶资格驾驶机动车辆的。

（3）明知是安全装置不全或者安全机件失灵的机动车辆而驾驶的。

（4）明知是无牌证或者已报废的机动车辆而驾驶的。

（5）严重超载驾驶的。

（6）为逃避法律追究逃离事故现场的。

其他特别恶劣情节，是指具有下列情形之一的：

（1）死亡 2 人以上或者重伤 5 人以上，负故全部或者主要责任。

（2）死亡 6 人以上，负事故同等责任的。

（3）造成公共财产或者他人财产直接损失，负事故全部或主要责任，无能力赔偿数额在 60 万元以上的。

任务二　开展一次大学生防诈骗的小品演练

【学习目标】

（1）了解大学校园中盗窃、诈骗、抢劫的情况、规律和特点。

（2）掌握大学校园中盗窃、诈骗、抢劫的预防以及危机应对的相关知识。

【学习任务描述】

请学生以小组为单位，说出自己遭受诈骗的经历或者是听闻的案例，讨论其成因和诈骗陷阱，交流防范诈骗事件的经验。然后组织学生开展"小品演练"，以学习小组为单位，模拟大学生遭受诈骗的情境，表演结束后由班级共同编写预防诈骗的意见书。

【学习任务准备】

同学们收集诈骗的典型实例并予以分析探讨。

✿【学习任务实施】

请学生以小组为单位，说出自己遭受诈骗的经历或者是听闻的案例，讨论其成因和诈骗陷阱，交流防范诈骗事件的经验。然后组织学生开展"小品演练"，以学习小组为单位，模拟大学生遭受诈骗的情境，表演结束后由班级共同编写预防诈骗的意见书，上交给学校的学生管理部门。

🍷【案例一瞥】

案例1： 每天拿出 2h 到高校晃悠一下，23 岁的徐某和他的 4 个小兄弟就"顺"到少则1 台、多则 5 台笔记本电脑，转手后纯挣 2 万多元。这样的生活他们从 8 月中旬一直维持到9 月 19 日被海淀警方抓获，所有的笔记本电脑都被换成了酒精存进了他们的肚子里。这个案件并不是一个个案。据《北京晚报》报道，据统计，仅去年一年，海淀区 28 所高校就发生失窃案件 808 起，今年 1～8 月这些高校的失窃案件同比上升了 20%，大学几乎就是一个对小偷不设防的"黄金岛"。高校里究竟有哪些防范漏洞以至于被这些小偷们屡屡光顾，晚报记者 21 日在海淀看守所采访了主办高校失窃案件的预审员，并听这些小偷们讲述了高校里的"漏洞"。高校失窃的地点集中在 5 个场所，即食堂、宿舍、教室、图书馆、运动场。每个场所容易被侵害的东西都不尽相同，教室和运动场最容易丢的是手机，而到了宿舍，被小偷"顺"走的则多是更加值钱的大件，比如笔记本电脑、MP4 等。据了解，这些专门到高校偷东西的嫌疑人有一个显著的共同特征就是都是二十出头的年轻人，以徐某为头目的 5人团伙中，最大的徐某也不过 23 岁，代某和王某都是刚满 19 岁，本身就与大学生年龄非常接近。根据海淀警方的统计数字，每年抓获的数十名专偷高校的嫌疑人平均年龄不超过 25岁，其中男性占了 9 成以上。（北京市 28 所高校一年失窃 808 起，成小偷"天堂"．中国新闻网．2006-9-23．）

案例2： 乔某出生在一个工人家庭，是个普普通通的 80 后大学毕业生，可眼看到了而立之年，自己却庸庸碌碌，他想挣大钱，却身无长技，于是，"聪明"的乔某想到了给自己的身份镀金，想用"官二代"的身份来打开自己的财路。他从网上查了一些与自己同姓的领导干部，记住他们的相关情况，并把他们分别编排成自己的亲戚来招摇撞骗。2011 年夏天，他在网上聊天时，告诉同龄的女网友詹某自己的父亲是市委某领导，叔叔是中央军委领导而自己是海归硕士，而且乔某还把"父亲"的职务、分管工作、履历等情况详细清晰地介绍了一遍。詹某上网查了查乔某所说的这位领导的情况，发现和乔某说的都相符，便相信了他的话。在一次聊天中，詹某无意说起自己现在工作很辛苦，乔某便说自己曾经利用父亲的关系给很多人调动过工作，还表示可以把詹某调进机关工作，然后以请客送礼等理由向詹某索要了 8 万元，并将这些钱用于偿还个人债务和个人挥霍。事后，詹某多次打电话询问，乔某都搪塞说正在办，当詹某在 12 月下旬再次打电话时，乔某的手机便关机，再也打不通了。（徐振凯．青岛 80 后大学生谎称自己是"官二代"诈骗 8 万被捕．正义网．2012-4-12．）

案例3： 大学生小吴在网上为手机交费时，误入了山寨的"钓鱼网站"，充值的话费打了水漂。记者调查发现，一些骗取话费的诈骗网站以一种"推广链接"的广告发布形式跻身于搜索页的头条，引人上当，如图 4-5 所示。

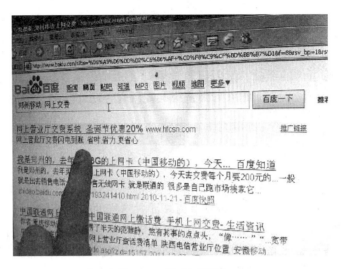

图 4-5　搜索页界面

小吴是湖北一所高校的大四学生，发现自己的手机停机，打算在网上缴费。小吴在百度中输入"中国移动湖北网上营业厅"进行搜索，弹出的链接中居首位的是一个"网上营业厅快速交费"的网页，其右侧还有"推广链接"的字样。"排在第一位的网站一般最准确，而且还是百度推广，我也就没多想。"小吴说，进入该网站后他便按照提示步骤用网上银行支付了 100 元话费，可自己的手机却迟迟未能开通。小吴查询网上银行的交易记录，发现他的钱已经汇入一家"深圳市财付通科技有限公司"的账户。（搜索排名首位为诈骗网站，大学生充值被诈骗．中文业界资讯站．2012-1-4.）

案例 4：9 月 14 日，记者从雅安雨城警方获悉，9 月 2 日晚，随着 3 名犯罪涉嫌人在市区人民路和桃花巷落网，一个将作案目标锁定为在校大学生、10 天抢劫 15 起，致使 11 名大学生被抢的团伙被雨城警方端掉，6 名成员悉数被抓，净化了校园周边的治安环境。8 月22 日晚上 11 时许，就读市区某高校的张雷（化名）在高校附近一网吧上网后准备返回学校。张雷刚走到网吧楼下，2 名男子一左一右向他靠拢，冲着张雷吼道："兄弟，借点钱用！""我又不认识你，借啥钱！""不认识，上次才抢过你，废话少说，快把钱交出来！"2名男子摸出刀子在张雷眼前晃动。面对威逼，张雷不得不交出身上所有的钱。此案发生后的一个星期前，警方曾接到一市民和多名大学生"遭到小青年持刀抢劫"的报警，据办案民警介绍，这个抢劫团伙成员分别来自雨城区和芦山县，均为辍学者，而且大多是单亲家庭的孩子，其中家住芦山县未满 14 岁的程某，父母在他年幼时就离家而去，全靠爷爷奶奶带大，家庭的温暖和教育严重缺失。这个 6 人抢劫团中，年龄最大的 17 岁，最小的未满 14 岁。（何晓波，彭加权．10 天抢劫 15 名在校大学生．四川新闻网成都．2009-9-14.）

【安全课堂】

一、校园盗窃的特点和手段

（一）校园盗窃的特点

一般盗窃案件都有以下共同点：实施盗窃前有预谋准备的窥测过程，盗窃现场通常遗留痕迹、指纹、脚印、物证等；盗窃手段和方法常带有习惯性；有被盗窃的赃款、赃物可查。

由于客观场所和作案主体的特殊性，决定了校园盗窃案件有以下一系列特点：

（1）时间上的选择性。作案主体在有人的情况下是不行窃的，作案必然选择作案地点无人的空隙实施盗窃。例如，上课期间，同学们都去教室上课了，作案人便会光顾宿舍；下班的时间或节假日期间，实验室、办公室、财会室、计算机室通常均处于无人状态，作案人便会乘隙而入。

（2）目标上的准确性。校园中内盗案件比较多。财会室、计算机室在什么位置，作案人都掌握得一清二楚；哪个学生有钱或贵重物品，常放在什么地方，有没有锁在箱子中或柜子里，钥匙放在何处，作案分子都基本上了解。不动手便罢，一旦动手目标十分准确，常很快便十拿九稳地得手。

（3）技术上的智能性。校园中盗窃案件的作案主体，一般以高学历、高智商的人为多，有的本身就是大学生。他们智力超群、比较聪明，盗窃技能高于一般盗窃作案人员。他们经常会用你的钥匙开你的锁，或用易拉罐皮制作"万能"钥匙等，进行智能型违法犯罪活动。

（4）作案上的连续性。如上所述，正是由于作案人比较"聪明"，所以其第一次作案很容易得手。"首战告捷"以后，作案人往往产生侥幸心理，加之报案的滞后性或破案的延迟性，作案人极易屡屡作案而形成一定的连续性。

（二）校园盗窃的手段

（1）顺手牵羊。是指作案分子趁主人不备将放在桌上、走廊、阳台等处的钱物信手拈来而占为己有。

（2）乘虚而入。是指作案分子趁主人不在、房门抽屉未锁之机入室行窃。这类盗窃手段要比"顺手牵羊"者毒辣，其胃口也更大，不管是现金、存折、信用卡或者是贵重物品，只要一让他看到，就会统统被盗走。

（3）窗外钓鱼。是指作案人用竹竿等工具在窗外将被害人的衣服钩走。有的甚至把纱窗弄坏，钩走被害人放在桌上、床上的衣物。因此，住在一楼或其他楼层靠近走廊窗户的同学，如果缺乏警惕就很容易受害。

（4）翻窗入室。是指作案人翻越没有牢固防范设施的窗户、气窗等入室行窃。入室窃得所要钱物后，常又堂而皇之地从大门离去，因此窃贼有时不易被发现。

（5）撬门扭锁。是指作案分子使用各种工具撬开门锁而入室行窃。

（6）用 A 的钥匙开 A 的锁。是指作案分子用 A 随手乱丢的钥匙，趁 A 不在宿舍时打开 A 的锁，包括门锁、抽屉锁、箱子上的锁，从而盗走现金和贵重物品等。这类作案人大都是与 A 比较熟悉的人。

二、校园盗窃的预防及处置

（一）防盗的基本方法

防盗的基本方法有人防、物防和技防三种。其中，人防是预防和制止盗窃犯罪唯一可靠的方法；物防是一种应用最为广泛的基础防护措施；而技术防范，则是可即时发现入侵，能够替代人员守护且不会疲劳和懈怠，可长时间处于戒备状态的更加隐蔽可靠的一种防范措施。对大学生来说，最重要的是做好教室和学生宿舍的防盗工作，保护好自己和同学的财物。这不仅是个人的事，而且也是全宿舍、全班乃至全校学生共同关心的大事。

学生宿舍和教室的防盗工作，要注意做到以下几点：

（1）最后离开教室或宿舍的同学，要关好窗户锁好门，千万不要怕麻烦。同学们一定要养成随手关灯、关窗、锁门的习惯，以防盗窃犯罪人乘隙而入。

（2）不要留宿外来人员。大学生应该文明礼貌、热情好客，但决不能只讲义气、讲感情而不讲原则、不讲纪律。如果违反学校学生宿舍管理规定，随便留宿不知底细的人，就等于引狼入室，将会后悔莫及，这种教训是惨痛的。

（3）发现形迹可疑的人应加强警惕、多加注意。作案人到教室和宿舍行窃时，往往要找各种借口，如找什么人或推销什么商品等，见管理松懈、进出自由、房门大开，便来回走动、窥测张望、伺机行事、摸清情况、瞅准机会后就撬门开锁大肆盗窃。遇到这种可疑人员，同学们应主动上前询问，如果来人确有正当理由一般都能说清楚。如果来人说不出正当理由又说不清学校的基本情况、疑点较多，其神色必然慌张，则需要进一步盘问，必要时还可请他出示身份证、学生证、工作证等身份证明。经核实身份无误又未发现带有盗窃证据的，可交值班人员记录其姓名、证件号码、进出时间后请其离去。如果发现来人携有可能是作案工具或赃物等证据时，可一方面派人与其交谈以拖延时间，另一方面打电话给学校保卫部门尽快来人做调查处理。

（4）同学们应积极参加教室和宿舍等部位的安全值班，协助学校保卫部门做好安全防范工作。通过参加值班、巡逻等安全防范工作实践，不仅可保护自己和他人财物的安全，还可增强安全防盗意识，锻炼和增长自己社会实践的才干。

（5）注意保管好自己的钥匙，包括教室、宿舍、箱包、抽屉等处的各种钥匙，不能随便借给他人或乱丢乱放，以防"不速之客"复制或伺机行窃。

（二）几种特殊易盗物品的防盗措施

（1）现金。现金是一切盗窃分子图谋的首选对象。最好的保管办法是将其存入银行。尤其是数额较大时，更应及时存入银行并加密码。密码应选择容易记忆且又不易解密的数字，千万不要选用自己的出生日期做密码。这是因为，一旦存折丢失很容易被熟悉的人冒领。特别要注意的是，存折、信用卡等不要与自己的身份证、学生证等证件放在一起，以防被盗窃分子一起盗走后冒领。在银行存取款时，核对密码要轻声、快捷，切忌旁若无人、大声喊叫。发现存折丢失后，应立即到所存银行挂失。

（2）各类有价证卡。目前，大部分学校已广泛使用各种银行发行的信用卡进行账目结算，学生无须携带大额现金来校缴费，食堂也普遍使用各类磁卡买饭，电话磁卡也早已普及。这些有价证卡应当妥善保管，防止丢失或被人盗用。各类有价证卡最好的保管方法，就是放在自己贴身的衣袋内，袋口应配有纽扣或拉链。所用密码一定要注意保密，不要轻易告诉任何人，以防身边有"不速之客"。如果参加体育锻炼等活动必须脱衣服时，应将各类有价证卡锁在自己的箱子里，并保管好自己的钥匙。

（3）自行车。自行车被盗是社会的一大公害，校园内也不例外。买新车一定要到有关部门办理落户手续。这是因为，一些犯罪分子专拣不打钢印的车偷以方便销赃，无钢印号的车一旦丢失，很难查找。要安装防盗车锁，养成随停随锁的习惯。骑车去公共场所，最好花钱将车停在存车处。如停放时间较长，最好加固防盗设施，如将车锁固定在物体上或者放在室内。自行车一旦丢失，应立即到学校保卫部门报案，并提供有效证件、证明及其他有关情况，以便及时查找。

（4）贵重物品。如黄金饰品、手表、随身听、高档衣物等，较长时间不用应该带回家中或托给可靠的人代为保管。暂不使用时，最好锁在抽屉或箱（柜）子里，以防被顺手牵羊、乘虚而入者盗走。寝室的门锁最好是能防撬的，易于翻越的窗户要加防盗网，门锁钥匙不要随便乱放或丢失。在价值较高的贵重物品、衣服上，最好有意地作上一些特殊记号，即使被偷走将来找回的可能性也会大一些。

（三）发生盗窃案件的应对

（1）立即报告学校保卫部门，同时封锁和保护现场，不准任何人进入。不得翻动现场的物品，切不可急急忙忙地去查看自己的物品是否丢失。这对公安人员准确分析、正确判断侦察范围和收集罪证，有十分重要的意义。

（2）发现嫌疑人，应立即组织同学进行堵截，力争捉拿。

（3）配合调查，实事求是地客观回答公安部门和保卫人员提出的问题。积极主动地提供线索，不得隐瞒情况不报，学校保卫部门和公安机关有义务、有责任为提供情况的同学保密。

（4）如果发现存折被窃，应当尽快到银行挂失。

三、校园诈骗的特点和手段

（一）校园诈骗的特点

近来，高校校园诈骗案呈上升趋势，不少学生上当受骗。诈骗分子一般利用学生社会阅历浅、单纯善良、富有同情心的特点，或者利用学生家属救亲急切心理的特点，用编造谎言、虚构事实或隐瞒真相等方法骗取他人钱财，给社会造成极大的危害性。具体特点概括如下：

（1）作案人员特点。内外勾结，团伙作案。鉴于当前校园诈骗案分析，犯罪手段基本相同，属于诈骗团伙作案，案犯经常变换人员组合，内外勾结，虚构事实，专到各校园进行诈骗。

（2）作案时间特点。多选择傍晚。因为傍晚在校人员较少，工作人员下班了，人的警惕性较低，辨真能力较差，看物件较模糊，容易以假乱真；选择傍晚作案，难以识别，易于逃脱。

（3）作案手段隐蔽性、复杂性、多样性。诈骗分子伪装身份，利用花言巧语、编造谎言、虚构事实或隐瞒真相等方法、手段，以行李被盗、银行卡被吞或手机没电博取他人同情，以求帮忙，或以消灾治病，或以发生意外事故需急救其亲人（学生）或以分享钱财、调换外币等为名骗取他人信任，进行诈骗，达到目的。

（4）具有反复性、易得手、潜逃快的特点。诈骗分子一旦得手，会在同一校园多次作案，进行反复行骗。

（5）诈骗行为具体表现为违反国家法律法规，以非法占有他人财物为目的，具有违法性和严重的社会危害性，严重影响学生的身心健康成长和学生的学习、生活，扰乱社会经济秩序，具有社会危害性。

（二）校园诈骗的手段

（1）假冒身份，流窜作案。诈骗分子往往利用假名片、假身份证与人进行交往，有的还利用捡到的身份证等在银行设立账号提取骗款。骗子为了既能骗得财物又不暴露马脚，通常采用游击方式流窜作案，财物到手后即逃离。还有人以骗到的钱财、名片、身份证、信誉等为资本，再去诈骗他人、重复作案。

（2）投其所好，引诱上钩。一些诈骗分子往往利用被害人急于就业和出国等心理，投其所好、应其所急施展诡计而骗取财物。某高校应届毕业生丁某为找工作，经过人托人再托人后结识了自称与某公司经理儿媳妇有深交的哥们儿何某，何某称"只要交800元介绍费，找工作没问题"，谁知等何某拿到了介绍费以后便无影无踪了。

（3）真实身份，虚假合同。利用假合同或无效合同诈骗的案件，近几年有所增加。一些骗子利用高校学生经验少、法律意识差、急于赚钱补贴生活的心理，常以公司名义、真实的身份让学生为其推销产品，事后却不兑现诺言和酬金而使学生上当受骗。对于类似的案件，由于事先没有完备的合同手续，处理起来比较困难，往往时间拖得很长，花费了许多精力却得不到应有的回报。

（4）借贷为名，骗钱为实。有的骗子利用人们贪图便宜的心理，以高利集资为诱饵，使部分教师和学生上当受骗。个别学生常以"急于用钱"为借口向其他同学借钱，然后却挥霍一空，要债的追紧了就再向其他同学借款补洞，拖到毕业一走了之。

（5）以次充好，恶意行骗。一些骗子利用教师、学生"识货"经验少又苛求物美价廉的特点，上门推销各种产品而使师生上当受骗。更有一些到办公室、学生宿舍推销产品的人，一发现室内无人，就会顺手牵羊、溜之大吉。

（6）招聘为名，设置骗局。随着高校体制改革和社会主义市场经济的发展，高校学生分担培养费的比重逐步加大。为了减轻家庭负担，勤工俭学已成为大学生谋生求学的重要手段。诈骗分子往往利用这一机会，用招聘的名义对一些"无知"学生设置骗局，骗取介绍费、押金、报名费等。某高校几位学生通过所谓的"家教中介"机构联系家教业务，交了中介费后，拿到手的只是几个联系的电话号码，其实对方并不需要家教，但想要回中介费是绝对不可能的。

（7）骗取信任，寻机作案。诈骗分子常利用一切机会与大学生拉关系、套近乎，或表现出相见恨晚而故作热情，或表现得十分感慨以朋友相称，骗取信任后常寻机作案。诈骗分子何某在火车上遇到某高校回家度假的学生杨某，交谈中摸清了该生家庭和同学的一些情况。何某得知杨某同班好友李某假期留校后，便返身到该校去找李某，骗得李某的信任后受到了热情款待。第二天，8个学生寝室遂被洗劫一空，而何某却不辞而别了。

四、校园诈骗的预防及处置

（1）提高防范意识，学会自我保护。社会环境千变万化，青年大学生必须尽快适应环境，学会自我保护。要积极参加学校组织的法制和安全防范教育活动，多知道、多了解、多掌握一些防范知识对自己有百利而无一害。在日常生活中，要做到不贪图便宜、不谋取私利；在提倡助人为乐、奉献爱心的同时，要提高警惕性，不能轻信花言巧语；不要把自己的家庭地址等情况随便告诉陌生人，以免上当受骗；不能用不正当的手段谋求择业和出国；发现可疑人员要及时报告，上当受骗后更要及时报案、大胆揭发，使犯罪分子受到应有的法律制裁。

（2）交友要谨慎，避免以感情代替理智。人的感情是主体与客体的交流，既是主观体验也是对外界的反映，本身应该包含合理的理智成分。如果只凭感情用事、一味"跟着感觉走"，往往容易上当受骗。交友最基本的原则有两条：一是择其善者而从之，真正的朋友应该建立在志同道合、高尚的道德情操基础之上，是真诚的感情交流而不是简单的利益关系，要学会了解、理解和谅解；二是严格做到四戒，即戒交低级下流之辈，戒交挥金如土之流，戒交吃喝嫖赌之徒，戒交游手好闲之人。与人交往要区别对待，保持应有的理智。对于熟人或朋友介绍的人，要学会听其言，察其色，辨其行，而不能一是朋友，都是朋友。对于"初相识的朋友"，不要轻易"掏心窝子"，更不能言听计从、受其摆布利用。对于那些来如风雨、去如微尘的上门客，态度要热情、处置要小心，尽量不为他们提供单独行动的时间和空间，以避免给犯罪分子创造作案条件。

（3）同学之间要相互沟通、相互帮助。在大学里，无论哪个学院、哪个专业，班集体总是校园中一个最基本的组织形式。在这个集体中，大家向往着同一个学习目标，生活和学习是统一的、同步的，同学间、师生间的友谊比什么都珍贵，因此相互间应该加强沟通、互相帮助。有些同学习惯于把个人之间的交往看做是个人隐私，但必须了解，既然是交往就不存在绝对保密。有些交往关系，在自己认为适合的范围内适当透露或公开，更适合安全需要，特别是在自己觉得可能会吃亏上当时，与同学有所沟通或许就会得到一些帮助并避免受害。

（4）服从校园管理，自觉遵守校纪校规。为了加强校园管理，学校制订了一系列管理制度和规定。制度，总是用来约束人们行为的，在执行过程中可能会给同学们带来一些不便。但是制度却是必不可缺的，况且，绝大多数校园管理制度都是为控制闲杂人员和犯罪分子混入校园作案，以维护学生正当权益和校园秩序而制订的。因此，同学们一定要认真执行有关规定，自觉遵守校纪校规，积极支持有关部门履行管理职能，并努力发挥出自己应有的作用。

五、校园抢劫的特点和手段

抢劫是作案人以暴力、胁迫或其他方法强行抢走财物的行为。抢劫具有较大的危害性、骚扰性，往往转化为凶杀、伤害、强奸、流氓等恶性案件，严重侵犯学生的财产及人身权利，威胁学生生命安全，造成学生生命、健康及精神上的损害。由于校园的特殊环境，校园内的抢劫案件有其显著特点：

（1）作案时间一般为夜深人静之时，师生休息，校园内的行人稀少。

（2）大多抢劫案件发生于校内比较偏僻、阴暗、人少的地带，一般为树林中、小山上、校园的偏僻处或无灯的人行道、正在兴建的建筑物内。

（3）抢劫的主要对象是携带贵重财物，无伴或少伴的，或者因谈恋爱滞留于阴暗无人地带的大学生。

（4）作案人除流窜作案外，一般为校园附近农村、工厂等单位及子弟中不务正业有劣迹的小青年。这些人一般对校园环境较为熟悉，往往结伙作案，作案时胆大妄为，作案后易于逃匿。

六、校园抢劫的预防及处置

（1）避免遭到抢劫要做到以下几点：

1）不要携带贵重物品和过多的现金外出；不要在公共场所显露自己的钱物。

2）不要随便和外人谈论自己和家庭的情况；不要随便和不熟悉的人到偏僻的地方去；不要随便和陌生人交往。

3）放学后应和同学结伴回家；住楼房独自回家时预防坏人尾随入室；及时摆脱可疑人尾随。

4）钥匙和证件、通讯录等不要放在书包里；独自在宿舍时应警惕以各种身份来访的陌生人。

5）不要独自到行人稀少、阴暗、偏僻的地方，避开无人之地；外出时尽量结伴而行；

尽量避免深夜滞留在外不归或晚归。

6）单身时不要显露出过于胆怯的神情。

（2）遇到抢劫时要迅速到当地公安机关报案或打电话"110"报警。报案时应说明如下问题：

1）被抢劫的具体时间地点、不法分子的人数、使用的凶器和交通工具。如果是汽车，应记住汽车的车型、车号、颜色及特殊标记等；如果是自行车，还应提供车子的型号、颜色和特征。

2）所能记住的不法分子的特征，包括性别、大致年龄、体态胖瘦、身高、相貌特征（五官、脸型、发型等）、口音（区别是否是当地人）、衣着（衣服的颜色类型、新旧程度等）及其他一些较为明显的特征。

⊠【法律链接】

1. 盗窃罪

盗窃罪，是指以非法占有为目的，秘密地窃取数额较大的公私财物的行为。《中华人民共和国刑法》第264条规定：盗窃公私财物，数额较大或者多次盗窃的，处3年以下有期徒刑、拘役或者管制，并处或者单处罚金；数额巨大或者有其他严重情节的，处3年以上10年以下有期徒刑，并处罚金；数额特别巨大或者有其他特别严重情节的，处10年以上有期徒刑或者无期徒刑，并处罚金或者没收财产；有下列情形之一的，处无期徒刑或者死刑，并处没收财产：

（1）盗窃金融机构，数额特别巨大的。

（2）盗窃珍贵文物，情节严重的。

2. 诈骗罪

诈骗罪是指以非法占有为目的，用虚构事实或者隐瞒真相的方法，骗取数额较大的公私财物的行为。《中华人民共和国刑法》第266条规定：诈骗公私财物，数额较大的，处3年以下有期徒刑、拘役或者管制，并处或者单处罚金；数额巨大或者有其他严重情节的，处3年以上10年以下有期徒刑，并处罚金；数额特别巨大或者有其他特别严重情节的，处10年以上有期徒刑或者无期徒刑，并罚金或者没收财产。本法另有规定的，依照规定。

3. 抢劫罪

抢劫罪，是以非法占有为目的，对财物的所有人或者保管人当场使用暴力、胁迫或其他方法，强行将公私财物抢走的行为。《中华人民共和国刑法》第263条规定：以暴力、胁迫或者其他方法抢劫公私财物的，处3年以上10年以下有期徒刑，并处罚金；有下列情形之一的，处10年以上有期徒刑、无期徒刑或者死刑，并处罚金或者没收财产。

（1）入户抢劫的。

（2）在公共交通工具上抢劫的。

（3）抢劫金融机构的。

（4）多次抢劫或抢劫巨额的。

（5）抢劫致人重伤、死亡的。

（6）冒充军警抢劫的。

（7）持枪抢劫的。

（8）抢劫军用物资或者抢险、救灾、救济物资的。

任务三　完成一份大学生交往安全的调查问卷

【学习目标】

（1）了解大学生人际交往类型和主要安全隐患，掌握各类人际交往安全技巧。

（2）掌握女生交往的注意事项以及遇到骚扰时的应对和处理。

【学习任务描述】

以学习小组为单位，指导学生收集有关大学生人际交往安全的知识、技巧及案例等资料，进行交流、共享和讨论，设计一份大学生交往安全的调查问卷，并作好结果统计，尝试运用合理的知识解决交往中的实际问题。

【学习任务准备】

要求学生收集大学生人际交往安全的知识、技巧、案例等资料，提出交往中出现的你最关心的两个问题，并进行讨论和交流。

【学习任务实施】

以学习小组为单位，指导学生收集有关大学生人际交往安全的知识、技巧及案例等资料，并提出交往中出现的你最关心的两个问题进行交流、共享和讨论，最后以班级为单位设计一份大学生交往安全的调查问卷，并作好结果统计，分析在大学生交往过程中的关键问题。

【案例一瞥】

案例1：小 A 与小 B 是某艺术院校大三的学生，同在一个宿舍生活。入学不久，两个人成了形影不离的好朋友。小 A 活泼开朗，小 B 性格内向，沉默寡言，小 B 逐渐觉得自己像一只丑小鸭，而小 A 却像一位美丽的公主，心里很不是滋味，她认为小 A 处处都比自己强，把风头占尽，时常以冷眼对小 A。大学三年级，小 A 参加了学院组织的服装设计大赛，并赢得了一等奖，小 B 得知这一消息先是痛不欲生，而后妒火中烧，趁小 A 不在宿舍之际将小 A 的参赛作品撕成碎片，扔在小 A 的床上。小 A 发现后，不知道怎样对待小 B，更想不通为什么她要遭受这样的对待？（吕梁学院心理健康教育与咨询中心．2010－12－9．）

案例2：湖北某高校学生周某正忙着为自己寻找一份工作。一天，他在寝室里接到一个自称是广州某电子科技公司人力资源部经理的人打来的电话，说是正在招聘应届毕业生。当得知周某正在求职后，对方询问了其姓名、专业等问题，并让他等候通知。几天后，周某果然接到了该公司的电话，并要求他尽快到广州面试。求职心切的周某并没有查询该公司的任何信息，而是立即赶往广州。在车站，风尘仆仆的周某被一位自称是公司经理的人接走，并被径直带到了一幢居民楼的三楼。在这套两室一厅的房子内，已经住了四五个年轻男女，都自称是各大学的学生。房间内摆设非常简单，只有椅子、电视等，没有床，大家都在地上睡通铺。而且，门被从外面锁住，并有人看守。周某心里有点忐忑不安，隐约觉得有点不对。

次日早上六时多，他被喊醒。大家起床洗漱后，开始吃"黑糊糊的米饭"。随后又开始唱歌，做游戏。其中一种游戏叫"自圆其说"，需要为自己所分到的角色拼命想优点说好话，而且每人说话都有一套固定的模式，下午和晚上又重复做这些工作。经过几天的观察，周某发现"公司"从事的居然是传销性质的工作。在得知真相后，周某提出要回学校。一个"经理"立即找到周某谈心，明确告知他们是"网络营销员"，要求周某加入，被周某断然拒绝。在随后的一段时间里每天都有"领导"和"同事"来做周某的思想工作，有的同事对周某说："（干这个）两年轻轻松松就可以赚个200万，这么好的事情你还犹豫什么？"公司加强了对周某的监视，不允许他出去或打任何电话，完全失去人身自由。认清了"公司"传销真面目的周某一心想找个机会逃跑。一天，周某以上厕所为由察看地形，发现一面窗户是开着的，逃跑心切的周某根本来不及细想就爬上了窗台。"公司"的员工发现后马上要求其下来并准备爬上窗台将其抓住。周某情急之中抓住空调的通风管道从三楼向下滑，跌落到一楼的水泥地上。后被路过的行人送到了医院，根据医生的诊断，周某的右腓骨部分粉碎性骨折，右胫腓下关节脱位，还有一个严重伤处，就是椎骨受伤，造成大小便失禁，并有可能瘫痪。（浙江工业大学. 2008 - 10 - 21.）

案例3： 一直以来，我和斐儿就像玩跷跷板的两个孩子：关系好的时候，两个往中间聚拢，不分彼此；一旦面临竞争，两个则迅速退后，必争高下。几年同窗，我们两个"死党"就这样在竞争中分分合合、远远近近，直到现在。初入大学，我和斐儿就断定彼此是同一类的人，我们有共同的理想、共同的兴趣。本以为志同道合会让彼此的心走得更近，不曾想，正是种种高度一致的追求，让我们时时站在一块逃生甲板上，而救生衣常常只有一件。

有一次，我报名参加学院的朗诵比赛，第二天才知道斐儿也报了名。在准备比赛的过程中，两个人的关系第一次变得如此微妙。我们不约而同地不去和对方讨论这一话题，而是让寝室其他人帮忙看稿子、掐时间、出主意。有人奇怪："你们两个人这么要好，为什么不一起讨论？"我只得找借口："她又没主动找我！"后来听说，斐儿也以此为借口。寝室其余6个人，在我和斐儿的潜意识分割下，自动分为两大阵营。彼此之间不沟通、不交流，直到比赛的前1min。在台下形成了类似电视节目中"红队"和"蓝队"两大阵营。在后台准备时，我们俩才礼貌性地打了招呼，询问一下彼此抽签的顺序。比赛过程没什么特别，和参加别的比赛没什么两样。印象最深的是评委打分，现场宣布结果的环节。我和斐儿彼此对视了一眼，然后迅速将眼神调开。不知为什么，我突然有一个奇怪的心理：我宁愿两人都没获奖，因为这样就不会面对赛后的尴尬。我不想因为自己胜利表现出的兴奋而让斐儿痛苦难过，也不想斐儿获奖后表现出优越而令我无地自容。结果，斐儿如我所愿落选了，可我却站在了领奖台上。我没有像别的选手一样欣喜若狂，而是像做错了事一般忐忑不安，不知道接下来该如何面对斐儿。安慰吧，她会不会说我兔死狐悲？不理吧，她会不会又以为我恃才自傲？后来我的做法是，干脆什么都不说，等一个合适的契机自然愈合。之后我们的关系就在这样的自然愈合机制下没有出现大碍，但也隐患重重，通常会折磨彼此很长一段时间。

大学里涉及竞争的事情很多，比如进学生会、入党、评奖学金、参加学科竞赛等，奇怪的是，参加竞争的人很多，人选也并非只有一个，而我们却时刻把对方定为"假想敌"。在假想敌的作怪下，我们的关系一直很微妙。接着是考研。这是一个长久的准备过程，选择本校同专业的我们开始并肩作战。我们一起进辅导班，去图书馆，上晚自习，可最终发现，在资料分享和共同学习的时候，我们总是避免着交叉碰撞。比如，她遇到难题时会问别人，虽然我可能更擅长；我有内部消息的时候她也不会主动来问，而是辗转从别人那里获得。当然，我也有一些自己都不能理解的举动。比如，故意将学习表现得很轻松，而实际上暗地努力；故意和别人打成一片，而对斐儿的要求视若无睹。我们都以表面上的不经意诠释着自己内心的在意，结果是两败俱伤。考完研的那个寒假，我们谁也没有主动和对方联系。我想，或许我们的友情就这样完了。

经过一段时间的思考之后，我才发觉我们从来没有站在对方的角度上考虑问题，而时刻强调着自己的感受。如果我们能够找到一个良好的心理平衡点，"竞争"会不会对我们来说就不再是伤害，而是一种促进呢？可惜的是，我无法将其化解为动力，我和斐儿的关系至今如此。我们读研究生同系，却很少有人知道我们曾是本科四年的好朋友；我们之间有时如胶似漆，却也常常如履薄冰；遇到竞争事件，我们依然会躲得远远的，彼此打量，而不会放下包袱真心支持对方……有时候我都怀疑，我们是不是真正的好朋友？真正的好朋友该如何对待竞争？《"思想道德修养与法律基础"课教学案例分析》

 【安全课堂】

一、大学生人际交往的特点

（1）大学生人际交往需求迫切。大学生思想活跃、精力充沛、兴趣广泛、活泼好动，对人际交往的需求比成人或中小学生更迫切。他们力图通过交往去拓宽视野，获得同伴的认可、接受、尊重、信任，满足自己多方面的需求。

（2）大学生交往对象以同龄人为主。因为大学生过着朝夕相处的集体生活，摆脱了对父母、老师的依赖。众多的交往机会、相似的人生经历、共同的学习任务，使大学生的交往对象更多地选择同寝室、同班、同乡等有相似背景的同学。交往的内容基本上围绕共同的话题，如学习、考试、娱乐、思想交流、情感沟通而展开。

（3）大学生交往动机中功利性少情感性多。大学生之间的交往更注重情感的沟通和交流，对交往中的直接功利性动机一般不肯轻易苟同。因为处于求学之中的大学生具有情感理想色彩。

（4）大学生对异性之间的交往愿望强烈。大学生由于性生理的成熟和性意识的唤醒，对异性产生了兴趣。大学生活又提供了与异性同学交往的许多机会。因此，与异性交往的愿望常常会变为交往的具体行动。

（5）大学生交往的方向从注重纵向交往向扩大横向交往转化。进入大学后，生活的空间大大扩展，学生们与家长、老师的联系减少，交往的重点转向同龄人。以往同班同学之间的交往扩大到同系、外系、外校的交往。

（6）大学生交往的形式从封闭式交往向开放式交往转化。过去的交往多限于同宿舍、同班，而现在的交往早已超越了家庭、宿舍、班级、学校，不再受地域的限制，范围不断扩展。

（7）大学生交往的特征从依附性向选择性转化。过去的交往基本特征是依赖性，在师长的指导下，在高班同学的协助下进行。随着独立意识的增强，交往的对象、范围都有了选择，交往的自由度也同时加大。

（8）大学生交往的内容从单一型向丰富型转化。过去交往多是为了交流感情、寻求爱情，内容相对单一。而现在随着社会的多样化，交往的内容也更加丰富多彩，交往涉及衣、食、住、行、工作、学习、娱乐等方面。

（9）大学生交往心理由情绪型向理智型转化。大学生情感丰富，且不稳定，但随着社会经验的丰富，成长与成熟，学会了调节情绪，交往活动不再被情绪左右，在交往中能理智地择友。

二、大学生人际交往的安全隐患及预防

（一）大学生人际交往中安全隐患的主要表现形式

大学生缺乏社会经验，思想单纯，看待问题过于理想化，人际交往中往往忽视安全的存在。大学生交往中存在的安全隐患主要有以下几种情况：

（1）同乡交往。中国人乡情意识浓厚，远在他乡遇到同乡会倍感亲切，聚在一起谈乡音叙乡情，或者遇到困难时互相帮助，其乐融融。但大学生中以乡情为纽带组成的小团体——同乡会，有时也会因情绪的感染或从众心理而带来安全隐患，特别是在介入处理同学矛盾和纠纷中，容易造成群体性事件，甚至群殴伤害。

（2）涉外交往。随着高等教育的国际化，高校与国外的交流日益频繁。在对外交往中大学生的行为代表着国家的形象，如交往不当可能会使国家利益受到损害，同时也会给自己造成伤害。

（3）网络交往。在网上与他人交流已成为大学生交往的新时尚，殊不知网络交往不过是虚拟空间的一种游戏，有的同学沉溺其中而荒废了学业，更有甚者贸然去会见网友，不仅浪费了时间与金钱，还使自己的身心遭受了巨大的创伤。

（4）异性交往。男女之间交往要分清爱情与友谊的界限，掌握好两者间的尺度，交往中双方还要互相尊重，不影响对方与他人的交往，以免造成不必要的误解，使自己或对方受到伤害。

（二）大学生交往安全隐患的预防

（1）谨慎交友。交往对象是影响交往安全的主要因素，一个人的朋友如何，对自身的成长、发展往往起一定的作用。与正直、讲信用的人交往会受益匪浅，与心术不正、华而不实的人交朋友，会带来害处。交友审慎，"择其善者而从之"应是大学生的交往准则。

（2）明辨是非。交往中在原则问题、大是大非面前，绝不能含糊。不能因为是同乡、同学或好友，讲"义气"，感情用事，不分是非曲直，使自己误入歧途而断送前程。因此，分清善与恶、是与非，对交往安全有百益而无一害。

（3）虚心求教。在交往中，会遇到各种各样的人和事，也会出现许多自己把握不定的问题。在这种情况下，不要盲目听信他人，也不要自作主张自行其事，而要及时与老师和家长沟通，多征求他们的意见，取得他们的帮助，这样才会避免交往中的危险，使交往变得更加安全。

（三）人际交往的一般技巧

人际交往是在复杂的社会环境中进行的，搞好人际交往就要遵循人际交往的基本规律，依据人际交往的一般原则讲究人际交往的方式方法。概括地说，大学生人际交往的一般技巧集中表现为十六个字，即知己知彼，交往有度，重视初交，展示魅力。

1. 知己知彼

知己知彼是人际交往的前提和基础，可以这样说，如果交往双方不能做到知己知彼，就不可能有成功的交往活动。与人交往贵在有知人之明。道理很简单，不认识对方，不了解对方，也就根本谈不上与之交往。诚然，要真正认识和了解一个人是很困难的，所以有人说"了解人是一门最高深的艺术"。与人交往还要做到有自知之明。一个人认识别人、了解别人难，认识自己、了解自己就更难。然而，我们要成功地与人交往就不能不去认识自己、了解自己。正是从这个意义上说，自知之明更为可贵。因此，当代大学生都应该养成反躬自省的习惯，学会剖析自己，力求准确地把握自己的长处和短处，这样才能在交往过程中扬长避短。

2. 交往有度

向度即交往的方向性，指的是同哪些人交往，为什么目的进行交往。完全可以这样说，盲目的交往是一种无效的交往，不可能产生任何实际意义。广度即交往的范围，包括交往人数的多少、交往时间的长短、范围的大小等。深度即交往的程度，指的是交往双方的情感状态，以及交往所形成的人际关系的层次类型。适度有两个方面的含义：一是指处理好人际交往活动与其他社会活动的关系，如处理好与学习、工作的关系；二是指处理好不同的交往对象之间的关系，如处理好一般异性朋友与恋人的关系等。这个度掌握得不好，就可能引来很多不必要的烦恼，这是我们在交往中要特别注意的。

3. 重视初交

中国有句俗话："良好的开端是成功的一半。"这句话对成功的交往有很大的启迪作用。可以这样说，在人际交往中，如果交往双方都能给对方留下一个良好的第一印象，交往的成功也就有了一半的希望。给对方留下一个良好的第一印象要从以下几个方面着手：

（1）注意表情和举止。与人初交，一定要表情自然，面带笑容，给人一种亲切感，而不要板着面孔，或装腔作势；一定要举止大方，站有站相，坐有坐相，使人感到有修养，而不要举止拘谨，手足无措。否则，就会给人留下缺乏社交经验、不成熟、不诚心的印象。

（2）注意仪表和风度。仪表犹似一个人的"装潢"，其作用就像商品的包装一样重要。不修边幅、衣衫不整的人，是不可能具有吸引力的。当然，长期起吸引作用的是一个人的风度，而要展示自己的风度，最根本的是要注意培养自己的内在气质。

（3）注意礼节和态度。初次与人交往，一定要注意礼节。例如，拜访他人要事先约定，见面时先作一番自我介绍等；交往时态度要谦虚、诚恳，如尊重他人的习惯，不无端地占用他人的时间等。

（4）注意谈话的艺术。初次交谈一定要言语简练，努力做到既达意抒情，又不令人生厌。切不可信口开河，无休止地高谈阔论。

4. 展示魅力

在人际交往过程中，展示魅力主要是通过构成魅力的因素来实现的。一般说来，可以从以下几个方面去努力：

（1）尽量展示你的能力。人们都愿意与有能力的人交往，展示你的能力能引起对方的尊敬和钦佩，魅力便自然增强。必须指出，展示能力不是自吹自擂、自我炫耀，而主要是依靠自身在社会生活中实际显示的能力。

（2）尽量展示你的语言。准确的语言，可以给人以启迪，充分显示自己的学识和水平；幽默的谈吐，可以给人以享受，充分体现自己的情趣和修养；简洁的表达，可以给人以教益，充分反映自己的个性和作风。

（3）尽量展示你的感情。在一定意义上说，人际交往也是为了引起对方的共鸣。

（4）尽量展示你的情操。人格的力量是巨大的，情操的感染是无穷的。一个关心他人、乐于助人的人，人们必定喜爱他；一个为人正派、作风严谨的人，人们必定尊敬他；一个勤奋刻苦、踏实肯干的人，人们必定信任他。

三、女生交往安全

（一）女生与异性交往中的注意事项

端正交往动机；尊重对方但不盲目崇拜；戒备伤害但不过分警觉；衣着得体但不过分暴露；自尊自爱；单独交往，不要选择僻静场所；切忌饮酒过量；长期交往，不要错把好感当爱恋、错把友谊当爱情；发现不轨，理直气壮、言辞拒绝。

（二）女性自我保护十招

（1）以最安全途径出入，避免夜归及走僻静道路、场地。

（2）避免单独与陌生男子乘坐电梯，尽量站进电梯内的警钟按钮位置。

（3）信任自己直觉，发现有人心怀不轨立即躲避。

（4）与朋友家人多照应，让他人知道自己行踪。

（5）小心门户，拒绝让陌生人入室。

（6）避免与初识男子独处，或服食药物与不知名饮品。

（7）遇事保持冷静警觉、随机应变，遇紧急情况时大声呼救。

（8）善用随身携带物品（例如锁钥、戒指、雨伞或用鞋）作反击武器。

（9）学习有效自卫术，快而准地攻击对方弱位（眼、耳、鼻、下体等）。

（10）谨记犯罪者特征，并与对方谈话拖延时间，事后及时报警。

任务四　制作一期远离"黄、赌、毒"的宣传板报

【学习目标】

（1）认识"黄、赌、毒"对社会和人身安全的危害，了解如何远离"黄、赌、毒"。

（2）掌握对"黄、赌、毒"防范的基本知识。

【学习任务描述】

教师讲解、举例后，组织各学习小组收集有关大学生"黄、赌、毒"的真实案例和相关知识，进行交流、讨论，最后以班级为单位制作一期远离"黄、赌、毒"的宣传板报。

【学习任务准备】

学习小组收集有关大学生"黄、赌、毒"的真实案例和相关知识。

准备制作宣传板报需要的材料。

【学习任务实施】

教师讲解、举例后，组织各学习小组收集有关大学生"黄、赌、毒"的真实案例和相关知识，进行交流、讨论，最后以班级为单位制作一期远离"黄、赌、毒"的宣传板报。从板报的内容、设计等方面在全年级评比，选出前三名给予嘉奖，并置于学校宣传栏展示。

Y【案例一瞥】

案例1： 重庆市警方破获一起女大学生从事色情服务的消息。据警方掌握的情况，重庆目前约有近百家此类公司，招募为数不详的女大学生从事色情服务。涉案的女大学生多供职于各类伴游、商务咨询公司、商务俱乐部，实质从事着三陪、卖淫活动。该案牵涉当地数所院校，一些从事色情服务的女大学生月收入超过 2 万元。（新华网. 2005－3－30.）

据全国"扫黄打非"办有关负责人介绍，许多同学来信反映，在校大学生涉足淫秽色情网站的情况较为普遍。一些同学深受其害，通宵或者逃课上淫秽色情网站。个别同学长期沉溺其中，荒废学业和青春，迷失人生方向，甚至走上歧途。（中国青年报. 2010－3－18.）

网站专门成立"最果的神狐字幕组"，面向青少年大肆制作、传播淫秽色情动漫视频和图片，内有淫秽色情视频 2000 段、图片 11 万余张，会员多达 13 万人。上述数字全部来源于一个名为"寻狐社区"的网站，该网站在 2010 年的夏天因为涉嫌全国首例专业制作、传播淫秽色情动漫而名声大噪。近日，江苏省南通市崇川区人民法院对该案作出一审判决。其中，作为主犯的泰国东亚大学上海籍留学生陆某，被法院以传播淫秽物品牟利罪判处有期徒刑 6 年。（新浪网. 2011－11－16.）

案例2： 因赌球欠下 10 万余元无力偿还，邢某曾花一个月时间琢磨"如何将人绑架，然后勒索钱财"。高校教师王燕（化名）偶遇邢某后，邢某实施了其想法，在将王燕杀害后，陆续给她的家人发出 75 条勒索钱财的短信。3 月 29 日 9 时，合肥市中院开庭审理去年备受关注的"大三学生弑师案"。被告人邢某被指控绑架罪、强奸罪。（吴详. 合肥"大三学生弑师案"开庭. 江淮晨报. 2010－3－30.）

海口某职业学院二年级学生阿福身陷赌球深渊，两个月时间欠下赌债和高利贷 30 余万元，债主多次上门逼债，为了躲避追债阿福四处躲藏，父母不堪其扰，欲卖房还债。债主再次追上门，阿福的母亲陶女士无奈向警方报案。阿福说，他是在一家名为"皇冠"的赌球网站进行下注的，首先是要申请开通会员账号，而开通会员账号需要有 5 千元以上的资金才可以完成，在这个时候得到了黎某的"支持"。黎某先是将一个 RKQ 开头的网站账号借给阿福使用，并在账号内先期存入 1 万元。以后每次当阿福将账号里的钱输光之后，黎某就借钱给他。阿福在有了资金的"保障"之后，就不停地在网上下注，开始走上一条不归路，不断地借钱，拆东墙补西墙，越赌越大，欠债越来越多……（马俊虎，刘操. 海口大学生赌球两月欠债 30 万 终日东躲西藏. 海南特区报. 2009－9－21.）

案例3： 被告人宋某是江苏南通某大学一名大一的女生，去年暑假想勤工俭学，正好一个曾经认识的代号为"猴子"的人在 QQ 上联系她，允诺给她 100 元一天，让她当毒品贩卖人员的"助理"。被告人被高额报酬冲昏了头脑，想不过是出趟差带个行李，就答应了。结果从成都返回南通的途中被警方抓获，查获宋某随身携带 170.1g 冰毒。因为是从犯、初犯、悔罪态度好，最后法院从轻判处被告人有期徒刑 6 年 9 个月，并处没收财产 1 万元。（韩婉莹. 江苏女大学生勤工俭学替人运输毒品被判 6 年多. 中国广播网. 2010－11－29.）

俄罗斯大学生为得到海洛因沦为妓女。在几个大城市中，感染艾滋病毒的高危人群比例最高的是圣彼得堡，而圣彼得堡的妓女中，每两个人中就有一人携带有艾滋病毒。据俄罗斯官方报告，艾滋病例增加最严重的年龄段为 15～20 岁的年轻女性，占到新感染者总数的80%。年轻女性艾滋病感染者如此高比率的增长，正是由于购买毒品的需求和"有偿性服务市场"的发展所造成。许多人吸食毒品时，注射多于吸入，共用针具、注射器、吸毒用具、毒品溶剂和制剂现象严重。这种行为导致的直接后果就是艾滋病病毒的加速传播。据统计，在俄罗斯，90％的艾滋病病毒感染者是吸毒的年轻人。（赵全敏．俄国艾滋病危机：大学生为毒品当妓女．39健康网．2005 - 1 - 28．）

【安全课堂】

一、"黄、赌、毒"概述

"黄"，是指淫秽物品，即具体描绘性行为或者露骨宣扬色情淫秽内容的书刊、影片、录像带、录音带、VCD、DVD 或图片等。"赌"即赌博，是指利用赌具，以钱财作为赌注，以占有他人利益为目的的违法犯罪行为。"毒"即毒品，是指鸦片、海洛因、吗啡、大麻、可卡因以及国家规定管制的其他能够使人形成瘾癖的麻醉药品和精神药品。作为一名大学生，应该远离"黄、赌、毒"。

二、大学生"黄、赌、毒"产生的危害

大学生一旦和"黄、赌、毒"沾上边，轻则违反校纪校规，重则触犯法律，对自己、对他人、对家庭、对社会都将造成严重的危害。

（一）荒废学业

大学生是祖国现代化建设的承担者，是现代科学知识的载体，他们带着金色的理想、学习成才的愿望跨进大学校园，使大学殿堂充满昂扬向上的朝气。而一旦有人被"黄、赌、毒"污染，理想和理智的防线就会崩溃，轻者不思进取、想入非非，终日心神不定、精神萎靡不振，课上不能认真听讲，课后不能及时温习功课；重者沉湎其中而不能自拔，学业完全放弃，以至在原始欲望的支配下坠入犯罪的深渊，成为社会发展的负面因子。

（二）污染社会和校园风气

校园内的"方城"大战，可以把学生宿舍搞得乌烟瘴气。"黄、赌、毒"不仅会大大污染大学校园风气，有时甚至还会危及社会。

（三）伤害身心

大学生正处于黄金年龄段，身体发育已趋于成熟，性意识已经觉醒，如果整日只知寻求欲望的满足，势必要大大消耗身体，极不利于健康成才；在得不到满足的情况下，又容易形成心理障碍或心身疾病。特别是性行为，还有可能染上性病和艾滋病，从而造成严重后果。此外，涉黄的录像厅、游戏机房，往往条件简陋、设备老化，多是违法操作，经营者只注重隐蔽性而忽视安全性。震惊全国的河南焦作"3·29"特大火灾，就有数名大学生是在录像厅中被烧死的。

赌博是多种疾病的导火索。经常上赌场者往往嗜赌成瘾，呈现出一种病态心理。一旦进入那种长时间保持精神高度集中的紧张状态，加上废寝忘食，极易导致心理和精神疾病，从而引起消化系统紊乱和腰肌劳损等。近年来，在报刊上常有嗜赌者赌博休克倒毙的事例报道。

毒品之所以被人们称为"幽灵"、"瘟疫"、"魔鬼"，是由于吸毒极易上瘾且戒断很难，久而久之，身体严重中毒便产生各种病态反映，如烦躁不安、失眠、疲乏、精神不振、腹痛、腹泻、呕吐、性欲减退或丧失等。特别是有些吸毒者往往使用不洁净的针头、器具注射海洛因等毒品，这就为艾滋病的传播提供了通道。云南某大学学生戴某，结交了社会上不三

不四的"朋友"，其中有的就在一起吸食和注射毒品。戴某起初因为好奇也学着吸毒，久而成瘾、用量越来越大，由于大家混用注射针又染上了性病。毒品在危害吸食者身体的同时，还对他们的精神造成极大伤害。吸食毒品使人逐渐懒惰无力、意志衰退、智力降低、记忆力减退，从而使工作和学业荒废，对自己、对家庭都会造成巨大损失。

（四）违反校纪

大学是生产知识、传播知识的场所。大学校园必须严拒"黄、赌、毒"。面对"黄、赌、毒"的侵害，校纪校规是无情的。参与赌博很容易上瘾，既浪费精力又花费时间，因而赌博者不可能遵守日常作息制度，违反校纪校规现象时有发生。有的因为"恋战"集体逃课、迟到或早退；有的则因为在赌博时输红了眼大打出手，演变成打架斗殴。某高校学生杨某出生于高级知识分子家庭，父母离异后随母亲生活，大二期间因身体不好休学一年。复学后，母亲为他申请到校外租房居住并亲自监护。杨某却置校纪校规和母亲的教诲于不顾，与社会不良青年打成一片，经常去舞厅、酒吧闲逛，交往了一些不三不四的"朋友"，最后发展到把一些舞女带回住处厮混。在临毕业前半个月，杨某终于被校方勒令退学，带着满腹羞愧和后悔离开了大学。

（五）诱发犯罪

"黄、赌、毒"不仅对涉及者造成肉体和精神上的伤害，使他们陷于难以解脱的痛苦之中，而且还会诱发多种犯罪，从而在更大范围和程度上危害社会和国家。涉黄者需要黄资，好赌者需要赌资，吸毒者需要毒资，而大学生是消费者，大多需要依靠父母供给来维持学习和生活，如果大学生与黄、赌、毒沾上边，势必围绕上述犯罪又会引发出新的犯罪。

1. 盗窃罪

一些大学生因为赌博输了钱物，为了获取赌资就会进行盗窃，凡赌博活动猖獗的地方均有此类案件发生。如北京市某高校一学生因赌输了钱，经常进行盗窃，赃款达 8 万余元。

2. 抢劫罪

抢劫罪是因参赌而诱发的一种常见的犯罪，由于赌博输红了眼，常使这种抢劫又带有极端的凶残性。如某高校郭某赌博输了钱，便纠集同龄人将赌徒龚某的 300 元钱劫走，又将其致伤而死。

3. 抢夺罪

某大学三年级学生张某，因为赌博输了钱，竟在光天化日之下从银行柜台抢夺走现金 6700 余元。

4. 杀人罪

某大学本科生夏某为了搞到购买海洛因的钱，与其弟拦路抢劫，杀死了过路的一位教师，抢走了教师身上的钱和自行车。此外，有的女大学生因毒瘾缠身遂被迫走上了卖淫的道路。

三、如何预防"黄、赌、毒"的侵袭

作为一名大学生，应该远离"黄、赌、毒"。

（一）不要涉足淫秽物品

《中华人民共和国治安管理处罚条例》第三十二条第二款规定："制作、复制、出售、出租或者传播淫书、淫画、淫秽录像或者其他淫秽物品的，处十五日以下拘留，可以单处或者并处三千元以下罚款；或者依照规定实行劳动教养；构成犯罪的，依法追究刑事责任"。《全国人民代表大会常务委员会关于惩治走私、制作、贩卖、传播淫秽物品的犯罪分子的决定》第二条规定："以牟利为目的，制作、复制、出版、贩卖、传播淫秽物品的，处三年以下有期徒刑或者拘役，并处罚金；情节严重的，处三年以上十年以下有期徒刑，并处罚金；情节特别严重的，处十年以上有期徒刑或者无期徒刑，并处罚金或者没收财产。"

大学生涉足淫秽物品的危害性是非常大的，同学们要坚决做到不看、不传，更不能走私、制作和贩卖。要洁身自爱，读好书结好友，参加有益健康的文娱活动，做一个心理健康、遵纪守法的人。否则，就会危害他人、危害社会，也最终害了自己。

（二）不要参与赌博

赌博是一种丑恶的社会现象，开始参与赌博的原因，一是为了寻求刺激，娱乐消遣；二是试试身手，看能否有所"收获"，但慢慢地赌博就会成为他们的瘾癖，并且以获取金钱为目的。赌博的危害是多方面的：

（1）荒废学业。某大学同宿舍的4名男生刚入学时成绩在班上名列前茅。可是，在打麻将上瘾以后，他们经常赌博到凌晨两三点钟，有时还通宵达旦。上课时间到了，经常来不及洗漱，空着肚子，慌慌张张、恍恍惚惚地走进教室，在课堂上打瞌睡，甚至鼾声大作。由于长时间沉溺于赌博，4人成绩全面下降，最终全部留级。

（2）违反校规校纪。赌博很容易上瘾，参赌同学经常不按学校的规定正常作息。有的长期熬夜，精神萎靡不振，经常旷课和迟到早退，即便到了课堂，注意力也难以集中；有的干脆白天蒙头大睡，晚上点烛看书应付考试，直到烛火烧着蚊帐引发火灾。

（3）破坏同学关系。赌博是群体的违法行为，直接牵涉人际关系。一旦参与赌博，赢了不会满足，输了总想把本钱捞回来，有时没有钱参赌或输得太多又会导致赌博作弊，破坏同学关系，甚至结仇杀人。

（4）容易走上违法犯罪的道路。据有关资料表明，大学生中因赌博被学校开除学籍或走上违法犯罪的屡见不鲜。如某高校学生因长期赌博，终于走上违法犯罪的道路，盗窃学校的计算机，被判处4年有期徒刑。

（三）不要沾染毒品

《全国人民代表大会常务委员会关于禁毒的决定》第三条规定："禁止任何人非法持有毒品。非法持有鸦片一千克以上、海洛因五十克以上或者其他毒品数量大的，处七年以上有期徒刑或者无期徒刑，并处罚金……非法持有鸦片不满二百克、海洛因不满十克或者其他少量毒品的，依照第八条第一款的规定处罚。"第八条第一款规定："吸食、注射毒品的，由公安机关处十五日以下拘留，可以单处或者并处二千元以下罚款，并没收毒品和吸食、注射器具。"

之所以一沾染毒品就定为违法，是因为毒品对人的危害较大，具体包括以两点：

（1）严重危害人的身体健康。吸食毒品成瘾后会产生强烈的病态反应，如烦躁不安、失眠、疲乏、精神不振、腹痛、腹泻、呕吐、性欲减退或丧失。人体内的毒品达到一定剂量后会刺激脊髓，造成惊厥，乃至神经系统抑制，引起呼吸衰竭而死亡，静脉注射毒品又是传染肝炎、肺炎、性病及艾滋病的重要途径。

（2）诱发犯罪，危害社会。吸食毒品不仅摧残人的意志和精神，荒废学业，还会使人丧失理智和人格，如吸毒者不穿衣服也不怕别人耻笑，不得吸食毒品就将头往墙上撞而不怕死。吸毒耗资巨大，为解决毒资，诱发吸毒者铤而走险，走上盗窃、抢劫、诈骗、杀人、贪污、卖淫等犯罪道路。某高校学生毕业后分配到一家宾馆工作，因吸毒成瘾，盗窃公款11万元，被判处死刑，缓期2年执行。多数吸毒者没有毒资来源，采取以贩养吸的办法，从害己转为既害自己又害他人。而且，一人吸毒，全家遭殃，有众叛亲离的危险。

（四）大学生平时怎样预防毒品的侵袭

（1）充分认识参与毒品违法犯罪活动的危害性，培养高尚的道德情操。

（2）培养广泛的兴趣爱好，避免孤僻的生活方式。

（3）不要结交有吸毒恶习的朋友或听信他们的谗言，不要轻易接收别人送吸的香烟。

（4）绝不可因好奇而尝试毒品，免得上瘾而难以自拔。

（5）一旦沾染毒品，要主动向老师和学校报告，自觉接受家长及社会有关部门的监督戒除及康复治疗。

【学习项目小结】

交往是人们通过各种不同的方式，进行的人际联系和接触，交往的目的在于传达思想、交流感情。人际交往是大学生身心发展的需要，他们渴望了解他人、了解社会，同时也希望被别人所了解，进入到全新的大学校园更增加了大学生对交往的需求和欲望，但是，人际交往并非处处是坦途，面对纷繁复杂的社会和形形色色的交往对象，交往安全便显得尤为重要。本学习项目从大学生交往安全的角度，介绍了一些基本的安全知识和防范技能，通过策划单车旅行、开展小品演练、设计调查问卷、绘制宣传板报等任务，希望大学生了解交通安全的常识，校园中盗窃、诈骗、抢劫的规律和特点，大学生人际交往类型和主要安全隐患以及"黄、赌、毒"对社会和人身安全的危害，掌握相关隐患的预防以及危机应对的技能和方法，希望在大学生实际的交往过程中能有所帮助。

 【求助直通车】

　　　　中国安全网　http：//www.safety.com.cn/
　　　　中华人民共和国公安部网站　http：//www.mps.gov.cn
　　　　中国网-中国交通　http：//jt.china.com.cn/
　　　　法制网　http：//www.legaldaily.com.cn/
　　　　求助电话　119、110、120、122

【练习与思考】

（1）乘坐黑车有什么危害，为什么不能乘坐黑车？

（2）想一想：你所认识的交通标志，并反思自己是否遵照规则进行。

（准备交通标志图片让学生识别并讲解含义）

（3）做一次社会调查，看看车站附近的拉客者、算命先生、摆象棋残局、僧人化缘等，所设的各种骗局是如何成功的？

（4）检查学校的防盗设施是否齐全，提出建设性的意见和建议。

（5）女生如何做好自我保护？

（6）良好的人际关系对促进学业有何重要的意义？

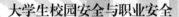

学习项目五

大学生实践活动安全

【学习项目描述】

通过教师的讲解、观看图片和视频，使学生掌握军训安全知识，积极做好军训前的准备工作，能够预防或自行处理军训期间可能遇到的状况；了解实验（训）室安全的基本知识，懂得实验实习规范操作的重要性，掌握一般常见事故的防护能力；了解暑期社会实践、外出勤工助学、外出实习（实训）等大学生社会实践活动中可能遇到的安全问题，掌握基本应对措施，提高社会实践安全防范能力；掌握求职安全应对策略，学会甄别求职陷阱的一些方法。通过编写一份大学生军训须知、编写本专业实验（训）室安全管理制度、拟写一份针对本校大学生的社会实践安全预案、拟写一份大学生求职安全手册等任务的完成，指导学生尝试运用有关知识解决大学生社会实践中可能遇到的实际问题，维护合法权益。

【教学目标】

1. 知识目标

（1）了解大学生军训安全的相关知识。

（2）掌握军训注意事项及常见疾病的预防知识。

（3）了解实验（训）室安全及防护知识。

（4）了解大学生社会实践活动中常见的其他安全问题。

（5）了解毕业生就业注意事项及求职陷阱的防范知识。

2. 能力目标

（1）掌握实验（训）室常见事故的自防自救方法。

（2）掌握大学生社会实践活动中的其他安全防范措施。

（3）掌握分析、判断和识别求职陷阱的技巧和方法。

3. 素质目标

（1）能够合理安排军训生活，轻松应对军训。

（2）培养良好的实验（训）室操作习惯。

（3）培养学生社会实践活动的自我保护意识。

（4）培养毕业生增强自我保护意识，维护就业权益。

【教学环境】

多媒体教室、实验（训）室及相应的设备；相机、摄影设备。

任务一 编写一份大学生军训须知

⊪【学习目标】
(1) 了解军训合理饮食的相关知识。
(2) 掌握军训中常见疾病的预防与治疗。
(3) 了解新生军训前需要做的准备。
(4) 掌握军训的安全注意事项。

✎【学习任务描述】

要求学生运用所学知识，编写一份大学生军训须知，来指导自己开展军训活动，解决军训中可能遇到的实际问题。

✑【学习任务准备】

要求学生准备并了解《中华人民共和国国防教育法》、《中华人民共和国兵役法》、《中国人民解放军队列条令》、《中国人民解放军纪律条令》、《中国人民解放军内务条令》等军事法律、法规。

⚙【学习任务实施】

以学习小组为单位，指导学生搜集有关大学生军训的材料，进行交流、共享和讨论，帮助学生了解在军训时各种危害情况下的安全技能、自保方法，学会如何寻求解决突发事件的思维方式，结合学校军训安排，编写一份大学生军训须知。

🍸【案例一瞥】

案例1：9月10日，湖北经济学院大一新生徐迅在军训的第一天不幸猝死。昨日，记者走访了徐迅所在学院的分党委书记、室友以及军训教官后了解到，当晚6时30分，新生们吃完晚饭后再次开始军训，先是站军姿，10min后，教官开始教唱歌《团结就是力量》，随后，徐迅被点中出列演唱，由于不记得歌词，他唱了一半后返回队列。入列时，徐迅突然说，头有点晕。接着，他蹲了下来，突然扑倒在地，不省人事……现场教官和同学赶忙急救，后送省中医院光谷分院抢救，但当晚8时25分徐迅不幸身亡。警方认定徐迅属于猝死。此前的9月8日，武汉另一所高校的一名女生也在军训现场突然倒下，被诊断为脑死亡。（陈博雷. 三天两名新生军训中死亡 学生身体素质堪忧. 楚天都市报. 2010-9-14.）

案例2：9月3日下午，在上海海洋大学，一名19岁的男同学在军训收操结束后，突然晕倒，送医院后经抢救无效死亡。如今，正是各大学的开学季，军训是很多新生入校的第一堂课。悲剧已然发生，原因还在调查。昨天，晨报记者来到海洋大学，试图还原这一事件。校方表示，学校已成立专门的事件处理小组来处理善后事宜。目前，新生的教学和军训工作仍在正常进行。对于"军训强度大累死人"的说法，绝大多数军训学生承认军训有点累，但强度不算大。（李东华，倪冬，言莹. 新闻晨报. 2011-9-6.）

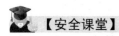【安全课堂】

一、军训合理饮食与疾病预防

军训是迎接大学生的第一堂课，是学校国防教育和集体主义教育的主要形式，也是大学生学习我军光荣传统和优良作风的极好机会。同时，军训也是对大学生体质和意志的一个巨大考验，所以提醒大学生军训要注意安全，保护好自己的身体。这里给广大新生提一些经验，以供参考，使大家能有一段愉快的军旅生活！

（一）注意餐饮生活习惯

1. 正确补充水分

军训期间要注意多补充水分，多喝运动饮料、茶水和盐水，还可以喝盐茶水、咸绿豆汤、咸菜汤和含盐汽水等。这样既可消暑解渴，又能及时补充必需的食盐。喝水时，最好是多喝几次，每次少喝一点，这样可减少汗液排出，增进食欲。

军训期间学生经常在暴晒后猛灌冰水、喝冰冻饮料、吃冷饮，以解除酷暑，这是不恰当的饮水方法，不但不能补充已丢失的水分，反而会损害健康，诱发中暑，引起胃肠道疾病。因为汽水、果汁、可乐等饮料中含有较多的糖精及电解质，这些物质会对胃产生刺激，影响消化和食欲，如果大量饮用还会增加肾脏负担。同时冷饮吃得太多，一方面，胃肠会受到大量冷食的刺激，加快蠕动，缩短食物在胃肠里的停留时间，直接影响人体对食物营养的消化吸收；另一方面，胃肠里的温度比较高，骤然受到大量的冷刺激，有可能导致胃肠痉挛，引起腹痛。

2. 合理补充营养

军训中体力消耗极大，所以要注意补充体力，多吃一些肉类、蛋类。还要注意补充维生素，多吃点蔬菜。有条件的话，晚上睡觉前喝点牛奶，既补充营养，又能提高睡眠质量。

吃饭不可过快或过饱，过快易把气体带入胃中，拉练行军途中会出现呃逆现象，过饱则易造成腹部胀满。切忌挑食或不吃早饭，以免能量不够，导致低血糖晕倒，影响身体健康。

军训期间很多学生晚上常有肌肉发胀、关节酸痛、精神疲劳之感，可多吃碱性食物，如水果、蔬菜、豆制品等，可保持体内酸碱度平衡，尽快消除运动带来的疲劳。

3. 良好生活习惯

军训期间要注意个人卫生，衣服要勤洗勤换，保持干净整洁。每晚睡觉前，学生要认真清洗脸、胳膊、脖子等暴露部位。

军训期间，学生一定要抓紧时间午休，晚上要按时睡觉，保证睡眠，确保第二天有充沛的体力。如果聊天说笑，耽误睡眠，第二天会没精打采，不仅影响军训，也影响健康。

军训的地方一般在郊区甚至山区，夜里温度低，睡觉时要注意保暖，夜间不宜开窗，不宜吹风扇，以免着凉感冒发烧。

休息时，不论蹲着还是坐着，起来时不可过猛，防止出现脑缺血而晕厥。

（二）军训中常见疾病的预防

（1）中暑。气温增高，人体产生的热量散不出去，产热与散热失去平衡，体温调节和其他生理机能产生障碍，就会引起中暑。此外劳动量过大，缺少适当休息，水、盐补充不足，衣服不通气等，也会导致中暑。军训期间要及时补充水分，预防中暑。

遇到中暑的情况不要慌张，首先停止训练，迅速脱离高热环境，移至通风好的阴凉地方，解开衣扣，让病人平卧，用冷水毛巾敷其头部，并给清凉饮料。如果症状得到缓解就可以归队训练；若症状未能缓解，应及时送往医院治疗。

（2）感冒。天热加上大运动量的训练，流汗使人们消耗大量的能量，人体的抵抗力会随之下降。有的同学训练完回到寝室，汗没干透就马上用凉水洗澡，这个时候就很容易感冒。军训中特别是剧烈运动后，不要马上脱衣，以防感冒。感冒不是小病，如有不适感应及早到医院就诊。

（3）腹泻。食物被细菌感染或进食不当食物，训练后口渴马上喝冷饮料均可引起腹泻。同学们要注意日常饮食卫生，以清淡饮食为佳，多吃富含蛋白质和维生素 B、维生素 C 的食物。一旦腹泻立即就诊，以免延误治疗。

（4）组织损伤。在训练中遇到肌肉组织拉伤、扭伤等，可分两步处理，24h 之内可给予冷处理，做冷敷，也就是用凉毛巾敷患处，也可直接间断性地把受伤处泡在冷水中，让受伤部位的皮下毛细血管收缩，千万不可用力揉搓患处，以免加重病情；24h 后，给予热处理，用活血化瘀方法治疗，并注意把患处抬高，保持良好的血液循环。

军训期间可以坚持做自我按摩，以消除疲劳。大运动量的训练之后，肌肉酸痛，身体疲劳，这属于正常现象。只要同学们坚持每天按摩便可以缓解。方法是：先用热水洗脚后（最好多泡一会儿），坐在床上用手揉搓脚掌 5~10min，促进全身血液循环，使肌肉放松，浑身感觉轻松，一天训练的疲劳即可得到缓解。

（5）外伤。扭伤、皮肤擦伤到校医院清洗包扎、治疗。

（6）开水烫伤。被开水烫伤后，如无破损，最好的办法就是立刻用凉水冲洗患处，时间要稍长些，以减轻烫伤的程度，防止伤势向深层组织渗透，然后再去就医。

（7）抽筋。一般出现小腿抽筋，先将抽筋者的小腿放平，拉住脚掌把筋拉直到不再抽筋，24h 后用跌打酒按摩。

（8）脚板起泡。用酒精消毒，用针扎两个孔（一个孔存在水泡液流出不彻底的缺陷），把水挤出。若溃疡面不大则让其自然恢复，若溃疡面大则需要纱布包扎。

二、军训，你准备好了吗

（一）做好军训准备

（1）床上用品。有的部队为学生准备褥子，有的不做准备，事先学校都会跟学生交代清楚。如果部队只提供床铺，学生要带夏被（或毯子）、褥子和枕头。学生不能图省事，以为越简单越好。军训一天下来学生非常疲惫，特别需要一张舒适的床。如果把衣服铺在身子底下充"褥子"，把衣服叠起来当"枕头"，学生会感觉很不舒服，睡觉也不解乏。所以，该带的东西都应该带齐。

（2）鞋子袜子。学生宜穿球鞋、军鞋或旅游鞋，忌穿新鞋、高帮鞋以及高跟鞋。新鞋硬不随脚，高帮鞋卡脚容易起泡。鞋号宜稍大一点不宜小，以免"小鞋"磨脚。除脚上穿的鞋子外，还应该另外带一双，防备雨天鞋湿以后替换。此外，袜子也应该多带几双，还应该注意袜子要柔软一些，最好是纯棉的，容易吸汗。

（3）两个盆子。一个用于洗脸，一个用于洗下身。军训时活动量大，出汗多，而部队不可能保证几百名学生每天都可以洗上澡，所以一定要准备两个盆，无论男生或者女生，每天晚上都要洗外生殖器，保证阴部的清洁，以免泌尿系统感染。

（4）一只水壶。水壶容量要大，既可以晾白开水，又可以储水；瓶口要大，接水时以免烫伤；有提绳，以便携带；还得不容易碎。

（5）穿平脚裤。军训时由于大量出汗，内衣经常湿透，三角裤边经常卷起来将大腿内侧磨破露出鲜红的嫩肉。因此，建议身体较胖、大腿较粗的男女学生多带几条平角裤，避免大腿根部的摩擦。

（6）短裤衬衫。军训的地方一般都在郊区甚至山区，日夜温差大，夜间学生还有可能站岗值勤，且难免赶上阴天下雨，最好带一条大短裤和一件纯棉无袖衬衫，以备天凉时套在军训服里面。立秋以后军训的学生尤其应该重视这一点。

（7）药品携带。可以根据学生自己身体的具体情况带一些小药。比如平时容易大便干燥的，可以带点温和的润肠药，忌猛烈的泻药；怕得腹泻的带点黄连素；晕车的带点乘晕宁；防备虫咬的，可以带点清凉油、绿药膏之类；军训时不断地喊口号，喊得口干舌燥，可以带点润喉片，用来养护嗓子；也可以带点藿香正气丸、人丹等以防中暑，因人而异，不一而足。

（8）管住馋嘴。军训前，学生忌吃大鱼大肉，鱼生痰肉生火，内热遇外感，军训时学生容易感冒发烧，不仅自己受罪，还给老师和教官带来许多麻烦。

（9）不带食品。一定别将火腿肠之类的食品带到部队。学生往往怕老师、教官发现，将食品偷着掖着藏着，住宿的地方没有空调、电冰箱，大热天的很容易坏，吃了之后容易引起腹泻。

（10）其他准备。勿忘带洗漱用品、卫生纸、面巾纸等生活必需品；笔和笔记本，做好军训理论课教学准备；一把雨伞，防备往返路程以及军训之余下雨。军训前，男生最好理个"板寸"，头发长了感觉热，但也不宜剃光头；女学生最好剪成短发，又好洗，又好梳，又凉快，还好戴军帽。

（二）军训中牢记"三不要、五不宜"

1."三不要"

一不要硬撑：军训要讲"坚持再坚持"，但如果真感觉身体不适，实在支持不下去时，一定要休息，不要逞强硬撑，防止出现意外，特别是体质较差的同学。如感觉头晕、眼花、要晕倒，应立即喊报告或拽一下旁边同学的衣角，然后原地坐下，待眩晕过后再到阴凉区域休息一会儿，喝些水，也可通过口含人丹、太阳穴涂清凉油等办法缓解症状。

二不要挑食：在部队吃的是大锅饭，可能不如家里或学校的饭好吃，但是保证卫生和营养，不管爱吃不爱吃，都应该吃饱，不能挑食，以免能量不够，导致低血糖晕倒，影响身体健康。

三不要喝生水：军训期间，一定要喝白开水，千万不要喝生水，以免引起肠道传染病。

2."五不宜"

一不宜立即停下来休息：剧烈运动时血液多集中在肢体肌肉中，血液循环极快。如果剧烈运动刚一结束就停下来休息，肢体中大量的静脉血就会淤集在静脉中，心脏就会缺血。大脑也就会因心脏供血不足而出现头晕、恶心、呕吐、休克等缺氧症状。所以剧烈运动刚结束时还应做些放松调整活动。如长跑之后逐渐改为慢跑、再走几步、揉揉腿、做几下深呼吸，这样能使快速血液循环慢慢平稳下来，有利于肌肉中乳酸的清除，热水泡脚也有助于消除疲劳。

二不宜立即大量饮水：剧烈运动后如果因为口渴一次性大量喝水，会使血液中盐的含量降低，加之天热汗多，盐分更易丧失，容量发生肌肉抽筋等现象；会引起脑血压升高，产生使人头疼、呕吐、嗜睡、视觉模糊、心律缓慢等水中毒症状；会出现胃肠不舒适胀满之感，若躺下休息更会因挤压膈肌影响心肺活动。所以剧烈运动后应采用"多次少饮"的方法饮水，最好是饮用低浓度的食盐水或是绿豆汤之类的消暑饮料。

三不宜马上洗冷水澡、游泳、吹风或用空调：剧烈运动后马上就用电风扇吹，进入空调室或在阴凉风口处乘凉，会引起上呼吸道血管收缩，鼻纤毛摆动变慢，降低局部抗病力量，此时寄生在呼吸道内的细菌病毒就会大量繁殖，极易引发伤风、感冒、气管炎等疾病。还有些人剧烈运动后就立即下水游泳或立即进行冷水浴，由于肢体温度和水的温度相差悬殊，也易发生小腿抽筋。因此剧烈运动后应先擦干汗液，等汗不再出时，再进行游泳或冷水浴较为妥当。

四不宜立即饮啤酒、喝咖啡：剧烈运动后，有人把啤酒当水大口大口地喝，这易使血液中尿酸急剧增加导致痛风。另外咖啡中含有咖啡因，有兴奋神经的作用。学生军训过集体生活，已经很新鲜很兴奋，晚上经常聊天睡不着觉，如果再喝上一杯咖啡，入睡就更困难了。睡眠不好，势必影响第二天的军训。

五不宜立即吃饭：剧烈运动时，由于血液多集中在肢体肌肉和呼吸系统等处，而消化器官血液相对较少，消化吸收能力差，运动后需要经过一段时间调整，消化功能才能逐渐恢复正常。所以剧烈运动后，如果马上就吃饭，一般都吃不香，且对食物中营养吸收也有影响。

（三）实弹射击的事故预防

真枪实弹是每一个男孩青春时期的梦想。军训中，这个童年的梦想便可得以实现，激动心情可想而知。但是一定要知道，在军训中毕竟是真枪实弹，危险性很大，所以必须遵守规定。实弹射击通常是在部队的统一组织下进行。射击训练中同学们应该注意以下几点：

（1）严格遵守实弹射击纪律，服从命令，听从指挥。

（2）严禁私存武器、弹药，严禁私带武器外出，严禁私自将武器借给他人。

（3）枪支擦拭和使用前后，应当认真验枪。

（4）在没有接到指挥员下达的"进入射击预备地线"命令前，不得擅自进入。

（5）进入"射击预备地线"后，要按口令统一验枪、领取子弹，按照要求装入弹匣。

（6）装弹后应按规定关上"保险"，等指挥员下达射击命令后，再打开"保险"进行射击。

（7）射击过程中如发现意外情况，要立即中止射击，并将武器关上"保险"，放置在射击位置后，及时向指挥员报告。

（8）射击中要尽量使用自己的武器，而不应借用他人武器；要认真、细心，不能敷衍了事；射击完成后要向指挥员报告，听到"起立"口令后再起来。

（9）严禁摆弄武器和随意动用他人武器，严禁持枪打闹和枪口对人。

任务二　编写一份专业实验（训）室安全管理制度

📊【学习目标】

（1）了解实验（训）室常见安全事故的特性及危害。

（2）掌握实验（训）室常见危险品的安全防护知识。

（3）掌握实验（训）室常见的火灾预防和处理。

（4）培养良好的实验（训）室操作习惯。

✒【学习任务描述】

通过教师的讲解、举例，指导学生分小组对学校实验（训）室进行调研，编写与本专业有关的实验（训）室安全管理制度。

⚱【学习任务准备】

要求学生调查了解与本专业有关的实验（训）室的安全保障措施以及安全状况，抄录现有的《实验（训）室安全管理制度》。

✿【学习任务实施】

指导学生分成调研小组，通过实地调研，了解学校各类实验（训）室安全保障措施以及安全状况，以小组为单位，通过交流研讨，编写本专业实验（训）室安全管理制度。

❤【案例一瞥】

案例 1： 日前，记者在南京航空航天大学将军路校区了解到，该校材料科学与技术学院医学物理专业一大二学生进行电工实验时不慎触电，送医院抢救无效后身亡。南京市江宁开发区派出所一公安人员对此事予以证实。（李斯特. 南京航空航天大学学生实验课上触电身亡. 新京报. 2005 - 1 - 22.）

案例 2： 10 月 23 日下午 1 时多，北京理工大学新 5 号楼一实验室发生爆炸，导致 5 人受伤，其中有 1 名实验室负责老师、2 名学生和 2 名设备调试工程师。爆炸原因初步认定为，学校新购设备在调试过程中发生意外。（陈婷，侯雪竹. 北京理工大学一实验室爆炸 5 人受伤. 华西都市报. 2009 - 10 - 24.）

案例 3： 6 月 19 日下午，宁波大学曹光彪大楼一重点实验室发生大火，江北消防大队接警后立即赶赴现场扑救，所幸没有人员伤亡。当时，两个粗心的学生正在该实验室做实验：用电磁炉熔化石蜡。后来暂时离开了一会儿，没想到就发生了火灾。江北消防大队提醒：化学实验室易燃易爆物品多，特别是在做一些有机实验时，持续时间较长，一定要有人守候，否则将造成难以挽回的损失。报警时，切勿慌张，一定要说清楚门牌号、起火楼层、起火物质等情况。（方江平. 宁波大学一重点实验室起火无人员伤亡. 浙江在线. 2010 - 6 - 19.）

案例 4： 10 月 10 日中午 12 时 59 分，中南大学化工学院实验楼四楼发生火灾。记者从参与灭火救援的消防部门了解到，此次火灾过火面积约 500m² 左右，无人员伤亡，目前火灾原因及损失情况正在调查之中。记者了解到，起火建筑耐火等级为三级，屋顶为纯木质结构，火势蔓延十分迅速，但由于扑救及时，火势被控制在四楼，没有蔓延到其他楼层。到14时10分，火势得到控制，15时火灾被完全扑灭。（颜珂. 中南大学化工学院实验楼发生火灾无人员伤亡. 人民网长沙电. 2011-10-10.）

案例5：2月15日下午两点，南京市鼓楼区南京大学内5升甲醛反应釜发生泄漏，经过消防中队30min的疏散和处理，现场已无危险，无人员伤亡。记者从南京市消防支队获悉，下午2时，南京市消防指挥中心得到报警说鼓楼区汉口路22号南京大学化学楼615室实验（训）室内甲醛反应釜泄漏，便立即调集鼓楼中队3辆消防车赶至现场，到达现场后，利用广播组织人员疏散并设置警戒线。消防中队配合学校专家将反应釜浸入溶液中进行中和。下午2时30分左右，事故现场已处置完毕，确认甲醛溶液约5L左右。事故起因正在调查之中。（宁消轩，盛捷. 南京大学内5升甲醛反应釜发生泄漏. 中新网南京电. 2012-2-15.）

 【安全课堂】

一、实验（训）室常见安全事故的特性

实验（训）室是学校教学和科研的重要场地。由于各高校非常重视学生实践操控能力的培养，每年都安排大量实验课供学生实习，造成实验（训）室人员集中、实验仪器设备频繁使用。由于操作人员的熟练程度和设备的质量问题，学生在做实验时面临着很多危险因素，稍有疏忽，就容易发生安全事故。

（一）实验（训）室安全事故的成因

一般而言，高校实验（训）室安全事故发生的主要原因有人员操作不慎，使用不当和粗心大意；仪器设备或各种管线年久失修、老化损坏；不可抗力的自然灾害；恶意侵害行为（如计算机被病毒感染、计算机遭黑客攻击等）；监控管理不力（设备被窃、泄密等）。

在以往实验（训）室安全事故的发生和预防中，人为因素占据了主要地位。安全意识淡薄是导致实验（训）室安全事故发生的重要原因。通常个人不安全行为和失误导致的事故占了很大的比重，据台湾慈济大学实验（训）室安全卫生教育训练教材介绍，实验（训）室安全事故中由于火灾引起的事故比例仅为2%，而人为因素引起的事故比例却为98%。因此，尽管实验（训）室安全事故的发生是实验（训）室内人、物、环境诸方面因素交错反映的结果，但是人在事故的发生和预防中起着决定性的作用。

（二）实验（训）室安全事故的表现形式

实验（训）室安全事故的表现形式主要有火灾、爆炸、毒害、触电、机械伤人及设备损坏等。

1. 火灾性事故

火灾性事故的发生具有普遍性。几乎所有的实验（训）室都可能发生。酿成这类事故的直接原因：一是忘记关电源，或在实验过程中，人离开实验（训）室的时间较长，致使设备或用电器具通电时间过长，温度过高，引起着火；二是操作不慎或使用不当，使火源接触易燃物质，引起着火；三是供电线路老化、超负荷运行，导致线路发热，引起着火；四是乱扔烟头，接触易燃物质，引起着火。

2. 爆炸性事故

爆炸性事故多发生在具有易燃、易爆物品和压力容器的实验（训）室。酿成这类事故的

直接原因：一是违反操作规程，引燃易燃物品，进而导致爆炸；二是设备老化，存在故障或缺陷，造成易燃、易爆物品泄漏，遇火花而引起爆炸。

3. 毒害性事故

毒害性事故多发生在具有化学药品和剧毒物质的化学化工实验（训）室和具有毒气排放的实验（训）室。酿成这类事故的直接原因：一是违反操作规程，将食物带进有毒物品的实验（训）室，造成误食中毒；二是设备、设施老化，存在故障或缺陷，造成有毒物质泄漏或有毒气体排放不出，酿成中毒；三是管理不善，造成有毒物品散落流失，引起环境污染；四是废水排放管路受阻或失修，造成有毒废水未经处理而流出，引起环境污染。

4. 机电伤人性事故

机电伤人性事故多发生在有高速旋转或冲击运动的机械实验（训）室，或带电作业的电气实验（训）室和一些有高温产生的实验（训）室。酿成这类事故的直接原因：一是操作不当或缺少防护，造成挤压、甩脱和碰撞伤人；二是违反操作规程或因设备、设施老化而存在故障或缺陷，造成漏电、触电或电弧火花伤人；三是实验设备使用不当，造成高温气体或液体外喷或外溢伤人等。

5. 设备损坏性事故

设备损坏性事故多发生在用电加热、存在机械高速运转等实验（训）室。酿成这类事故的直接原因：一是由于线路故障或雷击造成突然停电，致使被加热的介质不能按要求恢复原来状态而造成设备损坏；二是高速运动的设备因不慎操作而发生碰撞或挤压，导致设备损坏等。

（三）实验（训）室安全事故的危害类型

1. 机械危害

机械所发生的伤（灾）害，如卷人、扎伤、压伤，焊接强光、噪声、震动造成的伤害，操作错误造成射出、弹出锐件造成的伤害，以及接地不良所造成的触电事件等。

2. 化学品危害

许多化学品具有易燃、易爆、毒性和腐蚀性的特点，容易造成火灾、爆炸及对人体的危害。

3. 电气危害

电气危害不仅包括触电事故，还包括雷电、静电、电磁场危害，各种电气火灾与爆炸以及一些危及人身安全的电气线路和设备故障等。

4. 辐射危害

辐射包括电磁波辐射和放射性辐射，因其具有高密度的能量，在实验（训）室研究工作上具有很多用途，但其高能量的射线易造成对人体的伤害。

5. 生物危害

人们在对动物、植物、微生物等生物体的研究中，由于病原体或者毒素的丢失、泛用、转移而引发的对人类健康和赖以生存的自然环境所可能造成的不安全事故。如外来物种迁入导致对当地生态系统的不良改变或破坏；人为造成的环境的剧烈变化危及生物的多样性；在科学研究开发、生产和应用中，经遗传修饰的生物体和危险的病原体等可能对人类健康、生存环境造成的危害等。

6. 其他危害

一般工厂所发生的伤（灾）害，如跌倒、摔跤、坠落、碰撞、火灾、粉尘、噪声等，在实验（训）室也同样会发生，一般小伤害均以此类居多。

二、实验（训）室常见危险品的安全防护

（一）防毒

（1）实验前，应了解所用药品的毒性及防护措施。有毒标识如图 5-1 所示。

图 5-1　有毒标识

（2）操作有毒气体（如 H_2S、Cl_2、Br_2、NO_2、浓 HCl 和 HF 等）应在通风橱内进行。

（3）苯、四氯化碳、乙醚、硝基苯等的蒸汽会引起中毒。它们虽有特殊气味，但久嗅会使人嗅觉减弱，所以应在通风良好的情况下使用。

（4）有些药品（如苯、有机溶剂、汞等）能透过皮肤进入人体，应避免与皮肤接触。

（5）氰化物、高汞盐［$HgCl_2$、$Hg(NO_3)_2$ 等］、可溶性钡盐（$BaCl_2$）、重金属盐（如镉、铅盐）、三氧化二砷等剧毒药品，应妥善保管，使用时要特别小心。

（6）禁止在实验（训）室内喝水、吃东西。饮食用具不要带进实验（训）室，以防毒物污染，离开实验（训）室及饭前要洗净双手。

（7）常用的解毒方法是引起呕吐，给中毒者服催吐剂，如肥皂水、芥末和水或给以鸡蛋白、牛奶、食用油等缓和刺激，随后用手指伸入喉部引起呕吐。注意：磷中毒的人不能喝牛奶。

（二）防火

图 5-2　火灾标识

（1）许多有机溶剂如乙醚、丙酮、乙醇、苯等非常容易燃烧，大量使用时室内不能有明火、电火花或静电放电。实验（训）室内不可存放过多这类药品，用后还要及时回收处理，不可倒入下水道，以免聚集引起火灾。火灾标识如图 5-2 所示。

（2）有些物质如磷、金属钠、钾、电石及金属氢化物等，在空气中易氧化自燃；还有一些金属如铁、锌、铝等粉末，也易在空气中氧化自燃。这些物质要隔绝空气保存，使用时要特别小心。

（3）实验（训）室如果着火，不要惊慌，应根据情况进行灭火。常用的灭火剂有水、沙、二氧化碳灭火器、四氯化碳灭火器、泡沫灭火器和干粉灭火器等。可根据起火的原因选择使用，以下几种情况不能用水灭火：

1）金属钠、钾、镁、铝粉、电石、过氧化钠着火，应用干沙灭火。

2）比水轻的易燃液体，如汽油、笨、丙酮等着火，可用泡沫灭火器。

3）有灼烧的金属或熔融物的地方着火时，应用干沙或干粉灭火器。

4）电气设备或带电系统着火，可用二氧化碳灭火器或四氯化碳灭火器。

（三）防爆

爆炸事故主要有以下三种类型：一是物理爆炸，如因内部压力过高、压力容器破裂而发

图 5-3 爆炸标识

生的爆炸；二是化学爆炸，如氧化剂与可燃剂接触或雷管、炸药一类化学物品在一定条件下发生的爆炸；三是物理化学爆炸，如在化工生产或化学实验中，因技术条件控制不好，容器中物料膨胀加速或温度上升，导致压力过大、超过容器极限而发生的爆炸。爆炸标识如图 5-3 所示。

爆炸预防：

（1）思想上对于爆炸事故的性质、危害应当随时有足够的认识，从而引起高度的警觉。

（2）加强对化学物品保管、使用和储存的管理，做好实施设备特别是压力容器的定期检验。

（3）参加实验时，必须严格遵守操作规程和操作步骤，在教师或实验人员的指导下顺利完成实验。

1）开启贮有挥发性液体的瓶塞和安瓿时，必须先充分冷却，开启时瓶口必须指向无人处。

2）实验要使用可燃性气体时，要防止气体逸出，室内通风要良好。

3）有些药品如叠氮铝、乙炔银、乙炔铜、高氯酸盐、过氧化物等受震和受热都易引起爆炸，使用时要特别小心。

4）严禁将强氧化剂和强还原剂放在一起。

5）久藏的乙醚使用前应除去其中可能产生的过氧化物。

6）进行容易引起爆炸的实验，应有防爆措施。

（4）在与爆炸物品接触时，要做到"七防"：防止可燃气体粉尘与空气混合、防止明火、防止磨擦和撞击、防止电火花、防止静电放电、防止雷击、防止化学反应。

（四）防灼伤

强酸、强碱、强氧化剂、溴、磷、钠、钾、苯酚、冰醋酸等都会腐蚀皮肤，特别要防止溅入眼内。液氧、液氮等低温也会严重灼伤皮肤，使用时要小心，万一灼伤应及时治疗。伤手标识如图 5-4 所示。

图 5-4 伤手标识

（1）强酸。浓酸洒在实验台上，先用碳酸钠或碳酸氢钠中和，再用水冲洗干净；沾在皮肤上，应先用干抹布擦去，然后用 3%～5% 碳酸氢钠溶液清洗；溅到眼睛里，应立即用水清洗，然后用 5% 碳酸氢钠溶液或 2% 醋酸淋洗，再请医生处理。

（2）强碱。浓碱洒在实验台上，先用稀醋酸中和，再用水冲洗干净；沾在皮肤上，先用大量水清洗，再涂上硼酸溶液；溅到眼睛里，用水洗净后再用硼酸溶液淋洗。注意：无论酸还是碱溅入眼睛，切不要用手揉。

（3）液溴腐蚀。要立即擦去，再用苯或甘油洗涤伤处，最后用水清洗。

（4）烫伤或灼伤。烫伤后切勿用水冲洗，一般烫伤可在伤口上擦烫伤膏或用浓高锰酸钾溶液擦至皮肤变为棕色（也可用 95% 酒精轻涂伤处，不要弄破水泡），再涂上凡士林或烫伤膏；被磷灼伤后可用硝酸银溶液或硫酸铜溶液、高锰酸钾溶液洗涤伤处，然后进行包扎，切勿用水冲洗；被沥青、煤焦油等有机物烫伤后，可用浸透二甲苯的棉花擦洗，再用羊脂涂敷。

三、实验（训）室火灾事故的预防

（一）实验（训）室火灾事故的预防

火灾是由于在时间或空间上失去控制的燃烧所造成。在掌握了引起燃烧的基本要素和条件后，就能够懂得预防和扑灭火灾的基本原理，即采取措施避免或消除燃烧三要素的形成，或不让其相互作用。实验（训）室一旦发生火灾，切不可惊慌失措，应保持镇静，首先立即切断室内一切火源和电源，然后根据具体情况正确地进行抢救和灭火。

（1）以防为主，杜绝火灾隐患。了解有关易燃、易爆物品知识及消防知识。遵守各种防火规则。

（2）在实验（训）室内、过道等处，须经常备有适宜的灭火材料，如消防砂、石棉布、毯子及各类灭火器等。消防砂要保持干燥。

（3）电线及电气设备起火时，必须先切断总电源开关，再用四氯化碳灭火器灭熄，并及时通知供电部门。不许用水或泡沫灭火器来扑灭燃烧的电线及电气设备。

（4）人员衣服着火时，立即用石棉布或毯子之类物品蒙盖在着火者身上灭火，必要时也可用水扑灭。但不宜慌张跑动，避免使气流流向燃烧的衣服，使火焰增大。

（5）加热试样或实验过程中小范围起火时，应立即用湿石棉布或湿抹布扑灭明火，拔电源插头，关闭总电闸煤气阀。易燃液体（多为有机物）着火时，切不可用水去浇。范围较大的火情，应立即用消防砂、泡沫灭火器或干粉灭火器来扑灭。精密仪器起火，应用四氯化碳灭火器。

（6）发生火灾时应注意保护现场。较大的着火事故应立即报警，若有伤势较重者，应立即送往医院。

（7）熟悉实验（训）室内灭火器材的位置和灭火器的使用方法。

（二）实验（训）室常用的消防设施设备

（1）防火报警设备，用于监测火灾。防火报警的手报按钮和烟感探头，一般安装在人员集中场所或重点部位，一旦出现火情，它将发出火灾报警信号。

（2）应急照明灯和疏散指示标志，引导人们疏散。应急照明灯和疏散指示标志，一般安装在疏散通道内或安全出口处，一旦发生火灾，供电中断，人们利用应急照明灯提供的照明，按照疏散指示标志指示的方向，疏散到安全地点。

（3）疏散通道和安全出口，用来紧急疏散。安全出口设在人员集中的场所，正常情况下是关闭的，但遇紧急情况它必须能及时打开。疏散通道必须随时保证畅通，一旦发生火灾，人员能及时地通过疏散通道和安全出口，疏散到安全地点。

（4）防火门，用来阻止火势蔓延。防火门一般安装在较大建筑物的楼道里，将建筑物分隔成若干个防火区域，并安装有闭门器，保证防火门常处关闭状态。一旦发生火灾，防火门将隔断浓烟和有毒气体并阻止火势蔓延。

（5）消火栓，用来扑救火灾。消火栓分为室外消火栓和室内消火栓。室外消火栓设在建筑物周围，室内消火栓设在建筑物内。消火栓是扑灭火灾的主要水源。一旦发生火灾，可在消火栓上接入水带取水灭火。

1）消火栓的性能。消火栓是与自来水管网直接连通的，随时打开都会有3kg左右压力的清水喷出。它适合扑救木材、棉絮类火灾。

2）消火栓的使用方法。室内消火栓一般都设置在建筑物公共部位的墙壁上，有明显的标志，内有水龙带和水枪。当发生火灾时，找到离火场距离最近的消火栓，打开消火栓箱门，取出水带，将水带的一端接在消火栓出水口上，另一端接好水枪，拉到起火点附近后方可打开消火栓阀门。

注意：在确认火灾现场供电已断开的情况下，才能用水进行扑救。

（6）灭火器，用来扑救初期火灾。学校的各个部位均配备了足够数量的灭火器，一旦发现火情，可用附近的灭火器进行扑救。

1）灭火器的性能。灭火器是用来扑救初期火灾的，目前一般学校配备的主要是手提式灭火器。

2）灭火器的使用方法。将灭火器提到起火地点附近，站在火场的上风头。①拔下保险销；②一手握紧喷管；③另一手捏紧压把；④喷嘴对准火焰根部扫射；⑤喷射有效距离应保持在 1.5m 左右。（具体操作应遵照灭火器粘贴的说明书进行）

（三）温馨提示

1．逃生和自救

（1）针对试验项目使用的易燃、易爆实验试剂，采取相应的防火措施，发生火灾迅速将火扑灭。

（2）若发生火情，应迅速把易燃、易爆物品转移到安全区域。

图 5-5　逃生和自救

（3）若发生火情，应迅速将火场人员疏散到室外。

（4）实验（训）室的试剂可能是有毒气体，应用湿毛巾捂住口鼻撤离，避免中毒。逃生和自救如图 5-5 所示

2．报火警

（1）拨打"119"火警电话情绪要镇定。

（2）听到话筒里说"我是火警报警中心"时，再报告火灾情况。要说清发生火灾的单位名称、详细地点、燃烧的物质、火势大小、报警电话、报警人姓名。

（3）要注意报警中心的提问，不要说完就放下电话，当对方说消防车马上就到时再挂断，并且派人在校门口等候，引导消防车迅速准确到达火场。同时要将火灾情况报校保卫处、派出所。

3．灭火的注意事项

（1）一切行动听指挥。

（2）注意自身安全，避免伤亡。

（3）用水扑救带电火灾时，必须先将电源断开，严禁带电扑救。

（4）使用水龙带时防止扭转和折弯。

（5）灭液体（汽油、酒精）火灾时不能直接喷射液面，要由近向远，在液面上 10cm 左右扫射，覆盖燃烧面切割火焰。

（6）注意保护现场，以利于起火原因调查。

任务三　拟写一份大学生社会实践安全预案

ﰘ【学习目标】

（1）了解大学生暑期社会实践活动的安全知识。

（2）了解大学生校外勤工助学过程中的安全隐患。

（3）了解大学生外出实习（实训）安全预防知识。

（4）掌握一些社会实践活动基本安全防范措施。

（5）了解相关法律知识，学会用法律维护自身权益。

✎【学习任务描述】

通过教师的案例讲解、知识解说，让学生了解一些社会实践活动的注意事项，掌握基本安全防范措施。通过拟写一份针对本校大学生的社会实践安全预案，指导学生预防社会实践活动中常见的安全事故发生，提高大学生自主保护意识和自我防御能力。

♆【学习任务准备】

查找和学习《高等学校勤工助学管理办法》、《学生伤害事故处理办法》等相关法律法规条文，要求学生调查了解本校大学生社会实践的状况和特点。

✿【学习任务实施】

通过教师的案例讲解、知识解说，让学生充分了解常见社会实践活动的安全注意事项。以学习小组为单位，组织学生调查了解本校大学生社会实践活动的状况和特点，分组进行交流、讨论后，根据学校大学生社会实践的实际状况和特点，拟写一份针对本校大学生的社会实践安全预案。

Ⅶ【案例一瞥】

案例1： 在校大学生小甜（化名）没有料到，自己第一次勤工俭学就遇到了骗子。2009年4月，小甜在校内的广告栏上看到某学习类报纸招收校园发行员的广告，她按照上面的电话和该报"湖北省总代理石总"取得联系，"石总"与她和其他9名大学生进行了简单的交谈后，跟他们签订了校园代理发行协议。此后，小甜每天利用课余时间在校园内摆摊宣传，招揽同学来订报，所收的报款均交给了"石总"。2009年9月，订报的学生发现"石总"的手机无法打通，办公地点也人去楼空。小甜等发觉上当，向公安机关报案。2010年2月11日下午，"石总"被抓获归案。

据"石总"交代，2009年4～5月，他与小甜等10余名武汉市各高校的学生签订校园代理发行协议，并在9月收取了总额达58 744元的报款。因为订报情况不理想，会亏本，他并未将报款上交报社，而是自己带钱去了广州。（李敏，姜小竹，孙明，陈红艳. 10名勤工俭学大学生被骗近6万. 长江商报. 2010-3-14.）

案例2： 一大学生被学校安排到企业从事工作实习，不慎受伤造成手指骨折，学生、学校、实习单位谁该承担责任？江苏省无锡市滨湖区法院日前进行了调解，最终达成协议，由实习单位赔偿实习学生医疗费、误工费等共计 5.5 万元。

南京一大学生戴某被学校安排到无锡一企业进行工作实习，戴某工作时不慎被机器割伤了手指，送到医院后，被诊断为小指、无名指粉碎性骨折。因为协商赔偿事宜与学校、实习单位未能达成一致意见，无奈之下，戴某一纸诉状将学校和实习单位告上了法庭，要求两被告赔偿其因受伤产生的费用合计 10 余万元。

案件审理过程中，学校辩称，戴某虽然是该校的学生，但发生事故是在企业正常的实习期间，学校已经尽到了对学生教育管理的义务，且学校与实习单位之间也签订了协议，戴某受伤时是在为单位干活，故学校不应承担责任。实习单位则认为，其同意赔偿，只是多次与原告协商均无法达成一致意见。

滨湖法院查明事实后，召集三方进行调解，最终达成协议，由实习单位赔偿戴某医疗费、误工费、残疾赔偿金、精神损害抚慰金等合计 5.5 万元。（王骏勇．大学生实习受伤单位赔偿 5 万余元．新华网南京．2010 - 4 - 18．）

 【安全课堂】

一、大学生暑期社会实践安全

暑期社会实践中，由于天气、交通、身体状况等原因，加上实践任务繁重、异地出行等原因，安全成为实践队伍出行过程中最需要注意的问题。这里对实践过程中可能遇到的情况给予一定的预先提示，作为团队和个人暑期社会实践出行的参考，并不一定能包括暑期社会实践中遇到的所有问题。

（一）暑期社会实践活动中可能出现的问题

（1）活动过程中，个别同学因对当地气候和地区环境的不适应而导致晕厥或者突发疾病，或者因被蛇和蚊虫叮咬等原因导致的伤害。

（2）在活动期间不慎被盗被抢，以及可能遭受到人身伤害。

（3）实践成员遭遇交通事故。

（4）活动时接近危险设施或危险地段。

（5）实践成员与社会人员发生纠纷，身体受伤。

（6）实践成员因种种原因，无法与其取得联系。

（7）参与大型社会活动时，人群发生拥挤、踩踏并可能由此产生伤害。

（8）活动中发生火灾等突发事件。

（二）暑期社会实践活动安全应对措施

（1）外出活动时，实践成员应掌握基本的生理卫生常识和相应的急救知识，随身携带常用应急药物；在遭遇非人为性的突发事件时，应保持冷静并进行适当的处理，如果情况严重及时送往医院诊治。另外在实践期间，注意搞好个人卫生。

（2）增强实践成员的安全自卫意识，保持一定的警惕心理，保管好个人贵重财物；同时在实践中减少单独活动和夜间活动，尽量采取小组活动的形式，小组中一定要有男生。小组活动行程应及时向团队报告，不单独到陌生或者荒僻的地方。遭遇偷窃、抢劫以及其他意外伤害，应保持冷静，灵活应对，以保证自身安全为前提，并及时报案。

（3）加强实践成员的交通安全意识，交通事故发生后应尽快将伤者送往医院，并注意保护现场，及时向相关交通部门报告。

（4）活动期间尽量远离危险设施或危险地段，如果需要接触时，必须有专业人士陪同，并做好安全防范措施。

（5）在公共场合要注意自身言行举止得体，尽量避免与人争执，采取克制忍让的态度。如与社会人员之间发生争吵甚至斗殴，现场同学应尽快制止，防止事态恶化；如不听劝阻，应迅速联系公安部门共同处理。

（6）要求团队实践成员留下最新和最方便快捷的联系方式，并与学院保持信息沟通渠道的通畅；注意和实践地建立良好的合作关系。

（7）尽量避免到人群拥挤的地方，在公共场所或参加大型活动保持秩序，注意自我保护，在踩踏事故受伤后及时送往医院。

（8）掌握基本安全常识，不到有安全隐患的场所，如发生火灾等灾害，一切以保障人员安全为第一位，及时组织人员疏散逃生。

（9）发生被盗抢、火灾、交通事故或者有队员失去联络等重大事故时，必须及时向学院、团委报告。

（10）如发生重大安全事故，及时与学院联系。

（三）暑期社会实践安全指南

1. 交通安全及财产安全注意事项

请参考项目四单元《大学生交通和交往安全》章节内容。

2. 住宿安全注意事项

（1）住宿宾馆，需将房门反锁；不轻易给陌生人开门。

（2）与警察打交道要留神。如警察检查身份证，可请其先出示自己的证件，记下警牌号、警车号；如证件被警察没收，应要求其出具没收证件的证明。

（3）注意防火及电器安全，出门须将充电器等拔下来。

3. 实践现场安全注意事项

（1）去实践现场，必须保持联络畅通。

1）实践出行前，务必向每位同学强调安全问题的必要性，并在全队范围内就安全问题进行讨论和研究，务必使每一位同学了解实践过程中可能遇到的安全事件以及相应的处理方法。

2）实践队伍应当使用各种方式保证队员之间可以方便取得联系，参加实践的每个人都有实践队伍中其他任何人的手机号码。

3）实践队伍应当保证每一位队员可以和学校以及院系取得联系，应当将校团委实践部以及院系团委提供的紧急联系方式传达到每一位队员手中。

4）实践队伍负责人每天活动结束后必须清点队员人数并确定队员的身体健康和财物安全情况，并对支队安全进行评价，同时通过各种信息渠道了解实践地点的天气预报等情况并进行第二天活动的安全准备。

5）实践队伍应当确保每一位队员了解需要上报学校的安全事件，严禁出现瞒报、缓报情况。

6）实践队伍应当确保每一位队员了解同实践地点政府部门、警方、医疗机构以及接待单位的联系方式，确保每一位队员了解110、120、122等紧急电话的使用方法及注意事项。

（2）实践过程中，实践队伍应当建立严格的请假销假制度，原则上不允许单个队员脱离实践队伍单独行动；必要情况下，有队员单独行动时，必须向队伍说明事由、前往地点、返回时间以及确保联络畅通；实践队伍尽量减少夜间外出，尤其禁止队员夜间单独外出；一般情况下，尽量不要让女生单独行动。

（3）为便于紧急情况下的迅速行动，不推荐女生穿裙子，不推荐穿拖鞋和凉拖，推荐长发同学将头发扎紧。

（4）遵守实践接待单位的安全要求，在石油、化工、核能、电力、建筑等单位工作区参观访问时，应按照接待单位的要求做好安全工作。

（5）警惕传销组织、法轮功组织的活动，遇到犯罪行为及时报警。

4. 野外实践安全注意事项

（1）注意实践地点的天气、水文和地质情况，了解当地的洪涝灾害和地质灾害高危地区，不要在存在灾害隐患的地点长时间活动，出门须预备雨伞等日常用具。

（2）野外活动避免在危险地带活动，严禁参加野外登山、探险活动；严禁实践过程中在河流、湖泊、池塘中游泳；雷雨天气不要在高处、树下、避雷设施附近，不要接打手机；严禁在野外用火，尤其是森林、草原等高火险地区。

（3）严防暴力犯罪事件的侵害；女生避免穿着过于暴露的服装，避免在人烟稀少、夜间单独活动，减少性骚扰和性侵害事件发生的可能性；遇到治安案件和犯罪案件时及时寻求警方的协助。

（4）注意实践地点的治安状况，减少在案件多发地区和多发时间的活动；禁止酗酒、赌博；不参与、不围观打架斗殴行为，避免和他人发生冲突；避免卷入各种群体性事件，防止被人利用和胁迫。

5. 卫生、疾病安全注意事项

（1）夏季参与社会实践，应注意避免在高温、高湿、阳光直射等不利环境下长时间活动，合理饮食，充足饮水，尽量减少中暑、日射病、热射病等情况的发生。

（2）合理安排作息，避免过度劳累，保证睡眠时间。

（3）注意饮食卫生，尽量少食用生冷食品，尽量不要饮用生水，如无绝对必要，不食用和饮用野外采集的食物和水源，外出就餐注意选择具有一定卫生条件的场所。

（4）加强个人卫生，勤洗手，防止肠道传染病。打喷嚏、咳嗽后要洗手，洗后用清洁的毛巾或纸巾擦干净。

（5）根据当地情况准备合适的个人衣物及个人卫生用具并妥善保管，减少由于高温、高湿、蚊虫叮咬等原因引起的各种疾病。

（6）在车船或飞机上要节制饮食。由于没有运动条件，食物的消化过程延长、速度减慢，如果不节制饮食，必然增加胃肠的负担，引起肠胃不适。

（7）了解当地传染病和寄生虫疫情，针对实践地的情况预先咨询医疗机构和医务人员，做好防疫准备，必要时提前注射疫苗；了解当地危险动物（蛇、有毒昆虫等）的活动情况，并做好相应准备。

（8）在紫外线强烈地区，例如高原地带，注意采取防晒措施，避免出现晒伤情况。

（9）实践过程中推荐穿长裤、袜子和运动鞋，减少被划伤和蚊虫叮咬的可能性。

（10）建议组织老师和学生学习一些常见病的处理，携带出行常用药箱，如有可能应当有一到两名参加过正规培训的急救员随队。

　　（11）出行时的常见病主要是感冒、咳嗽、腹泻等消化道疾病、呼吸道疾病，适当备一些药就可以了。如果自己用药，一定要有充足的把握，不能滥用抗生素类药物。

　　（12）出现伤病人员时，如果没有在医院接受治疗，务必安排身体状况良好的人员陪同，不得让伤病人员单独停留在住宿地点或者活动地点。

二、大学生校外勤工助学安全预防

　　大学生参加校外勤工助学活动，无论是对社会还是对大学生本人都有着积极的意义。大学生不但可以通过自己的劳动在经济上获取一定的收益，而且有利于培养自身的良好品德，养成勤俭节约、刻苦学习的良好习惯。同时，勤工助学活动更是一种积极的人生体验，既锻炼人的毅力，磨炼人的意志，又激发大学生自立、自强的精神，为其以后走向社会打下牢固的基础。然而，有部分学生认为学校里面安排的勤工助学岗位有限、手续繁杂且报酬不高，就背着学校和校外"用人单位"私自联系，甚至有的学生通过中介机构寻找校外勤工助学岗位。但是中介机构的信誉参差不齐，资质很难得到保证。甚至有些中介机构抓住大学生求职心切的心理，打着优惠报酬的幌子，要求学生交押金、介绍费等，然后就莫名地消失了，侵犯了大学生的合法权益，导致大学生陷入被动的地位。

　　（一）校外勤工助学中的安全隐患

　　（1）交通安全隐患。参加校外勤工助学工作的同学，其工作地点多距学校较远，城市交通状况日趋紧张，交通安全问题也日益凸现。在此，提醒广大校外勤工助学同学在外出时一定要注意交通安全。

　　（2）中介安全隐患。由于大学生打工的人数越来越多，社会上也随之出现了各种各样的中介组织，这就难免会有一些只以营利为目的的非法中介鱼目混珠，这些中介组织工作来源往往很不可靠，不能给学生提供足够的安全保障，往往在收取学生中介费用后，便撒手不管，或了无踪迹。所以希望同学们找工作一定要通过正规中介机构，谨防上当受骗，给自己造成人身伤害。

　　（3）工作安全隐患。在许多同学做校外兼职的过程中，侵权现象时有发生，比如用人单位不履行协议而让学生做约定外的工作，有些户外工作往往缺乏安全保障等。这一隐患也主要是由于同学们没有经过正规的中介组织或者是自行联系工作造成的。一旦自身权益受到侵害，往往处于孤立无援的弱势境地。

　　（4）落入违法分子圈套。有些不法分子利用大学生涉世不深，看待问题过于简单的弱点，以各种优厚条件为诱饵骗取学生信任，从而以学生作为其进行违法活动的工具，如非法传销组织或其他非法组织。而一些犯罪分子更是猖獗，以找家教或兼职为名，对学生实施抢劫或其他犯罪活动。

　　（二）校外勤工助学的安全预防

　　（1）防止中介的诈骗。有一些非法的中介机构，抓住大学生缺少社会经验又挣钱心切的心理，收取高额的中介费却不履行合同，不及时地给大学生找到工作。对于中介要看清中介是否有劳动部门颁发的《职业介绍许可证》或进行网上查询，了解其经营范围是否与执照相符（应看其执照正本），最好到有资质、信誉好的中介找工作，而不要去小中介。

　　（2）确认用工单位的合法性。对于自己满意的工作，在正式工作之前一定要确认用工单位是否具备法人资格，是否具备工商管理部门颁发的营业执照，是否拥有固定的营业场所。如果没有合法的执照、固定的营业场所等，一定不要同意工作。

(3) 不轻易交纳任何押金。当用工单位以管理为名，收取一定数额的押金或保证金时，要谨慎，以防交纳后，被单位以各种名由扣留，不予返还。如果确实要交，应将费用的性质、返还时间等方面明确写入劳动协议，以免被随意克扣。

(4) 防止陷入传销陷阱。本来是以销售人员的名义上岗工作，公司却让应聘者如法炮制去哄骗别人，有些同学在高回扣的诱惑之下，甚至不惜欺骗自己的同学、亲戚、老师和朋友。结果是骑虎难下，最终只得白搭上一笔钱，使自己的身心受到巨大伤害。同时，通过同学或朋友介绍找工作的大学生，也要注意维护自己的合法权益，防止陷入传销陷阱。

(5) 不抵押任何证件。当用工单位要求以学生本人的有关证件作抵押时，一定要拒绝，谨防证件流失到不法分子手中，成为非法活动的工具，证件的复印件也要谨慎使用。

(6) 不到娱乐场所工作。有的娱乐场所以特殊行业的高薪来吸引求职者。工种有代客泊车、侍者，有的甚至是不正当交易，年轻学生到这些场所打工，往往容易误入歧途。同时，娱乐场所鱼龙混杂、良莠不齐，常常有不法分子出没。为保障人身安全，尽量不要到酒吧、歌舞厅等一类的娱乐场所工作。

(7) 不做高危工作。有些工作危险系数高、劳动强度大，如建筑工地、机械零件加工等工作，容易发生意外，学生身体容易受到伤害，尽量不要从事此类工作。

(8) 要签订劳务协议。有些用工单位在学生工作结束时以各种理由克扣学生工资，侵害学生利益。大学生应在工作开始前与用工单位签订劳动协议，协议书一定要权责明确，如工资额度、发放时间、安全等关系到学生切身利益的方面一定要在协议中详细说明。

(9) 女生不单独外出约见。有的女生自我保护和防范意识较差，在对方约见时，不加考虑就去见面，有时会遇到危险。建议女生不要单独外出约见，尽量不要在夜间工作，如果可能的话，可以和同学结伴外出工作。如果确实是一个人外出，也要随时和老师、同学等保持联系。

(10) 防止网上欺骗。有的个人或者小公司在网上发布信息，要求应聘者通过电子邮件等方式工作，比如翻译、创作等。然而学生从网上把邮件、创意等内容发过去以后，就会被告之不能采用，其实他们已经利用了学生的信息或智力资源，但是在网上很难取证。

(11) 用法律保护自己权益。根据劳动法，有下列情形之一的，用人单位应当按照下列标准支付高于劳动者正常工作时间工资的工资报酬：①安排劳动者延长工作时间的，支付不低于工资的150%的工资报酬；②休息日安排劳动者工作又不能安排补休的，支付不低于工资的200%的工资报酬；③法定休假日安排劳动者工作的，支付不低于工资的300%的工资报酬，真正实现既获取经济利益又锻炼能力的目的。

(12) 注意交通安全。同学们在外出期间，一定要注意交通安全，遵守交通规则。切记不要坐非正规营运车辆，如黑摩的、黑出租车等，同时，夜晚返校一定要有人同行，特别是女生，不要单独乘坐公交车以外的车辆，以确保自己的人身及财产安全。一旦发生交通安全事故，要及时拨打110报警。

(三) 大学生勤工助学温馨提示

(1) 学工结合、完善自我。正确处理专业学习和勤工助学的关系，将主要精力放在学习上。在学有余力的情况下勤工助学，在贴补生活的同时可以丰富阅历。

(2) 谨慎选择、三思后行。大学生在选择勤工助学单位时应事先了解该单位的经营合法性和行业信誉。在目前互联网发达的情况下，可以上网搜索一下该单位的相关资料以及网上评价，尽可能选择规模较大、信誉度较高的勤工助学单位。

（3）明确权益、有章可循。最好在勤工助学前与学校、勤工助学单位签订勤工助学协议，明确三方权利义务。对于勤工助学期间的报酬、待遇、工作时间、工作条件和工作环境等实质性内容应当约定明确，尽可能避免因约定不清而产生争议。

（4）诚实守信、遵纪守法。大学生在勤工助学中应当认真学习并遵守勤工助学单位的工作制度和操作流程，对于勤工助学中接触到的勤工助学单位的商业秘密，应当承担保密义务，千万不能做有损勤工助学单位合法权益的事情。

（5）维护法律、保护自己。勤工助学过程中要多留意周围的人和事，注意保留对自己有利的证据，比如工资单、工作服、考勤卡等。若勤工助学单位拖欠工资，或因工作造成伤害等，可以通过向法院提起民事诉讼要求勤工助学单位承担相应责任，也可向所在学校寻求帮助。

三、大学生外出实习（实训）时安全预防

大学学习期间，根据专业教学计划安排，大学生需要离开校园到有关企业、事业单位，特别是到工矿企业或野外进行实习（实训）。这个期间，大学生的劳动风险、权益保障，势必引起社会、学校、企业、家庭和个人等各方高度重视。这里就实习（实训）中的安全问题作一些介绍，以期为同学们提供某些帮助。

（一）实习（实训）期间安全预防

1. 厂矿、企业实习（实训）的安全预防

（1）进入实习（实训）单位，都应该遵守公司、工厂等单位规章制度，虚心向技术人员、工人师傅学习。

（2）在实习（实训）前接受安全教育，学习安全法规，并在专人指导下学习并掌握有关的安全操作知识和技能。

（3）正确使用和保管个人劳动防护用品，保持工作场所的整洁，准确了解厂矿、企业内特殊危险工区、地点及物品，避免发生意外事故。

（4）不准穿拖鞋、凉鞋，不准戴围巾，男同学不准穿短裤、背心，女同学不准穿高跟鞋、裙子。

（5）不准在车间内追逐、打闹、喧哗、窜岗和抽烟等，以免造成事故或影响他人工作。

（6）不准随意乱动工作间里的电闸、开关、配电柜等，以防造成停电短路事件及人身设备伤害事故。如发生事故，要保持冷静，迅速切断电源，防止事故扩大，并注意保护现场，及时向指导教师报告。

（7）工作期间如发现异常情况应及时向当班负责人汇报。

（8）严格交接班制度，下班时及时切断电源、气源，熄灭火种，清理场地。

（9）在实习（实训）期间应合理安排作息时间，如突发疾病可马上与单位领导和带队老师联系，以便及时救治。

（10）在实习（实训）中如有思想波动，应主动与带队老师或辅导员取得联系，汇报工作和生活情况；不得擅自脱离岗位，甚至不请假离开企业（公司）。

（11）在实习（实训）驻地，还应自觉遵守当地的风土人情，避免与当地群众或其他人员发生冲突，做到宽容与谦让。

2. 野外实习（实训）的安全预防

（1）增强安全意识，把确保人身安全放在野外实习（实训）首位。实习（实训）班组或实习（实训）团队进行编组时，要注意禁止一人单独进行野外实习（实训）。

（2）在野外实习（实训）时要集体行事，指定专人负责安全工作，防止有人走散迷路。每到一个实习（实训）地，先要了解当地的治安情况及风俗习惯，并针对可能发生的问题采取切实可行的措施。

（3）注意防止被有毒动物咬伤或有毒植物刺伤，发生人身伤亡事故。夏天时要避免中暑，冬天时防止冻伤。

（4）严格按照操作规程操作，避免损坏仪表仪器，此外，还应保管好各类重要资料。注意防火、防盗、防毒、防工伤事故。

（二）学会用法律维护自身权益

1. 组织参加集体的实习（实训）

参与集体性实习（实训），事先一般都专门实施安全防事故教育，并有学院领导和带队老师经常组织的安全检查，生产方面又有学校、企业和个人三方合同文件做保障，一般情况下，安全的指数应该高于校园。但需要特别强调的是，在任何时候、任何情况下，凡个人原因生命财产遭受损失，主要责任还是由个人承担。所以，同学们集体外出实习（实训）时，千万不可麻痹大意或存有侥幸心理，务必严守校纪校规和实习（实训）单位规章制度、岗位工作流程和设备设施操作规则，充分利用好学习和锻炼的机会，集中精力完成学习与训练任务，以保证自己平安返校，按期毕业。

2. 个人联系的实习（实训）

（1）一定要签订实习（实训）合同。

1）要反复考察实习（实训）单位的资质。无论是老师、家长，还是学生个人联系到的实习（实训）单位，都要认真考察所去单位是否具备合法的资质，即公司企业是否依法注册登记，法人代表是否真实，经营项目有无许可证照，防止误入非法经营单位和传销组织。

2）要签订劳务合同。学院为同学们制作了规范的劳务合同书，一般情况下使用学院制作的合同比较可靠。如实习（实训）单位坚持使用单位合同，则要认真阅读所有条款，以求要件和内容与学院合同基本一致，必要时求助于辅导员和就业服务部门把关。与所有单位签订合同，均无需缴纳押金，防止受骗上当。合同一经签订，应报送学院主管部门一份，以便于及时提供帮助和指导。

根据《劳动合同法》第十七条规定，劳动合同应当具备以下条款：①用人单位的名称、住所和法定代表人或者主要负责人；②劳动者的姓名、住址和居民身份证或者其他有效身份证件号码；③劳动合同期限；④工作内容和工作地点；⑤工作时间和休息休假；⑥劳动报酬；⑦社会保险；⑧劳动保护、劳动条件和职业危害防护；⑨法律、法规规定应当纳入劳动合同的其他事项。

（2）必须认真履行合同规定的义务。

1）认真履行好合同义务。公民的义务和权利是相辅相成、互为条件的，只有忠于职守，严格履行义务，才能更好地得到权益的保障。进入公司企业实习（实训），首先应遵守公民道德规范，不违法乱纪，做一个合格的公民；其次要遵守实习（实训）守则，正确认识自己，做一名企业欢迎的大学生；再次应融入实习（实训）单位，注重全面锻炼，做一个有知识的职业人。要熟悉企业的文化，了解营业范围，掌握工作流程和质量技术标准，正确履行好合同规定的义务，真正与实习（实训）单位同呼吸、共命运，为营造企业文化、提升经营效益献计献策，为创新品牌、推进企业发展做出贡献。这样的实习（实训）学生一定深受用人单位的欢迎。

2）用知识保护生命财产安全。实习（实训）学生已经是具有独立行为能力的公民，尤其注意用在校期间所学到的法律知识与自救互救技能，做好个人生命财产保护工作。如消防安全、交通安全、防震减灾、防止洪水和泥石流灾害、防止地区性季节性传染病和突发病、防止食物中毒等，学院从新生军训时就逐步组织了教育和培训，应该用这些综合知识从容应对各种突发情况。

（3）严格用法律维护自己的权益。

1）拒绝从事合同以外的工作。学生实习（实训）应按照企业正常作息时间，从事合同规定的工作。对公司单方变更工作内容、增加劳动时间，实习（实训）学生有权拒绝，防止不良后果出现。企业在合同运行中必须调整工作内容、改变工作性质，应取得学生的认可，并以补充合同的形式加以确认。企业强行安排实习（实训）学生从事合同以外工作，实习（实训）学生可依法追究劳动报酬和精神损失。

2）依法保护个人人身财产生命安全。保护个人财产生命安全是同学们实习（实训）中最重要的环节，当自身利益遭到威胁和迫害时，一定要依靠法律的武器保护自己。实习保险有保障，如图 5-6 所示。

3）依法索取合同规定的劳动报酬。《劳动法》第二十条规定：劳动者在试用期的工资不得低于本单位相同岗位最低档工资或者劳动合同约定工资的百分之八十，并不得低于用人单位所在地的最低工资标准。因劳动者个人因素对公司或企业造成损失或公司开除及自行离职的，按照劳动法有关规定索取有效工作日合法工作报酬。

图 5-6　实习保险

任务四　拟写一份大学生求职安全手册

【学习目标】

（1）掌握求职中的安全应对相关知识。

（2）了解求职陷阱成因、种类及危害。

（3）了解传销的特点、危害及预防。

（4）学会分析、判断和识别求职陷阱。

【学习任务描述】

通过教师的案例讲解、知识解说，让学生了解常见求职安全注意事项，高度关注求职安全问题。通过拟写一份针大学生求职安全手册，指导学生了解大学生求职安全的注意事项，引导大学生避免求职陷阱。

✔【学习任务准备】

要求学生准备《大学生就业指导》、《中华人民共和国民法通则》、《中华人民共和国劳动法》、《中华人民共和国劳动合同法》等相关材料，主动学习一些就业知识、劳动法规及相关政策；调查了解本校大学毕业生求职的状况和特点。

⚙【学习任务实施】

通过教师的案例讲解、知识解说，让学生充分了解常见求职安全的注意事项。以学习小组为单位，组织学生调查了解本校大学毕业生求职的状况和特点，分组进行交流、讨论后，根据学校大学生求职的实际状况和特点，拟写一份针对本校大学生的求职安全手册。

☺【温馨提示】

1. 求职"5·3·5"原则

（1）五不为。不缴不知用途的款；不购买自己不清楚的产品；不将证件及信用卡交给该公司保管；不随便签署文件；不为薪资待遇不合理的公司工作。

（2）三必问。问自己是要找一份工作还是找一个事业；问明薪资、劳保、健保、出缺勤规定等劳动条件；问明确实的工作性质（内勤还是外勤）及职务内容。

（3）五必看。看是否是合法经营的公司；看是正常运作的公司还是皮包公司；看是否有潜在的人身安全危险或暗藏求职陷阱；看面试时是否草率、轻易就录取；看是否待遇优厚得不合乎常情。

2. 求职禁忌"三心"

（1）贪心。看到"高薪"字眼首先要掂量一下自己，然后再摸清对方的背景。

（2）急心。急于找工作的心理让一些人找到了借机骗财的机会，这些人以各种名义收取应聘者的费用后，便人去楼空。

（3）糊涂心。求职者要对自己的职业生涯发展脉络有个清楚的构想，只要仔细研究还是能识别招聘中的大多数欺骗的幌子。

🎓【安全课堂】

一、毕业生求职安全应对策略

当前就业形势严峻，广大毕业生为了能早日找到一份满意的工作，通过各种方法和途径收集需求信息，发布个人简历，踊跃应聘，求职心情之迫切，就业态度之积极，可想而知。然而，由于各类型毕业生就业市场、人才招聘活动比较频繁，各种招聘信息鱼龙混杂，不法分子采取各种手段，欺诈毕业生及其家庭的钱财，甚至对毕业生本人的人身安全构成威胁。为维护合法权益，同学们在求职过程中，一定要提高就业安全意识和自我防范能力，不给违法犯罪分子利用毕业生的急切心理而有机可乘，避免人身和财产遭受损失。

（一）端正求职就业心态

（1）要充分认清就业形势，正视就业现状，转变就业观念，准确定位自己，适时调整就业心态，掌握就业技巧，以最好的状态积极参与竞争，从而把握就业机会。

（2）要培养安全意识，不要盲目追求高薪而忽视自身安全。看到"高薪"字眼首先要掂量一下自己，然后再摸清对方的背景；但凡学历要求过低，而薪酬却很高的工作表面上看能得到丰厚的薪水，其实都暗藏玄机。

（3）要对自己的职业生涯发展有个清楚的构想，切忌求职心切。如果心切，便会失去判断是非的能力，而且会给某些别有用心的单位和个人造成行骗的可乘之机。

（4）要有应急的心理准备，一旦遇到突发事件，不要慌张，要沉着冷静，采取应对措施。

（二）选择正规就业渠道

（1）正规渠道求职。尽可能参加政府人事部门、劳动部门或高校举办的正规人才市场，这是主渠道，不要轻率自找门路。因为它们一方面内部管理制度比较规范，另一方面社会监督机制比较健全，所进入市场的一般都是经过严格核实的正式的机构和企业、企事业单位，发布的就业信息具有真实性、准确性和安全性。

（2）中介机构求职。一定要核查中介机构的营业执照、信誉等资质条件。国家已在职业介绍领域实行许可制度，从事职业介绍业务必须经劳动保障部门批准，领取职介许可证。赢利性的职介机构还须报工商部门登记。

正规的职介机构通常具备以下特征：在办公场所悬挂营业执照和招工许可证原件；对服务项目、收费标准等一一明码标价；公示劳动监察机关举报受理电话；收费时出具由税务部门监制的发票，且发票上所写收费条目与实际服务项目相符；服务人员持有职业资格证。

目前市场上的非法职介有些是无营业执照、无职业介绍许可证或人才交流许可证的，有些是超越经营范围开展职介业务。千万要小心非法中介，他们常常以找不到工作不收费为幌子，诱惑求职者入套，乘机向求职者敲诈勒索，使其深陷求职陷阱。

（3）网络媒体求职。应该登录的网站是政府人事、劳动部门举办的，或者正规的企业及专业人才网站。网络、报刊等公共媒体上的招聘信息，一定要先经多方核实，凡具有以下特点的招聘广告，不要贸然应聘：一是不明确公司的名称、地址、电话及联络人，仅留电话或邮政信箱者；二是招聘的职位没有资格、条件的限制，或条件过于宽松；三是应聘的职称众多，但是都很含糊，如储备干部、兼职助理等；四是不可思议的高薪或高福利，譬如待遇优厚、工作轻松、纯内勤、免经验、可借贷等，当你真的去应聘时，发现很容易就被录取；五是当你电话咨询该公司的业务性质、服务项目及工作内容时，该公司不予以明确答复或语焉不详或交代模糊者，以及电话中支吾以对，似一人公司，有时无人接听者；六是很频繁地刊登广告，常常连登一周，甚至一个月者。对刊登的广告应先多观察几天，如发现内容前后不一致，应放弃应聘。

（4）核实求职信息。毕业生接到用人单位或个人招聘电话（尤其是陌生单位）后，首先要做的事情就是要核实好此条消息的真伪。毕业生应主动与学校就业指导中心联系，并要求用人单位经过学校就业指导中心确认；对未经联系而主动打入寝室的招聘电话，要非常警惕，对敏感地区（如广州、深圳）来的招聘信息要倍加小心谨慎；对方只留手机号码，以各种理由搪塞或拒不提供固定电话号码的招聘信息，不要轻信；对无正当理由只招女生，甚至规定不准同学或家人护送去面试的招聘信息，女生千万要小心；如有来学校招聘的单位广告，一定要看清是否有学校就业中心审核并加盖的公章。

图 5-7　谨防虚假信息

（5）谨防虚假信息。不盲目接受陌生人的用工信息和要求；不盲从标榜高薪及没有明确的单位地址、只有联系电话和联系人的招工广告；不轻信各种用工启事、电话信息；不轻信贴在电线杆、车站牌、偏僻角落、街头路边的各类非法小广告或口头招聘广告，如图 5-7 所示。

（三）谨慎递交求职简历

（1）毕业生制作个人简历时，不要轻易填写过于翔实的个人信息。不要将自己的家庭详细地址、家庭电话写进求职简历中，一般提供手机号码和电子邮件即可，至于固定电话，可以提供院系负责就业工作老师的办公电话，最好不要提供自己宿舍的电话。

（2）大学生对个人信息应加强自我保护，尤其是在网络上。现在不少高校通过设置个人电子文档为毕业生提供就业服务，以方便用人单位获取第一手资料。另外，为方便学生"推销"自己，一些学校还在其网站上增加了可投递个人简历信息的网页。因此，大学生对自己的一些个人信息要做必要的保留，因为不少网站存在信息保护不利的问题，容易出现违法招聘，而且学生的个人资料也是公开的，甚至于自己的详细住址和手机号码也是公开的，目前网上贩卖个人信息的帖子很多，这为骗子提供了有利的条件。

（3）不要采取"天女散花"的求职方式。对自己不信任的、不规范的公司不要随便递简历。求职过程中，请不要将个人信息和家庭信息随意发布，以免被不法分子利用。在一些招聘会上，人们经常可以看到一些求职者的简历被随意丢弃在地上。这些简历上面有着详细的个人信息，这些信息可能会给求职者带来很多意想不到的麻烦。现在很多不法分子四处收集个人简历，除了到招聘会上去捡，还可能花钱从一些不太规范的公司去买，他们把简历进行分类，然后提供给职业中介、婚姻中介、假证制造者、短信服务商、广告商们，接下来骚扰就源源不断了。

（四）判断破解面试骗局

（1）如果确定因联系就业工作要外出的，要及时向院方告知具体情况，须向所在院（系）履行请销假手续并注意自身安全。在外地求职期间，要随时与学校辅导员、同学、家长保持联系，并告知面试场所地址及电话，要定时向辅导员汇报自己的情况。

（2）面试地点偏僻、隐秘或是转换面试地点的状况，或是要求夜间面试者，皆应加倍小心，过于隐秘地点不要去。如果不是学校就业指导中心发布的信息，而是你从其他渠道获得的信息，用人单位约你到宾馆或其他非公开、非正式场合见面，绝对不能贸然前往。

（3）面试最好有同学陪同前往，并备有适当的防范器物。尤其是女性，要避免夜间到荒僻的地点面试。如果无法结伴而行，至少要将自己的行踪告知辅导员或同学，最好是让辅导员或同学知道面试的时间与地点。

（4）进入招聘单位时，要观察以下几点：一是该单位是否继续隐瞒工作性质及业务性质；二是该单位是否部门清楚，是否每个人都有工作在做；三是正常的用人单位，通常是人事部门在办理面试求职人的工作，但有问题的单位，则往往是所有的职员都在接待新进面试者。另外应注意，观察面试的过程是否草率；四是是否天天都是应聘者川流不息，好似该单位的主要业务就是接待应聘人员；五是留意所应聘的职位是否真实存在，有时候职位的名称好听，但是不符合实际功能；六是注意看该单位的摆设，是否像是天天都有人在办公，还是办公桌上空空如也，甚至连档案夹里面也是空的。

（5）参加面试过程中，要留意以下环节：一是应详记该单位及主试官的基本情况及特征；二是对方所提工作内容空泛不具体时，不要被夸大言辞所迷惑；三是身份证、毕业证书及印章等证件，不宜给对方；不可轻易出示银行账户号码及密码，以免不法之徒有机可乘；四是主试官说话轻浮、暧昧不清、眼神不正常等都是危险的前兆；五是如果有不安全、不对劲的感觉或不正常的状况，要以某种借口迅速离开该单位为宜；六是拒绝不合理的邀约及要求；七是在面试时尽量不要随便喝饮料或吃东西。

（6）在求职过程中要提高就业安全意识，遵守国家的法律、法规，注意人身和财产安全。不到没有工商注册的企业寻求就业；不从事违法或者对社会造成不良影响的工作；不从事与大学生身份不符的工作；不推销假冒伪劣和"三无"产品；不盲目向用工单位交纳报名费或押金。

（五）谨慎签约就业协议

（1）双方达成就业意向后，毕业生需要签订就业协议书。在签约之前，应登陆有关部门的网站查看，或与亲友交谈，看看该公司是否被列入黑名单之中。上网或通过其他途径，查看该单位（特别是企业单位、公司）登载的营业项目、报上刊登的项目、面试现场所见三者是否相符。

（2）在签约之前要多向学校老师或有经验的人取经，要多问自己几个为什么，还要敢于向企业提问，认真了解企业的情况，充分论证后再签约。签约前还应反复检查，以保证协议内容无歧义和遗漏。

（3）就业协议书的签订在形式上宣告了就业工作花开有果、尘埃落定。毕业生在求职时必须清楚所有的口头承诺都是无效的，也不可能完全兑现，一定要按照要求与用人单位签订就业协议，把双方口头商谈的内容全部写进协议，日后订立劳动合同时对此内容应予以认可。

（4）一般来说就业协议签订在前，劳动合同订立在后。劳动合同是毕业生到用人单位报到后订立的。签订劳动合同前，最好熟知《中华人民共和国劳动法》、《中华人民共和国劳动合同法》等法律相关条款。

（六）寻求法律保护

（1）工作过程中一旦遇到麻烦及自身合法权益受到侵害的时候，要及时向招聘单位所在地的人事局、人才市场管理办公室、劳动保障监察大队或公安派出所报案，寻求法律保护。

（2）详细整理好自己应聘过程的有关资料，写出书面材料交有关部门，包括就业信息获得渠道、受骗过程、行骗单位的有关材料等。

二、慧眼识别毕业生求职陷阱

求职陷阱指的是以招聘毕业生为名，侵害毕业生合法利益的行为和活动。随着就业压力的不断增大，大学生的就业焦虑也越来越高，求职心情非常迫切。一些不法分子正是利用大学生缺乏经验和甄别能力差的特点，以及求职打工者的急切心理，设置各种招聘陷阱，使大学生屡遭"暗算"，人身财产安全受到侵害，给大学生求职蒙上难以抹去的阴影，造成恶劣的社会影响。大学生容易遇到的求职陷阱有以下几类。

（一）试用期陷阱

用人单位利用试用期骗取廉价劳动力主要有两种形式：一种是试用期结束后以各种理由告诉求职者，谎称其是不合格的，公司解聘也是无奈之举；另外一种就是无故延长试用期，期满后又继续延长一定时间，最终结果却仍是解聘。毕业生除了经济上的损失、精神上的挫折，还无端地失去了可能的就业时机和发展空间。

因为试用期的工资、福利待遇和正式录用后差异较大，一些用人单位便通过无休止的"试用"来获得廉价的劳动力。这类陷阱常常让毕业生非常无奈，用人单位对试用期限及待遇一般都只有口头承诺，而求职心切的毕业生也不敢提出签合同的要求，最后的结果可想而知。明知道被骗了，即便诉诸法律也会因为没有证据而不能胜诉。所以，试用期被无故延长，超过了国家规定的期限，你就要警惕了。

案例：假借试用获取廉价劳动力。小孙毕业于国内一所名牌大学的工商管理专业，为了找到一份理想的工作，他获得了英语六级和公务员资格证等多个证书。毕业当年1月，小孙在网上看到了国内一家大型销售公司正在招聘，因为专业对口，就与同班其他6位同学给这家公司投了简历，没想到他们很快就得到了面试邀请并顺利通过面试进入试用期，当时公司口头告诉他们试用期为3个月。因为这个公司很大，想留在这里的小孙和他的同学们尽管没有签任何协议还是答应先干了，希望通过不懈的努力来争取这个职位。试用期的待遇很低，跟正式员工相差甚远；而试用期的工作内容也和他们的想象有很大差距。单位让他们做些简单而又重复的工作，为了能够顺利通过试用期成为正式员工，小孙和他的同学们非常努力地完成了公司交给他们的工作。3个月的试用期很快就到了，该到转正的时候了，公司始终没人提及这事，小孙向公司领导询问，领导表示对他的工作表现比较满意，但还需要进行全面考察，小孙认为公司可能是真想留用他，于是很爽快地答应了公司提出的再试用2个月的要求。2个多月很快又过去了，公司领导找到小孙，说没有合适的位置，小孙被辞退。（杨松.大学生就业指导. 陕西人民出版社. 2007.）

（二）收费陷阱

在就业过程中，一些用人单位利用毕业生求职心切，设立各种名目向毕业生收取各种不合理费用，要么收取"报名费"，要么收取"风险抵押金"、"违约金"、"培训费"等，很多大学生为了获得工作的机会，对于明知道是无理的要求，也不敢拒绝。但骗子们往往就抓住了大学生的这种心理，开始行骗。这类求职陷阱，毕业生最容易上当。其实，国家早有明确规定，任何招聘单位以任何名义向求职者收取各种费用都属于违法行为，毕业生遇到此类情况就得注意了。

案例：小王是北京某大学计算机专业应届毕业生，毕业当年2月初，他在国内一知名网站上看到一则招聘信息：北京某房地产公司正在招聘工作人员。小王立即给这家公司投了简历，没想到很快就收到了公司的面试通知。而更让他欣喜万分的是，面试不但顺利通过，公司还建议他应聘总经理助理的职位，这个职位不仅公司负责上四险，分配住房，薪酬方面也相当可观，如果签约5年服务期，还能解决进京户口。如此优厚的条件让小王对未来充满希望，他又参加了复试，并再次顺利通过。这时，公司领导说正式工作前要先参加为期3天的培训，要交800元培训费，先由员工自己垫付，培训合格后由公司报销。3天的培训很快结束了，拿到了培训合格证后，小王开始上班了。公司要求他把事先签订的劳动协议书交上来，小王当时纳闷：公司已有一份协议了，为什么还要他的那份协议呢？公司回复说：办理相关手续，需要两份协议，并承诺用完就会还给他。当天恰逢周五，马上就要过周末了，小王也就没有太较真。小王周一欢欢喜喜去上班，却已是人去楼空。（杨松. 大学生就业指导. 陕西人民出版社. 2007.）

（三）智力陷阱（侵权陷阱）

个别用人单位利用毕业生的专业优势，使其承担具有一定科技含量的项目，获取廉价智力成果，项目完成后以各种理由拒收毕业生，使毕业生陷入智力陷阱。

案例：张红是北京某重点大学的一名计算机专业应届本科毕业生，不但形象好、气质佳，而且编程能力很强。因此，比起她的同学来说，她的求职经历可谓一帆风顺。在学校举办的一次大型双选会上，张红以优异的专业成绩和实习单位较高的评价，被一家小有名气的内资企业相中，并很快签订用人合同。双方商议试用期为 3 个月，试用期间月薪为 1500 元。当其他同学还在为找工作东奔西走的时候，满心欢喜的张红已经开始上班了。

可是天有不测风云，谁曾想，刚结束春节休假上班的张红一到公司，便接到人事部门一纸解约通知，称"通过试用，发现张红不适合在本公司工作，决定解除双方的试用合同……"公司的决定，让她感到非常突然，"就在春节前，我通宵达旦、加班加点设计出来的一个财会软件还受到部门经理的夸奖，怎么突然就变卦了呢？"张红感到十分不解。后来，一位共过事的公司员工向她道明了事情的真相："公司根本没想要你这个人，只是需要你设计的软件，公司只是想无偿占有你开发的软件而已。"张红才幡然醒悟，原来自己天真地掉进了用人单位设下的智力陷阱中。（杨松. 大学生就业指导. 陕西人民出版社. 2007.）

（四）薪酬陷阱

薪酬陷阱是指用人单位在招聘时以优厚的待遇吸引前来求职的毕业生，等到其正式上班时，招聘时的承诺则以种种理由不予兑现；或是针对薪酬中的一些不确定收入，进行虚假或模糊的承诺，最终不能兑现；或者"缩水兑现"。毕业生求职时应根据自身情况对薪酬标准有一个合理定位，对过高的薪酬标准应警惕是否存在薪酬陷阱，不清楚的地方要问明白，否则容易上当受骗。遇到薪酬问题时，应先与用人单位界定薪酬的上下限，尽量使他们减少承诺薪酬中的"不确定成分"，并协商支付方式。

案例："只要拥有大专学历，就有机会被跨国金融集团录用，进入人才储备库，成为储备主管，底薪至少在 5000 元/月，并有高额奖金和优厚福利待遇……"面对如此令人心动的招聘启事，某高校工商管理专业毕业生小刘，投递了简历。面试当天，她发现有近百位应聘者，而她应聘的职位却只招 20 名，1∶5 的录取率着实让她担心。应聘者多是来自交大、同济、财大的金融专业毕业生，更让她信心不足。

第一轮面试出人意料地简单。回答了面试官几个常规问题后，小刘被通知可以参加培训和第二轮面试、笔试。3 天的培训中，由一位自称是公司的高层的年轻人现身说法，详尽说明了优厚待遇。接下去的笔试、面试更简单，仅仅是一些性格测评题。经过层层"筛选"，小刘被录用为公司的储备主管，本次求职简直出人意料地顺利。

小刘按要求前去公司报到，却被告知先要缴纳 250 元费用，并暂时只能签订 3 个月临时合同。公司解释：250 元是"保险代理人资格考试"报名费，3 个月临时合同是为了给"储备主管"参加培训和"基层锻炼"的时间。

小刘恍然大悟，所谓"金融集团"，其实是一家保险公司。更意外的是，原以为自己是在 1∶5 的比例中脱颖而出，没想到，初试中的大多数人，都在"录用"之列，远远超过

"储备主管"职数。在大家追问中，公司方面终于承认无论是什么职位，进入公司之后，都要从事保险员工作，完成一定业绩后，才可能晋升到原本承诺的职位。接下来更令人吃惊：原来，这家保险公司基本上每周都在招聘，相同的岗位、相同的招聘内容、相同的培训内容，甚至连面试和笔试的试题都相同。最终，小刘选择放弃这份工作。（杨松. 大学生就业指导. 陕西人民出版社. 2007.）

（五）信息陷阱

近年来，套取并利用求职者信息进行诈骗的案件屡见不鲜。毕业生在求职过程中，往往要填写一些表格，其中涉及很多个人信息，尤其是网上求职，要求填写的内容更是事无巨细，从个人电话号码，到家长姓名、家庭住址、家庭电话、父母情况一应俱全。这些个人信息一旦被不法分子恶意获取，可能会给求职者带来许多意想不到的麻烦。

案例：毛某，是大学毕业生的家长，日前在家中接到一个长途电话，称其在儿子在车祸中撞伤，正在医院抢救，急需手术费5万元。毛某闻讯立即拨打儿子手机却怎么也打不通，相信真的出事了。就在此时，一个自称是儿子学校领导的人又打来电话，证实确有其事，并留下一个账号。毛先生连忙筹集了5万元汇过去。几小时后，毛先生终于打通儿子电话，方知上当受骗。（昌兵. 毕业生求职中的安全问题及应对策略. 中国大学生就业指导. 2006（8）.）

（六）签约陷阱

《就业协议书》与《劳动合同》存在着不同，《就业协议书》作为一份简单的格式文本，很多诸如工作岗位、工作条件等劳动合同必备条款并不在《就业协议书》中直接体现。因此，单凭《就业协议书》对学生正式报到就业后的劳动权利无法全面保障。

近年来，就业协议引发的纠纷屡有发生。有的毕业生正式到单位报到后，单位却一改初衷，擅自降低劳动报酬，变更原来双方约定的工作岗位，更有甚者以"试用期"（或"见习期"）为由不签订劳动合同，使毕业生长期处于"试用期"，做最累的工作拿最低的报酬，从而利益受到侵害。所以，在签订就业协议以前，一定要反复斟酌，多方面考察，方可落笔。

案例：应届毕业生王某与某私企达成工作意向，双方当场签订了《就业协议书》。1个月后，王某毕业，并顺利进入用人单位开始工作。但该企业始终不愿意与小王签订《劳动合同》，得到的答复是：双方在《就业协议书》中并没有明确要求何时签订劳动合同，更何况关于工资、劳动期限等条款在《就业协议书》中已有约定，双方没有必要为此再另行签订《劳动合同》。王某觉得双方确实没有约定什么时候签订劳动合同，而单位不签劳动合同似乎也有道理，就不再向单位提起此事。不料一日忽被裁员，公司一分赔偿金也没给，王某后悔莫及。（昌兵. 毕业生求职中的安全问题及应对策略. 中国大学生就业指导. 2006（8）.）

（七）传销陷阱

警惕卷入任何形式的传销活动，传销是国家明令禁止的非法行为，千万不要偏信能使你一夜暴富的神话，以免误入歧途。提醒毕业生"天上不会凭空掉馅饼"，若有，也可能是个陷阱，任何人的成功都是经过千辛万苦、勤奋努力得来的。

非法传销组织诱骗学生参与非法传销活动的途径主要有两种：一是通过已经参加非法传销的受骗者的同学、朋友向其灌输"金钱是多么重要"、"传销如何好"、"挣钱又快又多"、

"要相信传销组织是不会骗人的"等，把学生骗到外地；二是利用毕业生急于择业的心理，冒充用人单位与学生联系，骗得学生信任，将学生骗至外地。非法传销组织诱骗学生的主要方法是：将学生骗到外地后以高回报和"参与创业"为诱饵，采取洗脑、上课、谈心、感情交流等方式，骗取他们的高额传销培训费并诱使其参与非法传销，同时让已被"洗脑"的学生，诱骗更多的同学参加非法传销；对于不被其所诱的大学生就限制其人身自由，强迫学生给家人、同学打电话，称自己有病或联系工作寄钱到他们的账号。

三、传销——求职中的"糖衣炮弹"

传销在国（境）外又称直销，一般是指企业不通过店铺经营等流通环节，将产品或服务直接销售、提供给消费者的一种营销方式。由于传销销售成本较低等优点，国外许多企业采用了这种营销方式。传销传入我国后，一些不法分子利用传销具有组织上的封闭性、交易上的隐蔽性和传销人员的分散性等特点，在我国市场经济体制尚不完善和群众消费心理尚不成熟的条件下，进行各种违法犯罪活动。

传销最主要的特点是"拉人头"。"拉人头"活动基本不依托商品，完全依靠下线人员缴纳的高额"入门费"维系运作，以发展人员多少作为提取报酬的标准，与各国普遍禁止的"金字塔"欺诈活动一脉相承。有的传销组织虽然有商品，但仅是骗子的幌子。上线用"商品"换取下线的高额"入门费"，然后层层瓜分；下线购买商品不是为了消费，而是为了获得加入组织的资格，继而可以发展别人，提取报酬。

传销不仅严重扰乱正常的社会经济秩序，还严重危害到社会稳定，对商业诚信体系和社会伦理道德体系也造成了巨大破坏，同时更给参与者造成很大的经济损失，给其家庭也造成巨大伤害。

（一）频陷传销泥潭的原因

案例：陈雪是湘潭大学的一名2010年应届毕业生，为了尽早联系好工作，趁着暑假实习期在一家人才招聘网站上发布了自己的个人求职简历，还留下了联系电话。没过多久，接到了一名自称"铁道部下属某后勤公司"的人力主管打来电话，称小陈的条件十分符合公司的招聘要求。随后又通过在网上简单的答题，通知小陈已通过考核被公司录用，而且还给出了优厚的待遇，工资每月3000元，还提供住宿。毕业后，小陈从长沙赶到洛阳上班，一下火车便被两名中年女子接站，之后便到了一个小居民区。在一幢三室两厅的住房内，约十多名男女正聚集在一起上课。一名自称负责人的男子告诉她，这是进行岗前培训，并且暂时收管了小陈的手机等物品。在接受"培训"的时候，小陈就意识到自己陷入了传销的陷阱里。随后，小陈以生病、查看手机信息等借口，向父母发出求救信息，最终在当地警方的协助下，小陈和被困的十几名大学生成功解救。（刘璋景，黄慧敏，陈妙琼，黄琳. 湘潭女大学生网上求职被骗洛阳传销窝遭囚禁. 长沙新闻网. 2010-8-10.）

大学生频陷传销陷阱的新闻报道，让我们意识到一个令人不安的事实：传销机构已经把大学生当作主要的发展对象。据有关报道显示，大学生参与传销受骗的事件规模越来越大。非法传销曾被公安部门定为"经济邪教"，而被视为"天之骄子"的大学生何以深陷其中不能自拔？从大学生自身角度看，原因主要有：

（1）大学生就业压力过大，择业时放松了必要的警惕，轻信以用人单位身份出现的非法传销公司。对同学、朋友的介绍过于信任，没想到熟人还会骗自己。

（2）大学生社会阅历浅，往往急功近利，对生活的期望值过高，很容易被那些宣称能暴富的传销组织"洗脑",被传销组织提出的平等、互爱等虚拟的东西迷惑而上当受骗。

（3）陷入传销组织的大学生大多来自农村，家庭较为贫困，这样就很容易让他们对传销的"一夜暴富"神话产生浓厚兴趣，急于让自身和父母脱贫。一旦被骗，无法索回交出的钱，但又想挽回损失，于是越陷越深，不能自拔。

（4）有的大学生理想信念有所缺失，存在不劳而获的思想，被非法传销组织宣传的高额回报引诱，只用有无短期效益来衡量一件事情是否正确，甘愿从事非法传销活动。

（二）直销 VS 传销

传销是指组织者或者经营者发展人员，通过对被发展人员以其直接或者间接发展的人员数量或者销售业绩为依据计算和给付报酬，或者要求被发展人员以缴纳一定费用为条件取得加入资格等方式牟取非法利益，扰乱经济秩序，影响社会稳定的行为。

直销是指销售人员以面对面的说明方式而不是固定店铺经营的方式，把产品或服务直接销售或推广给最终消费者，并计算提取报酬的一种营销方式。不同的公司，这些直接销售人员被称为销售商、销售代表、顾问或其他头衔，他们主要通过上门展示产品、开办活动或者是一对一销售的方式来推销产品。

二者的主要区别有以下几点：

（1）商品不同。传销的产品大多是一些没有什么品牌，属于质次价高的商品。而直销的商品大都为一些著名的品牌，在国内外有一定的认知度。

（2）加入的方式不同。传销是要求推销员加入时上线要收取下线的商品押金，一般以购物或资金形式收取"入门费"。直销指以面对面且非定点的方式，销售商品和服务的交易形式。

（3）营销管理不同。传销的营销管理很混乱，上线推销员是通过欺骗下线推销员来获取自己的利益。采用"复式计酬"的方式，即销售报酬并非仅仅来自商品利润本身，而是按发展传销人员的"人头"计算提成。直销的管理比较严格，推销员是不直接跟商品和钱接触的。自己的业绩由公司来考核，由公司进行分配。

（4）根本目的不同。传销的根本目的是无限制地发展下线，千方百计通过扩大下线来赚钱。而直销最终面对的终端是客户，通过商品交易来取得利润。

（5）报酬是否按劳分配。非法传销通过以高额回报为诱饵招揽人员从事变相传销活动，参加者的上线从下线的入会费或所谓业绩中提取报酬。而直销企业为愿意勤奋工作的人提供务实创收的机会，而非一夜暴富。每位推销人员只能按其个人销售额计算报酬，由公司从营运经费中拨出，在公司统一扣税后直接发放至其指定账户，不存在上、下线关系。

（6）是否有退出、退货保障。直销企业的推销人员可根据个人意愿自由选择继续经营或退出，企业为顾客提供完善的退货保障。而非法传销通常强制约定不可退货或退货条件非常苛刻。

（7）是否设立店铺经营。直销企业设立开架式或柜台式店铺，推销人员都直接与公司签订合同，其从业行为直接接受公司的规范与管理。而非法传销的经营者通过发展人员、组织网络从事无店铺或"地下"经营活动。

（三）提高警惕，抵制传销

在 2004 年 3 月发生"两千大学生陷入传销泥潭"事件后，国务院总理温家宝就此批示：

"要严厉打击非法传销活动。学校要采取措施防止学生受骗参与传销活动。"作为大学生，从自身做起，抵制非法传销要做到以下几点：

（1）加强人生观与择业观方面的培养，以提高对非法传销的"免疫力"。面对非法传销者"快速致富"的花言巧语，我们一定要时刻保持警惕。天上不会掉馅饼，财富是创造出来的，幸福是汗水换来的，只有把个人的发展理想融入国家的发展需要之中，辛勤付出而不是投机取巧，才能取得辉煌的成就。"传销"只是一个骗人的噩梦，大学生要增强自己自觉抵制非法传销诱惑的能力，树立正确的人生观、价值观和艰苦奋斗精神，不要盲目相信"高收入"的许诺，凡事要多留个心眼，以免误入圈套。

（2）平时应多看一些关于国家打击传销的报道，并与同学讨论预防的策略。大学生群体由于普遍缺乏社会经验，思想单纯，因而很容易成为传销组织捕获的目标，所以首先要认识到其危害及特征，才能自觉予以抵制。

（3）与人交往要谨慎，不要轻易相信别人。传销组织主要依靠下线人员缴纳的高额"入门费"维系运作，以发展人员多少作为提取报酬的标准，其成员为实现"暴富"美梦，会不择手段地诱骗他人入门，不管是陌生人、同乡、同学，还是朋友、亲戚、家人，他们都不会放过。所以大学生在与人交往时，要时刻保持警惕，千万不要轻信别人。

（4）发觉受骗后要果断回头，及时报案，大胆揭发，使犯罪分子受到应有的法律制裁。

总之，大学生要养成正确的财富观念。一个人的成功不仅仅是金钱的多少，更重要的是事业的成功，金钱并非是衡量事业是否成功的唯一标准。树立劳动是获得回报唯一途径的思想，摈弃那种既清闲又能获得高额回报工作的不良心态，财富的积累离不开艰辛的劳动和时间的积淀。

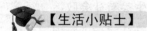【生活小贴士】

寻求法律保护　维护自身权益

在我们的日常生活中，求职打工上当受骗的大学生很多，但向工商、公安和劳动管理部门投诉的却很少，很多人自认倒霉，将责任归于自己糊涂，认为与其四处申诉，还不如把精力放在寻找下一个工作机会上。这种想法是极为错误的，大学生在求职打工中，应了解和熟悉相关法律规定，在权益受到侵害时，应敢于、善于拿起法律武器，维护自身权益。

（1）大学生应在大学期间学好《法律基础》等相关课程，把《民法》《教育法》《劳动法》《高等教育法》中涉及高校学生权利和义务的内容联系日常生活，进行实践。此外，应充分利用报刊、广播、电视、网络等手段进行学习。

（2）在就业前和工作中，要学会四个方面的法律知识，即"5134"。"5"是就业前要从五个方面谈判（工资、工时、休息休假、劳动安全及保险福利等）。"1"是签好一份合同。《劳动法》第十九条规定："劳动合同应当以书面形式订立，并具备以下条款：劳动合同期限、工作内容、劳动保护和劳动条件、劳动报酬、劳动纪律、劳动合同终止的条件、违反劳动合同的责任。劳动合同除前款规定的必要条款外，当事人可以协商约定其他内容。""3"是重点明确"三工"（工资、工时和工伤）和"三金"（医疗、养老、失业）问题；"4"是解决劳动争议的四条途径，即举报（向劳动监察部门）、调解（通过企业劳动争议调解委员会、仲裁委员会和法院）、仲裁（通过劳动争议仲裁委员会）、诉讼（向人民法院）。

（3）毕业生在个人联系求职单位时一定要擦亮眼睛，对于一些利用租用场地作为应聘地点的公司，不要轻易交出自己的毕业证、身份证和押金等，避免落入圈套。

（4）签订合同时别忽视聘用合同细节。对于劳动合同的签订也要格外小心，千万不要忽视"工作内容"和"劳动保护和劳动条件"（包括工作时间）这两项。此外，"劳动报酬"、"违反劳动合同的责任"和"劳动合同终止的条件"也要写入合同。大多数毕业生就业时了解得最清楚的是应聘公司的背景（包括公司规模、公司经营范围、公司性质等）以及自己的工作岗位和工作职责，然而对于公司福利（包括奖金制度、休假问题等）了解甚少，或者不能逐一了解。因此，毕业生在应聘前一定要了解相关劳动法规和相关政策，提高自己的求职素质和独立思考能力，重视合同中的细节部分。

（5）相信法律是公正的，细心搜集证据，保证权利的行使。如果自身权利受到侵害，但是没有办法证明，那只能是徒劳一场，所以建议一切消费单据、协议、合同等证明性凭证要妥善保管。

（6）要依法维权，充分利用各种机会和场所争取权利。权益受到侵害时要保持理智，克服冲动心理，不能因为感到不平就挽起袖子大打出手，有理也变成了无理。

◉【学习项目小结】

随着高校改革的不断深入，大学生的生活空间大扩展，交流领域也不断拓宽。在校期间，他们除正常的学习生活外，还需要走出学校参加各种社会实践活动。大学生社会实践活动是按照高校人才培养目标，有目的、有计划、有组织地使在校大学生参与社会政治、经济和文化活动的一系列教育活动的总称。社会实践活动对促进大学生了解社会、了解国情、增长才干、奉献社会、锻炼毅力、培养品格、增强社会责任感具有十分重要的作用。然而，大学生缺乏必要的社会生活知识，特别是安全防范知识，势必会导致各种实践安全问题的发生。

当他们独立面对突如其来的灾害，社会纷繁复杂的现象，往往会表现出无知与无奈。不知道运用法律途径来维护自身的合法权益，如实习伤害、职业危害、劳动保护、劳动争议仲裁等。

近年来，危及大学生生命、财产安全的意外事故和恶性事件时有发生，给家长、学校和社会蒙上了阴影，也使他们的前程毁于一旦。大学生的安全问题已成为社会各界关注的焦点。因此，加强大学生的社会实践活动安全教育，能够增强大学生安全防范意识，使他们学习并掌握基本的安全知识和自我保护的技能，提高实践活动的安全防范能力，还可以依靠法规的力量保护自己，维护自己的正当权益，从而实现职业生涯中的安全与健康，终身受益。

本学习项目从大学生社会实践活动安全的角度，介绍了几种类型的大学生社会实践活动中常见的安全问题及其防范知识，希望大学生通过学习，树立自救自护观念，形成自救自护意识，掌握自救自护知识，提高自救自护能力，在社会实践活动中遇到问题时，能够果断正确地进行自救自护、机智勇敢地化险为夷。

【求助直通车】

中华人民共和国国防部网　http：//www. mod. gov. cn/

中国军网　http：//www. chinamil. com. cn/

中国消防在线　http：//119. china. com. cn/

中国共青团网　http：//www. gqt. org. cn/

中国青年志愿者网　http：//www. zgzyz. org. cn/

高校人才网　http：//www. gaoxiaojob. com/

高校毕业生就业网　http：//www. gaoxiaorencaijob. com/

中国反传销网　http：//www. chinafcx. com/

中国消费维权网　http：//www. 1314315. com/

中华人民共和国中央人民政府网　http：//www. gov. cn/

【练习与思考】

（1）试分析所学专业的实验室（实习室）是否还存在安全隐患，请提出整改措施。

（2）对学校勤工助学的现状进行一次调查和分析，针对存在的问题提出合理化建议。

（3）请与同学们讨论并分享：大学生求职过程中还会遭遇何种求职陷阱。

学习项目六

大 学 生 网 络 安 全

【学习项目描述】

　　通过教师的讲解、观看图片和视频，使学生了解网络给工作、学习带来方便、快捷等积极作用的同时所产生的一系列负面影响，了解沉溺网络对大学生的生理、心理产生的危害，了解判断网瘾的方法，掌握常见网络犯罪类型及常见网络犯罪预防知识。通过完成"设计一份安全上网备忘录"等学习任务，指导学生尝试运用有关网络安全的知识解决生活中的实际问题。掌握合理上网、健康上网、安全上网的基本常识，把住网络安全关。

【教学目标】

1. 知识目标

（1）了解大学生网络生理危害的相关知识。

（2）了解大学生网络心理障碍的相关知识。

（3）了解网络陷阱类型。

（4）掌握大学生常见网络生理危害的预防知识。

（5）掌握大学生常见网络心理障碍的预防知识。

（6）掌握预防网络陷阱的知识。

2. 能力目标

（1）掌握大学生常见网络生理危害、网络心理障碍的预防知识。

（2）能够设计出适合大学生经济状况和校园环境的安全上网备忘录。

（3）掌握预防网络陷阱的知识。

3. 素质目标

（1）认识到网络是把"双刃剑"，合理上网是关键。

（2）养成合理上网、健康上网、安全上网的良好习惯。

【教学环境】

　　多媒体教室及相应的设备；相机、摄影设备。

任务一　提交一份网络生理危害情况调查表

【学习目标】

（1）了解网络生理危害的种类。

（2）了解网络生理危害的严重性。

（3）掌握网络生理危害的预防知识。

【学习任务描述】

通过了解网络生理危害的基本常识，指导学生尝试运用所学的网络生理危害知识解决生活中的实际问题。

【学习任务准备】

要求学生调查、了解班级同学的上网时长、上网习惯及是否已经受到网络生理危害。

【学习任务实施】

以学习小组为单位，指导学生调查、了解班级同学的上网时长、上网习惯及是否已经受网络生理危害影响。并对调查、了解的结果进行交流和讨论，找出原因，掌握网络生理危害的预防知识，并提交网络生理危害情况调查表。

【案例一瞥】

案例1： 9月2日下午，普陀电信局发现该区勾山街道舟渔223号楼1单元、156号楼3单元及218号楼2单元的电话线被剪断，造成20多户居民通信中断，并发现被盗电话费7000余元。接报后，普陀警方通过初步侦查，认定这是一起有预谋的盗打电话案件，遂组织精干警力开展深入侦查。经过大量细致的侦查工作，发现住普陀区舟渔一住宅楼的傅某有重大作案嫌疑。9月9日晚，警方在傅某家中将其抓获。经审讯，傅某对剪电话线并盗打电话的犯罪事实供认不讳。经查，傅某今年刚考上杭城某高校，因玩传奇网络游戏上瘾后，利用互联网上某论坛里介绍的办法，于2005年9月2日凌晨将舟渔住宅楼其他住户的电话线剪断后，接上自己的电话机拨打声讯电话，盗得账号和密码，然后用盗得的账号和密码进行游戏账号充值，共利用盗得的账号充值7000余元。傅某曾在2002年因盗窃被公安机关处理，且目前还处在缓刑期。（中青网. 2006 - 1 - 10.）

案例2： 上海一位大学生在网上连续玩了10个小时游戏后，忽然感到视线模糊、头痛、恶心，最后全身抽搐。送到上海仁济医院后，他被医生诊断为"光敏感性癫痫"。

根据对1000多例癫痫患者的临床诊疗统计，近几年，由于长时间使用电脑、观看电视、打游戏机等诱发的癫痫病例屡见不鲜，这部分患者年龄大多集中在20～40岁之间，大约占癫痫患者的1/3。（东方时空. 2009 - 3 - 22.）

【安全课堂】

一、网络生理危害与心理侵害

大学生由于学习、娱乐等原因，使用电脑的时间越来越长。长时间连续上网而又缺乏运动、生活不规律，加上电脑辐射和电脑细菌的伤害，使大学生的身心健康受到了极大损害。

（一）网络对身心健康的危害

长时间连续上网会造成情绪低落、眼花、双手颤抖、疲乏无力、食欲不振、焦躁不安、血压升高、植物神经功能紊乱、睡眠障碍等身体不适和疾病，严重的甚至可能导致死亡。

具体来说，长时间连续上网会对身体造成以下伤害。

1. 网络成瘾综合症

近年来，"宅"成了青年人的一种新兴的生活方式。"宅男"、"宅女"们依赖电脑，痴迷网络，足不出户，是网络技术的衍生品。2008 年 3 月《中国青年报》社会调查中心与新浪网新闻中心合作的一项调查显示（吴荇. 中国闪现闷居一族：宅男宅女是怎样炼成的. 中国法院网. 2008.），58.5％的人认为宅男宅女的成因是"过度依赖网络"，而在对这一现象的认识上，有 26.4％的人认同"这是互联网时代的必然趋势，无人能阻挡"。

随着青年对网络的不当使用或过度依赖，一种新的心理疾患随之而来，即网络成瘾综合症。网络成瘾也称病理性网络使用，指的是成瘾者无节制地花费大量时间和精力在网上冲浪、聊天或进行网络游戏，并且这种对网络的过度使用影响生活质量，降低学习和工作效率，损害身体健康，导致各种行为异常、心境障碍、人格障碍和神经系统功能紊乱等消极后果。简单地说，它是指在无成瘾物质作用下形成的上网行为失控，导致个体的社会和心理功能明显受损。目前，网络成瘾或成瘾倾向问题已不容忽视。据《第 24 次中国互联网络发展状况统计报告》显示，每 6 个网民中就有 1 个具有成瘾倾向。《2005 年中国青少年网瘾报告》则显示，青年大学生的网瘾比例已达 14％。网络成瘾给青年的身心健康造成了严重危害。由于长时间、无节制地上网，出现了如颈椎病、眼病等生理性病痛，常伴有情绪低落、生物钟紊乱、思维迟缓、注意力缺损、焦虑症或躁郁症等，严重者甚至出现自残、猝死或轻生等。

有学者认为，病态人格是网络成瘾的本质原因。那些具有敏感内向、喜欢独处、稳定性差、不能严于律己、缺乏自信、沮丧悲观、受挫力低等人格特质的青年，容易对网络产生依赖，形成网络成瘾。另外，青年所处的外部环境也是一个不容忽视的重要因素。

2. 网络孤独症

网络孤独症是指过分关注人机对话，忽视或逃避个人与社会及他人的交往，远离周围伙伴、家人及朋友，从而导致孤僻、冷漠，甚至出现自残的念头或行为等现象。据国内外一些调查数据显示：上网时间与网络孤独两者之间存在着正相关，即上网时间越长，下网后的孤独感和抑郁感也就越强。在美国，卡内基-梅隆大学人机交互研究所的一项调查表明，使用互联网会造成网民社会卷入的减少以及心理幸福感的降低，表现出孤独感和抑郁感增加。网络孤独症的形成，一方面是因为，当网民终日坐在电脑终端前，把自己与真实的社会关系割裂开来，用上网时间取代了本该用于社会活动和人际交往的时间，减少了活动和交往的机会，使他变得孤立。如对于那些"宅男"、"宅女"，他们终日坐在电脑前痴迷网络，大门不出、二门不迈，把自己封闭在一个狭小的空间内，逃避与人群的接触与沟通。而长期缺乏与人交往，则会导致基本社交技能的退化，使自己既孤单又孤独。另一方面则由于网络社会中所建立的人际关系及其身份的不确定性和随意性等特点，与真实人际关系的确定性、稳定性相比，存在着更多的人际信任危机和风险，是一种非常脆弱的人际关系。还有，网上"众多知己"与网下"孤单一人"形成强烈对比，使青年网民更加封闭自我，导致孤独感增加，从而引发网络孤独症。

网络孤独症的发生具有相应的人格基础。一般来说，那些性格内向、自卑、敏感、焦虑、喜欢独处、害怕拒绝、人际交往能力弱或是交往受挫的青年，由于他们不能从现实的人际交往中得到满足，于是转而从网络中寻求慰藉。由于网络交往中的平等性、隐匿性等特点，使得上述青年在网络中快速地找到了朋友，获得了真实人际交往中所不能实现的满足感和成就感。于是，他们更加关注人机对话，依赖人机交往。然而，随着上网时间的增加，他们所需要的友情不但没有增加，反而让他们体验到更多的孤独感和抑郁感，导致其心理健康的恶化。可见，那种试图以网络人际关系替代现实人际关系的做法是非常错误的。正确做法是要让青年掌握基本人际交往技能，回归现实、走向社会、融入人群。

3. 网络人格障碍

青年的生理发育虽已成熟，但其人格发展尚未最终定型。他们在网络的虚拟世界里，有可能形成与现实世界不一致的网络人格。有研究认为，长期上网和上网过度会导致人格异常。我们把青年在网络中偏离了社会文化期望，并以一种非正常的行为方式或内心体验与他人交往所形成的网络人格，称为青年网络人格障碍。它可划分为沉溺型、发泄型、伪饰型、悖德型、情感型、闭锁型和攻击型等多种类型。网络人格障碍不仅给青年自身人际关系、学习、工作和生活造成负面影响，还给他人和社会带来一定的危害。

网络的虚拟性、匿名性和超现实性，为青年改变身份、性别、转化性格，从而在网上扮演多重角色，获得现实社会中无法体验的感受提供了条件，也为多重角色间的矛盾以及虚假身份与现实身份的冲突埋下了伏笔。也正因如此，极易造成青年自我身份的迷失、认知的错误以及角色的混乱，使他们常常困惑于"我到底是谁"等问题。网络虽然整合了世界，但也分化了"自我"，出现了"现实我"与"网络我"的矛盾冲突，形成了网上角色与网下角色的强烈反差，从而导致青年网络人格障碍的发生。

具体而言，部分青年由于极度依赖网络，离开网络便无法生活，难以控制上网时间，强迫思考有关网络问题，于是迷失在虚拟世界里难以自拔，从而形成沉溺型网络人格障碍；网络是"自由的天堂"，有些青年在网上畅所欲言地表达思想、淋漓尽致地释放压力、随心所欲地发泄不满而无需承担任何后果，这就容易形成发泄型网络人格障碍；由于网络身份的不确定性、虚拟性和匿名性等特点，为达到某种目的，有些青年往往伪饰自己，长期以往形成伪饰型网络人格障碍；网络是一个缺乏外在约束力的地方，一些青年在网上言行放肆，频频越轨，从而极易形成悖德型网络人格障碍；有些青年只对网络人际关系倾注情感，而对现实人际关系冷漠无情，将两者之间的情感发生错位，久而久之形成情感型网络人格障碍；而有些青年因长时间与人机交往，人际交往能力弱化，造成个体无法适应现实社会，易形成闭锁型网络人格障碍；还有一些青年在网上放纵自己，沉湎于网络色情与暴力，经常出现攻击性言行，最终形成攻击型网络人格障碍。

4. 网络越轨行为

众所周知，心理决定行为，行为反映心理。根据心理与行为两者之间的关系，一些青年网络越轨行为实质上反映了他们心理的偏差，是网络对青年心理健康造成负面影响的又一个重要方面。一般来说，青年网络越轨行为是指青年在网络世界中发生的违反现实社会规范的行为。青年中比较常见的网络越轨行为有：传播网络病毒、盗用他人电脑信息、偷窥他人隐私；登陆色情网站、浏览色情内容、非法侵入他人网站、篡改网站内容或信息；在网上进行人身攻击或施行网络暴力，从事网络诈骗等。虽然青年的网络越轨行为发生在虚拟世界里，但它却会给现实社会带来破坏性的危害。

青年网络越轨行为是各种因素相互交织作用的结果。从主观因素看，一些青年法律、道德观念薄弱和自我控制能力差是发生网络越轨行为的主要原因。有些青年凭借自己高超的网络技术，在网上从事破坏或犯罪行为，从而给他人和社会造成严重损失；有些青年在好奇心和冲动心理的作用下，把对性的渴望和需求转移到网络色情中，他们有意登陆色情网站、浏览色情内容，借以获得感官刺激；还有些青年在网上从事赌博活动，实施诈骗行为，攻击他人人身，施行网络暴力等。上述行为显然违背了社会规范，在现实中要么受到法律的禁止和制裁，要么受到道德的谴责和审判。但他们仍放纵自己，不断越轨，是由于他们缺乏对法律和道德的敬畏感以及自我控制力弱造成的。为了实现一些现实中受限制的欲望和需求，一些青年不惜冒着被法律制裁或道德审判的风险铤而走险。

从客观因素看，网络监管技术的落后以及网络法规的不健全是导致青年网络越轨行为的客观原因。网络是一个彻底"民主"和"自由"的地方，每个人都可以按照自己的方式说任何话、做任何事。加之网络监管技术的落后，一些青年的网络越轨行为难以被识别，从而无需承担任何责任。以网络犯罪为例，在美国，网络违法犯罪的破案率不到10%，其中定罪的则不到3%。就新闻报道方面，网络犯罪只有11%被报道，其中仅有1%的网络违法犯罪被侦察过，而高达85%以上的违法犯罪根本就没有被发现。另外，虽然我国也正加强对网络的相关立法，但从目前来看，该方面的法规体系并不健全，更谈不上完善。对一些青年而言，在缺乏道德自律的前提下，而又没有相应的法律约束，网络越轨行为的发生也就绝非偶然。

(二) 网络生理危害

(1)"上网综合症"，即人体的正中神经进入手掌部的经络中，受到压迫后产生的食指、中指疼痛、麻木和拇指肌肉无力感等症候。大学生中网络游戏迷得此种病的人很多。

(2) 长时间连续上网，身体始终处于一种姿态，易导致脖子僵硬、肩膀酸痛、腰疼等症状，引发颈椎病、腰椎劳损、肩周炎等。

(3) 心血管及神经性疾病。专家研究发现，上网时间过长，大脑神经中枢持续处于高度兴奋状态，会引起肾上腺素水平异常增高、交感神经过度兴奋、血压升高、植物神经功能紊乱、体内激素水平失衡，使免疫功能降低，引发心血管疾病、胃肠神经官能病、紧张性头疼、焦虑、忧郁等，甚至可能导致死亡。

(4) 如果在通风状况与卫生条件均不好的环境里或空调房里长期上网，是导致热伤风、肠胃性疾病、接触性皮炎、头晕、头胀、头痛等常见疾病的诱因。

(5) 诱发癫痫。

(三) 网络生理危害与心理侵害预防

大学生应科学上网，有节制地上网，积极预防网络对生理健康的损害：

(1) 注意休息。电脑连续操作1h，应休息5~10min，或看远处，或闭目养神，或在房间内来回走走。

(2) 室内光线要柔和，电脑屏幕的亮度要适当，不要让窗外的光线和室内灯光在屏幕上造成反光。及时擦除屏幕上的灰尘，保持电脑屏幕的清晰，最好在屏幕前加装保护屏。

(3) 尽量使用辐射较低的显示器或者防辐射器材，减轻电脑辐射对人体的危害。

(4) 使用电脑一定要注意卫生，要做到：使用前、后一定洗手；操作中不吃东西；操作中避免手与眼睛、面部皮肤以及鼻孔、耳孔等部位的直接接触；定期清洁键盘，并保持键盘通风干燥，避免细菌滋生；使用网吧等公共电脑前，可用消毒纸巾对鼠标、键盘进行擦拭，避免交叉感染。

（5）保持正确的操作姿势。桌椅高度要和电脑高度搭配合适，眼睛与显示屏间要保持合适的距离，一般在 50～60cm 间比较合适。

（6）上网后做做眼保健操。用毛巾热敷、黄瓜片冷敷也能缓解眼睛疲劳，每次敷约 10～15min。一旦感觉眼睛有明显不适，要立即去看眼科医生，不要盲目点眼药水。

（7）上网后要赶紧洗脸。电脑荧光屏表面存在着大量静电，非常容易吸附灰尘，通过静电辐射又会转射到脸部和手部的皮肤上，时间久了易发生斑疹、色素沉积，严重者甚至会引起皮肤病变等。因此，上网结束后第一项任务就是赶紧洗脸，用温水加上洗面奶彻底清洗面庞，然后涂上温和的护肤品。

（8）多活动。长时间上网可能会感到头晕、手指僵硬及腰背酸痛，所以要及时活动筋骨，多做运动。如睡前平躺在床上，全身放松，将头仰放在床沿以下，缓解用脑后大脑供血、供氧的不足；垫高双足平躺在床或沙发上，以减轻双足的水肿，并帮助血液回流，预防下肢静脉曲张；在上网过程中时不时伸伸懒腰，舒展筋骨，或仰靠在椅子上双手用力向后，伸展紧张疲惫的腰肌；还可做抖手指运动，这是完全放松手指的最简单方法。

二、网络心理侵害预防

（一）防不良信息侵害

互联网在方便人们获取知识、了解社会、掌握技能、加强沟通和交流的同时，混杂其中的还带有色情、暴力、伪科学与迷信、反动、诱赌、厌世等内容的不良信息，也给大学生的健康成长带来了隐患。如何应对网络不良信息的危害，已成为当前社会普遍关注的热点问题之一。

网络不良信息是指互联网上那些容易对人的身体造成损害、给人的精神带来污染、使人的思想产生混乱、让人的心理变得异常的信息。网络上的垃圾信息包括色情信息、暴力信息、反动信息、伪科学与迷信信息、诱赌信息、厌世信息等。这些信息大多具有粗鲁、庸俗、虚假、怪异、矫情等性质，对大学生的身心发育和健康成长十分有害。网络不良信息纷繁复杂，大致分为以下六大类型。

1. 淫秽色情信息

淫秽色情信息指包含性内容的文字、图片、声音、动画等色情资料。网络信息传播在时间上的瞬间性和空间上的无边界性，使得色情信息可以毫无障碍地传播。大学生心智尚不成熟，出于好奇心，往往会主动浏览、收集有关性方面的知识和色情内容，但他们对事物的辨别能力及自控能力还不够强，色情信息不仅会严重影响他们的身心健康，还会给他们的学习和生活带来许多障碍。

2. 暴力信息

暴力信息指以一种非理性的方式宣扬喋血、斗殴、绑架、强暴、凶杀和战争恐怖等内容，让人丧失同情心，日益变得好勇好斗，为达到个人目的而不择手段的信息。网络暴力信息经常通过网络游戏传播。有资料显示，目前中国市场上销售的网络游戏中，有 95% 以刺激、暴力和打斗为主要内容，游戏越"刺激"，吸引上网参与的人数越多。大学生的心智还没有完全发育成熟，很容易被网络游戏所诱惑而沉迷其中，荒废学业，一些网络游戏甚至会使大学生产生暴力倾向，诱发犯罪行为。

3. 反动信息

反动信息指以一种煽动的方式宣传违背历史潮流和社会发展规律的政治谬论，动摇人们的理想、信念和意志、情操的有害信息。通过海量的娱乐性和消遣性节目宣扬所谓的"自由、民主、平等"的西方价值观和生活方式,对大学生展开强大的思想攻势,这对涉世不深、缺乏社会经验和政治上的分析、识别、选择、批判能力的大学生来说,具有很大的迷惑性、欺骗性和危害性。

4. 伪科学与迷信信息

伪科学与迷信信息指以一种非科学的方式封闭人的思维、奴役人的精神、毁灭人的情感、扼杀人的尊严和自由的非理性信息。近年来,算命、测字、装神弄鬼等庸俗的"世风"逐渐侵染互联网,对网民进行误导。与现实生活中的迷信一样,网络迷信也容易腐蚀人的思想、消磨人的意志、扼杀人的理想,甚至左右人的行为,让人在不知不觉中形成消极的人生观。对缺乏准确判断力的大学生来说,一旦长期接触这种迷信信息,就会把成功和失败看成是"命中注定",从而放弃努力,用消极的态度对待学习、生活和人生。

5. 诱赌信息

诱赌信息指与暴力信息一样,诱赌信息也是一种能够致人心理癫狂的非理性信息。在新颖、刺激、变化多端的网络互动游戏的诱惑下,一些大学生很容易陷入嗜赌的心理陷阱。一旦沉迷于网络游戏中,就会产生越来越强烈的心理依赖感和反复操作的渴望,这与吸食毒品成瘾极为相似。同时,长时间上网,需要高额的费用,这极易使大学生想方设法甚至不择手段地去偷、骗甚至抢钱,导致犯罪行为的频频发生,造成严重的社会后果。

6. 厌世信息

厌世信息指渲染对人生的悲观情绪,使人的心理健康出现问题的反社会信息。一些大学生痴迷于"泡吧",在网上悲观厌世信息的影响下,可能就会滋生轻生和弃世的念头。近些年来大学生因失恋而寻短见、因找不到工作而自杀等事件不断被媒体报道,网上传播的曲解现实生活的厌世信息,对此类悲剧的发生起到了推波助澜的作用。

三、网络不良信息的预防

要预防网络不良信息的侵害,大学生要做到以下七点。

1. 浏览内容健康的网站

不登录内容不健康的网站,不浏览充满色情、暴力、凶杀、赌博等有损身心健康的内容,以免心灵遭受污染;不沉迷于网络游戏和聊天,而应多搜集、浏览一些有益于身心健康和学习的信息,培养高尚的情操,树立正确的人生观、道德观和世界观。

2. 充分认识网络世界的虚拟性,不沉溺其中

要明白网络是"虚拟社会",不要过分沉溺,尤其是对"网恋"、"网络同居"、"网婚"等两性互动活动,千万不要过分痴迷而深陷其中。不要把网络当作逃避现实生活的避风港,网络生活只是现实生活的一部分,它不可能代替现实生活。生活中无论遇到什么艰难险阻,都应该积极地去面对、解决。

3. 遵守网络文明

要善于在网上学习,不浏览不良信息;要诚实友好交流,不侮辱、欺诈他人;要增强保护意识,不随意约会网友;要维护网络安全,不破坏网络秩序;网上活动要有益于身心健康,不沉溺于虚拟时空。

4. 增强自控能力和识别能力

对网上的不良信息或非法信息,要增强自控能力,提高识别能力,认清本质,不浏览、不传播、不盲目相信,坚决进行抵制。

5. 保持警觉，加强自我保护

为了达到犯罪目的，有的网友会对你海誓山盟，抛出各种诱惑，诱使你与他直接交往，见面后则会露出其狰狞面目，对你进行欺骗或敲诈勒索，甚至是更严重的性侵害、抢劫或者杀害。因此防范的最好方法是，不要和网络陌生人随意约会，不给居心不良的"网友"和犯罪分子以可乘之机。

6. 注意躲避网络陷阱

互联网上有许多恶意网站，如色情网站、不良网络游戏网站、宣传邪教网站等，大学生要注意躲避这些不良网站，同时对非法网吧、畸形网恋等陷阱，大学生也要格外小心。无意中点击到黄、赌类网站的链接，要迅速关闭，然后将其在浏览器中的地址删除，以防下次再次弹出。

7. 及时寻求帮助

遇到网络不良信息，自己无力应对时，可以向网络警察、网络管理人员求救；注意保全证据，保留不良信息的出处、IP 地址等信息，以便于公安人员查处。

任务二 提交一份网络心理障碍情况调查表

📊【学习目标】

(1) 了解网络心理障碍的类型。

(2) 了解网络犯罪类型。

(3) 了解上网相关法律知识。

(4) 掌握网络心理障碍的预防知识。

(5) 掌握网络成瘾的判断标准。

⬇【学习任务准备】

要求学生调查、了解班级同学的网络心理状况和遇到的网络犯罪案例。

⚙【学习任务实施】

以学习小组为单位，指导学生调查、了解班级同学的网络心理状况和遇到的网络犯罪事实，对网络心理障碍和网络犯罪产生的原因进行交流和讨论，根据网络心理障碍和网络犯罪特点，掌握网络心理障碍和网络犯罪的预防知识，并提交网络心理障碍情况调查表。

🍸【案例一瞥】

案例 1： 2011 年 11 月 10 日，受害人张某上网时看到一则便宜销售摩托车的广告，与对方电话联系谈妥以 1300 元的价格成交，对方要求受害人先寄 300 元的邮费，受害人按照对方提供的账号汇款后对方说摩托车已经发出。12 日中午 12 时许，其借口货已经到余姚市，要求受害人把货款先行汇出，当受害人再次汇款 1300 元后，对方又谎称需再交 2000 元的保证金才能看到货物，受害人这才发现不妥。受害人共被骗 1600 元。（徐挺. 便宜货做诱饵，骗你没商量. 浙江在线. 2012－1－7.）

案例2：2011 年 10 月 17 日，骗子在网上发布虚假信息，以招聘余姚某宾馆酒水推销员为由诱骗受害人周某上钩，并与受害人通过电话联系，让受害人先交 800 元的押金，受害人于当日下午 4 时许按照约定汇款后，骗子谎称没收到汇款，再次要求受害人汇款时被受害人识破。受害人被骗 800 元。（徐挺. 网络招聘先收钱者多是骗局. 浙江在线. 2012 - 1 - 7.）

案例3：2011 年 11 月 21 日 10 时 30 分至 20 时左右，受害人徐某在家中上淘宝网时，看到网店"黎族图腾兽"里有其想买的衣服，徐某与"黎族图腾兽"谈妥价格、款式后，受害人先用网银支付 550 元现金，提示不成功，又重新付一次相同金额后，"黎族图腾兽"又称没有收到货款，发给受害人另外一个网址。谎称买好货后可用点卡方式直接进行退款，受害人又将 1140 元钱从网上银行打到他的账户上，没想到骗子再次说不成功，还要让受害人再付一次，这时徐某才发觉上当了。受害人共被骗 2240 元。（徐挺. 淘宝网上不要轻信卖方提供的付款网址. 浙江在线. 2012 - 1 - 7.）

 【安全课堂】

一、网络心理障碍的类型

网络心理障碍是指因无节制地上网导致的行为异常、人格障碍、交感神经功能失调等。其主要表现有情绪低落，无愉快感或兴趣丧失；睡眠障碍，生物钟紊乱；食欲下降，体重减轻，精力不足，精神运动性迟缓和激动；自我评价降低，能力下降，思维迟缓，社会活动减少等。在网络心理障碍的早期，患者先是逐渐感受到上网的乐趣，然后是精神上的依赖，渴望上网。后来发展为躯体依赖，表现为每天起床后情绪低落、思维迟缓、头昏眼花、疲乏无力和食欲不振。该病晚期患者出现与生理因素无关的体重减轻、外表憔悴等症状，每天连续长时间上网，一旦停止上网，就会出现急性戒断综合征，甚至产生自杀意念和行为。网络心理障碍的类型主要有以下五种。

（一）网络依赖与迷恋

随着个人电脑与网络的普及，网络依赖型人格障碍者人数正在不断增多。当陷入网络以后，部分人就会觉得聊天室与网络游戏有着极大的吸引力，会身不由己地去接触网络。而且用网越久，就会产生越强的依赖性。一旦没有了网络，就会觉得浑身不自在。发展到最后，上网就会变成一种强迫性的行为，以致他们抓紧每一分钟上网。但上网已不再有以前那么大的乐趣了，有时他们觉得自己上网是因为意志薄弱，甚至会为此产生犯罪感，可还是忍不住要上网。

网络迷恋心理障碍包括以下几种类型：网络色情迷恋——迷恋网上的色情音乐、图片及影像；网络交际迷恋——利用各种聊天软件以及网站开设聊天室，长时间聊天；网络游戏迷恋——沉迷于各种网络游戏中，他们或与计算机对打，或通过互联网与网友联机进行游戏对抗；网络恋情迷恋——沉醉在网络所创造的虚幻的罗曼蒂克的网恋中；网络信息收集成瘾——习惯性甚至是强迫性地从网上收集无关紧要的或者不迫切需要的信息，堆积和传播这些信息；网络制作迷恋——以下载、使用各种软件、追求网页制作的完美性和编制多种程序为嗜好。在这六种类型中，网络交际迷恋者、网络游戏迷恋者、网络恋情迷恋者及网络信息收集成瘾者占大学生网络迷恋群体中的多数。

对网络的过度依赖和迷恋，会导致个人生理受损，使正常的学习、工作、生活及社会交往受到严重影响。

（二）网络孤独

这一心理主要是指希望通过上网获取大量信息、网上娱乐、网上人际交往来排遣孤独、提高或改变自己，但上网未能解除孤独，甚至加重了原有的孤独，或反而因为触网而引发孤独感等不良心理状况。就信息本身来看，互联网是开放的，它能使大学生接受到更全面、更生动、更形象的信息，但对信息的接受者来说，其接受的过程却是相对封闭的。尽管有不少的网络具有互动性，但毕竟需要依靠冷冰冰的网络、电脑等设备做中介物。大学生网民一旦下线离开电脑，就很难表达自己，无法与他人沟通，因而不可避免地造成大学生"网民"情感上的孤独。

（三）网络恐惧

大学新生特别是来自经济落后地区的农村学生，之前几乎没有接触过互联网或接触很少。当他们进入大学，面对色彩斑斓的网络界面，看到层出不穷的各种网络书籍、电脑软件，瞧着周围的同学熟练地使用电脑，自由地浏览网页、聊天时，一部分学生感到害怕和迷茫。怕自己学不会或学不好计算机操作，以至于不能有效利用网络来学习和生活，甚至可能成为"网盲"；怕自己学不好计算机而被他人嘲笑为无能或落伍于他人。同时，五花八门的电脑书籍和软件使他们眼花缭乱，不知道学什么，由此也会产生对网络的畏惧感。很多大学新生会产生这种网络心理畏惧，另外一些对网络比较熟悉的大学生也有这样的心理障碍，他们对网络的畏惧主要是害怕跟不上网络的快速发展，怕掌握不了新的网络技术而被淘汰。这种恐惧会伴着很多大学生走过大学四年。

（四）网络自我迷失

在以计算机为终端的网络中，由于匿名性而隐去了真实身份，许多现实社会中的规范、规则、道德在虚拟世界中被冻结，大学生上网者在表现个人自我时，把社会自我抛得越来越远，甚至企图借助网络在现实社会中凸显自我，将自我凌驾于社会之上，网络黑客、网络犯罪就是这方面的典型例子。与现实世界相比较，人们似乎更倾向于在网上犯罪。在大学生网络犯罪中，不经允许而侵入他人网络的事件是经常发生的。而且在"黑客"中，大学生的比例比较大，他们通过制造和散布电脑病毒，恶意破坏网络用户资料，更有甚者利用网络进行盗窃、诈骗。同时，大学生对性有强烈的神秘感，一些大学生沉迷于色情网站，很轻易就成为色情网的俘虏。他们沉溺于内容淫秽的图片与视频，陷入无尽的色情幻想之中而无法自拔。

（五）网络成瘾综合征

网络成瘾指个体反复过度使用网络导致的一种精神行为障碍，表现为对使用网络产生强烈欲望，突然停止或减少使用时会出现烦躁、注意力不集中、睡眠障碍等。2008 年 11 月 8 日，我国首部《网络成瘾诊断标准》通过专家论证，玩游戏成瘾被正式纳入精神病诊断范畴。据北京公安部门统计，青少年犯罪中有 76% 的人都是网络成瘾患者。

二、网络心理障碍的预防

（一）形成正确的网络认知

互联网是一把双刃剑，因为网络世界既是一个自由、开放、平等的世界，也是一个充满着诱惑与陷阱的危险之地。对大学生而言，应该看到网络只是一个工具，网络资源是人类社会不可缺少的财富，对网络的破坏与滥用就是对社会正常秩序的极大破坏，会危及我们每一个人；应该认清网络社会并非真实的社会，网上暂时的成功并非是真实的成功，虚拟的情感宣泄与满足也并非能得到真正的快乐；应该认清网络带来的不只是鲜花与美酒，也会给自己带来苦涩的恶果。那些迷恋上网而不能自拔的大学生，随着上网时间的不断延长，他们的记忆力下降，对学习也逐渐产生厌烦感，并进而出现逃课上网、对各种活动都漠不关心、进取意识减弱、与周围同学关系紧张等现象。

另一方面，夸大网络的功能，并进而认为网络是解决一切问题的灵丹妙药，或认为网络是导致人们自我迷失、人与人之间相互欺骗、社会秩序紊乱的症结而否定网络的作用，都是错误的。大学生只有对网络树立正确的认知，才能正确地面对网络，合理地使用网络资源，准确地把握自我，认清自己的真实需要，处理好现实社会与虚拟社会的关系，避免网络心理问题的产生。

（二）自律与自我管理

在网络世界里，由于信息含量十分巨大，各种文化与价值理念纷繁复杂，各种论断莫衷一是，各种诱惑比比皆是。同时网络社会又是一个充满自由的社会，缺乏非常强大的外在约束。所以，在网络社会中，自律的重要性与意义显得尤为突出。大学生应合理安排好自己的日常生活，保持正常的生活、工作、学习规律，控制上网时间。同时要勇于直面现实、直面人生，多参加有益的社会活动，从网络的迷恋中解脱出来。

（三）加强心理锻炼

面对网络心理问题，并不是要求大学生永远离开网络，而是应该加强其心理锻炼，使他们在使用网络时，不至于陷入心理障碍的困境。大学生要树立远大的理想，正确把握好现实与虚拟的关系，积极参加学校的各类集体活动，合理利用网络。

（四）丰富课余生活

大学生要善于利用课余时间参加一些有意义的讲座、讨论会、学术报告、文娱活动、社团活动、公关活动等，尽量培养自己的多种兴趣爱好，如集邮、剪贴、垂钓等，这样可以使生活充实丰富，为人生增添无穷的乐趣，也有利于增强自信心和社会适应能力，同时也避免了因生活空虚单调而陷入网络世界无法自拔的不良倾向，对大学生身心的健康发展非常有利。

三、网络成瘾的判断标准

（1）对网络的使用有强烈的渴求或冲动感。

（2）减少或停止上网时，会出现周身不适、烦躁、易激惹、注意力不集中、睡眠障碍等戒断反应；上述戒断反应可通过使用其他类似的电子媒介如电视、掌上游戏机等来缓解。

（3）下述五条内容至少符合一条即为网络成瘾：

1）为达到满足感而不断增加使用网络的时间和投入的程度。

2）使用网络的开始、结束及持续时间难以控制，经多次努力后均未成功。

3）固执地使用网络而不顾其明显的危害性后果，即使知道网络使用的危害，仍难以停止。

4）因使用网络而减少或放弃了其他的兴趣、娱乐或社交活动。

5）将使用网络作为一种逃避问题或缓解不良情绪的途径。

网络成瘾的病程标准为：平均每日连续上网达到或超过6h，且符合症状标准已达到或超过3个月。

四、规范上网，预防犯罪

计算机违法犯罪是指利用计算机或针对计算机资产实施违法犯罪的行为。在我国法律管辖的范围内，所有利用计算机信息系统及互联网从事活动的组织和个人，都不得进行相关的违法犯罪活动，否则必将受到法律制裁。

利用计算机信息与网络进行犯罪活动主要有以下四种类型。

（一）政治性犯罪

凡是利用消息与网络系统，从事危害国家、社会、国防安全等具有政治性质方面的犯罪，统称为政治性犯罪。主要有五种情况：

（1）利用互联网造谣、诽谤或发表、传播信息煽动颠覆国家政权，推翻社会主义制度，或者煽动国家分裂，破坏国家统一。

（2）利用互联网盗取、泄露国家秘密、情报或者军事秘密。

（3）利用互联网煽动民族仇恨、民族歧视，破坏民族团结。

（4）利用互联网组织邪教组织、联系邪教组织成员破坏国家法律、行政法规的实施。

（5）利用信息与网络系统在互联网上建立淫秽网站、网页，链接淫秽站点，提供淫秽站点链接服务，或者传播淫秽书刊、影片、音像、图片。

（二）侵财性犯罪

据英国《每日邮报》2010 年 10 月 13 日报道，21 岁的俄罗斯女学生克里斯蒂娜·斯沃辛斯卡娅，除美国纽约大学的学生身份之外，还是东欧一个高科技网络犯罪集团的成员。该集团通过向美英等国银行的客户发送带有"特洛伊木马"病毒的电子邮件，窃取受害者的银行账号和密码，进而窃取受害人的资金。该犯罪集团已累计窃取约 7000 万美元的不义之财。当地时间 12 日上午，斯蒂娜·斯沃辛斯卡娅第二次在曼哈顿联邦法庭受审。她被控犯有为黑客团伙窃取银行账户资金、洗钱等罪行，如果罪名成立，她可能面临长达 40 年的监禁。

凡是利用信息与网络系统从事侵犯公共财产的犯罪活动，统称为侵财性犯罪。主要有以下三种情况：

（1）利用互联网进行诈骗、盗窃。

（2）利用互联网编造并传播影响证券和期货交易的虚假信息。

（3）利用互联网销售伪劣产品，或者对商品、服务作虚假宣传。

（三）侵权性犯罪

凡是利用信息与网络系统进行侵犯他人的名誉权、姓名权、知识产权等方面的犯罪，统称为侵权性犯罪。主要有以下四种情况：

（1）利用互联网侮辱他人，或者捏造事实诽谤他人。

（2）利用互联网侵犯他人的知识产权。

（3）利用互联网非法截获、篡改、删除他人电子邮件或者其他数据资料，侵犯公民通信自由和通信秘密。

（4）利用互联网损害他人商业信誉和商品声誉。

（四）攻击性犯罪

凡是针对计算机信息与网络系统所实施的制造病毒、非法进入、黑客攻击等破坏性犯罪活动，统称为攻击性犯罪。主要有以下三种情况：

（1）利用信息与网络系统，违反国家规定侵入国家事务、国防建设、尖端科学技术领域的计算机信息与网络系统。

（2）利用互联网制作、传播计算机病毒，设置破坏程序攻击计算机信息与网络系统，致使信息与网络系统遭受损害。

（3）采取非法手段擅自中断计算机信息与网络系统，造成信息与网络系统不能正常运行。

五、知法守法，预防犯罪

（一）遵守计算机方面相关法律规定

（1）遵守《中华人民共和国计算机信息系统安全保护条例》，禁止侵犯计算机软件著作权。

（2）任何组织或者个人，不得利用计算机信息系统从事危害国家利益、集体利益和公民合法利益的活动，不得危害计算机信息系统的安全。

（3）计算机信息网络直接进行国际联网，必须使用邮电部国家公用电信网提供的国际出入口信道。任何单位和个人不得自行建立或者使用其他渠道进行国际联网。

（4）从事国际联网业务的单位和个人，应当遵守国家有关法律、行政法规，严格执行安全保密制度，不得利用国际联网从事危害国家安全、泄露国家机密等违法犯罪活动，不得制作、查阅、复制和传播妨碍社会治安的信息和淫秽色情信息。

（5）国际联网用户应当服从接入单位的管理；遵守用户守则；不得擅自进入未经许可的计算机系统；不得随意篡改他人信息；不得在网络上散发恶意信息；不得冒用他人名义发出信息，侵犯他人隐私；不得制造、传播计算机病毒及从事其他侵犯网络和他人合法权益的活动。

（6）任何单位和个人，发现计算机信息系统泄密后，应及时采取补救措施，并按有关规定及时向上级报告。

（二）守网法，讲网德，做规矩网民

在校大学生都有获取新知识、新技术、新信息的渴望，但是要明白，掌握这些新的东西应当是为了更好地武装自己，将来更多地服务社会，而不能用来搞歪门邪道，甚至用来实施犯罪。

（1）每个大学生都必须认识到，利用计算机进行违法犯罪活动，是严重危害社会的行为，是法律严厉禁止的行为，是不道德的，是非常可耻的，会受到法律的严厉制裁。

（2）大学生要讲究社会公德和IT职业道德，要用掌握的计算机知识技术服务社会、造福社会，而不要滥用智商和青春从事危害国家利益、集体利益和公民合法利益的活动，不要以任何目的危害计算机信息系统安全。

（3）要尊重他人的知识产权和通信自由，不要利用网络进行侵权活动。

（4）要尊重公民的个人隐私权，不要进行电子骚扰或网络性骚扰。

（5）不要做"黑客"，也不要做"黄客"（沉迷在淫秽信息中的人）。法律禁止利用互联网查阅、复制、制作和传播宣扬封建迷信、淫秽色情、赌博、暴力、凶杀、恐怖、教唆犯罪的信息。

（6）要做诚实的互联网用户。不要制作、传播谣言、虚假信息，或搞恶作剧愚弄别人，扰乱社会秩序。

（7）要珍惜匿名权，做文明的"网虫"和聊天客，不要因为以虚拟的身份进入虚拟社会，就肆意妄为、无法无天、胡言乱语。

（8）要慎独慎微，不要因为独自操纵一台电脑就放松遵纪守法意识，无视社会公德，降低个人道德水平。

（三）科学理性，不轻信虚假信息

2011年3月11日，日本特大地震造成海啸，随后引发核电站泄漏，日本人民接受着重大灾难的重重考验。与此同时，在日本人民抗震救灾的同时，国内却有不法分子四处散播虚假信息，导致国内多地流传"碘盐能抗击辐射"这一伪命题，由此导致碘盐一度遭到抢购情况的发生。新闻是对客观事实的真实反映，无论何种媒介都必须遵循新闻真实的规律。但是网络自身的传播特点为虚假信息的产生提供了生存的土壤。虚假信息泛滥给社会或个人带来的损害比起传统媒体来有过之而无不及。互联网、通信设备具有高度的开放性和交互性，任何一个网民或者手机用户都能生产和发布信息。正是这种无限的自由性使一些信息造假者和谣言传播者能够利用高科技的工具发表不负责任的言论，或有意散布虚假信息，制造混乱。谣言止于智者。凡是谣言，总是破绽百出，智者凭常识往往可以瞧出破绽。作为新时代的大学生，在面对虚假信息时，要提高辨别能力，用理性的态度分析对待。同时要做到不相信、不参与、不转发，为净化网络环境贡献自己的一份力量。

任务三　设计一份大学生预防网络陷阱方案

【学习目标】

（1）了解网上交友危害事例。

（2）了解网上购物危害事例。

（3）了解其他网络陷阱类型。

（4）掌握预防网络陷阱的知识。

【学习任务准备】

要求学生调查、了解班级同学的网上交友、网上购物情况。

【学习任务实施】

以学习小组为单位，指导学生调查、了解班级同学的网上交友、网上购物情况，以及遇到的网络陷阱，对网上交友、网上购物犯罪产生的原因进行交流、共享和讨论，根据网络陷阱的特点，掌握网络陷阱的预防知识，并提交预防网络陷阱方案。

【案例一瞥】

案例1： 2011年2月刘女士通过交友网站认识一名叫胡涛的男子，之后两人通过QQ及电话联系，发展成为男女朋友关系。后来，胡涛用虚假的身份与事主交往，并于2011年8月底至2011年9月5日期间，以交房租、做生意缺乏资金周转为由，先后向刘女士借了66 000元人民币。2011年9月5日，刘女士发现胡涛的身份是假的，"我通过各种方式联系他，但都联系不上，才知道自己上当受骗了。"刘女士说。为此，刘女士报了警。今年1月11日，刘女士在东莞市南城稻花村小区附近逛街，在一家电脑店里偶然发现了犯罪嫌疑人胡涛（真名胡某兴，男，48 岁，湖南省郴州市人），刘女士报了警，民警赶到现场将胡某兴抓获。经审讯，犯罪嫌疑人胡某兴对实施诈骗的犯罪事实供认不讳。目前，胡某兴已被刑事拘留，案件正在进一步侦查当中。（女子被"男友"骗了 6.6 万. 东莞阳光网. 2012 - 2 - 18.）

案例 2： 廖某，男，90 后，高中文化。2011 年，廖某和几名朋友一起，在淘宝网上注册了一家网店，店主昵称为"法国代购馆"。该网店发布了数条"爱马仕"牌皮包的虚假销售信息，较低的价格吸引了一些买家的注意。同年 7 月 15 日晚，买家秦小姐在该店铺看中了某款爱马仕包，以 198000 元的价格订购了 2 个。拍下商品后，秦小姐很快将货款划入了自己的支付宝账户。按照淘宝网交易规则，卖家网上购物所支付的货款先暂存于支付宝平台，当买家"确认收货"并在支付宝平台上点击"确认付款"后，支付宝才将钱款转入卖家账户。之后，廖某又给秦小姐发来"代购须知"，要求她点击上面的网址链接。秦小姐依言点击，但操作没有成功，于是廖某借机提出，由他来帮助秦小姐操作，秦小姐同意后下了线。第二天上午 9 时许，秦小姐再次上线后惊讶地发现，在她离线期间，其淘宝账户竟已向支付宝平台"确认收货"，198 000 元的购包款被转入了"法国代购馆"账户。原来，"代购须知"链接是个陷阱。秦小姐不慎点击后，廖某利用网络技术盗取了她的淘宝及支付宝账户和密码，随后自行登录她的淘宝账户，向支付宝平台"确认收货"。"法国代购馆"在收到这笔钱款后，又转入了由同伙控制的支付宝账户，之后将这笔巨款转移。（张强. 发"代购须知"骗买家账户. 新华网. 2012 - 3 - 25.）

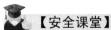 【安全课堂】

一、网上交友

2007 年 10 月，学校放"十一"大假，闲暇时某女生楠楠常去学校附近的网吧聊 QQ，在网上认识了与自己年龄相仿名叫王某的男子，两人聊得很投机。没过多久，王某主动提出与楠楠见面。见面后两人一同去网吧玩游戏。"我手机没电了，借你手机打个电话吧。"王某推了推正玩得开心的楠楠，楠楠没多想就将手机递给了王某。王某拨通一个电话后，嘴里喊着"这里信号不好，你大声点"，就离开座位到外面听电话。楠楠玩了一会儿，没看到王某回来，感到事情不妙，立即停止玩游戏，寻遍了网吧，也没有找到王某。这样的被骗事件在大学生中屡有发生，因此，在网络聊天时大学生应注意以下问题：

（1）在聊天室或上网交友时，尽量避免使用真实姓名，不轻易告诉对方自己的电话号码、住址等有关个人的真实信息。

（2）不要轻易与网友见面。如果要与网友见面，要在有自己信任的同学和朋友陪同的情况下去，尽量不要一个人赴约。约会地点尽量选择在公共场所，尽量选择白天的时间段，不要选择偏僻、隐蔽的场所，特别是女大学生，在这些方面一定要有足够的警惕性。

（3）在聊天室里聊天时，不要轻易点击来历不明的网址链接或来历不明的文件，往往这些链接或文件会携带一些恶意的病毒，或带有攻击性质的黑客软件，造成强行关闭聊天窗口、系统崩溃或被植入木马程序等后果。

（4）警惕网络色情聊天、反动宣传。聊天室里的网友鱼龙混杂，其中不乏好色之徒，言语间充满挑逗，对不谙世事的大学生极具诱惑。或在聊天室里散发色情网站的链接，换取高点击率，对大学生的身心造成伤害，也有一些组织或个人利用聊天室进行反动宣传，这些都应引起大学生的警惕。

（5）对网络上的一些虚假信息，要提高警惕，不要轻信从而扩大信息传播面。

二、网上购物

学生徐某在某网站看到"一批全新的三星笔记本电脑低价处理，原价 15 000 元只卖 3500 元，有发票和全国联保的保修卡"广告。对方声称产品是特价，数量有限，购买人很多，并且透露该货是走私过来的，质量绝对可靠，因为急着转手，所以才卖得这么便宜，并给了徐某一个银行账号，要求先付 1000 元订金，为了尽快得到这款心仪的电脑，徐某按照对方提供的账号打了款，后来又催对方发货。但是对方一推再推，又以缴运费、所汇款项被冻结需要同笔钱解冻等手段先后骗走了 4834 元。直至最后卖方销声匿迹，徐某才发现自己上当受骗。

上述案例中，骗子主要采用的手段就是虚标价格和介绍产品为海关罚没品，通过这些手段让买家失去戒备心，因此在购买时研究一个卖家的信用是非常重要的，同时还要了解清楚产品是否正品，弄清楚其经营网站的合法性。

网络已成为现代人日常生活的一部分，网络不单有聊天、看新闻、发邮件等功能，它给现代人带来越来越多的方便，如网络购物，网络购物是节省时间及金钱的好办法，但是对那些缺乏基本上网购物常识的大学生来说，这些方便快捷便会大打折扣。因此，我们在购物时需要注意以下内容：

（1）别被精美广告图片吸引。网络购物主要是看图片，一张好的图片会吸引住买家的眼球，带来更多的浏览量，但是很多服装类的图片卖家采用的是广告杂志的照片，特别是所谓的瑞丽服饰，而化妆品和家用电器的卖家大部分是采用官方图片。所以在购物时，选择合法的、信誉度比较高的网站交易，风险会比较小。另外，在购物前必须对该网站的信誉度、安全性、付款方式，特别是信用卡付费的保密性进行考察，防止个人账号、密码遗失或被盗，造成不必要的财物损失。另外，应及时核对账单、信用卡和银行结算单，确定没有不明款项。如果发现异常，立即拨打发卡银行客服电话。

（2）尽量购买有实物照片的商品。实物只需要拍得真实、清晰就可以。不要轻信一些虚拟社区、BBS 里面的销售广告，尤其是进行二手货物交易时要特别谨慎，不可因为贪图小便宜而上当受骗。

（3）采用安全的支付宝，没有支付宝的尽量选用本地卖家，或让对方留下固定电话尽快申请支付宝。避免与身份不明的商家交易，如需交易，可通过电话或其他方式向电子商务监管部门了解该商家的信誉度等基本资料，了解清楚后再决定是否进行交易。

（4）理智消费，货比三家。以淘宝网为例，经常在上面购物的买家要尽可能地选择信誉比较好的卖家。这里要强调的是：不要一味只注意卖家拥有几颗钻、几个皇冠，还应该重点考虑评价的质量，看看这个卖家有无中评、差评，这种情况是什么原因造成的，在弄清信用评价后，也要大体浏览一下对该店铺评价信用的具体内容，如卖家的人品、售后服务质量。若发现购物网站的商品价格与市场售价差距过于悬殊或者不合理时，要小心求证，切勿贸然购买，坚持"一分钱一分货"的原则。除非该商品是在参加淘宝网的特别活动（如"周末购物狂"）或者有出售该商品的很多卖家售价都比较低，这种情况下，才可以列为考虑购买对象。如果只有个别卖家价格出奇的低就要特别小心。在了解清楚电子商店退货原则以及所支付费用总额（包括预付运费与税金）等问题后，再决定是否购买。

（5）谨慎选择交易对象。一些骗子利用各种手段，比如降低价格、直接线下交易、预交订金等，让买家提早付款，一旦收到货款就立刻销声匿迹。特别是现在很火爆的低价团购活动，就可能以低价为诱饵，吸引大家购买，然后在售后服务和产品配件上玩花样。作为买家在搜索时，一定要支持使用支付宝之类的第三方交易平台，绝不轻信什么价格便宜、可以用线下交易直接汇款之类的谎言，对于先付订金的说法一律拒绝。

另外，在网上购物时需要核对对方身份，以免上当受骗。对于陌生的商家，应注意其网址上是否提供详细的通信地址和联系电话，必要时应打电话以核实经营者的身份。

（6）购买成功后，保留好收据记录和相关票据，以备日后使用。

（7）做好网络安全防范措施，安装上防火墙和杀毒软件，并定期更新杀毒软件，以确保网络和个人信息的安全。

三、网络陷阱

2010年3月1日陈某在学校宿舍上网时，碰到一个冒充是其姑父的人使用其 QQ，称一个朋友碰到困难要向其借钱，并在聊天过程中利用事先录制的其姑父的录像与陈某进行视频聊天，陈某看了视频以为确是其姑父借钱，就立即给对方汇出 2500 元，事后才发现被骗。

这种通过网络进行诈骗的新型手段，较之常规的诈骗手法具有更强的隐蔽性与危害性。一是利用了 QQ 群体中网友或相识朋友本身就存在的相互信任；二是作案人隐藏在网络背后，使受害人看不到作案人的真面目，而且一般骗取的款额都不太多，极易受骗上当；三是作案人盗得一个 QQ 号码后，可以冒充该号码主人向 QQ 上的其他网友索取密码与钱财，一旦取得新密码后，又可冒充新 QQ 主人开展下一轮骗局，形成连环诈骗案。

在网络这个虚拟世界里，一些网站或个人为达到某种目的，往往会不择手段，套取网友的个人资料，设置陷阱，进行欺诈。所以，在日常的网络活动中，我们应从以下几个方面提高警惕：

（1）不要轻易相信互联网上中奖之类的信息。某些不法网站或个人利用一些网民贪图小便宜的心理，通过 E - mail、QQ 号码向网民发布一些中奖信息，然后通过要求中奖人邮寄汇费、提供银行卡号或个人资料等方式，套取个人钱财。

（2）不要轻易相信互联网上来历不明的测试个人情商、智商、交友之类的软件，这类软件大多要求提供个人真实的资料，这往往就是一个网络陷阱。

（3）不要轻易用电话号码、手机号码在网上注册用户名，一些网民注册成功，不但要缴纳高额的代理花费，而且会收到一些来历不明的电话、信息骚扰。

◉【学习项目小结】

随着信息时代的到来，发达的网络信息技术给人们带来了极大的便利。网络聊天、电子商务、虚拟社区游戏等这些新兴事物，不断融入我们的日常生活中。信息的生产、累积、流转都以前所未有的速度推进，快捷、丰富的信息资源也给我们的生活带来了全新的体验。据统计，到 2000 年 7 月为止，我国已有近 1000 家大中小学校进行了域名注册，其中有不少建立了完整的学校站点。青少年不仅可以通过互联网及时了解学校的情况，还可以直接学习课程，和学校的老师进行直接交流，解答疑难、获取知识。诸多网上学校的陆续建立，为青少年的求知和学习提供了良好的途径和广阔的空间。但作为当代的大学生，他们对维护网络安全的法律、法规、条例却知之甚少，网络安全防范意识相对淡薄，网络安全方面存在极大问题。

　　大学生处于青春发育期，代谢旺盛，学习任务繁重，对新鲜事物的兴趣很大，对网络的抵抗力不强。保证合理安排上网时间，把住网络安全观，是每个对自己、对家人、对社会负责的大学生都必须做到的。

　　本学习项目从大学生常见网络生理危害、心理危害入手，通过真实案例，帮助学生掌握网络生理危害、心理危害的预防常识。通过对网络犯罪类型的具体描述，以正确认识和理解网络犯罪为基础，以实施各种惩治网络犯罪策略为手段，预防和惩罚各种网络犯罪行为，净化网络环境及虚拟市场，尽快减少或避免各种网络犯罪。

　　当前全社会的网络安全与经济建设的研究，正处于忙于封堵现有计算机网络的安全漏洞阶段。要彻底解决这些迫在眉睫的问题，归根结底取决于网络安全保障体系的建设。目前，我们迫切需要根据国情，从经济建设安全体系整体着手，在建立全方位的防护体系的同时，完善法律体系并加强管理体系，只有这样，才能保证国家信息化的健康发展，保证大学生安全、健康、合理利用网络。

 【求助直通车】

中国心理卫生协会　http：//www.camh.org.cn/
中国心理卫生网　http：//www.xlwsh.com/
华夏心理网　http：//www.psychcn.com/
心理120中国心理咨询治疗网　http：//www.x1120.com/
中国心理咨询网　http：//www.xlzx.com/
中国大中学生心理健康教育在线　http：//www.psyhealth.cn/
大学生心理健康教育协会　http：//xinxie.SZU.edu.cn/
中国大学生心理健康与咨询网　http：//www.cn525.cn/index.asp
中国心理危机与自杀干预中心救助热线　800-810-1117010-62715275
中国扫黄打非网　http：//www.shdf.gov.cn/portal/index.html
公安部扫黄打非举报电话　010-65254722
全国扫黄打非工作小组办公室举报电话　010-65233456010-65212870
公安部淫秽色情网站举报电话　010-65283344010010-65207655
公安部淫秽色情网站举报网站　http：//www.cyberpolice.cn

【练习与思考】
　　(1) 讨论小组设计的安全上网备忘录与你自己的个人实际状况还存在哪些问题？
　　(2) 分析并评价自身上网习惯。
　　(3) 网络时代的迅猛发展使得各种新型网络犯罪层出不穷，你认为，预防这些犯罪最关键的是什么？

学习项目七

电力类专业职业安全

【学习项目描述】

通过教师的讲解、观看图片和视频，使学生了解电气安全的基本常识，认识电气安全的重要性，了解电气事故的特点、危害，了解安全生产管理的综合知识，了解常见的职业病危害，认识职业健康的重要性，掌握常见电气事故的预防、生产事故预防，职业病防治措施。通过设计一份大学生职业安全行为规范，指导学生尝试运用有关职业的知识解决生活中的实际问题。掌握安全生产的基本常识，把住安全生产关。

【教学目标】

1. 知识目标

（1）了解大学生职业安全的相关知识。

（2）了解安全生产管理的综合知识。

（3）了解常见的职业病危害。

（4）掌握常见电气事故的预防知识。

（5）掌握生产事故预防知识。

（6）掌握职业病防治措施。

2. 能力目标

（1）掌握常见电气事故的预防、生产事故预防，职业病防治措施。

（2）掌握大学生常见生产事故预防知识。

（3）能够设计出适合大学生实际状况和校园环境的职业安全行为规范。

3. 素质目标

（1）认识安全生产的重要性。

（2）培养良好的安全生产习惯。

【教学环境】

多媒体教室及相应的设备；相机、摄影设备。

任务一　提交一份校园电气安全隐患报告

【学习目标】

（1）了解电力行业安全的相关知识。

（2）了解电气安全的基本常识，认识电气安全的重要性。

（3）了解电气事故的特点。

（4）了解电气事故的危害。

（5）掌握常见电气事故的预防知识。

✐【学习任务描述】

通过了解电气安全的基本常识，指导学生尝试运用所学的电气安全知识解决生活中的实际问题，并提交一份校园电气安全隐患报告。

⚘【学习任务准备】

要求学生通过观看电气事故视频案例，了解并掌握电气事故预防知识。

✿【学习任务实施】

以学习小组为单位，模拟工作环境，对电气事故产生的原因进行交流、共享和讨论，根据电气事故特点，掌握常见电气事故的预防知识，并调查校园环境，找出可能存在的电气事故安全隐患，提交安全调查报告书。

⅄【案例一瞥】

案例 1：1997 年 12 月 21 日，在汕头市建安集团公司承建的天河北路光大银行大厦工地，杂工陈某发现潜水泵开动后漏电开关动作，便要求电工把潜水泵电源线不经漏电开关接上电源，起初电工不肯，但在陈的多次要求下照办。潜水泵再次启动后，陈拿一条钢筋欲挑起潜水泵检查是否沉入泥里，当陈挑起潜水泵时，即触电倒地，经抢救无效死亡。（安全事故案例汇编．安全论坛．2008－11－06．）

案例 2：2002 年 11 月 27 日，白银银珠（集团）公司景泰分公司配电施工班工作负责人谢某带领正式工 2 名、临时工 7 名进行景泰县二期农网改造低压立杆、放线工作，新架设 10m 水泥杆 5 基，放 400V 低压线 230m。填写了线路第一种工作票，9 时 20 分工作班人员开始工作，13 时 20 分完成了 5 基低压线路立杆工作。14 时工作班分成 3 个组分头作业，谢某带领 3 名临时工在环东 114 城区二线路 50 号杆工作，杆上有配电变压器台架及 3 层横担，最上层为 10kV 高压线路，第二层为 400V 低压主线，第三层为新装 400V 低压引线，上层高压线距第二层横担 1.5m，第二层横担距第三层横担 0.4m，第三层横担距地面 6.4m。工作内容定在第三层横担上搭接引流、放紧线工作。谢某上杆后，右腿跨在第三层横担上，安全带系在第二层横担上方的杆子上，进行第三层新架设 400V 低压线与第二层 400V 低压主线的搭接引线工作，当完成 B 相导线固定、搭接后，15 时 7 分转位准备拆 A 相旧导线时，左手误碰上层 10 kV 高压引线 A 相而触电，安全带下滑至第二层横担，谢某被吊在空中自行脱离电源，其他工作班成员立即进行救护，将谢某从空中放下，送医院经抢救无效死亡。（安全事故案例汇编．安全论坛．2008－11－16．）

【安全课堂】

一、电气安全基础知识

安全用电包括供电系统的安全、用电设备的安全及人身安全三个方面，它们之间又是紧密联系。供电系统的故障可能导致用电设备的损坏或人身伤亡事故，而用电事故也可能导致局部或大范围停电，甚至造成严重的社会灾难。

作为企业的员工，主要是要掌握如何安全、可靠地用好电能。员工不管在哪个岗位上，都要和电打交道，每个员工都应该学会电的一些基本知识。有些知识看着简单，但有时是含含糊糊，是是非非。有时这种似懂非懂，也是发生事故的原因。

（一）电气事故的特点

众所周知，电能的开发和应用给人类的生产和生活带来了巨大的变革，大大促进了社会的进步和文明。在现代社会中，电能已被广泛应用于工农业生产和人民生活等各个领域。然而，在用电的同时，如果对电能可能产生的危害认识不足，控制和管理不当，防护措施不利，在电能的传递和转换的过程中，将会发生异常情况，造成电气事故。电气事故是电气安全工程主要研究和管理的对象。掌握电气事故的特点和事故的分类情况，对做好电气安全工作具有重要意义。

电气事故具有以下特点。

1. 电气事故危害大

电气事故的发生伴随着危害和损失，严重的电气事故不仅带来重大的经济损失，甚至还可能造成人员的伤亡。发生事故时，电能直接作用于人体，会造成电击；电能转换为热能作用于人体，会造成烧伤或烫伤；电能脱离正常的通道，会形成漏电、接地或短路，构成火灾、爆炸的起因。

电气事故在工伤事故中占有不小的比例，据有关部门统计，我国触电死亡人数占全部事故死亡人数的 5% 左右。

2. 电气事故危险直观识别难

由于电既看不见、听不见，又嗅不着，其本身不具备为人们直观识别的特征，由电所引发的危险不易为人们所察觉、识别和理解。因此，电气事故往往来得猝不及防、潜移默化。也正因为此，给电气事故的防护以及人员的教育和培训带来难度。

3. 电气事故涉及领域广

这个特点主要表现在两个方面。一方面，电气事故并不仅仅局限在用电领域的触电、设备和线路故障等，在一些非用电场所，因电能的释放也会造成灾害或伤害，如雷电、静电和电磁场危害等，都属于电气事故的范畴；另一方面，电能的使用极为广泛，不论是生产还是生活，不论是工业还是农业，不论是科研还是教育文化部门，不论是政府机关还是娱乐休闲场所，都广泛使用电。哪里使用电，哪里就有可能发生电气事故，哪里就必须考虑电气事故的防护问题。

4. 电气事故的防护研究综合性强

一方面，电气事故的机理除电学之外，还涉及许多学科，因此，电气事故的研究，不仅要研究电学，还要同力学、化学、生物学、医学等许多其他学科的知识综合起来进行研究；另一方面，在电气事故的预防上，既有技术上的措施，又有管理上的措施，这两方面是相辅相成、缺一不可的。在技术方面，预防电气事故主要是进一步完善传统的电气安全技术，研究新出现电气事故的机理及其对策，开发电气安全领域的新技术等；在管理方面，主要是健全和完善各种电气安全组织管理措施。一般来说，电气事故的共同原因是安全组织措施不健全和安全技术措施不完善。实践表明，即使有完善的技术措施，如果没有相适应的组织措施，仍然会发生电气事故。因此，必须重视防止电气事故的综合措施。

电气事故是具有规律性的，且其规律是可以被人们认识和掌握的。在电气事故中，大量的事故都具有重复性和频发性。无法预料、不可抗拒的事故毕竟是极少数。人们在长期的生产和生活实践中，已经积累了同电气事故作斗争的丰富经验，各种技术措施、各种安全工作规程及有关电气安全规章制度，都是这些经验和成果的体现，只要依照客观规律办事，不断完善电气安全技术措施和管理措施，电气事故是可以避免的。

（二）电气事故的类型

根据能量转移论的观点，电气事故是由于电能非正常地作用于人体或系统所造成。根据电能的不同作用形式，可将电气事故分为触电事故、静电危害事故、雷电灾害事故、电磁场危害和电气系统故障危害事故等。

1. 触电事故

（1）电击。这是电流通过人体，刺激机体组织，使肌肉非自主地发生痉挛性收缩而造成的伤害，严重时会破坏人的心脏、肺部、神经系统的正常工作，形成危及生命的伤害。

电击对人体的效应是由通过的电流决定的，而电流对人体的伤害程度是与通过人体电流的强度、种类、持续时间、通过途径及人体状况等多种因素有关。

（2）电伤。这是电流的热效应、化学效应、机械效应等对人体所造成的伤害。此伤害多见于机体的外部，往往在机体表面留下伤痕。能够形成电伤的电流通常比较大。电伤属于局部伤害，其危险程度决定于受伤面积、受伤深度、受伤部位等。

电伤包括电烧伤、电烙印、皮肤金属化、机械损伤、电光眼等多种伤害。

电烧伤是最为常见的电伤，大部分触电事故都含有电烧伤成分。电烧伤可分为电流灼伤和电弧烧伤。

电流灼伤是人体同带电体接触，电流通过人体时，因电能转换成的热能引起的伤害。由于人体与带电体的接触面积一般都不大，且皮肤电阻又比较高，因而产生在皮肤与带电体接触部位的热量就较多，因此，使皮肤受到比体内严重得多的灼伤。电流越大、通电时间越长、电流途径上的电阻越大，则电流灼伤越严重。由于接近高压带电体时会发生击穿放电，因此，电流灼伤一般发生在低压电气设备上。因电压较低，形成电流灼伤的电流不太大。但几百毫安的电流即可造成灼伤，几安的电流则会形成严重的灼伤。在高频电流下，因皮肤电容的旁路作用，有可能发生皮肤仅有轻度灼伤而内部组织却被严重灼伤的情况。

电弧烧伤是由弧光放电造成的烧伤。电弧发生在带电体与人体之间，有电流通过人体的烧伤称为直接电弧烧伤；电弧发生在人体附近，对人体形成的烧伤以及被熔化金属溅落的烫伤称为间接电弧烧伤。弧光放电时电流很大，能量也很大，电弧温度高达数千摄氏度，可造成大面积的深度烧伤，严重时能将机体组织烘干、烧焦。电弧烧伤既可以发生在高压系统，又可以发生在低压系统。在低压系统，带负荷（尤其是感性负荷）拉开裸露的闸刀开关时，产生的电弧会烧伤操作者的手部和面部；当线路发生短路，开启式熔断器熔断时，炽热的金属微粒飞溅出来会造成灼伤；因误操作引起短路也会导致电弧烧伤等。在高压系统，由于误操作，会产生强烈的电弧，造成严重的烧伤；人体过分接近带电体，其间距小于放电距离时，直接产生强烈的电弧，造成电弧烧伤，严重时会因电弧烧伤而死亡。

在全部电烧伤的事故当中，大部分事故发生在电气维修人员身上。

电烙印是电流通过人体后，在皮肤表面接触部位留下与接触带电体形状相似的斑痕，如同烙印。斑痕处皮肤呈现硬变，表层坏死，失去知觉。

皮肤金属化是由高温电弧使周围金属熔化、蒸发并飞溅渗透到皮肤表层内部所造成。受伤部位呈现粗糙、张紧。

机械损伤多数是由于电流作用于人体，使肌肉产生非自主的剧烈收缩所造成。其损伤包括肌腱、皮肤、血管、神经组织断裂以及关节脱位乃至骨折等。

电光眼的表现为角膜和结膜发炎。弧光放电时辐射的红外线、可见光、紫外线都会损伤眼睛。在短暂照射的情况下，引起电光眼的主要原因是紫外线。

2. 静电危害事故

静电危害事故是由静电电荷或静电场能量引起的。在生产工艺过程中以及操作人员的操作过程中，某些材料的相对运动、接触与分离等原因导致了相对静止的正电荷和负电荷的积累，即产生了静电。由此产生的静电能量不大，不会直接使人致命。但是，其电压可能高达几十千伏乃至几百千伏，发生放电，产生放电火花。静电危害事故主要有以下几个方面：

（1）在有爆炸和火灾危险的场所，静电放电火花会成为可燃性物质的点火源，造成爆炸和火灾事故。

（2）人体因受到静电电击的刺激，可能引发二次事故，如坠落、跌伤等。此外，对静电电击的恐惧心理还对工作效率产生不利影响。

（3）某些生产过程中，静电的物理现象会对生产产生妨碍，导致产品质量不良，电子设备损坏，造成生产故障乃至停工。

3. 雷电灾害事故

雷电是大气中的一种放电现象。雷电放电具有电流大、电压高的特点。其能量释放出来可能形成极大的破坏力。其破坏作用主要有以下几个方面：

（1）直击雷放电、二次放电、雷电流的热量会引起火灾和爆炸。

（2）雷电的直接击中、金属导体的二次放电、跨步电压的作用及火灾与爆炸的间接作用，均会造成人员的伤亡。

（3）强大的雷电流、高电压可导致电气设备击穿或烧毁。发电机、变压器、电力线路等遭受雷击，可导致大规模停电事故。雷击可直接毁坏建筑物、构筑物。

4. 射频电磁场危害

射频指无线电波的频率或者相应的电磁振荡频率，泛指 100kHz 以上的频率。射频伤害是由电磁场的能量造成的。射频电磁场的危害主要有：

（1）在射频电磁场作用下，人体因吸收辐射能量会受到不同程度的伤害。过量的辐射可引起中枢神经系统的机能障碍，出现神经衰弱症候群等临床症状；可造成植物神经紊乱，出现心率或血压异常，如心动过缓、血压下降或心动过速、高血压等；可引起眼睛损伤，造成晶体浑浊，严重时导致白内障；可使睾丸发生功能失常，造成暂时或永久的不育症，并可使后代产生疾患；可造成皮肤表层灼伤或深度灼伤等。

（2）在高强度的射频电磁场作用下，可能产生感应放电，会造成电引爆器件发生意外引爆。感应放电对具有爆炸、火灾危险的场所来说是一个不容忽视的危险因素。此外，当受电磁场作用感应出的感应电压较高时，会给人以明显的电击。

5. 电气系统故障危害

电气系统故障危害是由于电能在输送、分配、转换过程中失去控制而产生的。断线、短路、异常接地、漏电、误合闸、误跳闸、电气设备或电气元件损坏、电子设备受电磁干扰而发生误动作等都属于电路故障。系统中电气线路或电气设备的故障也会导致人员伤亡及重大财产损失。电气系统故障危害主要体现在以下几方面：

（1）引起火灾和爆炸。线路、开关、熔断器、插座、照明器具、电热器具、电动机等均可能引起火灾和爆炸；电力变压器、多油断路器等电气设备不仅有较大的火灾危险，还有爆炸的危险。在火灾和爆炸事故中，电气火灾和爆炸事故占有很大的比例。就引起火灾的原因而言，电气原因仅次于一般明火而位居第二。

（2）异常带电。电气系统中，原本不带电的部分因电路故障而异常带电，可导致触电事故发生。如电气设备因绝缘不良产生漏电，使其金属外壳带电；高压电路故障接地时，在接地处附近呈现出较高的跨步电压，形成触电的危险条件。

（3）异常停电。在某些特定场合，异常停电会造成设备损坏和人身伤亡。如正在浇注钢水的吊车，因骤然停电而失控，导致钢水洒出，引起人身伤亡事故；医院手术室可能因异常停电而被迫停止手术，无法正常施救而危及病人生命；排放有毒气体的风机因异常停电而停转，致使有毒气体超过允许浓度而危及人身安全等；公共场所发生异常停电，会引起妨碍公共安全的事故；异常停电还可能引起电子计算机系统的故障，造成难以挽回的损失。

二、触电事故的产生与急救

（一）触电事故

当接触带电部位或接近高压带电体时，因人体有电流通过而引起受伤或死亡的现象称触电，触电可分为电击和电伤。

电击指电流对人的心脏、呼吸系统及神经系统造成的伤害，是最危险的触电事故，触电死亡多数系电击所致。

电伤是指人体外部受伤，如电烧伤、金属溅伤、电烙印等。

（二）影响电流对人体伤害程度的因素

电流对人体伤害的程度与电流的大小、频率、通过途径、持续时间及触电者本身的情况有关。

一般来说，通过人体的电流越大，时间越长时危险也越大；电流流过心脏和大脑时最为危险；$20\sim300\mathrm{Hz}$ 的交流电（包括 $50\mathrm{Hz}$ 的工频电流）危害较大，而直流电和高频电流的危害相对稍小；男同志、成年人、健康者对电流抵抗能力较强，而妇女、儿童或患有心脏病、神经系统疾病、结核病症的人对电流抵抗能力要差。

对于工频交流电，人体流过 $1\mathrm{mA}$ 左右电流，就会有麻刺感觉；流过 $10\mathrm{mA}$ 的电流，就会产生痉挛剧痛，但可摆脱带电体；电流达到 $30\mathrm{mA}$，便会产生麻痹、血压升高、呼吸困难等症状，已不能自主摆脱电源；电流达 $50\mathrm{mA}$ 以上，就有可能引起心室纤维性颤动而致命。

通过人体的电流与触电电压和人体电阻有关，当电压越高，电流越大。人体电阻与皮肤表面接触面积和身体素质有关，一般干燥环境中，人体电阻一般为几千欧到几十千欧；当潮湿或出汗时，电阻可降至 800Ω 以下；当人处于水中时，人体电阻最低，可降至 500Ω，此时触电危险性最大。

（三）常见的触电方式

根据人体触及带电体的方式可将触电分为单相触电、两相触电和跨步电压触电。

当人站在地上或其他导体上，身体一部分接触到带电线路的其中一相的触电方式称单相触电。触电事故中大多属于单相触电。

当人体同时触及线路的两相导体时，引起的触电称两相触电，因人体承受线电压的作用，这是最危险的触电方式。

当电气设备发生接地故障或高压线路断裂落地时，在故障点 20m 以内形成由中心向外电位逐渐减弱的电场，当人进入该区域时，因两脚之间存在电位差（即跨步电压）而引起触电，这种触电方式称跨步电压触电。

（四）常见触电事故的原因

常见触电事故的原因有：

(1) 电气线路、设备检修中措施不落实。

(2) 电气线路、设备安装不符合安全要求。

(3) 非电工任意处理电气事故。

(4) 接线错误；移动长、高金属物体触碰高压线。

(5) 在高位作业（天车、塔、架、梯等）误碰带电体或误送点触电并坠落。

(6) 操作漏电的机器设备或使用漏电电动工具（包括设备、工具无接地、接零保护措施）。

(7) 设备、工具已有的保护线中断；电钻等手持电动工具电源线松动。

(8) 水泥搅拌机等机械的电动机受潮；打夯机等机械的电源线磨损。

(9) 浴室电源线受潮。

(10) 带电源移动设备时因损坏电源绝缘。

(11) 电焊作业者穿背心、短裤、不穿绝缘鞋、汗水浸透手套、焊钳误碰自身、湿手操作机器按钮等。

(12) 因暴风雨、雷击等自然灾害导致。

(13) 现场临时用电管理不善导致。

(14) 人蛮干行为导致（包括盲目闯入电气设备遮拦内；搭棚、架等作业中，用铁丝将电源线与构件绑在一起；遇损坏落地电线用手拣拿等）。

（五）触电事故的分布规律

触电事故对一个人来讲是偶发事件，没有规律，但通过对大量触电事故的分析表明，触电事故是有规律的。触电事故的分布规律为制订安全措施，最大限度地减少触电事故发生率提供了有效依据。了解与掌握这些规律可以更好地加强防范，降低触电事故的发生机会。根据国内外的触电事故统计资料分析，触电事故的分布具有如下规律。

1. 触电事故季节性明显

一年之中，二、三季度是事故多发期，尤其在 6～9 月最为集中。其原因主要是这段时间正值炎热季节，人体穿着单薄且皮肤多汗，相应增大了触电的危险性。另外，这段时间潮湿多雨，电气设备的绝缘性能有所降低。再有，这段时间许多地区处于农忙季节，用电量增加，农村触电事故也随之增加。

2. 低压设备触电事故多

低压触电事故远多于高压触电事故，其原因主要是低压设备远多于高压设备，而且，缺乏电气安全知识的人员多是与低压设备接触。因此，应当将低压方面作为防止触电事故的重点。

3. 携带式设备和移动式设备触电事故多

这主要是因为这些设备经常移动，工作条件较差，容易发生故障。另外，在使用时需用手紧握进行操作。

4. 电气连接部位触电事故多

在电气连接部位机械牢固性较差，电气可靠性也较低，是电气系统的薄弱环节，较易出现故障。

5. 农村触电事故多

这主要是因为农村用电条件较差、设备简陋、技术水平低、管理不严、电气安全知识缺乏等。

6. 冶金、矿业、建筑、机械行业触电事故多

这些行业存在工作现场环境复杂，潮湿、高温，移动式设备和携带式设备多，现场金属设备多等不利因素，使触电事故相对较多。

7. 青年、中年人以及非电工人员触电事故多

这主要是因为这些人员是设备操作人员的主体，他们直接接触电气设备，部分人还缺乏电气安全的知识。

8. 误操作事故多

这主要是由于防止误操作的技术措施和管理措施不完备造成的。

触电事故的分布规律并不是一成不变的，在一定的条件下，也会发生变化。例如，对电气操作人员来说，高压触电事故反而比低压触电事故多。而且，通过在低压系统推广漏电保护装置，使低压触电事故大大降低，可使低压触电事故与高压触电事故的比例发生变化。上述规律对电气安全检查、电气安全工作计划、实施电气安全措施以及电气设备的设计、安装和管理等工作提供了重要的依据。

（六）触电急救

凡遇有人触电，必须用最快的方法使触电者脱离电源，然后立即根据触电者的具体情况在现场进行准确的紧急救护，抢救必须坚持到底，不得中断。

1. 脱离电源

若救护人员离控制电源的开关，隔离开关或插座较近，可立即切断电源，否则应使用绝缘工具、干燥的木棒、竹竿等不导电的东西挑开触电者身上的电线或带电设备；也可抓住触电者干燥不贴身的衣服将其拖开；戴绝缘手套或将手用干燥衣物包起绝缘后，救护人员也可站在绝缘垫上或干木板上，将自己绝缘进行救护，救护时最好用一只手进行。

还可以用绝缘钳将电线剪断。剪断电线时要一根一根地剪，不能两根一起剪，并尽可能站在绝缘物或干木板上。

解救过程中，救护者应避免碰到带电体，千万不能赤手空拳去拉还未脱离电源的触电者。若触电者处于高处，解救过程中应注意防止其坠落受伤。

触电者触及断落在地上的高压导线，如尚未确认线路无电，救护人员在未做好安全措施（如穿绝缘鞋或临时双脚并紧跳跃地接近触电者）前，不能接近断线点 8～10m 范围内，防止跨步电压伤人。触电者脱离带电导线后，应迅速带至 8～10m 以外的地方开始抢救。

2. 现场急救措施

当触电者脱离电源后，应根据触电的轻重程度，采取不同的急救措施。

（1）若触电者神志清醒，有知觉，只是四肢无力、心慌，应让其躺平休息，严密观察，暂时不要站立或走动。

（2）若触电者神智不清，但心跳呼吸还存在，应使其仰面躺平，且确保气道通畅，解开衣服以利呼吸，迅速联系医生或医疗部门，严密观察，发现呼吸困难、稀少，应准备作进一步抢救。

（3）若触电者伤势严重，呼吸停止或心脏停止或两者都已停止，应立即现场急救，在送医院途中不得中断急救，急救措施有人工呼吸法和胸外按压法。

1）口对口（鼻）人工呼吸。口对口人工呼吸是对触电者呼吸停止后最有效的急救措施。

（a）施行人工呼吸前，应迅速将触电者身上妨碍呼吸的衣领解开，取出口腔内异物，使触电者仰卧，头部充分后仰，鼻孔朝上，以利呼吸道畅通。严禁用枕头或其物品垫在伤员头下。

（b）救护者在触电者头部旁边，用一只手捏紧他的鼻孔，另一只手掰开触电者嘴巴，若伤员牙关紧闭，可用口对鼻人工呼吸，即捏紧嘴巴向鼻孔吹气。

（c）救护人员深吸气后，紧贴触电者的嘴巴吹气，每次约 2s，使其胸部膨胀，除开始两次要大口吹气外，正常吹气量不需过大，每次换气量约 1000～1500mL。

（d）吹气完毕，立即离开触电者的嘴巴，松开鼻孔，使其自行呼气约 3s，如此反复进行，约 5s 吹气一次。当触电者自己开始呼吸时，即可停止，但停止几秒后，如果触电者仍难于自行呼吸，则应继续进行人工呼吸。

2）胸外按压法。胸外按压法是帮助触电者恢复心跳的有效方法。其要领如下：

（a）将触电者衣服解开，使其仰卧在平硬的地方，抢救者位于病人一侧，用食指和中指并拢，沿病人肋弓下缘上滑至两侧肋弓交叉处（称切迹）。以切迹为标志，然后将食指和中指放在切迹上方，另一手的掌根紧贴两手指上方按压在胸骨上，即为正确的按压位置。

（b）救护人员的两肩位于伤员胸骨正上方，两臂伸直，肘关节固定不屈，两手掌根放至正确压点。

（c）掌根均衡用力，利用上身的重力垂直向下按压 3～5cm（儿童和瘦弱者酌减）后，立即放松，但胸部轮廓复原，但掌根不得离开胸部，如此反复进行。

（d）按压速度要均匀，每分钟 80 次左右，每次按压和放松的时间相等，坚持做到心跳完全恢复。

若病人心跳呼吸均停止，则应同时对其进行人工呼吸和胸外按压，最好由两人进行救护，每按压 5 次后，由另一人吹气 1 次，反复进行；若只有一人抢救，则每按压 15 次后吹气 2 次，反复进行。

紧急救护应在现场就地进行，不要为方便随意移动伤员，如确需要移动时，抢救中断时间不应超过 30s，送医院途中应继续抢救，直到有医护人员接替救治。

三、触电防护技术

（一）绝缘防护

绝缘是最基本、最普通的防护措施之一，常用的绝缘材料有瓷、玻璃、云母、橡胶、木材、胶木、塑料、布、纸、矿物油、漆等。良好的绝缘可实现带电体相互之间、带电体与其他物体之间、带电体与人之间的电气隔离，保证电气设备及线路正常工作，防止人身触电事故。若绝缘下降或绝缘损坏，可造成线路短路，设备漏电而使人触电。

　　绝缘材料在强电场或高压作用下会发生电击穿而丧失绝缘性能，在腐蚀性气体、蒸汽、潮气、粉尘或机械损伤会降低绝缘性或导致破坏；在正常工作下因受到温度、气候、时间的长期影响会逐渐老化而失去绝缘性能。

　　绝缘材料的性能用绝缘电阻、击穿强度、泄漏电流和介质损耗等指标来衡量，其中绝缘电阻是最基本的绝缘性能指标。不同线路或设备对绝缘电阻的要求不同。线路每伏工作电压绝缘电阻不小于 1000Ω；低压设备绝缘电阻不小于 $0.5M\Omega$；移动式设备或手持电动工具不小于 $2M\Omega$；双重绝缘设备（Ⅱ类设备）绝缘电阻不小于 $7M\Omega$。

　　测量绝缘电阻的方法是采用绝缘电阻表，也称摇表。应当根据被测对象的额定电压等级来选择不同电压的绝缘电阻表进行测量。

　　绝缘安全用具如绝缘杆、绝缘夹、绝缘钳、绝缘靴、绝缘手套、绝缘垫、绝缘台、绝缘挡板等是用绝缘材料制成，用来防止工作人员触电的安全保护用具，在使用前应认真检查，注意其电压等级，低压安全用具不得用于高压。安全用具应妥善保管，防止受潮、脏污或破损。对安全用具定期进行耐压试验和泄漏电流试验，以确保安全。

　　（二）屏护和安全间距

　　1. 屏护

　　屏护是采用遮栏、栅栏、护罩、护盖和箱匣将电气装置的带电体同外界隔绝开来。应严格遵守低压设备装设外壳、外罩，高压设备不论有无绝缘均采用屏障防护。屏护装置应保证完好，安装牢固，根据环境分别具有防水、防雨、防火等安全措施。金属屏护装置为防止带电还应可靠接地或接零。

　　2. 安全间距

　　安全间距又称安全距离，指为防止发生触电或短路而规定的带电体之间、带电体与地面及其他设施之间、工作人员与带电体之间所必须保持的最小距离或最小空气间隙。

　　架空线路之间、架空线路与地面、水面、建筑物、树木及其他电气线路之间的安全间距都有具体规定。户内线路与煤气管、暖水管等也必须保证足够的安全距离。

　　为了防止触电，在检修中人体及其所携带工具与带电体之间也必须保证足够的安全距离。

　　低压工作中，最小检修距离为 0.1m；高压无遮栏工作中，最小检修距离 10kV 不小于 0.7m；20～35kV 不小于 1m。

　　在架空线路附近工作时，起重机、钻机或较长的金属体与线路的最小距离 1kV 及以下为 1.5m；10kV 为 2m；35kV 为 4m。

　　（三）安全标志

　　安全标志是保证安全用电的一项重要的防护措施。在容易产生混淆、发生错误的作业场所，在有触电危险和其他事故危险之处，必须设有明显的安全标志，以便于识别，引起警惕，防止错误和事故的发生。

　　标志牌包括文字、图形及安全色，是标志的一种重要形式，可分禁止、允许和警告三类。禁止类标示牌如"禁止合闸，有人工作"等，在停电工作场所悬挂在电源开关设备的操作手柄上，以防止发生误合闸送电事故。允许类标示牌如"在此工作"、"从此上下"等，悬挂在工作场所的临时入口或上下通道外，表示安全和允许。警告类标示牌如"止步，高压危险！"、"禁止攀登、高压危险"等，悬挂在遮栏、过道等处，告诫人们不得跨越，以免发生危险。

安全色用不同颜色表示不同意义，使人们能够迅速注意或识别。红色表示禁止、停止和消防；黄色表示注意危险，如"当心触电"；蓝色表示强制执行，如"必须戴安全帽"；绿色表示安全、工作、运行等意义，如"已接地"。

在一经合闸即可送电至工作地点的开关和隔离开关的操作把手上，在有人工作的线路开关和隔离开关的操作把手上，在工作地点或高压设备的围栏、遮栏上，均应在明显的地方悬挂令人醒目的标示牌。标示牌在使用过程中，严禁拆除、更换和移动。

（四）安全电压

对于工作人员需要经常接触的电气设备，潮湿环境和特别潮湿环境或触电危险性较大的场所，当绝缘等保护措施不足以保证人身安全，又无特殊安全装置和其他安全措施时，为确保工作人员的安全，必须采用安全电压。

我国规定工频电压有效值的额定值有 42、36、24、12、6V。特别危险环境中使用的手持电动工具应采用 42V 安全电压，有电击危险环境中使用的手持照明灯和局部照明灯应采用 36V 或 24V 安全电压，金属容器内、特别潮湿处等特别危险环境中使用的手持照明灯应采用 12V 安全电压。水下作业等场所应采用 6V 安全电压。

安全电压必须由双绕组变压器获得。用自耦变压器、降压电阻等手段获得的低电压不可认为是安全电压。

在使用安全电压时，应注意安全电压与其他等级电压的区别，特别是几种电压集中于同一处时，应注意避免混淆和接错。

（五）短路保护

当线路或设备发生短路时，因短路电流比正常电流大许多倍，会使线路或设备烧坏，引发电气火灾，同时也会使设备带上危险电压而导致触电事故。

为此线路必须具有短路保护装置，一旦发生短路，能迅速切断电源。而熔断器便是应用最广的短路保护装置，熔体串在被保护线路中，当发生短路时，因短路电流的热效应将熔体烧断切断电源。

为使保护安全可靠，应该正确选择熔体的额定电流，若选择不当，熔断器就会发生误熔断、不熔断或熔断时间过长，起不到保护作用，对于电炉、照明等负载的保护，熔体额定电流应稍大于线路负载的额定电流，此时熔断器兼做过载保护；对于单台电动机负载的短路保护，因考虑到起动时电流较大，为避免熔断器误熔断，熔体的额定电流应选择电动机额定电流的 1.5～2.5 倍；对多台电动机同时保护，熔体的额定电流应等于其中最大一台容量电动机额定电流的 1.5～2.5 倍再加上其余电动机额定电流的总和。熔断器熔断后，必须查明原因并排除故障后方可更换，更换时不得随意变动规格型号，不得使用未注明额定电流的熔体，不得用两股以上熔丝绞合使用，因为这样可能在正常时烧断其中一股，在发生短路时也可能只烧断其中一股，其他几股则会陆续烧断，起不到应有的保护作用。严禁用铜丝或铁丝代替。除容量较小的照明线路外，更换熔体时一般应在停电后进行。

（六）接地保护

当电气设备或线路绝缘损坏时，使电气设备或装置的金属外壳带电而危及人身的安全。为避免触电事故的发生，将电气设备不带电的金属外壳与大地做电气连接，这种保护称接地保护，接地保护是安全防护技术的主要措施之一。

在中性点不接地的电网中，若设备某相绝缘损坏，当人体接触设备金属外壳时，漏电流从电源经人体、大地、线路对地绝缘阻抗回到电源。当线路对地绝缘良好时，因阻抗值较大，使外壳对地电压及漏电流都较小，一般不会发生危险；而线路对地绝缘下降时，则漏电设备外壳对地电压升高，有可能致人触电。

如果设备进行可靠的接地，且接地电阻较小，就可以将漏电设备的对地电压限制在安全范围内。因接地电阻与人体电阻是并联的，且人体电阻远大于接地电阻，因接地电阻的分流作用，使漏电流绝大部分经接地装置流入大地，流过人体的漏电流大为降低，从而保证了人身安全。

在低压供电系统中，一般规定接地电阻不大于 4Ω，可满足保护要求，当在 100kVA 以下的小容量电路中时，接地电阻规定不大于 10Ω。车间电气设备应在每年的干燥季节测量一次接地电阻。

保护接地适用于不接地电网，凡由于绝缘损坏或其他原因有可能带上危险电压的正常不带电金属部分都应接地，具体要求接地部位如下：

（1）电机、变压器、断路器、按钮以及手提电钻等携带式和移动式电气设备的金属外壳或底座。

（2）电气设备的传动装置。

（3）互感器的二次绕组。

（4）配电屏或控制屏的金属框架。

（5）室内外配电装置的金属构架、钢筋混凝土构架及屏护金属遮栏。

（6）电力电缆的金属外皮，接头处的金属外壳及穿线钢管等。

（7）电力线路的金属杆塔。

（8）控制开关、电容器等的金属外壳。

在中性点接地系统中不宜采用保护接地。

（七）保护接零

在大部分供电系统都是采用中性点直接接地系统即接地电网，接地电网中若电气设备某相碰壳则使外壳对地电压达到相电压，当人体触及设备外壳时比不接地电网的触电危险性更大。

若采用保护接地，设备漏电时，因电流流过设备接地电阻、系统的工作接地电阻形成回路，此时设备外壳电压比不接地有所降低，但不能降低在安全范围内，仍有触电危险。因此采用保护接地不足以保证安全，故接地电网中的设备应采用保护接零。

保护接零是将设备不带电的金属外壳或金属构架与供电系统中的零线连接，当某一相线触及外壳时相线通过外壳，接零线与零线形成单相短路，短路电流促使线路上的短路保护装置迅速动作，消除触电危险。

保护接零适用于中性点接地的三相四线制供电系统。保护接零应用范围与保护接地的范围基本相同。

采用保护接零时，为了安全可靠必须保证以下条件：

（1）系统的工作接地可靠，接地电阻不大于 4Ω。工作零线、保护零线应重复接地，重复接地的接地电阻不大于 10Ω，接地次数不少于 3 处。

（2）零线不得装设熔断器或开关，必须有足够的机械强度，零线截面不小于相线截面的一半。否则零线断裂时，将引起三相电压不平衡，阻抗较大相的电压过高而烧坏用电设备，同时接零的设备外壳带上危险电压使人触电。

（3）保护接零必须具有可靠的短路保护装置相配合，以便漏电时，能在很短时间内切断故障电路。要求单相短路电流不得小于熔断器熔体额定电流的 4 倍，或不小于线路中自动开关瞬时或短延时动作电流的 1.5 倍，

（4）在同一系统中，不得将一部分设备接零，而另一部分设备接地。因为此时若接地设备发生漏电，不但接地设备产生危险的对地电压，接地电流较小可能不会使保护装置动作，故障将长时间存在，而且由于零线电压的升高将使所有接零设备都带上危险电压，因而加大工作人员触电的危险性。

（5）单相负荷线路中，保护零线不得借用工作零线，所有设备的保护零线不得串联，而应直接接于系统的零线，不得接错，否则将增加触电危险。

为了提高用电安全程度，低压供电系统应推广三相五线制即三根相线，一根工作零线，一根保护零线。工作零线只能通过单相负载的工作电流和三相不平衡电流，保护零线只作为保护接零使用，并通过短路电流。

零线和接零线的连接必须牢固可靠，保证接触良好。接零线应接于设备的专用接地螺栓上，必要时可加弹簧垫圈或焊接。接零线最好不使用铝线。为避免意外的损坏，接零线应装设在不易碰触损伤或脱落的地方，接零线应该经常检查，发现破损、断裂、松动、脱落等隐患应及时排除。

（八）漏电保护

漏电保护器是一种防止人身触电事故的电气安全防护装置，当发生漏电或触电时，它能够自动切断电源，实践证明，推广使用漏电保护器以后，触电事故大幅度降低，在提高安全用电水平方面，漏电保护器起到十分重要的作用。

漏电保护大多采用电流型漏电保护器，它是由零序电流互感器、脱扣机构及主开关等部件组成。正常时，零序电流互感器的环形铁芯所包围的电流的相量和为零，在铁芯中产生的磁通的相量和也为零，因此互感器二次绕组没有感应电势产生，漏电保护器保持正常供电状态。当有人触电或发生其他故障而有漏电流流入地时，将破坏上述平衡状态，铁芯中将产生磁通，互感器二次侧将产生感应电动势和感应电流。当触电或故障达到危险程度时，感应电流将足够大，通过脱扣器使主开关动作，切断电源，避免触电事故发生。

根据我国有关规定，在各类动力配电箱（柜），有触电危险的低压用电设备、临时用电设备、手持电动工具、危险场所的电气线路中，必须安装漏电保护器。

漏电保护器必须正确选用，按规定正确接线，否则会发生拒动或误动作。

选用漏电保护器，应满足保护范围内线路用电设备相（线）数要求。保护单相线路和设备时，应选用单极二线或二极产品，保护三相线路和设备时，可选用三极产品，保护既有三相又有单相的线路和设备时，可选用三极四线或四极产品。

漏电保护器的动作电流应根据用电环境及用电设备正确选择。居民住宅、办公场所、电动工具移动式电气设备、临时配电线路及无双重绝缘的手持电动工具装设的漏电开关或漏电插座，其动作电流为 30mA，动作时间小于 0.1s。单台容量较大的电气设备，可选用漏电动作电流为 30mA 及以上、100mA 及以下快速动作的漏电保护器。有多台设备的总保护应选用额定漏电动作电流为 100mA 及以上快速动作的漏电保护器。在医院、潮湿场所、周围有

大面积金属物体等特殊场所应选用额定漏电动作电流为 10mA、快速动作的漏电保护器。

安装漏电保护器后，不能撤掉或降低对线路设备的接地或接零保护要求及措施。安装时应注意区分线路的工作零线和保护零线。工作零线应接入漏电保护器并穿过漏电保护器的零序电流互感器。经过漏电保护器的中性线不得作为保护零线，不得重复接地或接设备的外壳。线路的保护零线不得接入漏电保护器。

对运行中的漏电保护器应定期进行检查，每月至少一次。

（九）其他安全用电常识

（1）用电线路及电气设备的安装与维修必须由培训合格的专业电工进行，其他非电工人员不得擅自进行电气作业。

（2）经常接触和使用的配电箱、闸刀开关、插座、插销以及导线等，必须保持完好、安全，不得有漏电、破损或将带电部分裸露。

（3）电气线路及设备应建立定期巡视检修制度，若不符合安全要求，应及时处理，不得带故障运行。

（4）电业人员进行电气作业时，必须严格遵守安全操作规程，不得违章冒险。

（5）在没有对线路验电之前，应一律视导体为带电体。

（6）移动式电具应通过开关或插座接取电源，禁止直接在线路上接取，或将导电线芯直接插入插座上使用。

（7）禁止带电移动电气设备。

（8）不能用湿手操作开关或插座。

（9）搬动较长金属物体时，不要碰到电线，尤其是裸导线。

（10）不要在高压线下钓鱼、放风筝。

（11）遇到高压线断裂落地时，不要进入 20m 以内范围，若已进入，则要单脚或双脚并拢跳出危险区，以防跨步电压触电。

（12）在带电设备周围严禁使用钢卷尺进行测量工作。

（13）拆开或断裂的裸露带电接头，必须及时用绝缘物包好并放置在人身不易碰到的地方。

四、电气作业安全技术

（一）电工安全用具

电工安全用具是用来直接保护电工人员人身安全的基本用具，主要有绝缘安全用具、高低压电器、登高安全用具以及临时接地线、遮栏、标示牌等。

从事电气工作应根据电压等级、周围环境和天气情况等实际条件选用合适的及合格的安全用具。所以安全用具必须妥善管理，保持其完好，使用前应检查其完好状况，不得使用不合格的安全用具。不得用一般工具代替安全用具，也不得把安全用具当作一般工具使用，辅助安全用具不得直接用于高压操作。所有电工安全用具必须定期检查和试验。

电工钳、螺丝刀在低压系统中具有绝缘作用，电工刀不具有绝缘作用，使用时防止触电。

使用验电笔时注意电压等级，高压和低压不可互相代用；使用前应在确认有电的地方进行试验，以防因电笔损坏而发生误判断。高压验电器不能直接接触带电部位，只能逐渐靠近带电体，至氖泡发亮为止。

（二）开关设备的操作

开关根据其灭弧能力的不同可分为隔离开关、负荷开关及断路器。隔离开关、闸刀开关不具有灭弧能力，不允许带负荷操作，隔离开关允许切断变压器、线路的空载电流，容量较小的电动机可以用闸刀开关控制。

负荷开关具有简单的灭弧装置，可以通过正常负荷电流，但不能断开短路电流，应当与熔断器配合使用。

断路器有较强的灭弧能力，即能接通和断开负荷电流，也能切断短路电流，高压断路器必须与高压隔离开关串联使用，由前者接通和分断电流，由后者切断电源。因此，切断电路时必须先拉开断路器后拉开隔离开关；接通电路时必须先合上隔离开关后合上断路器。如果断路器两侧都有隔离开关，两台隔离开关的操作顺序也不能弄错。分断电路时，应先拉开断路器，再拉开负荷侧隔离开关，最后拉开电源侧隔离开关；接通电路时，先合上电源侧隔离开关，再合上负荷侧隔离开关，最后合上断路器。

跌落式熔断器，具有短路保护作用，同时兼作隔离开关。拉闸时先拉中间相，后拉两侧相，有风时先拉背风相，后拉迎风相；合闸时顺序相反，即先合两侧相，后合中间相，有风时先合迎风相，后合背风相。

（三）停电作业

电气工作应尽量在不带电情况下进行，但不准利用停电机会在不采取任何安全措施的情况下进行工作。在全部停电的线路和设备上工作，也应具有清醒的头脑和警惕性，在部分停电的设备上工作，应该明确停电的范围和带电部分的位置，对不能确认是否有电的部位应视其为有电。停电作业在作业前必须完成停电、验电、挂接地线和悬挂标示牌、设置临时遮栏等安全措施，以消除工作人员在工作中触电的可能性。

停电作业首先是停电，即对所有可能给工作部分送电的各方面电源必须全部切断。对于临近带电设备或线路，工作人员应与之保持足够的安全距离，并采取措施防止偶然触及带电体。

验电应使用电压等级合适且合格的验电器，按使用要求正确操作。高压验电必须戴绝缘手套，并有人监护。线路验电应逐相进行。同杆架设的多层电力线路进行验电时，应先验低压，后验高压，先验下层，后验上层。

挂接地线时，应先接接地端，后接导体端，拆接地线的顺序相反。接地线连接要可靠，不准缠绕。装拆接地线时，工作人员应使用绝缘棒或戴绝缘手套。

在停电作业有关范围以内，凡可能发生误合闸、误触电及其他失误之处，都应悬挂标示牌，以提醒人们注意，如"止步，高压危险！"严禁约时停送电。

（四）带电作业

带电作业指在不停电设备或线路上所从事的工作。与停电作业相比，具有不间断供电、手续简化、操作简便、组织简单、省工省时等优点，但触电危险性较大。如因特殊情况必须带电作业时，必须经有关领导批准。为保证作业过程中的人身安全，带电作业必须满足下列几个基本要求。

在低压电气设备及低压线路上从事带电工作，应由经过培训的人员担任，并派有经验的电气人员监护；工作人员应穿长袖衣服，戴手套和工作帽，并站在绝缘垫上，严禁穿背心或短裤进行带电工作；应使用合格的有绝缘手柄的钳子、螺丝刀、活扳手等工具，严禁使用铁刀和金属尺；将可能碰触的其他带电体及接地物体应用绝缘物隔开或遮盖，防止相间短路及接地短路。

高低压线同杆架设时，应先检查工作人员与高压线可能接近的距离是否符合规定，若不符合规定，要采取防止误碰高压线的措施或高压线停电。同一杆上不准二人同时在不同相上带电工作，工作人员穿越线挡，必须先用绝缘物将导线盖遮好，否则工作人员不得穿越。上杆前应分清火线（相线）与地线，选好工作位置。断开导线时，应先断开相线，后断开地线。搭接导线时，应先接地线，后接相线。接相线时，应先将两个线头搭实后再行缠接，切不可使人体同时接触两根导线。

参加带电作业的人员，必须经过严格的技术培训，并考试合格。带电作业的负责人应由有丰富带电作业实践经验的人员担任，工作负责人对作业人员有全面指挥、组织和领导的责任。带电作业人员在工作中，应思想集中，保持警惕性，服从指挥，作业时间不宜过长，以防作业人员思想疲劳分散精力。当作业人员处于精神恍惚、思想散乱多虑、情绪萎靡不振状态时，应禁止从事带电工作。

带电作业应在良好条件下进行。雨、雪、雾，风力在五级以上恶劣条件下不宜进行带电作业。特殊紧急情况下必须在恶劣天气进行带电抢修时，应经过充分准备，采取可靠的安全措施，经批准后才能进行。夜间抢修时应有足够的照明。雷电时应停止工作。

任务二 设计一份劳动实习安全管理办法

📊【学习目标】

（1）了解安全生产管理的综合知识。

（2）了解安全法规。

（3）掌握安全管理常识和方法。

（4）懂得基本的职业安全卫生知识。

（5）掌握生产事故预防。

✒【学习任务描述】

通过设计一套劳动实习安全管理办法，指导学生尝试运用有关安全管理的知识解决生活中的实际问题。

🔱【学习任务准备】

要求学生了解并抄录（或拍摄）学校所有安全管理规定和管理方法。

⚙【学习任务实施】

以学习小组为单位，指导学生采集学校所有安全管理规定和管理方法后，进行交流、共享和讨论，根据安全生产管理的基本原则，设计出一份适合大学生劳动实习的劳动实习安全管理办法。

🍸【案例一瞥】

案例1： 1988年5月18日上午，常德七一机械厂李某带领技术员邓某和刘某到该厂高频室检修高频感应加热设备。电工彭某、张某、刘某也擅自进入高频室，李某、刘某未加制止，也未作任何交代。李进行常规检查后，先后两次组织对 B5 变压器作副边空载测量，未能找出故障所在，便怀疑检测电能表有问题，又从仪表室借来一只新万用表继续测试。9 点40 分，李与技术员邓某及电工彭某、张某挤在高频控制屏后面观察电能表，刘某负责在高频控制屏前操作。再测试后，刘某问李某："怎么样？"李某答："差不多了，没有变化。"刘某说："那我就上了。"李说："等一下。"几秒钟后，李某说："好了。"刘某误以为是全部检修完毕，就按了高压电钮。张某发现万用表指针打荡，邓某伸手去转换万用表挡位开关，只见万用表火光一闪，邓某、彭某被电击倒，因伤势过重，抢救无效，相继死亡，张某被电击伤。（安全事故案例汇编．安全论坛．2008 - 11 - 16.）

　　案例 2：1988 年 7 月 11 日，李某负责拆改七甲坪村七沟溪新屋组等地段的低压线路。开工前，电工杨某电话通知该电站开关站金某，外线队维修上述地段线路，让上午 10 点半停电，何时供电再等他通知。金某按时停电。下午 5 时，李某回开关站放踩板时，口头通知金某晚 8 点半可供电。8 点 20 分，李某接完另一线路的电源通线，回到变压器边休息。开关站于 8 点 40 分供电。此时，李某接受村民张某的要求，使狗山圩方向的线路通电，李某让张某通知新屋组方向拉线的人不要拉线了，准备接电。新屋组村民喊道："还在拉线，接不得火。"李说"不要紧，我自有办法。"就踏在张某的肩上，登上狗山圩与新屋两对不同方向而共用的电杆上，先把新屋组方向的一根相线解脱缠到杆上，零线未动，与狗山圩方向的零线相通，后用钢丝钳夹住的狗山圩方向的相线头与电源相线接通了一下。接通后，电流沿线通过灯泡的乌丝流至零线。由于零线的始端没有接到变压器零线接线柱上而缠在电杆上，电流不能与变压器形成回路，使零线对地电压升高，传至新屋方向电路。造成正在新屋地段拉线的村民张某、金某被电击倒。此时村民大喊电死人了，李某听到后没有相信，又第二次接通相线，致使张某被电击死，金某被击伤。（安全事故案例汇编．安全论坛．2008 - 11 - 16.）

【安全课堂】

一、安全生产综合管理

（一）安全生产的含义

安全生产是指在劳动过程中，要努力改善劳动条件，克服不安全因素，防止伤亡事故发生，使劳动生产在保护劳动者的安全健康和国家财产及人民生命财产安全的前提下进行。

（二）安全生产的目的

总的来说，安全生产的目的就是保护劳动者在生产中的安全和健康，促进经济建设的发展。具体包括以下几个方面：

（1）积极开展控制工伤的活动，减少或消灭工伤事故，保障劳动者安全地进行生产建设。

（2）积极开展控制职业中毒和职业病的活动，防止职业中毒和职业病的发生，保障劳动者的身体健康。

（3）搞好劳逸结合，保障劳动者有适当的休息时间，经常保持充沛的精力，更好地进行经济建设。

（4）针对妇女和未成年工的特点，对他们进行特殊保护，使其在经济建设中发挥更大的作用。

（三）安全生产的作用和意义

搞好安全生产工作对于巩固社会安定，为国家的经济建设提供重要的稳定政治环境具有现实的意义；对于保护劳动生产力，均衡发展各部门、各行业的经济劳动力资源具有重要的作用；对于社会财富、减少经济损失具有实在的经济意义；对于生产员工，关系到个人的生命安全与健康、家庭的幸福和生活的质量。

（四）安全生产的基本目标和任务

《安全生产法》的第一条，开宗明义地确立了通过加强安全生产监督管理，防止和减少生产安全事故，实现基本的三大目标，即保障人民生命安全、保护国家财产安全、促进社会经济发展。由此确立了安全（生产）所具有的保护生命安全的意义、保障财产安全的价值和促进经济发展的生产力功能。

（五）安全生产的效益

做好劳动保护工作、保障企业安全生产除具有重要的政治意义和社会效益外，对企业来说，重要的是还具有现实的经济意义。从事故损失的角度，发生了生产事故不但有直接的经济损失，大量的是体现在工效、劳动者心理、企业商誉、资源无益耗费等间接的损失。因此，从安全经济学的角度，通常有这样的指标：1元的直接损失伴随着4元的间接损失；安全上有1元的合理投入，能够有6元的经济产出。安全的"全效益"应该包括：保护人的生命安全与健康的直接的社会效益及间接的企业经济效益；避免环境危害的直接社会效益；减少事故损失造成的企业直接经济效益；保护企业正常生产的间接经济效益；促进生产作用的直接经济效益等。

（六）安全也是生产力

安全的生产力作用表现在如下方面：

（1）职工的安全素质就是生产力。由于劳动力是生产力，劳动力安全素质的提高，使劳动力的直接和间接的生产潜力得以保障和提高，因此，围绕劳动安全素质提高的安全活动（安全教育、安全管理等）具有生产力意义。

（2）安全装置与设施是生产资料（物的生产力）的重要组成部分——生产资料是生产力，而安全装置与设施是生产资料不可缺少的组成部分，因此，安全装置与设施是生产力的组成部分。

（3）安全环境和条件保护生产力作用的发挥，体现了安全间接的生产力作用。

二、安全生产和消防方针

（一）安全生产方针

我国《安全生产法》第三条明确了我国推行的安全生产管理坚持"安全第一、预防为主"的方针。

"安全第一"的内涵首先是要求正确认识安全与生产辩证统一的关系，在安全与生产发生矛盾时，坚持"安全第一"的原则。"预防为主"的内涵主要是要求安全工作要做好事前预防，要依靠安全科学技术手段，加强安全科学管理，提高员工素质；从本质安全入手，加强危险源管理，有效治理隐患，强化事故预防措施，使事故得到预先防范和控制，保证生产安全化。

（二）消防方针

我国的《消防法》规定了我国的消防方针是"预防为主，防消结合"。

"预防"就是要从设备、设施、工艺等本质方面有高性能的防火措施，如用防爆电器、阻燃材料、自动喷淋系统等。"消"就是要在可能发生火灾的场所，备有灭火措施，如设置和配备消防系统、救火系统等。

三、安全生产原则

（一）生产与安全统一的原则

在安全生产的具体实践中，要坚持"生产与安全统一的原则"，即在安全生产管理中要落实"管生产必须管安全"，即分管生产的各级领导要同时分管安全生产工作；坚持"搞技术必须搞安全的原则"，即进行技术工艺和设备、设施的设计、制造、运行和使用等环节过程中，要同时考虑和保障技术安全。

（二）"三同时"原则

《劳动法》、《安全生产法》对工程建设项目都提出了"三同时"的要求。这是为确保建设项目（工程）符合国家规定的职业安全卫生标准，保障劳动者在生产过程中的安全与健康的重要措施。

"三同时"就是指新建、扩建、改建工程的劳动安全卫生设施必须与主体工程同时设计、同时施工、同时投入生产和使用。因此，企业在搞新建、改建、扩建基本建设项目（工程）、技术改造项目（工程）和引进工程技术项目时，项目中的安全卫生设施必须与主体工程实施"三同时"。

（三）"五同时"原则

要求生产经营单位负责人和各级企业管理人员，在计划、布置、检查、总结、评比生产的同时，要计划、布置、检查、总结、评比安全生产工作。

（四）"三同步"原则

企业在考虑自身经济发展，进行机构改革、技术改造时，安全生产方面也要相应地与之同步规划、同步组织实施、同步运作投产。

（五）安全否决权原则

安全具有否决权的原则是指安全工作是衡量企业经营管理工作好坏的一项基本内容，该原则要求在对企业各项指标考核、评选先进时，必须首先考虑安全指标的完成情况。安全生产指标具有一票否决的作用。

四、安全法规的保护作用

（一）安全生产法规

1.《安全生产法》的性质及意义

2002年6月29日第九届全国人大常委会第28次会议审议通过，并于2002年11月1日施行的中华人民共和国《安全生产法》是我国安全生产领域的一部综合性、基础性的大法，共有七章97条，具有丰富的内涵。其认识上的意义和作用如下：

（1）三个基本性质。朱镕基总理在提请人大常委会审议《安全生产法》时的深刻表述："安全生产事关人民群众生命财产安全、国民经济持续快速健康发展和社会稳定大局。"清楚表明了《安全生产法》的三个基本性质：一是关系人权（人民生命财产）性质的问题；二是社会经济可持续发展战略性质的问题；三是关系社会稳定的政治问题。

（2）三个体现。《安全生产法》的颁布实施，体现了江泽民总书记"三个代表"的重要思想；体现了宪法中关于改善劳动条件、加强劳动保护的基本要求和我国的社会主义本质；

体现了依法治国的基本方略。

（3）四个标志。《安全生产法》的立法成功，既标志着我国改革获得的安全生产法治建设的成果，也是社会进步和历史发展的必然产物；既标志广大人民群众的呼声和企盼得以实现，又体现了党和政府的关怀；既标志着我国安全生产工作者长期总结事故预防和经验教训的结果，又是借鉴了国外科学预防事故做法的体现；既标志着我国社会主义市场经济条件下依法监管安全生产的进步，也是加入 WTO 面对国际新经济的现代安全管理的需要。

（4）八个有利于。随着《安全生产法》的颁布和实施，将有利于加强我国安全生产法律、法规建设；有利于改变我国人权状况；有利于依法规范生产经营单位安全生产；有利于各级政府加强安全生产领导；有利于安全监管部门依法行政加强监管；有利于提高经营管理者和从业人员安全素质；有利于增强公民安全法律意识；有利于制裁各种安全违法行为。

2. 安全生产法规及其作用

安全生产法规是生产过程中所产生的与同劳动者的安全和健康有关的各种社会关系的法律和规范。其作用有保护劳动者的安全和健康；提高劳动生产率；促进劳动关系的巩固和发展。建立健全安全法规制度就是要求企业的安全管理要围绕着行业安全的特点和需要，在技术标准、行业管理条例、工作程序、生产规范，以及生产责任制度方面进行全面的建设，实现安全生产专业管理的目标。

3. 安全生产法规的特点

安全生产法规的特点有：

（1）实施对象是劳动生产人员。

（2）安全生产法规具有强制性。

（3）安全生产法规涉及自然科学和社会科学领域，因此既具有政策性特点，又具有科学技术性特点。

4.《安全生产法》规定的从业人员八大权利

《安全生产法》明确的从业人员的八项权利如下：

（1）知情权，即有权了解其作业场所和工作岗位存在的危险因素、防范措施和事故应急措施。

（2）建议权，即有权对本单位的安全生产工作提出建议。

（3）批评权、检举权、控告权，即有权对本单位安全生产管理工作中存在的问题提出批评、检举、控告。

（4）拒绝权，即有权拒绝违章作业指挥和强令冒险作业。

（5）紧急避险权，即发现直接危及人身安全的紧急情况时，有权停止作业或者在采取可能的应急措施后撤离作业场所。

（6）依法向本单位提出要求赔偿的权利。

（7）获得符合国家标准或者行业标准劳动防护用品的权利。

（8）获得安全生产教育和培训的权利。

5.《安全生产法》赋予从业人员的 3 项义务

《安全生产法》明确了从业人员的 3 项目义务：

（1）自律遵规的义务，即从业人员在作业过程中，应当遵守本单位的安全生产规章制度和操作规程，服从管理，正确佩戴和使用劳动防护用品。

（2）自觉学习安全生产知识的义务，要求掌握本职工作所需的安全生产知识，提高安全生产技能，增强事故预防和应急处理能力。

（3）危险报告义务，即发现事故隐患或者其他不安全因素时，应当立即向现场安全生产管理人员或者本单位负责人报告。

（二）《职业病防治法》

2001年10月27日九届全国人大常委会第24次会议通过，并于2002年5月1日施行的中华人民共和国《职业病防治法》是为了预防、控制和消除职业病危害，防治职业病，保护劳动者健康及其相关权益，促进经济发展而制定的法律。

1.《职业病防治法》赋予的从业人员的9项权利

《职业病防治法》为防治职业病的发生，确立了从业人员的9项基础权利：

（1）获得职业安全卫生培训教育的权利。

（2）获得安全防护的权利。

（3）接受职业健康检查，职业病诊疗、康复服务权利。

（4）知情权，即危害、危害后果、防护条件权利。

（5）要求改善工作条件权利。

（6）拒绝强令违章操作、冒险作业权利。

（7）批评、检举、控告权利。

（8）参与民主管理权利。

（9）要求并获得健康损害赔偿权利。

2.《职业病防治法》确定的用人单位的10项义务

《职业病防治法》于2002年5月1日正式实施，其中为防治职业病的发生，规定了用人单位的10项基础义务：

（1）配备防护设施、治理职业危害（三同时）。

（2）作业场所风险评价与管理。

（3）劳动者健康监护（上岗前、在岗中、离岗时）。

（4）危险及危害告知（合同、作用场所、培训教育）。

（5）建立危害监测和劳动者健康档案。

（6）事故及职业病报告义务。

（7）对工伤人员及职业病者的救治、安置。

（8）依法参加工伤保险。

（9）落实职业危害治理和安全措施经费。

（10）未成年工、女工保护。

（三）主要的安全生产法规及其内容

1.三大规程和五项规定

三大规程是指《工厂安全卫生规程》、《建筑安装工程安全技术规程》和《工人职员伤亡报告规程》，五项规定是指《关于加强企业安全生产工作的几项规定》，内容包括：

（1）安全生产责任制。

（2）编制劳动保护措施计划。

（3）安全生产教育。

（4）安全生产定期检查。

（5）伤亡事故的调查和处理。

2.《中华人民共和国劳动法》与安全生产

《中华人民共和国劳动法》1994 年 7 月 5 日由第八届全国人民代表大会第八次会议通过，1995 年 5 月 1 日起施行。《中华人民共和国劳动法》是调整劳动关系以及与劳动关系密切联系的其他关系的法律规范。其中第四章工作时间和休息休假、第六章劳动安全卫生、第七章女职工和未成年工特殊保护等都与安全生产和劳动保护有关。

3.《中华人民共和国消防法》

《中华人民共和国消防法》于 1998 年 4 月 29 日第九届全国人民代表大会常务委员会第二次会议通过，1998 年 9 月 1 日施行。其主要内容有：第一章总则；第二章火灾预防；第三章消防组织；第四章灭火救援；第五章法律责任；第六章附则。

《中华人民共和国消防法》的一些规定：

任何人都有维护消防安全、保护消防设施、预防火灾、报告火警的灭火工作的义务。

在消防工作中有突出贡献或者成绩显著的个人，应当予以奖励。禁止在具有火灾、爆炸危险的场所使用明火；因特殊情况需要使用明火作业的，应当按照规定事先输审批手续。作业人员应当遵守消防安全规定，并采取相应的消防安全措施。进行电焊、气焊等具有火灾危险的作业人员和自动消防系统的操作人员，必须持证上岗，并严格遵守消防安全操作规程。

任何人不得损坏或者擅自挪用、拆除、停用消防设施、器材，不得埋压、圈占消火栓，不得占用防火间距，不得堵塞消防通道。

任何人发现火灾时，都应当立即报警。任何单位、个人都应当无偿为报警提供便利，不得阻拦报警。严禁谎报火警。

消防队接到火警后，必须立即赶赴火场，救助遇险人员，排除险情，扑灭火灾。

对因参加扑救火灾受伤、致残或者死亡的人员，按照国家有关规定给予医疗、抚恤。

有下列行为之一的，处警告、罚款或者十日以下拘留：

（1）违反消防安全规定进入生产、储存易燃、易爆危险物品场所的。

（2）违法使用明火作业或者在具有火灾、爆炸危险的场所违反禁令吸烟、使用明火的。

（3）阻拦报火警或者谎报火警的。

（4）故意阻碍消防车、消防艇赶赴火灾现场或者扰乱火灾现场秩序的。

（5）拒不执行火场指挥员指挥，影响灭火救灾的。

（6）过失引起火灾，尚未造成严重损失的。

火灾扑灭后，为隐瞒、掩饰起火原因，推卸责任，故意破坏现场或者伪造现场，尚不构成犯罪的。

4.《职业病防治法》

《职业病防治法》于 2001 年 10 月 27 日闭会的九届全国人大常委会第 24 次会议上获得表决通过，国家主席江泽民签署第 60 号主席令予以公布，并于 2002 年 5 月 1 日施行。这部法律的立法目的是预防、控制和消除职业危害，防治职业病，保护劳动者健康及其相关权益，促进经济发展。它的出台也是应对 WTO 的一个积极步骤。

《职业病防治法》分总则、前期预防、劳动过程中的防护与管理、职业病诊断与职业病病人保障、监督检查、法律责任、附则等 7 章，共 79 条。

该法规定，职业病防治工作采取预防为主、防治结合的方针，实行分类管理、综合治理。

劳动者享有的七项职业卫生保护权利如下：

（1）获得职业卫生教育、培训。

（2）获得职业健康检查，职业病诊疗、康复等职业病防治服务。

（3）了解作业场所产生或者可能产生的职业病危害因素、危害后果和应当采取的职业病防护措施。

（4）要求用人单位提供符合防治职业病要求的职业病防治设施和个人使用的职业病防护用品，改善工作条件。

（5）对违反职业病防治法律、法规以及危及生命健康的行为提出批评、检举和控告。

（6）拒绝违章指挥和强令没有职业病防护措施的作业。

（7）参与用人单位职业卫生工作的民主管理，对职业病防治工作提出意见和建议。

5. 我国的女职工劳动保护法规

新中国成立以来，我国颁布的有关女职工劳动保护的法规有：《女职工劳动保护规定》，实施日期是 1989 年 1 月 20 日；《女职工禁忌劳动范围的规定》，实施日期是 1990 年 1 月 18 日；《女职工保健工作规定》，实施日期是 1993 年 11 月 3 日。

同时，《中华人民共和国劳动保险条例》、《工厂安全卫生规程》、《工业企业设计卫生标准》等法规中都对女职工的劳动保护作出了相应的规定。

6.《危险化学品安全管理条例》

《危险化学品安全管理条例》于 2002 年 1 月 9 日在国务院第 52 次常务会议通过，由朱镕基总理以中华人民共和国国务院令第 344 号发布，并于 2002 年 3 月 15 日施行。

（1）制定《危险化学品安全管理条例》的基本宗旨和目的。基本宗旨和目的是加强对危险化学品的安全管理，保障人民生命、财产安全，保护环境。

（2）《危险化学品安全管理条例》的适用范围。其适用范围是在中华人民共和国境内生产、经营、储存、运输、使用危险化学品和处置废弃危险化学品的各环节和过程。

（3）危险化学品含义。危险化学品是指爆炸品、压缩气体和液体、易燃液体、易燃固体、自燃物品和遇火易燃物品、氧化剂和有机过氧化物、有毒品和腐蚀品等。危险化学品列入以国家标准公布的《危险货物品名表》（GB 12268—2005）；剧毒化学品目录和未列入《危险货物品名表》的其他危险化学品，以及国务院经济贸易综合管理部门会同国务院公安、环境保护、卫生、质检、交通部门确定并公布。

五、防火防爆安全知识

（一）常见火灾发生的火源

常见火灾发生的火源有：①炉灶设备位置不当，靠近可燃物；②烟囱设备位置不当，靠近可燃物；③使用炉火不慎，无人管理；④小孩玩火；⑤在堆放可燃物附近燃放花炮、吸烟；⑥使用灯火不慎；⑦烧渣积肥；⑧烘烤；⑨烟囱飞火、窜火；⑩死灰复燃；⑪电气设备安装使用不当；⑫机器摩擦发热；⑬熬炼；⑭焊接；⑮静电放电；⑯粉尘爆炸着火；⑰违反操作规程，将可相互产生化学反应放热的物品混放在一起。

（二）扑救火灾的方法

扑救火灾一般有三种方法：

（1）隔离法。将可燃物与火隔离。

（2）窒息法。将可燃物与空气隔离。

（3）冷却法。降低燃烧物的温度。

（三）常见引起火灾原因

1. 电线短路引起火灾

短路指电气线路由于某种原因造成相接或相碰而产生电流突然增大的现象。短路一般有相间短路和对地短路两种。

根据欧姆定律，由于短路时电阻突然减小，故电流突然增大，而放热量与电流的平方成正比。在短路电流突然增大时，其瞬间的放热量大大超过线路正常输电时的发热量，能使绝缘层烧毁、金属烧化，引起电线本身着火，还能导致附近可燃物燃烧。

2. 熔丝用钢、铁丝代替

因为钢、铁丝的熔点比熔丝的熔点高，在电流突然增大时，不能即刻熔断，起不到切断电流的保险作用，会使电气设备因短路或过载而起火。

3. 电炉引起火灾及其防止

小型移动式电炉有开启式、半封闭式和封闭三种，尤其是开启式电炉，其电热丝暴露在外面，使用时能见明火，有较大的火灾危险性。由于小型电炉移动性比较大，有时放在木桌下使用，靠近可燃物，又无隔热措施，易烤着可燃物；或因使用时突然停电，使用者没有拔掉插头就离开了，来电后往往引起火灾。

因此，在允许使用小型电炉的场所，应有固定的放置地点，并用砖或石棉等隔热材料衬垫。电炉应有专用插座或单独线路供电，不应与其他用电器具共用一个插座。使用时突然停电，应立即拔下插头，以防发生事故。

（四）装卸易燃、易爆化学物品的安全要求

装卸易燃、易爆化学物品的安全要求如下：

（1）在装车、装船前，应将车厢、船舱内的杂物打扫干净，防止有残留物。

（2）搬运时，要轻拿轻放，不准拖、拉、抛、滚。

（3）不应用电瓶铲车装卸。配合工作车辆有阻火器、防爆装置。

（4）如遇有闪电雷击、雨雪天气，应立即关闭车厢、船舱门停止作业。作业照明不准使用明火用具，应用防暴灯具。

（5）在高温季节作业，必须避开烈日曝晒。

（6）作业人员不得携带火种或穿带铁钉的鞋进入作业现场。

（7）在装卸可燃、易燃液体、气体前，检查现场有无水源、灭火器材是否完好、防护用具是否备好、其管道、设备导除静电的装置是否完好等，确认安全可靠才可进行。

（8）装卸完毕，检查有无泄漏情况，应将车厢、船舱内和现场的残存物彻底清除干净。

（五）报火警应注意的内容

报警时首先拨火警电话号 119，向接警人讲清下列几项内容：

（1）讲清街路门牌号、单位、着火的部位。

（2）讲清什么物品着火。

（3）讲清火势大小。

（4）讲清报警用的电话号码和报警人的姓名。

（六）扑救电气火灾效果好的灭火器

电气火灾灭火用"211"干粉灭火器、二氧化碳灭火器效果好，因为这三种灭火器的灭火药剂绝缘性能好，不会发生触电伤人事故。

（七）不能用水扑救的火灾

在生产过程中如果发生如下性质的火灾不能用水扑救：

（1）碱金属的金属钠、钾等，碱土金属类的金属镁、锶等。

（2）碳化物类的碳化钙等，其他碳化碱金属如碳化钾、碳化钠等。

（3）氢化物类的氢化钠等。

（4）三酸（硫酸、硝酸、盐酸）。

（5）轻于水和不溶解于水的易燃液体。

（6）熔化的铁水、钢水。

（7）高压电气装置在没有良好接地设备或没有切断电源的情况下引起火灾等。

（八）选择正确使用灭火剂

（1）干粉灭火剂适用于扑救的火灾。干粉灭火剂主要适用于扑救易燃液体、可燃气体和电气火灾，有的还适用于扑救木材、轻金属和碱金属火灾。

（2）二氧化碳灭火剂主要适用于扑救的火灾。二氧化碳灭火剂主要适用于扑救电器、精密仪器、贵重生产设备、图书档案火灾以及一些不可用水扑救的物质的火灾。

（九）烟头引起火灾的原因

燃着的烟头表面温度为 200～300℃，其中心温度可达 700～800℃，而纸张、棉花、木材、涤纶、纤维等一般可燃物的燃点为 130～139℃，极易引起火灾。可燃气体和易燃液体蒸汽的点火能量一般在 1mJ 以下，烟头的危险性就更大。另外未完全燃烧的炭灰里有火，掉在干燥疏松的可燃物上，也易引燃起火。

六、锅炉及压力容器安全知识

（一）锅炉事故

1. 锅炉事故的含义

锅炉运行中因锅炉受压部件、附件或附属设备损坏，造成人身伤亡，被迫停炉修理或减少供汽、供热量的现象称为锅炉事故。

锅炉事故有爆炸事故、满水事故、缺水事故、汽水共腾事故、水位计破裂事故、炉管爆破事故、炉膛爆炸事故、烟道爆炸事故、二次燃烧事故、炉鸣事故、炉颤事故、炉墙损坏或倒塌事故等。

2. 锅炉事故按技术设备损坏程度分类

锅炉事故按技术设备损坏程度可分为三大类：

（1）爆炸事故。锅炉在使用中受压部件发生破裂，使锅炉压力突然降到等于外界大气压力的事故。

（2）重大事故。锅炉受压部件严重损坏（如变形、渗漏）、附件损坏或炉膛爆炸等被迫停止运行，必须进行修理的事故。

（3）一般事故。锅炉损坏不严重，不需要停止运行进行修理的事故。

（二）锅炉的安全附件和仪表

锅炉的安全附件有安全阀、防爆门、水封安全器、高低水位控制报警器。

锅炉的安全仪表有流量表、压力表、温度表、运程控制仪表、水位表和保护装置等。

（三）锅炉应装设的保护装置

额定蒸发量大于或等于 2t/h 的锅炉，应装设高低水位报警器、低水位联锁保护装置；额定蒸发量大于或等于 6t/h 的锅炉，还应装设蒸汽超压的报警和联锁保护装置。

用煤粉、油或气体做燃料的锅炉，应装设点火程序和熄火保护装置。

（四）锅炉阀及各种仪表、防爆门的作用

1. 安全阀的作用

安全阀的作用是将锅炉内的压力控制在允许范围内，以确保锅炉安全运行。当超过规定值时，安全阀能自动开启排汽、泄压，以防锅炉超压发生事故。

2. 压力表的作用

压力表是测量锅炉内实际承压大小的仪表，司炉人员根据压力表指示数值，调节锅炉压力的升降，以确保锅炉在允许工作压力下安全进行。

3. 水位表的作用

水位表的作用是指示锅炉内水位的高低，协助司炉人员监视锅炉水位的动态，以便把锅炉水位控制在正常幅度之内，防止锅炉发生缺水或满水事故。

4. 防爆门的作用

以煤粉、油或气体为燃料的锅炉在点火或运行中如果操作不当，就可能引起炉膛或尾部烟道发生爆炸或二次燃烧，严重的爆炸会导致护墙和烟道开裂、倒塌。卧式内燃防爆门的作用是在炉膛或烟道发生轻度爆炸时，能自行开启泄压，避免事故扩大和发生。

（五）锅炉排污的目的

锅炉排污的目的是排除锅炉内的泥垢，过剩的碱度、含盐量以及锅水表面的泡沫和油脂，使锅水的品质控制在标准范围内，以减少水垢的结生和腐蚀。

（六）常压锅炉发生爆炸的原因

茶炉、浴炉、无压采暖锅炉均为不承受压力的常压锅炉，统称为常压锅炉，近年来多次发生爆炸事故，其原因均是由于非承压变承压所造成。

非承压变承压的主要原因有：

（1）安装不合理，锅炉排气管加装了阀门。

（2）排气管直径小于 38mm 或出口被堵死。

（3）使用不当，非承压炉做为承压炉使用。

（4）因结构不合理，一炉多用或操作不当。

（七）压力容器

压力容器泛指工业生产中用于完成反应、传热、传质、分离和贮运等生产工艺过程，并承受一定压力的容器。如反应容器、换热容器、分离容器和贮运容器等。由于生产过程的多种需要，压力容器的种类繁多，具体结构也多种多样。但其共同的特点是它们都有一个承受一定压力的不同形状的外壳。

我国《锅炉压力容器安全监察暂行条例》把压力容器定义为"压力为一个表压以上的各种压力容器"，并明确规定设计、制造、安装、使用、检验、维修、改造等部门必须遵照执行。

我国压力容器分为固定式压力容器和移动式压力容器，包括各类气瓶（无缝气瓶、有缝气瓶、溶解乙炔气瓶、液化石油气瓶)、液化气体汽车槽车、铁路罐车。

(八) 压力容器爆炸的危害

爆炸是指极其迅速的物理的或化学的能量释放过程。压力容器破裂分为物理爆炸现象和化学爆炸现象。物理爆炸现象是容器内高压气体迅速膨胀并以高速释放内在能量;化学爆炸现象还有化学反应高速释放的能量,其爆炸危害程度往往比物理爆炸现象严重。容器破裂时的危害,通常有下列几种:

(1) 碎片的破坏作用。高速喷出的气体的反作用力把壳体向破裂的相反方向推出。有些壳体可能裂成碎块或碎片向四周飞散而造成危害。

(2) 冲击波危害。容器破裂时的能量除小部分消耗于将容器进一步撕裂和将容器或碎片抛出外,大部分产生冲击波。冲击波可将建筑物摧毁,使设备、管道遭到严重破坏,远处的门窗玻璃破碎。与碎片的危害一样,冲击波可导致周围人员伤亡。

(3) 有毒介质的毒害。盛装有毒介质的容器破裂时,会酿成大面积的毒害区。有毒液化气体则蒸发成气体,危害很大。一般在常温下破裂的容器,大多数液化气体生成的蒸汽体积约为液体的二三百倍。如液氨为 240 倍,液氯为 150 倍,氢氰酸为 200～370 倍,液化石油气约为 180～200 倍。有毒气体可在大范围内导致生命体死亡或严重中毒,如 1t 液氯容器破裂时可酿成 $8.6 \times 10^4 m^3$ 的致死范围,$5.5 \times 10^6 m^3$ 的中毒范围。

(4) 可燃介质的燃烧及二次空间爆炸危害。盛装可燃气体、液化气体的容器破裂后,可燃气体与空气混合,遇到触发能量(火种、静电等)在器外发生燃烧、爆炸,酿成火灾事故。其中可燃气体在器外的空间爆炸,其危害更为严重。液态烃汽化后的混合气体爆炸燃烧区域,可为原有体积的 6 万倍。例如一台盛装 1600m³ 乙烯的球罐破裂后燃烧范围可达直径 700m、高 350m,其二次空间爆炸的冲击波可达十余千米。这种危害绝非蒸汽锅炉物理爆炸所能比拟的。

(九) 气瓶安全注意事项

1. 气瓶要漆色

国家法规和标准规定气瓶要漆色,包括瓶色、字样、字色和色环。气瓶漆色的作用除保护气瓶、防止腐蚀、反射阳光等热源、防止气瓶过度升温以外,还为了便于区别、辨认所盛装的介质,防止可燃或易燃、易爆介质与氧气混装,形成混合气体,而发生爆炸事故,有利于安全。

2. 预防气瓶上静电的方法

气瓶上的静电主要是在充气或放气时产生的。气瓶上静电危害是放电产生火花,可能引起可燃气体的爆炸燃烧事故,发生电击,造成人身伤害,使仪器设备受影响。静电对气瓶的危害,要以预防为主来消除。使用气瓶时,气瓶不应放在绝缘物体(如橡胶、塑料、木板)上,开启或关闭瓶阀时应谨慎小心,开阀不能过猛,防止气速过高,关阀要严而不紧,避免造成开阀困难。严禁用电磁起重机搬运气瓶,操作人员严禁穿化纤服装和绝缘性高的鞋袜。

3. 搬运气瓶的注意事项

搬运和运输气瓶应小心谨慎,否则容易造成事故,应注意以下几点:

(1) 运输、搬动、装卸气瓶的管理、操作、押运和驾驶人员,应学习并熟练掌握气瓶、气体的安全知识、消防器材和防毒面具的用法。

(2) 气瓶应戴瓶帽，最好戴固定式瓶帽。保护瓶阀，避免瓶阀受力损坏。

(3) 短距离移动气瓶，最好使用专用小车。人工搬动气瓶，应手搬瓶肩，转动瓶底，不可拖拽、滚动或用脚蹬踹。

(4) 应轻装轻卸，严禁抛、滑、滚、撞。

(5) 吊装时应使用专门装具，严禁使用电磁起重机、链绳吊装，避免吊运途中滑落。

(6) 航空、铁路、公路、水运气瓶，应遵守相应的专业规章的规定。

(7) 装运气瓶应妥善固定。汽车装运，一般应立放，车厢高度不应低于瓶高的 2/3；卧放时，气瓶头部（有阀端）应朝向一侧，垛放高度应低于车厢高度。

(8) 运输已充气的气瓶，瓶体温度应保持在 40℃ 以下，夏天要有遮阳设施，防止暴晒，炎热地区应夜间运输。

(9) 同一运输仓内（如车厢、集装箱、货仓）应尽量装运同一种气体的气瓶。严禁将容易起化学反应而引起爆炸、燃烧、毒性、腐蚀危害的异种气体气瓶同仓运输；严禁易燃器、油脂、腐蚀性物质与气瓶同仓运输。

运输气瓶的仓室严禁烟火。应配备灭火器材（乙炔瓶不准使用四氯化碳灭火器）和防毒面具。

运输气瓶的车辆，途中休息或临时停车，应避开交通要道、重要机关和繁华地区，应停在准许停靠的地段或人烟稀少的空旷地点，要有人看守，驾驶员和押运员不得同时离车。

在运输途中如发生气瓶泄漏、燃烧等事故时，不要惊慌，车应在下风方向开，寻找空旷处，针对事故原因，按应急方案处理。

运输车辆或仓室应张挂安全标志。

4. 随便乱倒液化石油气瓶内残液危险的原因

瓶装液化石油气基本上是由 C_3 和 C_4 以及少量的 C_1、C_2 组成的烃类混合物。由于含碳量越低的烃类临界温度越低，挥发度就越高，因此瓶中的甲烷、乙烷、丙烷会先汽化被用完，而剩下的丁烷、戊烷和丁烯等，如果其使用温度下的饱和蒸汽压低于最小供气压力，则瓶内气体不能通过瓶阀及减压器进入燃具燃烧，而留在瓶内。这些残液虽然在瓶内不易汽化，且难以保证正常供气，但是倒出来后，由于压力降至大气压，比汽油更容易挥发成气体，且密度大于空气，在低洼、通风条件不良的地方不易扩散，因此如遇明火很可能酿成火灾，给人民生命财产带来不应有的损失。

5. 液化石油气瓶严禁用火烤、开水烫的方法加温的原因

瓶内液化石油气从液态变为气态时需要吸收热量，液化石油气瓶在冬季使用时，常常因环境温度低不能提供足够的热量，而影响其正常使用。但绝对不能用火烤、开水烫的方法来提高瓶内温度。

(1) 火烤和开水烫的温度，大大超过液化石油气瓶的最高许用温度。瓶内液体受热膨胀很容易将瓶内容积充满，致使液体膨胀压力急剧上升，超过气瓶的爆破压力，使气瓶爆破。

(2) 经火烤、开水烫的气瓶，即使不发生爆破，也会受到腐蚀和损害，造成局部强度降低，在瓶内交变载荷的作用下，易产生疲劳，造成低尖力破坏。

液化石油气瓶也不能在强烈阳光下长时间暴晒，不许安置在火炉、暖气片等高温物体附近。

6. 在使用中发现液化石油气瓶漏气时的处理方法

在使用中发现液化石油气瓶漏气，千万不能惊慌，应立即慎重、迅速地进行处理。

（1）将门窗打开，加强室内外空气的对流，降低室内空气中液化石油气的浓度。由于液化石油气比空气重，在地面上积存较多，可用扫帚扫地，将它向室外驱散。

（2）迅速查明漏气部位，采取有效措施尽快消除泄漏，检查泄漏应采用涂刷肥皂水的方法进行，千万不能用明火去检验。对一时不能立即消除的泄漏，应将气瓶迅速移至室外空旷、通风的地方，布置好警戒，立即通知有关专业人员进行处理。

处理漏气完毕，要再次涂刷肥皂水进行检查，直到确信无泄漏隐患时，气瓶方能再使用。

处理漏气前和过程中，室内绝不能带进明火，也不要开、关电器。在向室外搬运漏气钢瓶和驱赶漏出的液化石油气前，应看好室外环境，确实没有火源再搬运和驱赶，否则仍会把火引进室内来。

液化石油气瓶发生漏气，只要处理及时，方法得当，就可避免灾害，减少损失。

7. 使用气瓶的注意事项

（1）使用气瓶者应学习气体与气瓶的安全技术知识，在技术熟练人员的指导、监督下进行操作练习，合格后才能独立进行瓶作业。

（2）使用前应对气瓶进行检查，确认气体、气瓶确是所需且质量完好，方可使用。如发现气瓶颜色、钢印等辨别不清、检验超期、气瓶损伤（变形、划伤、腐蚀）、气体质量与标准规定不符等现象，应拒绝使用并做妥善处理。

（3）按照规定，正确、可靠地连接调压器、回火防止器、输气、橡胶软管、缓冲器、气化器、焊割炬等，检查、确认没有漏气现象。连接上述器具前，应微开瓶阀吹除瓶阀出口的灰尘、杂物。

（4）使用气瓶时，一般应立放（乙炔瓶严禁卧放使用）。不得靠近热源，与明火距离、可燃与助燃气体气瓶之间距离，不得小于10m。

（5）使用易起聚合反应气体的气瓶，应远离射线、电磁波、振动源。

（6）防止日光暴晒、雨淋、水浸。

（7）移动气瓶应手搬瓶肩，转动瓶底；移动距离较远时可用轻便小车运送，严禁抛、滚、滑、翻和肩扛、脚踢。

（8）禁止敲击、碰撞气瓶。绝对禁止在气瓶上焊接、引弧。不准用气瓶做支架和铁砧。

（9）注意操作顺序。开启瓶阀应轻缓，操作者应站在瓶阀出口的侧后；关闭瓶阀应轻而严，不能用力过大，避免关得太紧、太死。

（10）瓶阀冻结时，不准用火烤。可把瓶移入室内温度较高的地方或用40℃以下的温水浇淋解冻。

注意保持气瓶及附件清洁、干燥，禁止沾染油脂、腐蚀性介质、灰尘等。

瓶内气体不得吃光用尽，应留有剩余压力（余压），余压不应低于0.049MPa。

气瓶使用完毕，要送回瓶库或妥善保管。

8. 储存气瓶的注意事项

（1）气瓶的储存应有专人负责管理。管理人员、操作人员、消防人员应经过安全技术培训，了解气瓶、气体的安全知识。

（2）空瓶、实瓶应分开；所装介质接触能起化学反应的异种气体气瓶应分开（分室储存），如氧气瓶与氢气瓶、液化石油气瓶，乙炔瓶与氧气瓶、氯气瓶不能同储一室。

（3）气瓶库（储存间）应符合《建筑设计防火规范》（GB 50016—2006），应采用二级以上防火建筑，与明火或其他建筑物应有适当的安全距离。易燃、易爆、有毒、腐蚀性气体气瓶库的安全距离不得小于15m。

（4）气瓶库应通风、干燥，防止雨（雪）淋、水浸、避免阳光直射，要有便于装卸、运输的设施。库内不得有暖气、水、煤气等管道通过，也不准有地下管道或暗沟。照明灯具及电气设备应是防爆的。

（5）地下室或半地下室不能储存气瓶。

（6）瓶库应有明显的"禁止烟火"、"当心爆炸"等各类必要的安全标志。

（7）瓶库应有运输和消防通道，设置消防栓和消防水池，在固定地点备有专用灭火器、灭火工具和防毒用具。

（8）储气的气瓶应戴好瓶帽，最好戴固定瓶帽。

（9）实瓶一般应立放储存。卧放时，应防止滚动，瓶头（有阀端）应朝向一方。垛放不得超过5层，妥善固定。气瓶排放应整齐，固定牢靠，数量、号位的标志要明显，要留有通道。

（10）实瓶的储存数量应有限制，在满足当天使用量和周转量的情况下，应尽量减少储存量。

容易起聚合反应气体的气瓶，必须规定储存期限。

瓶库账目清楚，数量准确，按时盘点，账物相符。

建立并执行气瓶进出库制度。

七、登高作业安全知识

（一）高处作业的相关概念

1. 高空坠落的含义

高处坠落是指在高处作业中发生坠落造成的伤亡事故。高处作业是指凡在坠落高度基准面2m以上（含2m）有可能坠落的高处进行的作业。

2. 高处坠落范围的规定方法

由于并非所有的坠落都是沿垂直方向笔直地下坠，因此就有一个可能坠落范围的半径问题。当以可能坠落范围的半径为R，从作业位置至坠落高度基准面的垂直距离为h时，国家标准规定R值与h值的关系如下：

（1）$h=2\sim5m$时，$R=2m$。

（2）$h=5\sim15m$时，$R=3m$。

（3）$h=15\sim30m$时，$R=4m$。

（4）$h>30m$时，$R=5m$。

3. 高处作业分级方法

按照不同的坠落高度，高处作业可分为四个等级，即高度在$2\sim5m$时，称为一级高处作业；高度在$5\sim15m$时，称为二级高处作业；高度在$15\sim30m$时，称为三级高处作业；高度在30m以上时，称为四级或特级高处作业。

4. 高处作业的种类和特殊高处作业的类别

高处作业按性质和环境的不同，可分为一般高处作业和特殊高处作业两类。

一般高处作业为正常作业环境下，进行的各项高处作业。

特殊高处作业是指较复杂的作业环境下对操作人员具有危险性的作业，有下列八类：

(1) 强风高处作业（阵风六级，风速 10.8m/s）。

(2) 异温高处作业。

(3) 雪大高处作业。

(4) 雨天高处作业。

(5) 夜间高处作业。

(6) 带电高处作业。

(7) 悬空高处作业。

(8) 抢救高处作业。

5. 高处坠落主要类型和原因

高处坠落主要类型有：

(1) 因被蹬踏物材质强度不够，突然断裂。

(2) 高处作业移动位置时，踏空、失稳。

(3) 高处作业时，由于站位不当或操作失误被移动的物体碰撞坠落等。

高处坠落主要原因有：

(1) 作业人员缺乏高处作业的安全技术知识。

(2) 防高处坠落的安全设施、设备不健全。

(二) 预防高处坠落事故的主要技术措施

预防高处坠落事故的主要技术措施有以下几种。

1. 用好安全"三宝"

(1) 安全帽。按规定进入危险场所，必须戴好符合安全标准的安全帽，并系好帽带，防止人员坠落时帽子脱落，失去防护作用。

(2) 安全带。凡在 2m 以上悬空作业人员，必须配带合格的安全带。如悬空作业场地没有系挂安全带的条件时，应制订措施，为作业人员设置挂安全带用的安全拉绳、安全栏杆等。

(3) 安全网。凡无外架防护作业点，必须在离地 4m 高处搭设固定的安全平网，高层施工还应隔四层再安设一道固定的安全平网，并同时设一层随墙体逐层上升的安全平网。

2. 做好"四口"防护

"四口"的建筑施工行业中指楼梯口、电梯口、预留洞口和出入口（也称通道口）。"四口"防护方法综合起来分为两类：

(1) 在楼梯口、电梯口、预留洞口，设置围栏、盖板、开启式金属防护门、架网；在混凝土预制板预留的洞口上，预制时即预埋钢筋，设备安装时再剪掉预埋的钢筋网。

(2) 正在施工的建筑物出入口和井字架、门式架进出入口，必须搭设符合标准的防护棚。

3. 做好"五临边"的防护

建筑施工中，存在着大量临时性的危险边治，这是发生作业人员坠落的主要坠落点之一。例如，尚未安装栏杆的阳台周边，无外架防护的屋面周边，框架工程楼层周边，上下跑道、斜道、两侧边，卸料平台的外侧边等，简称"五临边"。"五临边"必须设置1.2m高的双层围栏（每层60cm）或搭设安全立网，既可防止人员坠落，又可防止各种物料坠落伤人。

4. 严把脚手架的十道关

脚手架在建筑施工中，是一项不可缺少的重要工具。但是，如果在支搭和使用上方法不当，往往会造成多人伤亡和巨大的经济损失。

因此，对各种脚手架必须严把十道关：

（1）材质关。严格按规程、规定的质量、规格选择材料。

（2）尺寸关。必须按规定的间距尺寸搭设。

（3）铺板关。架板必须满铺，不得有空隙和探头板、下跳板，并经常清除板上杂物。

（4）栏护关。脚手架外侧和斜道两侧必须设1.2m高的栏杆或立挂安全网。

（5）连接关。必须按规定设剪刀撑和支撑，必须与建筑物连接牢固。

（6）承重关。脚手架均布荷载。结构架应控制在 $270kg/m^2$，装修架应控制在 $200kg/m^2$，其他架子必须经过计算和试验确定承重荷载，标准架严格按规程定负荷。

（7）上下关。必须为工人上下架子搭设马道或阶梯。严禁施工人员从架子爬上爬下，造成事故。

（8）雷电关。凡金属脚手架与输电线路，要保持一定的安全距离，或搭设隔离防护措施。一般电线不得直接绑扎在架子上，必须绑扎时应加垫木隔离，凡金属脚手扎高于周围避雷设施的，要制订方案，重新设置避雷系统。

（9）挑梁关。悬吊式吊篮，除按规定加工外，严格按方案设置。

（10）检验关。各种架子搭好后，必须经技术、安全等部门共同检查验收，合格后可投入使用。使用中应经常检查，发现问题要及时处理。

八、机械安全知识

（一）机械伤害的相关概念

1. 机械伤害的含义

机械伤害是指机械做出强大的功能作用于人体的伤害。

2. 机械伤害事故的特点

机械伤害事故的后果惨重，如搅死、挤死、压死、碾死、被弹出物体打死、磨死等。当发现有人被机械伤害的情况时，虽及时紧急停车，但因设备惯性作用，仍可将伤害延续，乃至身亡。

3. 常见伤害人体的机械设备

常见伤害人体的机械设备有皮带运输机、球磨机、行车、卷扬机、干燥车、气锤、车床；辊筒机、混砂机、螺旋输送机、泵、压模机、灌肠机、破碎机、推焦机、榨油机、硫化机、卸车机、离心机、搅拌机、轮碾机、制毡撒料机、滚筒筛等。

（二）机械伤害事故的主要原因

机械伤害事故的主要原因有：

（1）检修、检查机械忽视安全措施。如人进入设备（球磨机等）检修、检查作业时，不切断电源，未挂不准合闸警示牌，未设专人监护等措施而造成严重后果；也有的因当时受定时电源开关作用或发生临时停电等因素误判而造成事故；也有的虽然对设备断电，但因未等至设备惯性运转彻底停住就下手工作，同样造成严重后果。

（2）缺乏安全装置。如有的机械传动带、齿机、接近地面的联轴节、皮带轮、飞轮等易伤害人体部位没有完好防护装置；还有的入孔、投料口绞笼井等部位缺护栏及盖板，无警示牌，人一疏忽误接触这些部位，就会造成事故。

（3）电源开关布局不合理，一种是有了紧急情况不立即停车；另一种是好几台机械开关设在一起，极易造成误开机械引发严重后果。

（4）自制或任意改造机械设备，不符合安全要求。

（5）在机械运行中进行清理、卡料、上皮带蜡等作业。

（6）任意进入机械运行危险作业区（采样、干活、借道、拣物等）。

（7）不具操作机械素质的人员上岗或其他人员乱动机械。

（三）防止机械伤害事故的防范措施

防止机械伤害事故的防范措施有：

（1）检修机械必须严格执行断电挂禁止合闸警示牌和设专人监护的制度。机械断电后，必须确认其惯性运转已彻底消除后才可进行工作。机械检修完毕，试运转前，必须对现场进行细致检查，确认机械部位人员全部彻底撤离才可取牌合闸。检修试车时，严禁有人留在设备内进行点车。

（2）炼胶机等人手直接频繁接触的机械，必须有完好紧急制动装置，该制动钮位置必须使操作者在机械作业活动范围内随时可触及到；机械设备各传动部位必须有可靠防护装置；各入孔、投料口、螺旋输送机等部位必须有盖板、护栏和警示牌；作业环境保持整洁卫生。

（3）各机械开关布局必须合理，必须符合两条标准：一是便于操作者紧急停车；二是避免误开动其他设备。

（4）对机械进行清理积料、捅卡料、上皮带腊等作业，应遵守停机断电挂警示牌制度。

（5）严禁无关人员进入危险因素大的机械作业现场，非本机械作业人员因事必须进入的，要先与当班机械作者取得联系，有安全措施才可同意进入。

（6）操作各种机械人员必须经过专业培训，能掌握该设备性能的基础知识，经考试合格，持证上岗。上岗作业中，必须精心操作，严格执行有关规章制度，正确使用劳动防护用品，严禁无证人员开动机械设备。

（7）供电的导线必须正确安装，不得有任何破损和漏电的地方。

（8）电机绝缘应良好，其接线板应有盖板防护。

（9）开关、按钮等应完好无损，其带电部分不得裸露在外。

（10）局部照明应采用安全电压，禁止使用 110V 或 220V 的电压。

（11）操作前应对机械设备进行安全检查，先空车运转，确认正常后，再投入使用。

（12）机械设备在运转时，严禁用手调整；不得用手测量零件或进行润滑、清扫杂物等。

（13）机械设备运转时，操作者不得离开工作岗位。

（14）工作结束后，应关闭开关，回复刀具和工件至工作初始位置。

（四）机械对人体伤害最多的部位

机械对人体伤害最多的部位是手。因为手在劳动中与机械接触最为频繁。

（五）机械伤害的急救

1. 机械手外伤的急救原则

发生断手、断指等严重情况时，对伤者伤口要进行包扎止血、止痛、进行半握拳状的功能固定。对断手、断指应用消毒或清洁敷料包好，忌将断指浸入酒精等消毒液中，以防细胞变质。将包好的断手、断指放在无泄漏的塑料袋内，扎紧好袋口，在袋周围放冰块，或用冰棍代替，速随伤者送医院抢救。

2. 发生头皮撕裂伤的急救措施

发生头皮撕裂伤可采取以下急救措施：

（1）必须及时对伤者进行抢救，采取止痛及其他对症措施。

（2）用生理盐水冲洗有伤部位，涂红汞后用消毒大纱布块、消毒棉花紧紧包扎，压迫止血。

（3）使用抗菌素，注射抗破伤风血清，预防感染。

（4）送医院进一步治疗。

九、造成安全生产事故的主要原因

（一）安全生产意识淡薄是造成安全生产事故的最大隐患

许多职工入厂后虽经短时间的安全教育，但由于缺乏工作实践，对安全生产的认识较差，认为最重要的是学技术，掌握生产技术才是硬本领，而对学习安全知识，掌握安全生产技术则很不重视。更有些人都是抱着侥幸心理，认为伤亡事故离自己十分遥远，不会落到自己头上，但是血的教训告诉我们，安全生产意识淡薄是最大的隐患。

（二）未经培训上岗，无知酿成悲剧

有的生产经营单位招聘了职工后，不进行厂、车间、班组三级安全教育。职工未经安全生产、劳动保护培训就上岗，缺乏最基本的安全生产常识，冒险蛮干，违章作业，一旦发生事故，则惊慌失措，往往因此酿成悲剧。

（三）违反安全生产规章制度导致事故

企业的安全生产规章制度是企业规章制度的一部分，是建立现代企业制度的重要内容，企业全体员工上至厂长经理，下至每一名工人都必须遵守。尤其是新工人更应该注意，来到一个新的陌生的环境，往往在好奇心的驱使下忘记了企业的安全生产规章制度，对什么东西都想动一动、摸一摸，往往因此造成了工作事故，使自己受到伤害，或者伤害他人，或者被他人伤害。

因不落实安全规章制度而造成的劳动环境存在以下不安全状态：

（1）防护、保险、信号等装置缺乏或有缺陷。

（2）设备、设施、工具、附件有缺陷。结构不合安全要求，通道门遮挡视线，制动装置有缺陷，安全间距不够，拦车网有缺陷，工件有锋利毛刺、毛边，设施上有锋利倒棱。

（3）强度不够。机械强度和绝缘强度不够，起吊重物的绳索不合安全要求。

（4）设备在非正常状态下运行。带"病"或超负荷运转。

（5）维修、调整不当。设备失修，地面不平，保养不当，设备失灵。

（6）个人防护用品用具缺少或有缺陷。

（7）生产（施工）场地环境不良。

1）照明光线不良，照度不足，作业场地烟尘弥漫，视物不清，或光线过强。

2）通风不良，风流短路，停电停风时放炮作业，瓦斯排放未达到安全浓度时放炮作业，瓦斯浓度超限。

3）作业场所狭窄、作业场地杂乱，工具、制品、材料堆放不安全；采伐时，未开"安全道"。

（8）交通线路的配置不安全，操作工序设计或配置不安全，地面滑、地面有油或其他液体，冰雪覆盖，地面有其他易滑物。

（四）违反劳动纪律造成事故

一个不以严格的纪律要求员工队伍的企业，是一个缺乏市场竞争力的企业。血的教训一再告诉我们，一名不遵守劳动纪律的职工，往往就是一起重大事故的责任者。违反劳动纪律的主要表现如下：

（1）上班前饮酒，甚至上班的时候饮酒。

（2）上班无故迟到，下班早退。

（3）工作时间开开玩笑，嬉戏打闹。

（4）不按规定穿戴工作服和个人防护用品。

（5）在禁烟区内随意吸烟，乱扔烟头。

（6）不坚守岗位，随意串岗聊天。

（7）企业生活无规律，上班时无精打采。

（8）工作时不全神贯注，思想开小差。

（9）上夜班时偷偷睡觉。

（10）不服从上级正确调度指挥，自作主张随意更改规章。

（11）无视纪律，自由散漫，上班时间吊儿郎当。

（五）违反安全操作规程十分危险

安全操作规程是人们在长期的生产劳动实践中，以血的代价换来的科学经验总结，是工人在生产操作中不得违反的安全生产技术规程。员工在生产劳动中如果不遵守安全操作规程，后果将十分危险，轻则受伤，重则丧命，对此，每个员工都万万不可掉以轻心。

违反安全操作规程的主要表现如下：

（1）操作错误、忽视安全、忽视警告。未经许可或未给信号就开动、关停、移动机器，开关未锁紧，造成意外转动、通电或漏电等，忘记关闭设备，忽视警告标记，奔跑作业，供料或送料速度过快，手伸进冲压模，工件紧固不牢，用压缩空气吹铁屑等。

（2）拆除或错误调整安全装置，造成安全装置失效。

（3）临时使用不牢固的设施，使用无安全装置的设备。

（4）用手代替手动工具，用手清除切屑，不用夹具固定、用手拿工件进行机加工，物体（指成品、半成品、材料、工具、切屑和生产用品等）存放不当。

（5）冒险进入危险场所。冒险进入涵洞，接近漏料处，无安全设施，采伐、集材、运材、装车时，未离开危险区，未经安全监察人员允许就进入油罐或井中，未"敲帮问顶"就开始矿井作业，在易燃、易爆场合动用明火，私自搭乘矿车，在绞车道行走，未及时观望。

（6）攀、坐不安全位置如平台护栏、汽车挡板、吊车吊钩。在起吊物下作业、停留，机器运转时加油、修理、调整、焊接、清扫等，有分散注意力的行为。

（7）在必须使用个人防护用品用具的作业或场合中忽视其作用。未戴护目镜或面罩，未戴防护手套，未穿安全鞋，未戴安全帽和呼吸护具，未佩戴安全带。

（8）不安全装束。在有旋转零件的设备旁作业时穿过于肥大的服装，操纵带有旋转部件的设备时戴手套。

十、事故预防

（一）事故预防的原则

事故预防应当明确事故可以预防，能把事故消除在发生之前的基本原则：

（1）"事故可以预防"的原则。

（2）"防患于未然"原则。

（3）"对于事故的可能原因必须予以根除"原则。

（4）"全面治理"原则。

（二）事故预防模式

事故预防的模式分为事后型模式和预期型模式两种：

（1）事后型模式。这是一种被动的对策，即在事故或灾难发生后进行整改，以避免同类事故再发生的一种对策。这种对策模式遵循如下技术步骤：事故或灾难发生—调查原因—分析主要原因—提出整改对策—实施对策—进行评价—新的对策。

（2）预期型模式。这是一种主动、积极地预防事故或灾难发生的对策，是现代安全管理和减灾对策的重要方法和模式。其基本的技术步骤是：提出安全或减灾目标—分析存在的问题—找出主要问题—制订实施方案—落实方案—评价—新的目标。

（三）事故的一般规律分析

事故的发生是完全具有客观规律性的。通过人们长期的研究和分析，安全专业人员已总结出了很多事故理论，如事故致因理论事故、事故模型、事故统计学规律等。事故的最基本特性就是因果性、随机性、潜伏性和可预防性。

（1）因果性。事故的因果性是指事故由相互联系的多种因素共同作用的结果，引起事故的原因是多方面的，在伤亡事故调查分析过程中，应弄清楚事故发生的因果关系，找到事故发生的主要原因，才能对症下药。

（2）随机性。事故的随机性是指事故发生的时间、地点、事故后果的严重性是偶然的。这说明事故的预防具有一定的难度。但是，事故这种随机性在一定范畴内也遵循统计规律。从事故的统计资料中可以找到事故发生的规律性。因而，事故统计分析对制订正确的预防措施有重大的意义。

（3）潜伏性。表面上事故是一种突发事件。但是事故发生之前有一段潜伏期。在事故发生前，人、机、环境系统所处的这种状态是不稳定的，也就是说系统存在着事故隐患，具有危险性。如果这时有一触发因素出现，就会导致事故的发生。在工业生产活动中，企业较长时间内未发生事故，如麻痹大意，就是忽视了事故的潜伏性，这是工业生产中的思想隐患，是应予以克服的。

（4）可预防性。现代工业生产系统是人造系统，这种客观实际给预防事故提供了基本的前提。所以说，任何事故从理论和客观上讲，都是可预防的。认识这一特性，对坚定信念、防止事故发生有促进作用。因此，人类应该通过各种合理的对策和努力，从根本上消除事故发生的隐患，把工业事故的发生降低到最小限度。

（四）一般的事故预防措施

从宏观的角度，对于意外事故的预防原理称为"三E对策"，即事故的预防具有三大预防技术和方法。

（1）工程技术对策。即采用安全可靠性高的生产工艺，采用安全技术、安全设施、安全检测等安全工程技术方法，提高生产过程的本质安全化。

（2）安全教育对策。即采用各种有效的安全教育措施，提高员工的安全素质。

（3）、安全管理对策。即采用各种管理对策，协调人、机、环境的关系，提高生产系统的整体安全性。

（五）处理事故的"四不放过原则"

即发生事故后，要做到事故原因没查清，当事人未受到教育，整改措施未落实，事故责任者未追究，四不放过。

任务三　拟写一份大学生职业病防治预案

📊【学习目标】

（1）了解职业病的相关知识。

（2）了解常见的职业病危害，认识职业健康的重要性。

（3）掌握职业病防治措施。

（4）了解女工职业卫生防护知识。

（5）掌握工伤认定程序，了解并掌握相关维权法律。

✎【学习任务描述】

通过设计一份事故报告、拟写一份针对本校大学生的职业病预案等任务的完成，指导学生尝试运用有关职业病防护的知识解决生活中的实际问题。

▮【学习任务准备】

要求学生了解并抄录（或拍摄）学校所有的有关职业病防治规章制度，调查学校教师职业健康情况。

✿【学习任务实施】

以学习小组为单位，指导学生采集学校所有的有关职业病防治规章制度，调查学校教师职业健康情况后，进行交流和讨论，根据职业病防治办法，设计出一份适合大学生实际情况的职业病防治预案。

▽【案例一瞥】

案例1：2002年3月，河北省高碑店市白沟镇发生农民工苯中毒事件后，国务院领导同志高度重视，朱镕基总理、李岚清副总理作了重要批示。3月28日，由劳动保障部、国务院办公厅、公安部、卫生部等9个部门和有关专家组成的国务院调查工作组，赴河北省高碑店市对农民工苯中毒事件进行调查。

高碑店市箱包生产始于1978年。近年来，以白沟镇为中心，带动周边乡镇，形成了全国最大的箱包集散地。全市现有各类箱包加工企业和加工户2099户，从事箱包加工的农民工14000余人。高碑店市大多数个体作坊生产条件简陋，劳动保护条件差，没有采取必要的职业卫生防护和安全生产措施，一些作业场所有毒气体浓度高，作业人员未配备个人职业病防护用品，有的甚至让作业人员吃、住、工作在同一房间，长时间接触高浓度的有毒气体，导致急、慢性中毒甚至死亡。劳动用工不规范和胶粘剂生产销售市场混乱也是发生职业中毒或加重职业中毒的重要原因。一些企业主未与劳动者签订劳动合同或合同中未告知存在的职业病危害因素、超时劳动，有的企业和个体作坊使用未成年工从事有毒有害化学品作业。胶粘剂生产销售市场混乱，使用不符合国家标准的高毒原料（如纯苯）生产胶粘剂，产品标签无产品成份、毒性及危害说明，非法生产经营胶粘剂，"三无"胶粘剂充斥市场。生产经营不规范，无照经营和偷税漏税严重。对发生苯中毒的作业场所进行生产现场模拟试验，共采集作业场所空气样品16个，检验结果表明：16个样品中，有10个样品苯浓度超过国家卫生标准，最高达$2040mg/m^3$（国家卫生标准为$40mg/m^3$），超标50倍；4个样品甲苯浓度超标，最高达$949mg/m^3$（国家卫生标准为$100mg/m^3$），超标8.5倍；16个样品正己烷全部超标，最高达$85800mg/m^3$（新颁的国家卫生标准为$180mg/m^3$），超标475倍。经卫生部、公安部多次组织专家诊断鉴定，共发现25名苯中毒人员，其中因苯中毒死亡5人。（河北省高碑店市农民工苯中毒事件. 中国网. 2006-8-8.）

案例2： 2002年5月，山东时风（集团）有限责任公司发生一起重大苯中毒案件，造成31名工人中毒，其中2人死亡。6月5日，经省劳动卫生职业病防治研究所组织职业病诊断专家组诊断：慢性重度苯中毒15人（再生障碍性贫血14人、全血细胞减少1人，其中死亡2人），慢性中度苯中毒11人，慢性轻度苯中毒5人。

山东时风（集团）公司是一个以生产农用车为主业、多元化经营的大型企业集团，现有职工28000余人。该公司接触职业病危害的职工有1400余人。

山东省卫生厅查明，时风集团使用的胶粘剂苯含量严重超标。经检验，该公司使用的高唐县昌瑞精细化工厂生产的"昌瑞牌309胶"苯含量215g/kg，济南神牛化工有限公司生产的"帅牛牌309胶"苯含量476g/kg（国家标准≤5g/kg）。经山东省劳动卫生职业病防治研究所专家模拟现场检测，使用"昌瑞牌309胶"的工作场所空气中苯浓度超标17.3倍，二甲苯超标11.5倍，正己烷超标13.2倍；使用"帅牛牌309胶"的作业场所空气中苯浓度超标37.7倍，正己烷超标27.8倍。时风集团对职业病防治工作不重视，职业卫生管理制度和防护措施不落实。2002年8月，全国专项整治工作第二督查组对案件的查处工作进行了督导，并提出了要求。

时风（集团）公司按照《职业病防治法》的要求和山东省卫生行政部门的整改意见进行了整改，初步建立了职业病防治管理制度，落实了领导责任制，对全厂28000名职工进行了健康检查，建立职工健康档案，采用塑料铆钉代替涂309胶粘接工艺，对油漆工艺配方进行调整，降低毒性等级，增加原料检测手段，减少了事故隐患。（山东时风集团重大苯中毒事件. 环保时空. 2002-8-7.）

【安全课堂】

一、职业病危害与防护

（一）职业病

凡生产性有害因素引起的疾病，在广义上均可称为职业病。但在立法意义上，职业病却具有一定的范围，通常指政府主管部门明文规定的法定职业病。

1. 职业病危害种类

根据企业经营和施工现场的具体情况确定的职业危害为六大类：

（1）生产性粉尘的危害。在建筑施工作业过程中，材料的搬运使用、石材的加工、建筑物的拆除，均会产生大量的矿物性粉尘，长期吸入这样的粉尘可发生矽肺病。

（2）辐射的危害。在建筑物地下室施工时由于作业空间相对密闭、狭窄、通风不畅，特别是在这种作业环境内进行焊接或切割作业，耗氧量极大，又因缺氧导致燃烧不充分，产生大量一氧化碳，从而造成施工人员缺氧窒息和一氧化碳中毒。

（3）有毒物品的危害。建筑施工过程中常接触到多种有机溶剂，如防水施工中常常接触到苯、甲苯、二甲苯、苯乙烯；喷漆作业常常接触到苯、苯系物外还可接触到醋酸乙酯、氨类、甲苯二氰酸等，这些有机溶剂的沸点低、极易挥发，在使用过程中挥发到空气中的浓度可以达到很高，极易发生急性中毒和中毒死亡事故。

（4）焊接作业产生的金属烟雾危害。在焊接作业时可产生多种有害烟雾物质，如电气焊时使用锰焊条，除可以产生锰尘外，还可以产生锰烟、氟化物、臭氧及一氧化碳，长期吸入可导致电气工人尘肺及慢性中毒。

（5）生产性噪声和局部振动危害。建筑行业施工中使用的机械工具如钻孔机、电锯、振捣器及一些动力机械都可以产生较强的噪声和局部的振动，长期接触噪声可损害职工的听力，严重时可造成噪声性耳聋，长期接触振动能损害手的功能，严重时可导致局部震动病。

（6）高温作业危害。长期的高温作业可引起人体水电解质紊乱，损害中枢神经系统，可造成人体虚脱、昏迷甚至休克，易造成意外事故。

2. 防护措施

（1）公司为有效防止职业病对作业人员造成人身伤害，从管理上明确公司职能部室及施工现场管理人员多级责任制，分清在职业病预防上的岗位职责。

（2）加强对施工作业人员的职业病危害教育，定期组织培训教育，提高对职业病危害的认识，了解其危害，掌握职业病防治的方法。

（3）施工现场做封闭式施工，用高度不低于 2m 的围挡将现场四周围起来。

（4）施工现场材料堆放整齐（散材成堆、型材成垛）。

（5）现场临时仓库内各种袋（桶、箱）装材料码放成垛，小型材料上架存放。

（6）接触粉尘作业的施工作业人员，在施工中应尽量降低粉尘的浓度，在施工中采取不断喷水的措施降低扬尘，作业人员正确佩戴防尘口罩。

（7）从事防水作业、喷漆作业的施工人员应严格按照操作规程进行施工，施工前要检查作业场所的通风是否畅通，通风设施是否运转正常，作业人员在施工作业中要正确佩戴防毒口罩。密闭空间内进行防水、喷漆作业容易导致一氧化碳中毒，如防护用具不能正常发挥作用时，必须立即撤离现场至通风处，并通知施工现场其他人员在确保自身安全的前提下对该场所进行通风；若已出现中毒症状，应立即报告项目部进行处理；慢性中毒症状不易被发现，公司对从事此类作业的施工人员每半年组织一次体检，发现职业病症状应立即通知本人并调离岗位，采取必要的治疗措施。

（8）电气焊作业操作人员在施工中应注意施工作业环境的通风或设置局部排烟设备，使作业场所空气中的有害物质浓度控制在国家卫生标准之下，在难以改善通风条件的作业环境中操作时，必须佩戴有效的防毒面具和防毒口罩。电气焊作业易引发的职业病与（7）所列基本相似，参照（7）执行。

（9）进行噪声较大的施工作业时，施工人员要正确佩戴防护耳罩，并减少噪声作业的时间。如因进行强噪声作业导致头晕、耳鸣等症状，应立即停止作业并通知其他人员进行治疗，症状严重者报公司应急救援小组送至医疗机构进行治疗。每半年进行一次体检。

（10）施工中所使用的加工设备要设置除尘装置，清运垃圾必须使用喷洒后方可用提升机或封闭专用垃圾道运输，严禁从窗口倾倒垃圾。细散颗粒材料的装卸运输必须要遮盖，现场专用道路要经常喷、洒水，把粉尘污染降低到最小限度。长期在高密度粉尘环境作业的施工人员必须佩戴防护口罩、发帽及其他必需的个人防护用品，防止吸入有毒灰尘。

（11）长期从事高温作业的施工人员应减少工作时间，注意休息，保证充足的饮用水，并佩戴好防护用品。

（12）从事职业危害作业的职工应按照职业病防治法的规定定期进行身体健康检查，公司将检查结果告之本人，并将体检报告存入档案。

（二）电气焊

1. 电气焊危害

（1）金属烟尘的危害。电焊烟尘的成分因使用焊条的不同而有所差异。焊接时，电弧放电产生 4000～6000℃高温，在溶化焊条和焊件的同时，产生了大量的烟尘，其成分主要为氧化铁、氧化锰、二氧化硅、硅酸盐等，烟尘粒弥漫于作业环境中，极易被吸入肺内。长期吸入则会造成肺组织纤维性病变，即称为电焊工尘肺，而且常伴随锰中毒、氟中毒和金属烟雾热等并发病。患者主要表现为胸闷、胸痛、气短、咳嗽等呼吸系统症状，并伴有头痛、全身无力等病症，肺气功能也有一定程度的损伤。

（2）有害气体的危害。在焊接电弧所产生的高温和强紫外线作用下，弧区周围会产生大量的有害气体，如氮氧化物、一氧化碳、臭氧等。

（3）电弧光辐射的危害。焊接产生的电弧光主要包括红外线、可见光和紫外线。其中紫外线主要通过光化学作用对人体产生危害，它损伤眼睛及裸露的皮肤，引起角膜结膜炎（电光性眼炎）和皮肤胆红斑症。主要表现为患者眼痛、流泪、眼睑红肿痉挛，受紫外线照射后皮肤可出现界限明显的水肿性红斑，严重时可出现水泡、渗出液和浮肿，并有明显的烧灼感。

2. 预防措施

（1）提高焊接技术，改进焊接工艺和材料。通过提高焊接技术，使焊接操作实现机械化、自动化、人与焊接环境相隔离，从根本上消除电焊作业对人体的危害。由于电焊产生的危害大多与焊条药皮成分有关，所以选择无毒或低毒的电焊条，也是降低焊接危害的有效措施之一。

（2）改善作业场所的通风状况。通风方式可分为自然通风和机械通风，其中机械通风是依靠风机产生的压力来换气，除尘、排毒效果较好，因而在自然通风较差的室内、封闭的空间内进行焊接时，必须采用机械通风措施。

（3）加强个人防护措施。加强个人防护，可以防止焊接时产生的有毒气体和粉尘的危害。作业人员必须使用相应的防护眼镜、面罩、口罩、手套，穿白色防护服、绝缘鞋，绝不能穿短袖衣或卷起袖子，若在通风条件差的封闭容器内工作，还要佩戴使用有送风性能的防护头盔。

（4）强化劳动保护宣传教育及现场跟踪监测工作。对电焊作业人员应进行必要的职业安全卫生知识教育，提高其自我防范意识，降低职业病的发病率。同时，还应加强电焊作业场所的尘毒危害的监测工作以及电焊工的体检工作，及时发现和解决问题。

（三）粉尘

1. 粉尘的危害

在施工现场搬运装卸水泥、沙石、渣土、石材加工、装修打眼、建筑物拆除等，均可产生大量的矿物性粉尘，长期吸入这样的粉尘可发生肺病。

2. 预防措施

（1）定期、不定期在发生扬尘的部位或区域洒水降尘。

（2）配备必要的劳动保护用品；如果在封闭环境下作业，应安装通风设备进行通风排尘。

（3）制订有效的职业卫生防护管理措施，对电焊作业人员应进行必要的职业安全卫生知识教育，提高其自我防范意识。

（四）噪声和振动

1. 噪声和振动的危害

施工作业场所使用的木工机械设备、混凝土振捣器、地基处理的打强夯、打桩、风钻及一些动力机械都可以产生较强的噪声和振动，长期在强噪声（85dB 以上）条件作业，可损害员工的听力，严重时可造成噪声性耳聋，长期接触振动能损害手的功能，可导致局部麻木病。

2. 预防措施

（1）在管理上应选用低噪声、低振动（或搭设减振设施）的机械设备。

（2）为操作人员配备必要的劳动防护用品，教育员工正确佩戴防护耳塞、耳罩、手套等。

（3）减少噪声和振动作业时间、实行轮休制度，定期进行体检。

（五）有毒有害作业

1. 有毒有害作业危害

施工现场的防水作业、装修装饰用油漆、涂料、稀释料、含苯、烷、氯化物的建材使用、沥青及其制品的加热使用、电气焊烟尘、汽油挥发、深基础施工中产生的硫化氢、氨气等。长期在挥发性有毒物质浓度较大的条件下作业，吸入大量的有毒物质导致人体呼吸系统、血液系统、肝脏系统、神经系统等疾病，重者致人死亡。

2. 预防措施

（1）采购选用环保、低毒的建筑材料。

（2）在封闭环境下作业，应安装通风设备进行通风降低有害气体浓度；凡进入密闭空间进行涂装作业者，不论空间大小，至少有两人同行和工作。若空间只能容一人时，另一人不得离开；应随时与正在作业的人取得联系，作预防性防护。

（3）为操作人员配备必要的劳动防护用品，教育员工正确佩戴防毒口罩、面具、手套等；对由于受作业环境限制不易充分通风换气的场所，作业人员必须配备并使用空气呼吸器、氧气呼吸器或软管面具等隔离式呼吸保护器具。严禁使用过滤式面具。

（4）采用轮休制度，定期进行体检。

（六）高温、寒冷作业危害

1. 高温、寒冷作业危害

长期从事高温作业的人员可引起人体水电解质紊乱，损害中枢神经系统，可造成人体虚脱、昏迷甚至休克，易造成意外事故；长期在寒冷的室外作业，致使操作人员耳朵、脸部、手、脚冻伤及感冒等疾患。

2. 预防措施

（1）在高温、寒冷季节应合理调整工作时间或减少工作时间。

（2）佩备必要的防护用品。夏季做好防暑降温工作，采取遮阳避暑措施、发放使用防暑降温食品、饮品、保健药品，保证充足的饮用水；冬季室外作业人员配备保暖服装、鞋帽、手套等，准备防冻伤及治疗冻伤的药品。

二、女工职业卫生防护

（一）健康影响

1. 重体力劳动对女工健康的影响

长期从事重体力劳动，特别是搬运重物时由于腹压增高，盆腔内生殖器官受压发生移位，可引起子宫后倾、子宫下垂，严重者可发生子宫脱垂；孕妇从事较重体力劳动，易导致流产、早产、胎儿发育迟缓及胎儿或新生儿死亡率增高；长期负重可引起月经失调，出现痛经、月经过多或月经不规则；负重作业女工慢性肌肉关节劳损及骨关节疾病较多，如慢性腱鞘炎、肩周炎、腰痛等。

2. 职业病危害因素对女工生殖功能的影响

（1）对月经功能的影响。已知有近90种职业性有害因素可引起月经异常，包括强噪声、振动、重体力劳动，以及多种化学物质如铅、汞、二硫化碳、苯系化合物、汽油、三硝基甲苯、氯乙烯等。

（2）对生育功能的影响。一是对性腺的损伤，接触高强度噪声、铅、汞、镉、氯乙烯、麻醉气体等可致不孕的相对危险度增高，接触二硫化碳、多环芳烃、烷化剂、电离辐射等，可使卵巢功能早衰或绝经年龄提前，接触烷化剂可导致染色体畸变或基因突变，造成流产；二是对胚胎发育的影响，负重作业、全身振动作业、接触高浓度铅、汞、二硫化碳、苯系化合物、环氧乙烷及从事橡胶加工的女工，接触麻醉药和抗癌药物的女性医护人员均存在自然流产率增高的危险。接触甲基汞、农药2，4，5-T、二硫化碳以及从事橡胶生产的女工，孕期接受过量辐射线照射的女工，可使胎儿先天性畸形发生率明显增加；三是对胎盘的影响，铅、汞、二硫化碳、一氧化碳等可经胎盘进入胎儿体内，对胎儿生长发育产生不良影响。

（3）对妊娠母体的影响。怀孕期间机体对职业危害因素如铅、苯、一氧化碳等毒作用易感性增高。铅、苯系化合物、二硫化碳、三氯乙烯、己内酰胺、汞等有害因素能促使妊娠及分娩并发症的发生。

（4）对新生儿、乳儿的影响。有母亲在孕期接触苯，出生婴儿发生再生障碍性贫血的报道。产后通过目前工作服或体表污染将铅尘、苯胺燃料、石棉等带回家中影响婴儿的健康。能通过乳汁分泌进入婴儿体内引起婴儿中毒的毒物有铅、汞、镉、砷、苯、二硫化碳、多氯联苯、有机氯、三硝基甲苯、氯丁二烯、烟碱等。

（5）振动对女工健康的影响。如强烈的全身振动，可引起月经不调、子宫脱垂、早产、流产等。

（6）电离辐射对女工和胎儿的影响。小剂量放射线照射性腺时，可出现月经机能障碍、月经周期延长，而血量减少，停止接触后可恢复。小剂量放射线长期作用可引起生殖细胞的基因突变；大剂量放射线照射可出现不可逆的损伤，还可引起染色体畸变。一般认为，300R 以上的照射可以对性腺造成不能恢复的损伤，甚至失去生殖能力而导致不孕。研究还表明，电离辐射可导致胚胎死亡或出现各种类型的发育缺陷。

（二）女工职业病防治

女工健康是我国一贯的政策。由于妇女的生理特点，某些生产性有害因素对妇女健康具有较大或特殊的影响，故应特别重视女工的职业卫生和劳动保护。妇女不宜从事持续负重20～25kg 以上的重体力劳动，不宜从事高温或低温环境作业、不会引起全身强烈振动的作业、长期强制体位的作业以及有发生意外事故的高度危险的作业。要加强经期、孕期、产期、哺乳期的劳动保护。

1. 禁忌劳动范围

一般情况下女职工体力劳动禁忌范围包括：

（1）矿山井下作业。

（2）森林业伐木、归楞及流放作业。

（3）《体力劳动强度分级》（GB 3869—1997）标准中第Ⅳ级体力劳动强度的作业。

（4）建筑业脚手架的组装和拆除作业，以及电力、电信行业的高处架线作业。

（5）连续负重（指每小时负重次数在六次以上）每次负重超过 20kg，间断负重每次负重超过25kg 的作业。这些工种属于繁重体力劳动，女职工从事这些工作，容易引起月经失调、子宫脱垂等。有关专家调查证明，妇女负重 10～20kg 时，子宫颈下降；负重 30～40kg 时，出现明显的暂时性子宫下垂。

2. 劳动范围

月经期间女职工从事的劳动禁忌范围包括：

（1）食品冷冻库内及冷水等低温作业。

（2）《体力劳动强度分级》（GB 3869—1997）标准中第Ⅲ级体力劳动强度的作业。

（3）《高处作业分级》（GB/T 3608—2008）标准中第Ⅱ级（含Ⅱ级）以上的作业。

3. 禁忌

已婚待孕女职工禁忌从事的劳动范围包括不得从事铅、汞、苯、镉等作业场所属于《有毒作业分级》（GB/T 12331—1990）标准中第Ⅲ、Ⅳ级的作业。

4. 怀孕

不得安排怀孕女职工从事以下作业：

（1）作业场所空气中铅及其化合物、汞及其化合物、苯、镉、铍、砷、氰化物、氮氧化物、一氧化碳、二硫化碳、氯、己内酰胺、氯丁二烯、氯乙烯、环氧乙烷、苯胺、甲醛等有毒物质浓度超过国家卫生标准的作业。

（2）制药作业中从事抗癌药物及己烯雌酚生产的作业。

（3）作业场所放射性物质超过《放射防护规定》中规定剂量的作业。

（4）人力进行的土方和石方作业。

（5）《体力劳动强度分级》（GB 3869—1997）标准中第Ⅲ级体力劳动强度的作业。

（6）伴有全身强烈振动的作业，如风钻、捣固机、锻造等作业，以及拖拉机驾驶等。

（7）工作中需要频繁弯腰、攀高、下蹲的作业，如焊接作业。

（8）《高处作业分级》（GB/T 3608—2008）标准所规定的高处作业。

5. 乳母禁忌

不得安排乳母从事以下作业：

(1) 一般情况下女工体力劳动禁忌作业。

(2) 作业场所空气中铅及其化合物、汞及其化合物、苯、镉、铍、砷、氰化物、氮氧化物、一氧化碳、二硫化碳、氯、己内酰胺、氯丁二烯、氯乙烯、环氧乙烷、苯胺、甲醛等有毒物质浓度超过国家卫生标准的作业。

(3)《体力劳动强度分级》(GB 3869—1997) 标准中第Ⅲ级体力劳动强度的作业。

(4) 作业场所空气中锰、氟、溴、甲醇、有机磷化合物、有机氯化合物的浓度超过国家卫生标准的作业。

(三) 女职工劳动保护知识问答

1. 如何理解"不得在女职工怀孕期、产期、哺乳期解除劳动合同"？

答：实行劳动合同制的女职工，在合同期未满的情况下，任何企业和个人都不得以怀孕、生育和哺乳为由，解除其劳动合同。

2. 什么是国家规定的第三级、第四级体力劳动强度？

答：是指国家标准《体力劳动强度分级》(GB 3869—1997) 中规定的第Ⅲ、Ⅳ级的体力劳动强度。体力劳动强度的大小是以劳动强度指数来衡量的，劳动强度指数是由该工种的平均劳动时间率，平均能量代谢率两个因素构成的。劳动强度指数越大，体力劳动强度也越大；反之，体力劳动强度就越小。标准中规定：劳动强度指数小于 15，体力劳动强度为Ⅰ级；小于 20 为Ⅱ级；大于 20，小于 25，为Ⅲ级；大于 25 为Ⅳ级。若需了解某工种劳动强度的大小，可请当地劳动部门劳动安全卫生检测站实地测量和计算。

3. 什么是夜班劳动？

答：夜班劳动指在当日 22 点至次日 6 点时间从事劳动或工作。

4. 如何理解"孕妇产前检查算作劳动时间"？

答：为了保证孕妇和胎儿的健康，应按卫生部门的要求做产前检查。女职工产前检查应按出勤对待，不能按病假、事假、旷工处理。对在生产第一线的女职工，要相应减少生产定额，以保证产前检查时间。

5. 如何理解产前休假十五天的规定？

答：女职工产假九十天，分为产前假、产后假两部分。即产前假十五天，产后假七十五天。产前假十五天指预产期前十五天的休假。产前假一般不得放到产后使用。若孕妇提前生产，可将不足天数和产后假合并使用；若孕妇推迟生产，可将超出的天数按病假处理。

6. 休产前假能否提前或推后？教师产假正值寒暑假期间，是否能延长寒暑假休假时间？

答：国家规定产假九十天，是为了能保证产妇恢复健康。因此，休产假不能提前或推后。至于教师产假正值寒暑假期间，能否延长寒暑假的时间，则由主管部门确定。

7. 女职工流产应休息多长时间？

答：女职工流产休假按劳险 (1988) 2 号《关于女职工生育待遇若干问题的通知》执行，即："女职工怀孕不满四个月流产时，应当根据医务部门的意见，给予十五天至三十天的产假；怀孕满四个月以上流产者，给予四十二天产假。产假期间，工资照发。"

8. 哺乳期满，有的婴儿身体特别虚弱，或正值夏季，可否适当延长哺乳期？

答：女职工哺乳婴儿满周岁后，一般不再延长哺乳期。如果婴儿身体特别虚弱，经医务部门证明，可将哺乳期酌情延长。如果哺乳期满时正值夏季，也可延长 1～2 个月。

9. 什么情况下要设置女工卫生室？

答：最大班女工在 100 人以上的工业企业，应设置女工卫生室，且不得与其他用室合并设置。

女工卫生室由等候间和处理间组成。等候间应设洗手设备及洗涤池。处理间内应设温水箱及冲洗器。冲洗器的数量应根据设计计算人数计算。按最大班女工数，100～200 名时，应设一具，大于 200 名时每增加 200 名应增设一具。

最大数量女工在 100 名以下至 40 名以上的工业企业，应本着勤俭节约的原则，设置简易的温水箱及冲洗器。

10. 什么是女职工的"五期"保护？

答：女职工的"五期"，是指女性所特有的五个生理时期，即经期、孕期、产期（包括产褥期）、哺乳期和更年期。女职工在这五个时期，身体的生理机能都发生了一定的变化。围绕着这五个生理时期，对女职工所进行的劳动保护，就是女职工的"五期"保护。

11. 为什么在哺乳期间，乳母不得接触铅、汞、砷、苯、三硝基甲苯等有毒物质？

答：铅、汞、砷、苯、三硝基甲苯等有毒物质可以经母体的乳汁排出。婴儿出生后，体内各种器官的功能还不健全，如神经系统对毒物很敏感，肝脏的解毒功能和肾脏的排泄功能都比较弱。女工在哺乳期，婴儿若吸入上述毒物的母乳，就会造成中毒。所以，在哺乳期间，乳母不得接触铅、汞、砷、苯、三硝基甲苯等有毒物质。

12. 怎样对经期女职工进行劳动保护？

答：女职工在月经期，身体的抵抗力下降，自然防御力受到一定影响，加上经期特有的生理变化，因此，应对经期的女职工实行劳动保护。

女职工在经期不从事重体力劳动。女职工在经期若从事重体力劳动，势必会影响月经的正常。女职工在月经期时不要在寒冷的环境中工作。经期在寒冷的环境中工作，容易患月经病。如在冷库工作的女工，尤其是未婚青年女工往往发生较严重的痛经、月经过少或过多等现象。如遇有这种情况，在月经期可暂时调离制冷环境，对痛经严重者和经量过少或过多者，经医生诊断可给 1～2 天的休息假。女职工在经期不适合做高空等作业。高空作业的女工、长途汽车上的女售票员，因工作环境的关系，无法换月经纸，这就不能保证经期卫生。因此，有关领导应关心女职工的特殊情况，给予适当的照顾。

13. 为什么女工不宜穿高跟鞋劳动？

答：在劳动中，如果女工穿高跟鞋，支点小，易产生脚的疲劳。同时，由于支点不稳，也容易产生踝关节扭伤现象。

女工穿高跟鞋劳动时，使腰部胸部向前挺，而肩背部、臀部向后，形成了一种特有的姿势，久而久之，就容易产生腰背肌疲劳，尤其是纺织女工，每天约有几十里的路程，就更容易疲劳了。

如遇车间有突然事故发生，穿高跟鞋很不灵便，容易出事。因此，女工不宜穿高跟鞋劳动。

三、劳动者工伤维权应注意的一些法律问题

（一）时效问题

目前，大部分务工人员认为在工作中受伤，单位就要认定他为工伤，不知道要向有关

部门提出申请工伤认定。有些单位的老板在工人受伤后不及时申请工伤认定，员工也不去申请，待时效过后工人才到处上访。法官提醒，劳动者通过行政复议、行政诉讼等法律途径维护自身合法权益，或者申请工伤认定、职业病诊断与鉴定等，一定要注意在法定的时限内提出申请。如果超过了法定时限，有关申请可能不会被受理，致使自身权益难以得到保护。

《工伤保险条例》明确规定："职工发生事故伤害或者按照职业病防治法规定被诊断、鉴定为职业病，所在单位应当自事故伤害发生之日或者被诊断、鉴定为职业病之日起 30 日内，向统筹地区劳动保障行政部门提出工伤认定申请。遇特殊情况，经报劳动保障行政部门同意，申请时限可以适当延长。""用人单位未按前款规定提出工伤认定申请的，工伤职工或者其直系亲属、工会组织在事故伤害发生之日或者被诊断、鉴定为职业病之日起 1 年内，可以直接向用人单位所在地统筹地区劳动保障行政部门提出工伤认定申请。"

在法定时效内及时地向劳动争议仲裁委员会申请仲裁或者向人民法院起诉，对维护劳动争议当事人的权益至关重要。

《中华人民共和国劳动法》第八十二条规定："提出仲裁要求的一方应当自劳动争议发生之日起 60 日内向劳动争议仲裁委员会提出书面申请。仲裁裁决一般应在收到仲裁申请的 60 日内作出。对仲裁裁决无异议的当事人必须履行。"需要强调的是，这里所说的 60 日内，不是事故发生之日起 60 日内，而是劳动者与用工单位劳动争议发生之日起 60 日内。

《中华人民共和国劳动法》第八十三条规定："劳动争议当事人对仲裁裁决不服的，可以自收到仲裁裁决书之日起 15 日内向人民法院提起诉讼。一方当事人在法定期限内不起诉又不履行仲裁裁决的，另一方当事人可以申请人民法院强制执行。"可见，劳动纠纷必须先经过仲裁程序，其起诉的时效规定是自收到仲裁裁决书之日起 15 日内向人民法院提起诉讼。

对于劳动者申请仲裁超过 60 日时效是否丧失诉权的问题，最高人民法院《关于审理劳动争议案件适用法律若干问题的解释》第三条规定："劳动争议仲裁委员会根据《劳动法》第八十二条之规定，以当事人的仲裁申请超过六十日期限为由，作出不予受理的书面裁决、决定或者通知，当事人不服，依法向人民法院起诉的，人民法院应当受理，对确已超过仲裁申请期限，又无不可抗力或者其他正当理由的，依法驳回其诉讼请求。"

司法实践中，为体现保护弱者的司法精神，人民法院对当事人确有不可抗力的事由或其他正当理由而超过申请仲裁时效的劳动争议案件应予以受理。不可抗力一般比较好把握，至于什么是"其他正当理由"，一般认为包括下列情形：

（1）劳动者患重大疾病影响其行使权利的。

（2）劳动者与用人单位曾经协商的。

（3）劳动者请求工会、单位劳动争议调解委员会、企业主管部门、劳动监察部门等有关部门帮助解决争议的。

（4）人民法院认定的其他合理情形。需要注意的是，主张上述情形存在的当事人负有举证责任。

（二）订立书面劳动合同

外出打工，农民工应要求与用人单位签订合同，并保留相关用工证据，出现工伤纠纷时，有关的用工合同、上岗证都可以证明劳动者与用人单位之间的劳动关系。否则，等到出现纠纷时要想搜集证据将比较困难。但也需要指出的是：企业不与打工者签订劳动合同，是违法的，只要劳动者与企业形成劳动关系，没签劳动合同，职工受伤企业也该赔偿。原劳动部《关于贯彻执行〈劳动法〉若干问题的意见》第二条规定："中国境内的企业、个体经济组织与劳动者之间，只要形成劳动关系，即劳动者事实上已成为企业、个体经济组织的成员，并为其提供有偿劳动，适用劳动法。"

法律界人士提醒，尽管与用人单位存在事实劳动关系的劳动者，也依法享有劳动保障权利，但是，如果劳动者与用人单位之间没有签订劳动合同，在无法认定事实劳动关系的情形下，劳动者的权益仍然有可能难以得到全面保护。

《中华人民共和国劳动法》明确规定，劳动合同是劳动者与用人单位确立劳动关系、明确双方权利和义务的协议，建立劳动关系应当订立劳动合同。一是由于双方没有签订劳动合同，劳动者必须通过其他途径证明其与用人单位之间存在劳动关系，如果劳动者不能证明其与用人单位之间存在劳动关系，则其各种劳动保障权益将难以得到保护；二是如果劳动者与用人单位没有签订劳动合同，则劳动者难以证明双方有关工资等事项的一些口头约定，致使这些双方口头约定的劳动保障权益难以得到保护。

（三）解决争议复议、仲裁程序前置

法律界人士提醒，劳动者对劳动行政部门作出的工伤认定结论不服的，应先向作出工伤认定结论的劳动行政部门的上级行政机关申请行政复议，对复议决定不服的，再向人民法院起诉。

《工伤保险条例》第五十三条的规定，申请工伤认定的职工或者其直系亲属、该职工所在单位对工伤认定结论不服的，有关单位和个人可以依法申请行政复议；对复议决定不服的，可以依法提起行政诉讼。

当发生劳动纠纷时，有些劳动者往往首先想到的是法院，其实是错误的。

发生劳动纠纷应首先向劳动争议仲裁部门申请仲裁。《中华人民共和国劳动法》第七十九条规定："劳动争议发生后，当事人可以向本单位劳动争议调解委员会申请调解，调解不成，当事人一方要求仲裁的，可以向劳动争议仲裁委员会申请仲裁。当事人一方也可以直接向劳动争议仲裁委员会申请仲裁。对仲裁裁决不服的，可以向人民法院提起诉讼。"人民法院按照先裁后审的原则，对没有经过申请劳动仲裁的劳动纠纷一般不予受理，已经受理的，在查明事实后，裁定驳回起诉。

（四）要有证据意识

劳动者通过劳动保障监察、劳动争议仲裁、行政复议等法律途径维护自身合法权益，或者申请工伤认定、职业病诊断与鉴定等，都需要提供证明自己主张或案件事实的证据。如果劳动者不能提供有关证据，可能会影响自身权益。因此，法律界人士提醒，劳动者在平时的工作中应注意保留有关证据包括：

（1）来源于用人单位的证据，如与用人单位签订的劳动合同或者与用人单位存在事实劳动关系的证明材料、工资单、用人单位签订劳动合同时收取押金等的收条、用人单位解除或终止劳动关系通知书、出勤记录等。

（2）来源于其他主体的证据，如职业中介机构的收费单据。

（3）来源于有关社会机构的证据，如发生工伤或职业病后的医疗诊断证明或者职业病诊断证明书、职业病诊断鉴定书、向劳动保障行政部门寄出举报材料等的邮局回执。

（4）来源于劳动保障部门的证据，如劳动保障部门告知投诉受理结果或查处结果的通知书等。

（五）要求劳动部门进行工伤认定

关于工伤认定问题，如出现工伤企业瞒报的，打工者可直接向当地劳动行政部门申报工伤，由劳动行政部门审查认定。根据《工伤认定办法》规定，职工发生事故伤害或按照职业病防治法规定被诊断、鉴定为职业病时，所在单位应当自事故发生之日或被诊断、鉴定为职业病之日起30日内，向统筹地区劳动保障行政部门提出工伤认定申请。由职工本人或其直系亲属、工会组织提出工伤认定申请的，申请时限为一年。职工或其直系亲属、用人单位对不予受理决定、工伤认定决定不服的，可以依法申请行政复议或提起行政诉讼。当打工者被确诊为工伤后，劳动鉴定委员会应按照《职工工伤和职业病致残程度鉴定标准》为其评定伤残等级，企业应按规定支付工伤者经济补偿金和医疗补助费。另外，根据《违反〈劳动法〉有关劳动合同规定的赔偿办法》第三条规定，企业除应按国家规定为打工者提供工伤、医疗待遇外，还应支付相当于医疗费用25%的赔偿费用。

（六）供养亲属可按规定申请抚恤金

根据劳动保障部颁布的《因工伤死亡职工供养亲属范围规定》，2004年1月1日起，依靠因工死亡职工生前提供主要生活来源的亲属，可按规定申请抚恤金。

《工伤保险条例》第十八条规定，提出工伤认定申请应当提交下列材料：①工伤认定申请表；②与用人单位存在劳动关系（包括事实劳动关系）的证明材料；③医疗诊断证明或者职业病诊断证明书（或者职业病诊断鉴定书）。此外，工伤认定申请表应当包括事故发生的时间、地点、原因以及职工伤害程度等基本情况。

（七）依法维护劳动者合法权益

由于不少劳动者特别是农民工法制观念淡薄，甚至有的根本不懂法，当自己的合法利益受到损害时不能拿起法律武器维权，这恰恰给一些无良老板钻了空子，这是劳动争议引起大量劳动者到有关部门上访的一个重要原因之一。法律界人士提醒，广大外出打工的农民工们要学法懂法用法，不断提高法制观念，才能维护自己的合法利益不受损害。

⊙【学习项目小结】

企业职业健康安全管理体系是指企业全部管理体系中专门管理职业健康安全工作的部分，包括为制订、实施、实现、评审和保持职业健康安全方针、目标所需的组织机构、规划活动、职责、惯例、程序、过程和资源。企业职业健康安全管理体系的核心是职业健康安全方针，建立职业健康安全管理体系的目的是便于管理职业健康安全风险，由企业自身对影响职工的安全和健康的危险因素进行分析、评价，确定企业职业健康安全的目标和管理方案，消除或控制危险因素，确保职工健康安全。这种管理思想和管理方法，不同于传统的企业上级以及行业主管部门的安全检查和事故的事后处理，而是一个事前的、动态循环的、控制人的不安全行为和物的不安全状态的系统化的管理过程；是以持续改进的思想指导企业系统地实现其既定的管理目标，它和企业的质量管理体系、环境管理体系等一起，构成企业的全面管理体系。

职业健康安全管理体系，体现了现代安全科学理论中的系统安全思想。它通过系统化的预防管理机制，彻底消除各种事故和疾病隐患，严格控制各种职业健康安全风险，以便最大限度地减少生产事故和劳动疾病的发生。我国是发展中国家，大力发展社会主义市场经济，有效保持经济快速增长是当前的重要任务。职业健康安全管理工作关系到国家和人民生命财产的安全，关系到广大职工的切身利益，关系到经济的健康发展和社会的安全稳定，关系到国家可持续发展的总体战略，同时也关系到我国的国际形象。在我国企业建立职业健康安全管理体系已显得日益迫切和重要。大学生发生职业伤害的事件也时有发生。2012 年 4 月，从百度网上搜索"职业安全"找到相关结果约有 1000 多万篇。

大学生是未来社会生产活动的主体，承担着社会前进、发展的重任。保证职业安全，把住安全生产关，是每个对自己、对家人、对社会负责的大学生都必须做到的。

本学习项目从大学生职业安全的角度，介绍一些基本的电气安全、安全生产管理、职业病防治知识，希望能为大学生未来走向工作岗位有所帮助。

 【求助直通车】

> 人力资源和社会保障部　http：//www.mohrss.gov.cn/index.html
>
> 中国妇女网　http：//www.women.org.cn/
>
> 安全信息网　http：//www.aqxx.org/
>
> 安全知识网　http：//www.fazhe.cn/
>
> 世界卫生组织　http：//www.who.int/cn/
>
> 职业病网　http：//www.zybw.com/

【练习与思考】

（1）讨论小组设计的方案与你自己的个人实际状况还存在哪些问题？

（2）评价自己家庭的职业健康状况和调查自己父母的劳动安全卫生情况。

（3）调查学校及家庭有哪些安全隐患，你有什么好的建议？

（4）如果你是女生，你对学校目前的劳动安全教育是否满意，有什么好的意见或者建议，提出调整方案。

学习项目八

大学生公共安全

【学习项目描述】

　　通过教师的讲解、观看图片和视频，使学生明确公共生活的范畴；了解校园公共安全可能存在的隐患；掌握社会公德的概念和特点，熟悉社会公德的主要内容，深刻理解其涵义；理解公共生活秩序的重要性；了解维护公共生活秩序的手段和自觉遵守公共生活秩序的意义；学会避免意外事故的发生，并知道在遇到意外伤害事件时如何处理；了解自然灾害的类型，明确校园内如果发生自然灾害该如何应对。

【教学目标】

1. 知识目标

（1）了解校园公共安全存在的隐患类型。

（2）了解社会公德和维护公共秩序的相关规定。

（3）了解校园意外伤害类型。

（4）了解自然灾害相关知识。

2. 能力目标

（1）能充分认识公共生活和公共秩序的基本特点和要求。

（2）能够判断并预防公共安全存在的隐患。

（3）能正确认识意外伤害带来的危害并能正确预防。

（4）能制订出一份《校园公共场所礼仪规范》。

3. 素质目标

（1）遵守社会公德，养成良好的文明行为习惯。

（2）自觉增强法律意识，遵守法律法规，做维护社会公共秩序的模范。

（3）自觉维护公共安全，与校园内的不良行为做斗争。

（4）自然灾害发生时能够正确应对。

【教学环境】

　　多媒体教室及相应的设备；相机、摄影设备。

任务一　完成一份校园公共安全情况调研报告

【学习目标】

（1）了解大学校园公共安全隐患。

   （2）了解维护大学校园公共安全的重要性。

   （3）培养学生判断与预防安全隐患的能力。

   （4）掌握安全知识，培养学生"珍爱生命，安全第一"的意识。

【学习任务描述】

指导学生完成一份大学校园公共安全情况调研报告。

【学习任务准备】

要求学生统计近五年本市高校发生的公共安全事件。

【学习任务实施】

将班内学生分为5个调研小组，采取图书馆查询报纸、网上搜索、实地走访等多种渠道，调查近年本市高校发生的公共安全事件，分析产生的原因和危害，并提出预防方法，形成各小组的调研报告。由同学和教师进行评价，评选出优秀的调查报告展示并给予奖励。

【案例一瞥】

案例1：2010年10月16日21时40分许，在河北大学校园内新区超市前，一牌照为冀FWE420的黑色轿车，将两名女生撞出数米远。被撞一陈姓女生于17日傍晚经抢救无效死亡，另一女生重伤，经紧急治疗后，方脱离生命危险，现已转院治疗。肇事者口出狂言："有本事你们告去，我爸爸是李刚。"2011年1月30日，河北保定李启铭交通肇事案一审宣判，李启铭被判6年。（杨艳．我爸是李刚．凤凰网．2010－11－1.）

案例2：2008年11月14日早晨6时10分左右，上海市中山西路上海商学院徐汇校区宿舍楼602寝室内起火，大火迫使4名女生从阳台跳下，当场死亡。上海市公安局对外发布消息称，火灾事故初步判断原因为寝室里使用"热得快"引发电器故障并将周围可燃物引燃所致。（刘丹，肖春飞，徐敏．上海商学院火灾：4女生跳楼逃生遇难．新华网．2008.）

2009年3月16日上午10点，一场大火烧毁了中央美术学院一处临建宿舍，在短短十几分钟的时间内，二层的彩钢临时宿舍被烧毁，造成440余人受灾，其中包括进修生在内的学生近300人。（郭天力．中央美院大火．新浪网．2009－3－22.）

 【安全课堂】

一、校园公共安全

（一）学校公共安全关系到教育事业的稳定和社会的和谐

学校公共安全是以实现学生的生命安全和健康成长为基本目标，学校对学生生命安全的保障关系到家庭幸福、社会稳定和国家未来。因此，全面建设和谐社会，离不开"和谐校园"的建设。学校的教育教学对象是学生，而学生来自于千家万户。学生的安全是一项牵一发而动全身的敏感事情：学生安全，家长放心，学校顺心，政府安心；学生不安全，家长伤心，学校闹心，政府烦心。学校的安全工作稍有风吹草动，就会引起校园的波动、学校所在地区的社会局面的颤动。校园不是独立于社会之外的世外桃源，建设一个和谐的校园，就为千家万户的和谐、社会的和谐做出了巨大的贡献。如果校园都变成危险地带，社会也就难以和谐了。

（二）学校公共安全事故现实问题严重令人担忧

据联合国专家统计分析，每年全球死于意外事故的约 200 万人，其中青少年儿童接近 100 万人；我国每年死于意外事故的少年儿童（18 岁前）约 8 万人，我国每年死于交通意外事故的少年儿童高达数千人。面对每一次残酷的事故，面对每一个鲜活的生命在瞬间逝去，我们每一个管理者和教师应该承担起应有的责任，发挥积极的作用。

（三）国家领导和教育部高度重视学校公共安全

在新的历史条件下，党中央高度重视加强高校安全稳定工作，鲜明指出"稳定是硬任务""是第一责任"。在《国务院关于实施国家突发公共事件总体应急预案》、《教育系统突发公共事件应急预案》等文件中也明确要求各地教育行政部门要从落实科学发展观和构建社会主义和谐社会的高度，进一步增强责任感和使命感，结合各地实际，切实加强学校公共安全教育，不断提高在校学生的安全意识和安全防护能力，确保在校学生身心安全。

（四）学校公共安全是学校可持续发展的根本保证

学校的发展，要有两条生命线的支撑，那就是校园安全和良好的教育教学质量。以前，我们在学校日常工作中只提"教育教学质量是学校的生命线"，现在我们已经知道这是一种有欠缺的说法。一个学校，如果经常有学生受损伤，教职工、学生经常受到人身安全的挑战，那教职工又怎能安心工作，学生又怎能安心学习呢？家长能把自己的子女送到这样的学校吗？答案肯定是显而易见的。长期下去，没有学生的学校，能叫真正的学校吗？更不用谈学校的可持续发展了。

二、学校公共安全事件的分类及一般特点

学校公共场所指的是供学校师生们使用的学习、用餐、休闲、娱乐、健身等场所。从广义上讲，校园安全事故是指学生在校期间，由于某种偶然突发的因素而导致的人为伤害事件。就其特点而言，责任人一般是因为疏忽大意、过失失职，而不是因为故意而导致事故的发生。

（1）根据公共安全事故的种类，基本上将高校容易发生的安全事故分为以下八类：

1）交通事故。

2）劳动或社会实践事故。

3）校园暴力事故。

4）消防事故。

5）挤压、践踏事故。

6）学生身心异常事故。

7）自然灾害事故。

8）卫生事故。

（2）学校公共安全事件的一般特点有：

1）突发性。危机发生时学校原有的发展格局突然被打破，使人们感到非常突然。

2）破坏性。危机会造成学校的损失，这种损失可能是有形的，也可能是无形的。

3）不确定性。人们很难判断危机是否会发生，也很难预测危机发生的概率，往往凭经验作出错误的预测。

4）紧迫性。危机的发展非常迅速，对时间的把握程度在很大限度上坚定了危机事件管理的有效性。

5）信息不充分。危机破坏了学校原有的信息沟通渠道，无法进行有效的信息沟通，信息错综复杂又真伪并存。

6）资源严重缺乏。危机破坏了学校的常用和备用的资源配制秩序，尤其是对人力资源的负面影响较为明显。

三、当前校园公共安全隐患

统计数据显示，全国各省、自治区、直辖市上报的学校各类安全事故中，事故灾难（溺水、交通、踩踏、一氧化碳中毒、房屋倒塌、意外事故等）占59％；社会安全事故（斗殴、校园伤害、自杀、住宅火灾等）占31％；自然灾害（洪水、龙卷风、地震、冰雹、暴雨、塌方等）占10％。其中，溺水占31.25％，交通事故占19.64％，斗殴占10.71％，校园伤害占14.29％，中毒占2.68％，学生踩踏事故占1.79％，自杀占5.36％，房屋倒塌占0.89％，自然灾害占9.82％，其他意外事故占3.57％。

目前高校主要存在着消防安全、交通安全、重大治安刑事案件、盗窃和诈骗、社会交往以及大学生自杀等重大安全隐患。从全国来看，大学生遭遇交通事故、火灾事故逐年增多，大学生被抢劫、被伤害、被骗、被盗、被滋扰案件时有发生。这些情况与我们要实现的安全、文明、有序、和谐校园的目标是背道而驰的。

（一）大学安全隐患的来源

1. 相对自由的管理、学习环境

相对于初等、中等教育，大学较为宽松，自由的学习、管理氛围无疑为人才的培养提供了一个相对宽松自由的空间。自主学习、自由生活成为了大学生活的一个真实写照。但正如哲学家所说的"矛盾"一说，对立统一是任何一个事物都存在的。相对宽松自由的环境一方面为人才的自由发展提供了沃土，但是另外一方面，也为安全隐患的发生埋下了伏笔。人身的自由、言论与行动的自由、物件使用的自由等在为大学生带来便利的同时，也为各种安全事故的发生提供了更多的机会。

2. 相对丰裕的物件设施

相对于初级、中级学校，大学相当明显的一个特征就是大楼，即大学拥有更多的物件设施。并且在这些物件的使用上，大学拥有更为宽松的要求。教室里、寝室里，各种电插头、电热水器随处可见。加之大学生自购的各种设施器具，在方便他们生活的同时，也为安全事故的发生埋下了众多隐患。

3. 正处于性格成熟期的大学生

大学之所以称为大学，并不在于它宣扬的是什么，或者是具备怎样的条件，它之所以存在，更多的在于有源源不断的学生加入。一方面，大学里的学生风华正茂、激情飞扬，具备创新与闯荡的素质；另外一方面，大学期间也正是他们形成自己人生观、世界观、价值观的重要时期。在这样一个环境氛围里，他们激情洋溢，恋爱、兼职、创业等各种社会技能也在不断的尝试中，与人打交道也不仅仅局限在校园，与社会团体、领导打交道的机会也大大增加。这在丰富他们大学生活的同时，也增加了大学生面临安全隐患的机率。

（二）大学安全隐患的具体表现形式

1. 各种严重的刑事案件接连发生

近年来，世界各地校园杀人案等各种恶性刑事犯罪事件时有发生。其原因在一定程度上是由于当今社会发展形势的影响。但是另外一方面，也不得不说，恶性刑事案件在校园内接连发生也

说明大学并不完全是一块净土。大学的一些管理缺陷给众多的恶性案件的发生提供了可趁之机。

2．各种设施使用不当带来的安全事故

在大学校园里，因为用电、用水以及其他设施使用的不规范引起的悲剧层出不穷，也给大学生活带来了众多的威胁。

3．各种民事纠纷、群体性突发事件也较多

占大学安全事故主体的可能还是各种民事纠纷和群体性突发事件。打架、盗窃以及学生群体性事件的不断发生，正是这一类事件的具体体现。

4．由于心理问题带来的各种事故

由于大学生的年龄及性格所致，学习、生活、恋爱、兼职、创业等在锻造大学生各方面能力的同时，也给他们带来了众多难以承受的压力。心理调适的不及时带来的一系列心理问题，也是大学事故不断产生的一个重要原因。

四、校园公共安全事件预防及处理方法

（一）加大宣传，培养自我安全防患意识

哲学家曾有言："人生最难的是了解自己。"任何外在的管理、说教在一定程度上起了一定的作用。但由于个人对自己的了解不够，故而只能做到旁观者清。一旦事情涉及自己，很多时候就难以面对了。所以大学管理在安全知识宣传上更应该注重对个人的安全防患意识的引导。例如开展各种防范主题班会、社团活动，进行各类安全知识竞赛，举办安全防患话剧表演等，引导广大师生自我安全防范意识的觉醒，从而为校园安全打下坚实的基础。

（二）完善规章制定，化他律为自律

大学管理层及广大师生应树立这样一个观念：健全人性化的规章制度是保证其他各种活动正常进行的必要前提。制度与自由并不是天生对立的。合理人性化的规章制度范围内的自由更能得到保障。在这一领域，各高校管理方应积极征求各方面意见，不断完善各项制度，全员参与，大众认可，使制度成为共同的行为活动准则。这种方法能很好地化他律为自律，从而为校园管理带来更好的保障。

（三）培训专业人员，落实责任负责制

在大学校园安全防患上，应加大对各种专业人员的引进与技术培训，责任包干，分工负责，统一调度。使用专用人员，化热闹为门道，将安全隐患消弭在萌芽状态。

（四）加大与社会各界合作力度，共同应对各种安全事故

大学校园是一个较为开放的场所，大学时期也是一个由校园向社会过渡的时期。由于各种安全事故的发生缘由并不仅仅来源于校园，故而在处理上，学校应加强与家庭、政府机构、社会团体等的合作力度，携手合作，共同面对各种危机。

（五）加强心理疏导，矫正心理异变

心理问题日益成为一个严峻的社会问题，特别是在大学里。心理的异变往往是很多安全事故发生的至为关键的一环。所以大学在管理上应该加大对广大师生心理问题的疏导，矫正心理异变，使各种安全事故自我消弭。

任务二　讨论制订《校园公共场所礼仪规范》

山【学习目标】

（1）了解社会公德的主要内容。

（2）了解公共生活的含义及特点。

（3）明确公共生活与公共秩序的关系。

【学习任务描述】

通过学习，了解公共生活的范围和特点，认识到维护公共秩序的重要意义，培养学生参与公共生活、维护公共秩序的行为习惯。为本校制订一份《校园公共场所礼仪规范》。

【学习任务准备】

课前拍摄或搜集一些违反社会公德的视频和材料。分为 5 组，分别制订集会、餐厅、乘车、图书馆、路上文明礼仪规范。

【学习任务实施】

课堂上对课前准备的视频和材料进行互动交流，让学生们认识到违反社会公德属于不文明行为。展示 5 组文明礼仪规范制订成果，指导学生进行交流、共享和讨论。共同制订完成《校园公共场所礼仪规范》。

【案例一瞥】

案例 1： 红灯时，李静从路口冲了出来，执勤交警用手势和口令进行制止。口头阻止了两次，她没有任何反应，当交警去拦住她时，她两次甩开交警的手，直到第三次才算拦住她。

"为什么闯红灯？要对你进行罚款。"谁知李静从裤兜里掏出了 3 元钱硬币，说声"我没钱"。

"那你单位在哪里？""我没有单位。"

"身份证呢？""没带。"……过了 5min，双方还在"僵持"。

一名中年妇女过来说："她是我们单位的，我帮她交好了。""你不是说没单位吗？"李静立即说那是她的兼职。而对于同事的帮助，李静似乎并不领情，既不接受也不道歉。随后，李静被带往静安交警支队事故审理科进行处理，并被处以 10 元罚款。并因乱穿马路后抗拒执法，被处以行政拘留。

——李静，毕业于上海某大学法律系，不久前刚从国外硕士留学归来，在一德国保险公司就职。（杨洁．乱穿马路女硕士主动辞职．东方早报．2006 - 4 - 26.）

案例 2： 现象一：图书馆内，本来只有轻轻的脚步声和翻书声，突然一阵尖锐的手机铃声响起，惊得四周的人频频回头。10min 后，手机声再次响起，众多老师和学生怒目而视……

现象二：课室内，老师正讲得投入，不少同学在下面低头发短信，玩得不亦乐乎；老师侃侃而谈时，突然冒出一阵个性十足的手机铃声，惹得哄堂大笑……

现象三：已是凌晨，某大学学生宿舍，听不见说话声，但见一张张蚊帐内不断传来手机按键声，手机荧屏闪亮，大家舞动手指，与电话里的他（她）倾诉心声。

现象四：校道上，阵阵急促的铃声此起彼伏，骑车人不停抱怨："现在的大学生，睁着眼睛瞎走路，只顾捧着手机发短信，狠按铃都没反应，你们不怕撞我还怕摔呢！"

据了解，目前各高校的校纪校规中都没有关于上课禁止使用手机的明确规定。就大学生用手机不文明现象越演越烈之势，记者采访了一些高校学生处有关负责人，他们均表示，如何文明用机，应是学生们应该注意的问题。

　　这些负责人表示，对于此现象，高校会予以重视，除教育外，还会出台有关文件加强对图书馆、教室等公共地方使用手机的管理。某高校学生处负责人向记者透露，必要时该校将考虑对进入图书馆使用手机的同学做出短期内禁入图书馆的决定。而教室内，则会考虑定期对进入教室的学生进行检查，发现开机的，将对学生批评教育，屡教不改的，会考虑加重处罚。但他们同时表示，遵守公共道德是对大学生的基本要求之一，学校的做法只是警示，更多情况下，还需要大学生们自觉遵守。（洪梅芬. 大学生使用手机的是与非. 人民网. 2003 - 8 - 18.）

　　案例3：深圳大学图书馆里人来人往，很多同学进进出出借书、还书，也有人急着奔到阅览室里，他们需要找到一个座位占住，然后再去做其他事情。而有的很大一片区域内，桌面上放满了图书、书包等，物在人却不知去了哪里。深大文学院林同学说，她很讨厌这种行为，因为这是明显的浪费资源，扰乱正常秩序。……白立言说，特别是期末考试之前，图书馆阅览室简直找不到位子，有的人只好跑到操场上学习。而且很多人占位后可能因为临时有事不能回去自习，这就浪费了位置，也有人因此发生过冲突。

　　在深圳职业技术学院（简称深职院）院西校区食堂里，熙熙攘攘，热闹非凡，占位现象却更是严重。在饭桌上，放眼望去都是书包和书本杂乱地摆在桌子上，而主人则打饭去了。白立言说，这确实是一个普遍现象，自己以前到食堂吃饭时也有过这样的行为，现在看来不太雅观。而且因为这样还发生过书本或者书包丢失的现象，令食堂秩序混乱。

　　秩序需要大家去遵守，各做各的则会混乱。排队在大学校园稀松常见，昨日深职院西校区食堂里的情况让白立言很欣慰，她在深职院读了三年书，她称以前每到就餐时，大家都是一股脑跑到食堂，怎样维持秩序成了大问题，光靠专门人员来维持是不够的。不到一年时间，食堂里的排队秩序改善好多。不过，在观察的一个小时里，仍有同学浑水摸鱼趁机插队，本来在队尾的装着跟前面排队同学聊天，一下子就成功插队。（霍健斌，朱向华，叶淑萍，王成波，田恬. 校园插队霸位现象不绝. 南方网. 2011 - 3 - 22.）

【思考】

　　请同学讨论当前大学生公德现状，并从以下几方面进行归纳总结：

　　（1）部分大学生社会公德存在哪些问题？

　　（2）部分大学生社会公德存在问题有哪些特征？

　　（3）如何培养大学生的社会公德？

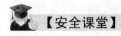 **【安全课堂】**

一、公共生活及其特点

　　公共生活是相对于私人生活来说的，是指全体社会成员都可以介入的公共活动内容及生活方式。私人生活以家庭内部活动和个人活动为主要领域，具有一定的封闭性和隐秘性。一般而言，公共生活与私人生活既相互区别，又相互联系。在公共生活中，一个人的行为，必定与他人发生直接或间接的联系，具有鲜明的开放性和透明性，对他人和社会的影响更为直接和广泛。

　　当代社会公共生活的特征：

（一）活动范围的广泛性

经济社会的发展，使公共生活的场所和领域不断扩展，从传统的公交车、影剧院、图书馆、公园、集体宿舍等到新兴的证券交易所、人才市场等，特别是网络使人们的公共生活进一步扩展到虚拟世界。人们即使足不出户，也可以通过电话、网络等现代通信工具介入社会公共生活。

（二）交往对象的复杂性

在很长的历史时期内，人们往往是在"熟人社会"中活动，交往圈子很小；当今社会的公共生活领域，则更像一个"陌生人社会"。人们在公共生活中的交往对象不再局限于熟识的人，而是进入公共场所的任何人。科学技术的迅猛发展和社会分工的日益细化，使人们更多地在公共环境中与陌生人打交道。

（三）活动方式的多样性

当代社会的发展使人们的生活方式发生了新的变化，极大地丰富了人们公共生活的内容和方式。商场购物、歌厅娱乐、广场漫步、公园休闲、图书馆学习、体育馆健身、互联网冲浪等，人们可以根据自身的需要及年龄、兴趣、职业、经济条件等因素，选择和变换参与公共生活的具体方式。公共场所的增加和公共设施的完善，也为公共生活内容和方式的丰富提供了良好的条件。

二、公共生活需要公共秩序

（一）社会公共秩序

公共秩序是由一定规则维系的人们公共生活的一种有序化状态。主要包括工作秩序、教学秩序、营业秩序、交通秩序、娱乐秩序、网络秩序等。在当代社会，维护公共秩序对经济社会健康发展的重要意义更加突出。

（二）公共秩序的重要性

1. 有序的公共生活是构建和谐社会的重要条件

我们所要建设的社会主义和谐社会，是民主法治、公平正义、诚信友爱、充满活力、安定有序、人与自然和谐相处的社会。在这些要素中，安定有序是构建社会主义和谐社会的必要条件。一个社会安定有序，本身就是不同利益群体各显其能、各得其所而又和谐相处的表现。在动荡不安、混乱无序的状态下，人民群众不可能安居乐业，社会和谐也就无从谈起。

2. 有序的公共生活是经济社会健康发展的必要前提

随着公共生活领域的扩大，个人活动对他人和社会造成的影响也越来越大。社会成员无论职业、地位、身份如何，只要进入公共场所，都应当自觉遵守公共生活规则，这是维护公共生活秩序以及经济社会健康发展的必要前提。

3. 有序的公共生活是提高社会成员生活质量的基本保证

追求更高的生活质量是全体社会成员的共同要求。在经济发展使人们的温饱问题基本解决以后，社会成员必将对进一步提高生活质量产生迫切的需求，人们更需要良好的社会风气和舒心的生活环境，这些都需要不断改善社会公共秩序作为保障条件。良好的社会公共秩序，是社会成员生活质量提升的一个重要标识。

4. 有序的公共生活是国家现代化和文明程度的重要尺度

总的来看，公共秩序作为社会成员在公共生活中必须遵守的基本准则，始终与人类社会文明发展的进程同步。社会文明是物质文明、政治文明和精神文明的有机统一。

三、维护公共秩序的基本手段

在原始社会，原始人主要以图腾、禁忌、风俗等形式作为共同生活中必须遵守的规则。进入阶级社会以后，维护公共秩序的基本手段有了进一步发展。一方面，一些在长期社会公共生活中形成的、得到社会成员广泛认可的规范以民间风俗、礼仪、宗教教规、戒律的形式继续发挥作用；另一方面，一些公共生活中的基本秩序及规范开始以成文法的形式出现，以强制的方式对人们在公共生活中的行为做出限制和规定，以维护社会的正常运行。

在社会不断发展的今天，道德和法律日益成为维护公共秩序的两种最基本的手段。在公共生活中，道德可以用来调节、规范人们的行为，预防犯罪的产生。同时，道德是法律的必须补充。社会生活是纷繁复杂的，法律的属性决定了它不可能把复杂而广泛的社会关系全部纳入其调控的范围，因为其发挥作用的范围是有限的。道德发挥作用的领域更加广泛，它能够调整许多法律效力所不及的问题，不仅深入到人们在社会生活中的各个方面，还深入到人们的精神世界。

四、遵守社会公德倡导文明礼仪

（一）社会公德的含义

社会公德是指在社会交往和公共生活中公民应该遵守的道德准则。社会公德是人类在长期的生活实践的基础上所积累形成的，用以维护社会公共生活秩序、调整人们之间关系，为社会成员所公认并共同遵守的最起码、最简单的公共生活准则。

《公民道德建设实施纲要》中明确指出：社会公德"涵盖了人与人、人与社会、人与自然之间的关系"。在人与人之间关系的层面上，社会公德主要体现为举止文明、尊重他人；在人与社会之间关系的层面上，社会公德主要体现为爱护公物、遵守公共秩序；在人与自然之间关系的层面上，社会公德主要体现为热爱自然、保护环境。

（二）社会公德的基本特点

（1）继承性。千百年来，人类在共同生活、相互交往的过程中，形成了共同遵守的公共生活基本准则。这些准则凝结着人类的道德智慧，是社会公德的重要组成部分。如在人际交往中尊重他人、信守诺言，在公共场合注重礼貌、相互谦让等，无论在什么社会条件下，都是人们在公共生活中应当遵守的基本准则。

（2）基础性。社会公德是社会道德体系的基础层次，是每个社会成员都应遵守的最起码的道德准则，是社会为维护公共生活而提出的最基本的道德要求。每一个社会成员都应当具备社会公德素养。

（3）广泛性。社会公德是全体社会成员都必须遵守的道德规范，具有最广泛的群众基础和适用范围。任何一个社会成员，无论具有何种身份、职业和地位，都必须在公共生活中遵守社会公德。

（4）简明性。社会公德大多是生活经验的积累和风俗习惯的提炼，往往不需要作更多的说明就能被人们理解，如讲礼貌、讲卫生、讲秩序等就是基本的生活共识，"不随地吐痰"、"不乱穿马路"等公德规范，更是简洁。

（三）社会公德呼唤校园文明礼仪

校园礼仪是否周全，不但显示其修养和素质，而且直接影响到日后事业、业务的成功。

随着时代的发展，人们的精神要求日益发展，人人都在寻求一种充满友爱、真诚、理解、互助的温馨和谐的生存环境，寻求充满文明与友善、真诚与安宁的空间。前进的社会呼唤文明，科学的未来呼唤文明。文明礼仪是精神文明的一个重要内容，是一个人道德品质的外在表现，是衡量一个人教育程度的标尺，文明礼仪养成教育不仅是个体道德、品质和个性形成的基础教育，也是提高全民族道德素质、振兴民族精神及建设社会主义精神文明的基础教育。

一个注重自身修养、重礼仪的人才可能成为优秀的人、有用的人、品行兼优的人。孔子曰："兴于诗，立于礼，成于乐。"孟子也说过："敬人者，人恒敬之，爱人者，人恒爱之。"古希腊哲人赫拉克利特也说："礼貌是有教养的人的第二个太阳。"这些都充分说明"礼"是何等重要。

★课堂活动：组织学生做自我测评

多媒体显示问题：

满分为10分，每题1分，只要有1次便不得分。

1. 校园里，我是不是一个合格的大学生？

（1）饭堂买餐加塞儿、不排队。

（2）自习室占了座位人不去。

（3）在图书馆的书上涂写、撕页。

（4）上课衣冠不整（或赤膀）。

（5）自习室里看书出声、小声嘀咕。

（6）图书馆、教室、会场手机频响。

（7）电脑、宿舍里的灯不用时也不关掉。

（8）校园里乱丢口香糖。

（9）上课迟到、早退，甚至随意逃课。

（10）不节约用水。

结论：6分及格，才能算是一个普通的合格大学生。

2. 马路上，我是不是一个自觉守规的合格公民？

（1）没警察就不遵守交通规则。

（2）别人闯红灯我也闯或黑夜无人时闯红灯。

（3）过马路很少走斑马线。

（4）习惯于翻越护栏。

（5）围观交通事故。

（6）不按行车道行驶。

（7）同学三人并排骑车。

（8）单手骑车或大撒把。

（9）有时不靠右边。

（10）赤膊走在马路上。

结论：6分及格，才能算是一个普通的合格大学生。交通文明礼仪更是关切我们每个人的生命安全。交通规则血凝成，自觉遵守保安宁。请同学想想看到结论后自己的心情。

教师总结：一个没有道德的民族，难以维持良好的社会秩序。所以，国际社会已形成了

公认的公共场所礼仪准则。（多媒体显示）

任务三　组织一次"远离意外伤害　法律伴我同行"主题知识竞赛

📊【学习目标】

（1）了解校园生活中意外伤害事件的类型。

（2）了解公共生活中法律规范的作用。

（3）了解校园生活所需遵循的法律法规内容。

（4）知道意外伤害事件的处理及预防措施。

✍【学习任务描述】

组织一次"远离意外伤害　法律伴我同行"主题知识竞赛，通过竞赛使学生了解公共生活中的相关法律规范，从而塑造当代大学生的崭新形象。避免意外伤害事件的发生，并且能正确应对意外伤害事件。

🔱【学习任务准备】

学生自己准备应对意外伤害的方法和校园相关法律知识。

⚙【学习任务实施】

教师先对意外伤害和相关法律方面的知识进行系统讲解，然后由教师将学生分为若干小组，每组 4 人，开展知识竞赛，使学生在竞赛过程中对意外伤害的危害性及预防措施有所了解。丰富学生的法律知识，培养学生的法律意识。

🍸【案例一瞥】

案例 1： 耿某与胡某均系一所中学高二年级学生。2004 年 12 月 14 日中午放学后，耿某与胡某分别代表各自的球队在校园内参加自发组织的比赛。在比赛过程中，前锋耿某带球突破，胡某作为对方球队后卫上前抢球时，将耿某左小腿铲伤。耿某伤后在医院治疗，花医疗费等 8000 余元。后双方对赔偿事宜协商未果，耿某诉到法院。（魏良军．校内赛球致伤　同学又非故意．人民法院报．2006 - 7 - 3．）

案例 2： 2009 年 6 月 8 日下午放学后，住校生陈焕民等 4 名同学违反学校纪律擅自翻越约 3m 高的围墙外出到河里游泳，在游泳过程中陈焕民不幸溺水，经昭平县富罗中学送医院抢救无效身亡。事故发生后，原、被告双方就陈焕民的死亡赔偿协商未果。2009 年 10 月 30 日，原告陈运兴、程华英以被告昭平县富罗中学围墙设施存在重大隐患、在管理上存在过错和重大过失为由，向昭平县人民法院提起诉讼。

法院认为：被告昭平县富罗中学实行封闭式管理，教学设施和生活设施符合国家规范的规定，建立健全安全管理制度。陈焕民擅自爬墙离校到河里游泳溺水死亡，被告积极做好后事处理和安抚原告工作，支付陈焕民丧葬费 2425 元、交通费 300 元，先后两次给付原告陈运兴、程华英慰问金 4020 元。被告尽到教育、管理、保护的职责，学校没有过错，不应承担责任。遂判决驳回原告的诉讼请求。（学生攀墙外出溺水身亡　学校已尽管教义务免责．

百度文库．2010－6－12.）

案例3： 2008年2月，南京市工商、公安部门联手破获一起传销大案，令人震惊的是，传销头目之一梁某是已获本硕连读资格的高校学生，而834名受害者中，几乎全是在校大学生，涉及33所高校，很多参与者是家庭贫困的大学生。经警方调查发现，2006～2008年，台湾人王某与南京某高校学生梁某成立商贸公司和"大学生创业联合会"。传销头目梁某案发前是南京某大学金属材料系三年级学生，本已获得本硕连读的机会，但其先后伙同王某，以发展下线收取"入门费"为由，从中获利。这位昔日的河北某市高考理科状元，面对学校领导的劝说，甚至用退学来表示自己"专注于事业的决心"。（陈芳，王骏勇．传销骗局．新京报．2008－11－3.）

 【安全课堂】

一、校园意外伤害类型

在影响高校稳定的众多因素中，大学生的人身安全最引人关注。对大学生来说，人身安全是顺利完成学业的必要前提，是思想进步、健康成长和立志成才的基本条件；对独生子女的家庭来说，孩子的意外伤亡将会带来巨额的医疗费用和无法承受的身心痛苦，势必极大伤害甚至彻底毁灭原本幸福和谐的家庭；对社会来说，少年强则国强，大学生是未来国家和民族的栋梁，他们的安全与健康关系着国家和民族的未来。但是大学生入学之前，基本上都是从家门到校门，保护学生人身安全和健康的职责主要由家长和学校肩负，在家长和老师的呵护下，各种不安全因素对学生的影响相对较小，而考上大学进入校园后的大学生，在独立面对生活的过程中，各种潜伏的危险因素会日趋暴露，伤亡事件经常不期而遇。据教育部、公安部、中国少年儿童新闻出版总社等单位对北京、天津、上海等10个省市的调查显示，平均每天就有40名学生非正常死亡，意外伤亡已经成为我国学生的第一杀手，频频发生在高校中的学生人身伤亡事件，不但在高校校园内引起很大的震惊，而且在社会上也造成了极大的反响。

纵观各地发生的大学生意外伤亡的情况，最常见的大学生伤亡事故类型主要有：

（1）嬉闹中的伤亡。有一些大学生自控能力差，喜欢开玩笑，互相之间也难免会追逐扭斗，甚至做些危险动作，无意之中常常会出现意外，兴奋之余常引起痛苦。例如，有的学生采取恶作剧的方式吓唬其他同学，有的学生在别人正常学习活动中开玩笑，都可能造成其他同学的伤亡。

（2）活动中的伤亡。大学生在参加由学校组织或自发开展的各项文化体育、教学试验、社会实践等活动时，如果这些活动不很好组织，不注意安全，都可能造成意外伤亡事故。如打扫卫生时爬上高高的窗户擦玻璃引起的坠落；外出旅游和开展各种活动时引起的伤亡；开展各种竞技体育活动引起的伤亡；实验课电器和化学物品使用不当引起的伤亡等，此类伤亡事件时有发生。

（3）交通事故中的伤亡。中国道路交通安全形势非常严峻，中国每年因为交通事故死亡的人数超过10万人，居世界第一。统计数据表明，每5min就有一人丧身车轮之下，每一分钟都会有一人因为交通事故而伤残。每年因为交通事故所造成的经济损失达数亿元。现在大学生骑自行车的人甚多，常常会因为汽车、摩托车、自行车的撞击引起伤亡，近年来在校内发生的交通意外伤亡事件也时有发生。例如，有的学生在校内骑自行车双手脱把以显示所谓的骑车技能，还有的学生在校内开摩托车和助动车，这些都可能造成伤亡事件的发生。大学生一旦受到这类伤害，轻则表皮擦伤，重则致残甚至致死。

二、校园意外伤害事件的处理

鉴于学校学生意外伤亡事件频频发生，且在处理过程中学生及家长向学校索要巨额赔偿，有些还将学校推上法庭的事屡屡发生，使得学校动辄处于一种非常被动的境地，在很大程度上影响了教育工作的正常开展。为了保障教育教学的顺利进行，除各级政府部门反复强调要对学生加强人身安全方面的日常教育、优化管理和科学保护以外，立法机关和教育主管部门还陆续出台了相关的制度和法规，尽可能地保障学生、学校双方的正当权益。2001年7月，全国首部关于学生意外伤亡的地方性法规《上海市中小学校学生伤亡事故处理条例》出台，其中明确规定：中小学校在学生伤亡事故中承担过错责任，学校以投保责任事故险的方式，对应负责任的受伤亡学生进行赔偿。在这一地方性法规问世后不久，2002年6月教育部第12号令发布了《学生伤亡事故处理办法》，使大学生意外伤害事件的处理有了一个比较明确的法律标准。《学生伤亡事故处理办法》作为加强学校安全工作、保护学生合法权益、依法构建有关学校安全制度的重要措施，在以下四个方面比较好地解决了现实问题：一是基本出发点是为了保护学生的合法权益，使学生不再有了损失而得不到赔偿；二是在确定事故责任时完全围绕过错来划分责任，贯彻了侵权行为法最重要的原则；三是清楚全面地规定了学校、学生、第三人等的责任；四是对赔偿的保障提出了比较可行的方案，确定了赔偿基金和保险的方式，将办学的风险和赔偿的责任更多地由社会分担，使学校更多地集中精力进行教育教学活动。

从现在的情况看，法律法规等的出台作为规范化的事后处理机制，给学校处理学生伤亡事件提供了标准和依据，有利于伤亡事件的解决和处理。尤其是许多高校借鉴国外的成功经验和做法，通过学生和学校参加的保险制度，来解决学生意外伤亡事故问题，既可保护学生的合法权益不受损害，同时又可以为办学者松绑，使其可以按照教育本身的规律去开展教育教学活动。应该说这一规定是积极、可行的，众多的大学生伤亡事件经过协商或者进入司法程序后，基本上都得到妥善解决。但是，我们也应当清醒地看到，大学生伤亡事件无论发生在校外还是校内，无论是学校有责任，还是无责任，都会给大学生本人和家长以及学校带来一定影响。各种伤亡事件常常会给家庭带来难以消除的痛苦甚至灾难，会影响学校正常的教学管理秩序，尤其是作为伤亡事件受害者的大学生，本人的身体健康和生命是再多的金钱也换不来的。因此，与其在事后为伤害的出现感到痛惜，为赔偿问题而进行诉讼，不如加强大学生伤亡事故的预防，毕竟生命不可重来，健康更是无价。

据教育部等单位的调查显示，尽管学生伤亡事件甚多，但80%的学生非正常死亡是可以通过预防措施和应急处理得到避免的，但是现在大学生普遍缺乏自我保护的意识、知识和能力，使意外伤亡更容易不期而遇。因此，预防大学生意外伤亡，不仅要靠国家、政府机关和学校的努力，还需每位师生员工积极参与，共同维护，尤其是在校大学生的努力。呵护生命，尽管需要外界努力消除各种安全隐患，营造一个安全的环境，但是作为具有独立意识、发展潜能、各具特色的人，安全健康地成长和生存，既是社会的责任，更是大学生自我成长和发展的任务。大学生在学好专业知识的同时，必须接受必要的安全教育，学习和掌握基本的安全知识与自我保护的技能，增强防范能力，以保证自己身心健康地完成学业，让青春和生命远离意外伤亡。

预防高校大学生人身伤亡事故，要从提高大学生珍惜生命、呵护生命的自我保护意识，掌握自我保护的方法和技能等开始，这就需要大学生重点做到以下几点。

（一）要增强自我保护的意识

自我保护意识中最重要的还是应该培养自己明辨是非的能力，提高对真、善、美与假、恶、丑的识别力，按照法律和道德规范来约束自己的行为，这样就可以抵御外界不良思想的侵袭，就能够保证自己的身心安全。

近几年来，学生在学校内或者学校组织的各种活动中发生伤亡事故时有所闻。我们注意到，青少年比较容易发生人身伤亡事故，这是与其身心特征紧密相关的。青少年由于处在成长发育时期，精力充沛，求知欲旺盛，兴趣广泛，好奇心和模仿力都比较强，什么都想试一试、玩一玩，加上平时自我保护意识不强，遇到突发性事件时常常措手不及，从而导致意外伤亡事故屡有发生。对大学生来说，即使是打扫卫生、体育活动、做实验等，也要注意安全。例如，大学生正处于长身体的阶段，适当参加体育锻炼对身体发育和健康成长有积极的促进作用。但是，由于大学生的发育尚未健全，骨骼、内脏等都比较稚嫩，在参加体育运动时如果不慎，不仅起不到健身作用，相反还会损伤身体，甚至造成残疾，或者危及生命而导致终身遗憾。如有的大学生早锻炼，不吃早饭，常常因为低血糖而突然昏倒；有的学生自己体质特殊或者患有疾病，不宜从事激烈的体育活动，但仍勉强参加，以致造成伤亡。如在某高校春季运动会上，多次获得 3000m 项目冠军的长跑运动员张某再次夺魁。下场后，张某一下子瘫倒在跑道上，口吐白沫，一句话也说不出来，学校急忙把他送往医院进行抢救，但却无回天之力，张某终因抢救无效而死亡。调查和尸检表明，张某因感冒并发病毒性心肌炎，再加上比赛中的剧烈运动，遂导致心力衰竭而死亡。

要预防大学生的人身伤亡事件，思想意识上的重视是最基本的。有的学校学生在擦玻璃窗时坠地死亡，有的学生饭后激烈活动引起严重的肠胃疾病，有的学生在翻跟斗时脖子扭伤等，其实绝大多数是可以避免的。尽管造成这些伤亡的原因非常复杂，但主要还在于他们常常缺乏安全意识，不懂得保护好自己。如果大学生有一点安全意识，掌握一点基本的操作原理和安全措施，这些伤亡事件完全是可以避免的。

（二）要远离各种受害源

现代社会存在着许多导致大学生受害的环境和条件，我们将其统称为大学生的三大"受害源"，即人的"受害源"、场所的"受害源"和行为的"受害源"。大学生远离这些受害源，有利防止自己受到来自外界的各种人身伤害。人的"受害源"主要指大学生容易接触到社会上一些同龄坏朋友的引诱腐蚀，与之同流合污。有个别大学生与社会上的不良人员一起外出吃喝玩乐、酗酒闹事、打架斗殴等，就是受到坏人影响所致。场所的"受害源"主要是指社会上有相当数量的游戏机房、舞厅、网吧、酒吧等，将赚钱的手伸向大学生，几乎到了不择手段的地步，那些地方管理混乱，打架斗殴时有发生，成为腐蚀毒害大学生的主要场所，同时也是大学生人身伤亡事故的高发点。行为的"受害源"主要是指大学生要注意自己的行为，要从日常生活中的行为等小处着眼来预防自己受害。例如，为防止发生性侵害，女孩衣着打扮应当庄重得体，不要过分暴露自己的身体，不要涂脂抹粉，不要穿奇装异服，不要佩带昂贵的金银首饰，不要随意接受外人"好意"

的馈赠和帮助等；大学生都应该养成良好的行为习惯，将良好的行为习惯贯穿在生活的各个方面，不要吸烟、酗酒、吸毒、携带管制刀具等。所有这些要求的目的都在于不要使自己陷入受害的境地。

（三）要知道在遇到困难和侵害时如何求助的途径和方法

当大学生在日常生活中遇到困难和危险时，由于自己的智慧不足、经验不多、能力有限，仅靠自己的智慧和力量很难达到预期的目的，这时寻求外界的帮助就显得格外重要和必要。大学生在遇到任何矛盾和问题时，应当相信家长、老师和各级组织，应当相信法律，相信自己的合法权益是受到国家和法律的保护的。任何时候，我们的党和国家，我们的社会主义制度，我们的各级组织和广大人民群众，都是大学生坚强有力的后盾。现在有少数大学生在遇到困难、受到侵害时，采用的方法是"以暴易暴、以牙还牙"进行报复，或忍辱负重予以"私了"，这些都是非常错误和危险的。

寻求帮助和救助，大学生通常可以向家长提出。这是因为父母亲是青少年的法定监护人，他们负有抚养、管理、教育、保护子女的义不容辞的职责。一般而言，家长最了解孩子，也最愿意为孩子直接分忧解愁，提供强大的帮助。除家长以外，大学生还可以向值得信赖的人（像辅导员老师、同学、亲友、警察、军人等）寻求帮助。向谁寻求帮助要有针对性，可以根据具体的问题和情况来决定。像生活中的问题，可以向家长、所在的居（村）民委员会等反映；学习上的问题，可以向老师、同学等提出；如果社会上有不法分子威胁人身安全、教唆其违法犯罪的，可以向公安机关报案，不管人在本地还是在外地，在校内还是在校外，都可以通过电话、书信、当面陈述等形式，大胆地向社会有关机关寻求帮助。只要自己的要求是正当合理的，一定会得到大家的帮助和法律的支持。

（四）要掌握如何与侵害行为作斗争的策略和技巧

大学生与违法犯罪行为做斗争是应当倡导和鼓励的，但也不要不顾环境和条件一味地与违法犯罪分子进行体力上的搏斗，而是要求在发现有人实施违法犯罪活动时，使用智慧，随机应变，以智取胜。当遇到现实的危险时，要根据当时的实际情况，选择最有利于自己人身安全的措施和方法来保护自己，免遭不法侵害。大学生应当明白，在敌强我弱、孤立无援的情况下，一味强调反抗很可能遭到更大的伤亡，甚至发生更为悲惨的结局，因此为保护自己的人身安全，有时候可以牺牲某些较小的利益，甚至与侵害人进行暂时妥协，从而使自己的人身得以安全。

（五）要了解受到意外伤亡时的处置方法

大学生遭受伤亡后，要及时到医院诊断治疗。一般来说，大学生在校内受到严重伤害的都会被及时送到医院诊断治疗，而对于那些伤害事件发生在校外的大学生、来自贫困家庭的大学生、受伤后表面无伤痕但其实有严重内伤的大学生，由于经济原因、受伤后身体反应不明显等原因，没有及时到医院就诊，容易延误诊断治疗的最佳时机。如小陈同学下午放学后在回家途中被一辆自行车撞了，他见皮肤没破，行走尚可，就不当一会事。谁知到了晚上，他感到腹痛难忍，父母急送医院，方知是内脏受伤，此时再想找肇事者又谈何容易？所以，一旦发生事故，切忌手忙脚乱，无所适从，而要及时、正确、妥善处理，最好能够加以及时诊断和治疗，这需要做到三点。一是及时治疗。事故发生后，要视事故性质和情况进行处理。一般而言，应让校医出面拿出具体意见，在无法确诊的情况下，送医院诊断为上策，不要轻易相信自己的经验和判断。此外，在发生事故后，要及时、正确、妥善处理，如在做化学实验时，化学品溅入眼中，应先用冷水冲洗；背部受伤，在无法确定是否骨折的情况下，千万不要将他扶起来，而是应该平躺送医院；身体四肢出血严重，在送医院前要赶紧止血等。及时治疗可以防止危害的加重，对此校方应高度重视。二是保留证据。事故的处理要依据一定的证据。在以抢救人为先的同时，还要注意保存证据。这里指的证据，既有现场的证据，也有目击者的证词。当事人应当如实记载、保存证词和证据，为事故处理提供依据。三是通知学校、辅导员和家长。事故发生后，一定要想方设法与学校、辅导员和家长联系，使老师和家长能够及时赶到，以有利于受伤学生的治疗和事情的处理。有些大学生在发生事故后，没有及时通知学校和辅导员，或者害怕让家长知道，采取拖延时间的做法，这是不足取的，不利于事故的妥善解决。

（六）要勇敢且正确面对已受到的伤害

大学生受到外界的人身侵害后，不应当采取私了、消极等待等方式，而应当明智地迅速报案，报案越快，证据就能够保留得越好，就越容易破案。接到报案后，公安机关就能够在最短的时间里设卡堵截，进行追捕，并通过司法机关的审判活动，使罪犯受到惩罚。迅速报案不仅可以自己去，也可以通过"110"报警电话进行。尽快报案有利于快速破案，迅速处罚侵害人，从而也可以尽快使受害人的心理得到补偿，早日抚平创伤，求得社会的公平对待。

同时，要告诉大学生受害人对受害问题要树立正确的认识。有的大学生在受害后，会表现出恐惧感，平时精神恍惚、手足无措、恐惧不安，时常感到好像有个幽灵在追逐自己，成天提心吊胆地过日子；有的会表现出倒霉感，认为是自己命运不好，自认倒霉吃亏；有的认为自己有愧亲人，自觉低人一等，无颜见人，难以在世界上生活等。其实这些想法都是不正确的。受害大学生以后要走的路还很长，应当对今后的生活充满信心和希望。对于大多数受害的大学生，应当通过各种途径和方式，尽情地宣泄自己的情绪；通过各种学习和活动，转移自己的注意力，释放受害感，达到帮助康复的目的。

意外伤亡是大学生成长过程中的浅滩暗礁，但不是所有的悲剧都要如期上演，面对身边潜伏的危机，大学生要学会预防，学会自护，学会自救，唯有如此，方能远离或减少伤亡，生命之花也会在遭遇挫折后盛开得更加娇艳！

任务四　拟写一份自然灾害应急预案

📊【学习目标】

（1）了解自然灾害的类型及危害性。

（2）了解常见自然灾害的应对措施。

（3）掌握在自然灾害中自救的各种基本技能，学习紧急救护他人的基本技能。

✒【学习任务描述】

通过教师的案例讲解、视频演示，让学生了解自然灾害造成的危害。通过编写一份自然灾害应急预案，指导学生了解自然灾害的特点、应对措施，知道灾害发生时如何自救和救护他人。

❤【学习任务准备】

要求学生自行调查近年发生的自然灾害案例，掌握自然灾害相关科普知识。

✿【学习任务实施】

通过教师的案例讲解、视频演示，让学生充分了自然灾害的危害。以学习小组为单位，组织学生调查了解自然灾害的危害和特点，分组进行交流、讨论后，结合校园实际，针对不同自然灾害类型，拟写一份应急预案。通过同学和教师的共同评价，投票评选出优秀预案，给予奖励。

ⵖ【案例一瞥】

案例1：据马来西亚《新海峡时报》报道，18 日下午 3 时，天空行雷闪电，就读马来西亚沙捞越大学的 23 岁女学生蔡明慧（译音），下课后徒步返回宿舍，与两个朋友共享一把雨伞挡雨，此时其手机响起，她拿起手机接听时竟被雷电劈个正着，三人均扑倒地上，明慧的上胸被严重烧伤，送院后不久证实伤重不治。至于她两个朋友则只受轻伤。

明慧的家境并不富裕，父亲是货车司机，她是家中长女，下面还有两个在求学的弟妹，分别 17 和 18 岁，而她的妈妈最近更患上癌症，目前正接受化疗抗癌。平时周末明慧不用上学，会在家照料病重的妈妈。蔡母得悉爱女离她远去后悲恸不已，家人目前只希望明慧的去世不致令她的病情恶化。

在 47 岁的蔡父眼中，明慧是一个勤快又孝顺的模范乖女，她是一名虔诚的基督徒，即使功课再忙，手中都常拿着圣经念读。蔡父说："以往女儿通常在星期一驾车回大学上课，然后在星期五下课后返家。然而最近女儿开始叫我接送她，今日我原本要到大学接她回家，但现在不用了，她已一去不返，永远也不会回家。对我们而言，女儿去世是一个非常重大的损失，23 年来我们含辛茹苦养育她成人，现在所有东西突然结束了，我们唯有接受她离去的事实。"（郑治祖．女生打手机遭雷劈身亡．香港文汇报．2007‑1‑18．）

案例2：为了把地震的灾害减低到最低限度，日本各地中小学都非常重视防灾组织的建立、教师防灾进修、学生防灾知识的学习和防灾演练等工作。以兵库县为例，该县所有的小学、初中、高中和特殊学校都有常设的防灾教育委员会，负责防灾指南手册的编制、教职员分工、规划和实施防灾教育等工作。该县有 77％的小学、69％的初中、60％的高中和 43％的特殊学校开展了定期的有关防灾对策、指导学生防灾方法、学生心理辅导为主要内容的教师防灾进修或研讨会。几乎所有学校每年都要实施 1～2 次防灾演练，近 30％的小学每年举行防灾演练 4 次以上。（郑晓飞．"地震大国"日本的中小学仿真措施．百度文库．2011‑10‑31．）

特别值得一提的是，日本中小学一般都把防灾教育列入学校正式教育计划中，编制符合学生年龄特点的防灾教育课程。如在理科、社会等课程中指导学生学习地震发生的原理、所在地区的自然环境以及过去所遭受的自然灾害的特征等；在道德课、综合学习课、课外活动等时间培养学生的防灾意识、讲解日常生活中防灾的注意事项、灾害发生时应采取什么行动，以提高学生防灾的实际技能。防灾演习是把学生平时习得的知识和技能运用于实践的一项综合活动，日本各校分别针对地震发生在课上、课间、放学回家途中等不同情形进行各种实战训练，并请防灾教育专家或当地消防员来校指导，总结每次训练的经验和不足之处，以便下次演练时改进。由于日本各地学校防灾教育都能做到持之以恒，所以当地震来临时，教师和学生大多能迅速作出正确的避难行动，避免了无谓伤亡。（佚名．日本临震不怕　从幼儿园开始的抗震教育．中国教育新闻网．2011－10－22.）

案例3：汶川5·12大地震发生时，小林浩同其他同学一起迅速向教学楼外转移，未及跑出，便被压在了废墟之下。此时，废墟下的小林浩表现出了与其年龄所不相称的成熟，身为班长的他在废墟下组织同学们唱歌来鼓舞士气，并安慰因惊吓过度而哭泣的女同学。经过2个小时的艰难挣扎，身材矮小而灵活的小林浩终于爬出了废墟。但此时，小林浩班上还有几十名同学被埋在废墟之下。9岁半的小林浩没有惊慌地逃离，而是再次钻到废墟里展开了救援，经过艰难的救援，小林浩将两名同学背出了废墟，在救援过程中，小林浩的头部和上身有多处受伤。爬出废墟后，由于通信的中断，小林浩同在外打工的父母失去了联系，焦急的小林浩同其姐姐和妹妹一起在映秀镇滞留了两天。2008年5月14日，他们三人同其他乡亲一道，经过7个小时的艰难跋涉，走小路逃出了震中映秀镇，转移到了都江堰，其后又来到成都与堂哥汇合。2008年5月19日，小林浩同其姐姐和妹妹一起被安置在了四川省儿童活动中心，这里安置了所有来自灾区的孤儿。小林浩到成都市儿童医院做了身体检查，还好并无大碍，只是一些皮外伤。2008年5月20日，中央电视台和各大地方电视台播出了《九岁救灾小英雄林浩》的专题采访报道，小林浩那稚嫩的童音、超出年龄的成熟与勇敢以及善良的品格感染了几乎每一个中国人，当有记者问他为什么不自己逃走而是留下来救同学时，他回答说："我是班长。"（林伟．地震中救人的小英雄．新华网．2008－5－14.）

 【安全课堂】

一、自然灾害的概念及类型

自然灾害是指由于自然异常变化造成的人员伤亡、财产损失、社会失稳、资源破坏等现象或一系列事件。它的形成必须具备两个条件：一是要有自然异变作为诱因，二是要有受到损害的人、财产、资源作为承受灾害的客体。

世界范围内重大的突发性自然灾害包括旱灾、洪涝、台风、风暴潮、冻害、雹灾、海啸、地震、火山、滑坡、泥石流、森林火灾、农林病虫害等。中国国土空间上常见的自然灾害种类繁多，主要包括洪涝、干旱灾害，台风、冰雹、暴雪、沙尘暴等气象灾害，火山、地震灾害，山体崩塌、滑坡、泥石流等地质灾害，风暴潮、海啸等海洋灾害，森林草原火灾和重大生物灾害等。自然灾害是地理环境演化过程中的异常事件，却成为阻碍人类社会发展的最重要的自然因素之一。

除地震、洪水、台风、瘟疫等灾害严重影响我们的生活乃至威胁我们的生命以外，我们对雷电、大雾、冰雹等其他灾害也要不断提高防范意识，加强防范能力。

（一）雷电

（1）雷电的形成伴有雷声和闪电现象的天气，气象上称为雷暴。雷暴天气时，当云层与地面之间的电位差达到一定强度时，就会发生放电现象，闪电击到地面或击中某些物体就造成雷击。据研究，雷击的电流强度通常可达几万安培，温度可达摄氏两万度，如此强大的电流和高温，其危害程度可想而知。

（2）预防雷击的措施。

1）在雷雨天，人应尽量留在室内，不要外出，关闭门窗，防止球行闪电穿堂入室。

2）尽量不要靠近门窗、炉子、暖气炉等金属的部位，也不要赤脚站在泥地或水泥地上，脚下最好垫有不导电的物品坐在木椅子上等。

3）不要在河里游泳或划船，以防雷电通过水介击中人体。

4）在野外遇雷雨时，尽快找一低洼或沟渠蹲下，不要在孤立的大树、高塔、电线杆下避雨。

5）一旦有人遭到雷击，应及时进行抢救，救护方法同触电急救相同，及时做人工呼吸和体外心脏按压等，同时急送医院。

（二）浓雾

在近低层空气中悬浮大量小水滴或冰晶微粒，使人的视线模糊不清，当事人的水平能见距离下降到 1000m 以下时，就称为雾。雾有等级之分，能见距离小于 1000m 大于 500m 时称为轻雾；能见距离不足 500m 时称为大雾；能见距离不足 200m 时称为浓雾。

雾灾的防护措施：

（1）尽量不要外出，必须外出时，要戴上口罩，防止吸入有毒气体。

（2）尽量少在雾中活动，不要在雾中锻炼身体。

（3）行人穿越马路要当心，应看清来往车辆。

（4）驾驶车辆要减速慢行，听从交警指挥，乘车（船）不要争先恐后，遇渡轮停航时，不要拥挤在渡口处。

二、自然灾害的主要影响

灾难影响行为和精神健康的方式有多种：

（1）灾难会带来实质性的创伤和精神障碍。

（2）绝大多数的痛苦在灾后一两年内消失，人们能够自我调整。

（3）由灾难引起的慢性精神障碍非常少见。

（4）有些灾难的整体影响可能是正面的，因为它可能会增加社会的凝聚力。

（5）灾难扰乱了组织、家庭以及个体生活。

自然灾害会引起人的压力、焦虑、压抑以及其他情绪和知觉问题。影响的时间以及有些人能不能尽快适应仍然是未知数。在洪水、龙卷风、飓风等自然灾害过后，受害者表现出恶念、焦虑、压抑等情绪问题，这些问题可以持续一年。一种极度的灾难的持续效果，称为创伤后应激障碍，即经历了创伤以后，持续的、不必要的、无法控制的无关事件的念头，强烈的避免提及事件的愿望，睡眠障碍，社会退缩以及强烈警觉的焦虑障碍。

自然灾害破坏了人与其生活环境间的生态平衡，形成了传染病易于流行的条件，因而，控制传染病便成为抗灾工作的一个重要组成部分。自然灾害后，随着旧的生态平衡的破坏和新的平衡的建立，灾害条件所引起的传染病流行条件的改变还将存在一个时期，这种灾害的"后效应"使灾害条件下的传染病控制与其他抗灾工作不同。当自然灾害的直接后果被基本消除之后，消除其"后效应"将成为工作的重点，而且这种工作实际上将成为灾害条件下传染病控制的主要工作。

由于自然灾害对传染病发病机制的影响，在自然灾害之后，传播病的发病可能呈现一种阶段性的特点。在突发性自然灾害发生时，首当其冲的是饮用水和食品的来源遭到破坏，因此，肠道传染病将是灾后早期的主要威胁。特别是水源污染和食物中毒，往往累及大量的人口，应是灾后早期疾病控制的重点。房屋的破坏使大量人口露天居住，容易受到吸血节肢动物的侵袭。但由于节肢动物的数量和传染源数量需要有一个积累过程，因此，传染病的发生通常略晚，并可能是一个渐进的过程。人口的过度集中，使通过密切接触的传染病发病率上升。如果灾害的规模较大，灾区人口需要在检疫条件下生活较长的时间，当寒冷季节来临时，呼吸道传染病的发病率也将随之上升。人口迁徙可能造成两个发病高峰。第一个高峰由人口外流引起，但由于病人散布在广泛的非受灾地区之内，这个发病高峰往往难以察觉，不能得到相应的重视。当灾区重建开始，外流的灾区人口重返故乡时，将出现第二个发病高峰，并往往以儿童中的发病率为特征。最后，灾后实际上是一个生态平衡重建的过程，这一时期可能要持续二三年甚至更长一些时间，在这个期间内，人与动物共患的传染病、通过生物媒介传播的传染病、都可能呈现出与正常时间不同的发病特征，并可能具有较高的发病率。

三、自然灾害的防治

以目前人类的科学技术水平和能力，人们还无法阻止自然灾害的发生，也无法完全抵御自然灾害的破坏。但是完全可以根据自然灾害发生的规律和特点，采取积极有效的措施，尽量地减少损失。

（一）地震发生时保护自己的方法

强烈的地震，常会造成房屋倒塌、大堤决口、大地陷裂等情况，给人民的生命和财产带来损失。为了在地震发生时保护自己，应当掌握以下应急的求生方法：

（1）如果在平房里，突然发生地震，要迅速钻到床下、桌下，同时用被褥、枕头、脸盆等物护住头部，等地震间隙再尽快离开住房，转移到安全的地方。地震时如果房屋倒塌，应呆在床下或桌下千万不要移动，要等到地震停止再逃出室外或等待救援。

（2）如果住在楼房中发生了地震，不要试图跑出楼外，因为时间来不及。最安全、最有效的办法是，及时躲到两个承重墙之间最小的房间，如厕所、厨房等；也可以躲在桌、柜等家具下面以及房间内侧的墙角，并且注意保护好头部。千万不要去阳台和窗下躲避。

（3）如果正在上课时发生了地震，不要惊慌失措，更不能在教室内乱跑或争抢外出。靠近门的同学可以迅速跑到门外；中间及后排的同学可以尽快躲到课桌下，用书包护住头部；靠墙的同学要紧靠墙根，双手护住头部。

（4）如果已经离开房间，千万不要地震一停就立即回屋取东西。因为第一次地震后，接着会发生余震，余震对人的威胁会更大。

（5）如果在公共场所发生地震，不能惊慌乱跑。可以随机应变躲到就近比较安全的地方，如桌柜下、舞台下、乐池里。

（6）如果正在街上，绝对不能跑进建筑物中避险；也不要在高楼下、广告牌下、狭窄的胡同、桥头等危险地方停留。

（7）如果地震后被埋在建筑物中，应先设法清除压在腹部以上的物体；用毛巾、衣服捂住口鼻，防止烟尘窒息；要注意保存体力，设法找到食品和水，创造生存条件，等待救援。

（二）地震来临之前的征兆

对地震灾害，目前还不能准确地作出预报。但长期的观察研究表明，地震前是会出现一些征兆的，能够提醒人们提高警惕。这些征兆主要有：

（1）动物出现异常。例如大量的蛇爬出洞来长距离迁移；家禽家畜不吃不喝、狂叫不止、不进窝圈；大量的老鼠白天出洞、不畏追赶；动物园里的动物萎靡不振、卧地不起等。

（2）发生异常。例如震区的枯井突然有了水，井水的水位突然大幅度上升或下降，井水由苦变甜、由甜变苦等。

（3）出现地光和地声。临震前的很短时间里，大地常会突然发出彩色的或强烈的地光，还可能发出轰隆隆的或像列车通过，或像打雷般的巨响。

（4）有的人也有异常感觉。地震发生前，某些人也会有异常感觉，特别是老人、儿童、患病者可能更为明显。

（三）躲避龙卷风侵袭的方法

龙卷风是一种威力非常强大的旋风，多发生在春季。龙卷风往往来得十分迅速、突然，还伴有巨大的声响。它的破坏力极强，能够把所经过地区的沙石、树木、庄稼，甚至海中的鱼类、仓库中的货物卷入高空，对人民的生命财产威胁极大。在龙卷风袭来时，有效地保护自己的方法有以下几点：

（1）龙卷风袭来时，应打开门窗，使室内外的气压得到平衡，以避免风力掀掉屋顶，吹倒墙壁。

（2）在室内，人应该保护好头部，面向墙壁蹲下。

（3）在野外遇到龙卷风，应迅速向龙卷风前进的相反方向或者侧向移动躲避。

（4）龙卷风已经到达眼前时，应寻找低洼地形趴下，闭上口、眼，用双手、双臂保护头部，防止被飞来物砸伤。

（5）乘坐汽车遇到龙卷风，应下车躲避，不要留在车内。

（四）洪水暴发时的自救方法

一个地区短期内连降暴雨，河水会猛烈上涨、漫过堤坝，淹没农田、村庄，冲毁道路、桥梁、房屋，这就是洪水灾害。发生了洪水，要做到以下几点进行自救：

（1）受到洪水威胁，如果时间充裕，应按照预定路线，有组织地向山坡、高地等处转移；在措手不及，已经受到洪水包围的情况下，要尽可能利用船只、木排、门板、木床等，做水上转移。

（2）洪水来得太快，已经来不及转移时，要立即爬上屋顶、楼房高屋、大树、高墙，做暂时避险，等待援救，不要单身游水转移。

（3）在山区，如果连降大雨，容易暴发山洪。遇到这种情况，应该注意避免渡河，以防止被山洪冲走，还要注意避免山体滑坡、滚石、泥石流的伤害。

（4）发现高压线铁塔倾倒、电线低垂或断折，要远离避险，不可触摸或接近，防止触电。

（5）洪水过后，要服用预防流行病的药物，做好卫生防疫工作，避免发生传染病。

（五）天降暴雪、冰雹保护自己的方法

暴雪、冰雹比较常见，虽然不一定会形成灾害，但也应注意保护自己：

（1）暴雪天，要注意添加衣物，注意保暖，要减少室外活动，避免冻伤。

（2）下冰雹时，应在室内躲避；如在室外，应用雨具或其他代用品保护头部，并尽快转移到室内，避免砸伤。

（六）外出时避免遭受雷击的方法

雷电是常见的自然现象，它实质上是天空中雷暴云中的火花放电，放电时产生的光是闪电，闪电使空气受热迅速膨胀而发出的巨大声响是雷声，雷雨天容易遭受雷击，致人受伤甚至死亡。避免雷击应当做到：

（1）在外出时遇到雷雨天气，要及时躲避，不要在空旷的野外停留。

（2）雷电交加时，如果在空旷的野外无处躲避，应该尽量寻找低凹地（如土坑）藏身，或者立即下蹲、双脚并拢、双臂抱膝、头部下俯，尽量降低身体的高度。如果手中有导电的物体（如铁锹、金属杆雨伞），要迅速抛到远处，千万不能拿着这些物品在旷野中奔跑，否则会成为雷击的目标。

（3）特别要小心的是，遇到雷电时，一定不能到高耸的物体（如旗杆、大树、烟囱、电杆）下站立，这些地方最容易遭遇雷击危险。

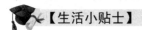

【生活小贴士】

一、国际社会公认的公共场所礼仪准则

不大声说话，处处谦恭沉静；

不随地吐痰，废物扔进垃圾箱；

整洁着装，不穿拖鞋、内衣；

不随便吃东西，吃东西尽量不出声；

用完公厕，及时冲水，用纸入篓；

购物、买票、上下车，自觉排队；

爱护一切公共设施和物品；

尊老爱幼，保持良好的精神风貌。

二、安全小常识

临危逃生的基本原则：

保持镇静，趋利避害；学会自救，保护自己；想方设法，不断求救；记住电话，随时求救。

打电话时要说清地点、相关情况、显著特征。

【学习项目小结】

本学习项目通过开展公共安全教育，培养学生的社会安全责任感，使学生逐步形成安全意识，掌握必要的安全行为的知识和技能，了解相关的法律法规常识，养成在日常生活和突发安全事件中正确应对的习惯，最大限度地预防安全事故的发生和减少安全事件对学生造成的伤害，保障健康成长。

大学时期是人生历程中一个至关重要的成长时期，也是各种安全事故频发的一个时期。了解各种安全隐患，处理各种安全事故，不论是对大学学校、大学师生还是社会都极为重要。希望通过家庭、学校以及社会各界的共同努力，尽量消弭各种安全隐患，将大学真正打造成为一个读书的圣殿。

【求助直通车】

> 大学生励志网　http：//www. ggdxc. com/
> 中国文明网　http：//www. wenming. cn/
> 110 法律咨询网　http：//www. 110. com/
> 法律援助网　http：//law. 95089. com/
> 法律网　http：//www. falvwangzhan. cn/
> 中国法律法规大全　http：//www. chnlaw. net
> 中国大学生教育网　http：//www. 366edu. com/

【练习与思考】

(1) 写一篇题为"构建文明和谐校园，我在行动"的文章，字数要求 800 字左右。

(2) 结合实际谈谈大学生应如何遵守公共生活中的法律规范。

(3) 当前大学生思想活跃、志向远大，却对身边的一些小事视若无睹：教室脏得没法进入，课间黑板没人擦，宿舍的水龙头开着无人关。在某高校日前进行的一项调查中发现：100％的学生强烈反对校园里的不文明行为，但也是这 100％的学生承认，校园里的种种不文明行为现象就发生在自己或同学身上。对此，你怎么看？

(4) 如何构建和谐宿舍、和谐班级、和谐校园？

参 考 文 献

[1] 高开华. 当代大学生安全知识读本. 2 版. 安徽：中国科技大学出版社，2009.

[2] 孙景仙，安永勇. 网络犯罪研究. 北京：知识产权出版社，2006.

[3] 吴超，吴宗之. 公共安全知识读本. 北京：化学工业出版社，2006.

[4] 中国灾害防御协会. 市民公共安全应急指南. 北京：北京大学出版社，2006.

[5] 吴超. 大学生安全文化. 北京：机械工业出版社，2005.

[6] 介新. 突发事件应对案例分析（公共安全管理系列教材）. 北京：清华大学出版社，2012.

[7] 李锦昆，严明，顾若瑜. 公共安全教育读本. 云南：云南大学出版社，2011.

[8] 陈建存. 醍醐集——大学生安全纪律教育读本. 广东：中山大学出版社，2011.

[9] 梅爱冰，严军. 职业院校学生顶岗实习教育. 北京：对外经济贸易大学出版社，2009.

[10] 李欢欢. 大学生网络成瘾评估与干预. 北京：华夏出版社，2011.

[11] 吴克明. 网络文明教育论. 湖南：湖南师范大学出版社，2005.

[12] 赵升文. 大学生安全教育（21 世纪高职高专规划教材·通识课系列）. 北京：中国人民大学出版社，2010.

[13] 夏敏静. 电气安全知识（全国电力职业教育规划教材）. 北京：中国电力出版社，2009.

[14] 张良瑜. 电业安全（全国电力职业教育规划教材）. 北京：中国电力出版社，2010.

[15] 洪雪燕. 安全用电（职业教育电力技术类专业教学用书）. 北京：中国电力出版社，2005.

[16] 国家电网公司. 供电企业安全风险评估. 北京：中国电力出版社，2009.